SOURCES CLASSIQUES
Collection dirigée par Philippe Sellier
32

ŒUVRES COMPLÈTES

III

Dans la même collection

(Suite à la fin du volume)

CYRANO DE BERGERAC

ŒUVRES COMPLÈTES
III
Théâtre

Édition critique
Textes établis et commentés
par
André BLANC

PARIS
HONORÉ CHAMPION ÉDITEUR
7, QUAI MALAQUAIS (VIᵉ)
2001

www.honorechampion.com

Diffusion hors France: Editions Slatkine, Genève

www.slatkine.com

ISBN: 2-7453-0419-4   ISSN: 1169-2936

Pour Nicolas,
qui a déjà su apprécier
l'étourdissante gaieté
du *Pédant joué*!

AVANT-PROPOS

Les deux pièces de Cyrano de Bergerac ne sont pas d'accès facile. Même *La Mort d'Agrippine*, pour être bien comprise a besoin d'éclaircissements. D'où les notes abondantes de cette édition. Mais ce travail n'aurait pu avoir lieu sans le secours de tous ceux qui m'ont précédé dans l'étude de ces œuvres, Frédéric Lachèvre, le pionnier, Madeleine Alcover, dont l'érudition cyranesque est incomparable, Jacques Truchet, dont les annotations précises du *Pédant joué* m'ont beaucoup aidé, et surtout Jacques Prévot. Non seulement il a mis en lumière l'étonnante richesse et la profondeur de ces œuvres, mais il su défricher l'inextricable langage de Gareau, dans *Le Pédant joué*, montrant qu'il ne s'agissait pas d'une création fantaisiste ni du parler conventionnel des paysans de Molière ou de Dancourt, mais du patois authentique de la vallée de Chevreuse. Sans lui, je n'aurais pu songer entreprendre cette édition. Aussi est-il juste qu'elle lui soit, en quelque sorte, dédiée.

LE PÉDANT JOUÉ

INTRODUCTION

Parmi les œuvres importantes de Cyrano de Bergerac, ses deux pièces de théâtre sont les moins connues. *La Mort d'Agrippine* est aujourd'hui purement et simplement ignorée, hormis de quelques spécialistes du théâtre du XVIIe siècle; *Le Pédant joué* est souvent cité, à propos de Molière, qui en a transplanté (en les améliorant) deux scènes dans *Les Fourberies de Scapin*, à quoi s'ajoutent quelques autres emprunts ici ou là. Le manque d'intérêt pour la comédie de Cyrano ne date d'ailleurs vraiment que du XIXe siècle: plusieurs éditions en ont été faites aux XVIIe et XVIIIe siècles. Toutefois, *Le Pédant joué*, malgré l'amphibologie de son titre, n'a apparemment jamais été porté sur la scène, en dépit de ce que les frères Parfaict laissent supposer. Peut-être était-il injouable: l'intérêt n'aurait pu résider que dans les caractères, l'intrigue étant fort plate; mais paradoxalement, l'abondance de parole qui en fait le charme à la lecture, risquait sur la scène de n'apporter que l'ennui. Qui aurait pu écouter sans se lasser la monotonie des rodomontades infinies de Châteaufort? Quant aux longuues tirades de Gareau, incompréhensibles à un public urbain d'honnêtes gens, elles avaient de fortes chances d'ennuyer. Le lecteur d'une pièce de théâtre, au contraire, ne se voit pas imposer de rythme: il peut prendre tout son temps pour en apprécier la verve ou même la verbosité, en goûter les nuances et les finesses, saisir les allusions; bref, l'oralité débridée de Cyrano a paradoxalement besoin de la lecture pour prendre toute sa valeur. De tous les personnages principaux, Granger était sans doute le plus théâtral, mais il ne perd rien à être lu. Par lui, par sa cuistrerie, ses affectations, la comédie appartient au genre parodique et burlesque, très goûté, comme on sait pendant tout le XVIIe siècle, et l'on comprend que Molière ne l'ait pas ignorée. D'ailleurs, Jean Corbinelli, dans ses *Extraits de tous les beaux endroits...* en donne neuf courts passages, cités sans tenir compte du changement d'interlocuteur, dont la rencontre entre Gareau et Châteaufort (II, 2), la plainte sur l'absence de son garde (II, 10) et la frayeur de l'univers (IV, 2), ainsi que le témoignage burlesque de Paquier (IV, 4)[1]. On voit que la comédie de Cyrano était estimée d'esprits distingués.

Pourtant, pendant longtemps, la critique qui daignait en rendre compte a été sévère, dès le XVIIIe siècle et particulièrement au XIXe. On admet l'existence de quelques bonnes choses (Niceron[2]), mais on la condamne en la rabaissant au rang de farce (E. Lintilhac[3]). Faguet la juge «une mauvaise action» en tant que satire vengeresse personnelle[4]. Victor Fournel, esprit fin et apparemment sans préjugés, trouve que «presque tout y est outré ou factice, la mesure et le goût font défaut, le comique tombe sans cesse dans la charge.[5]» Cependant, ailleurs, il ne refuse pas l'éloge: «cette œuvre, malheureusement fort licencieuse [...] est pleine de verve comique et les passages heureux y abondent.» Il lui trouve l'esprit de la *commedia dell'arte* et des farces des halles. Georges Mongrédien reconnaît, lui aussi, certaines qualités, mais conclut: «Tout cela est bien un peu laborieux et sent la farce de collège, la plaisanterie de l'écolier limousin, nous dirions aujourd'hui le canular. Mais cette vaine et artificielle éloquence, si proche de celle des régents de collèges, devait paraître savoureuse aux écoliers.» Et de l'excuser en remettant *Le Pédant joué* à sa place, notant «qu'il précède le théâtre de Molière, et qu'il s'apparente bien plus aux farces grossières que l'on jouait alors aux Italiens et même à l'hôtel de Bourgogne, qu'à la grande comédie de mœurs et de caractères. [6]»

Il y a du vrai dans ce jugement, mais le terme «laborieux» peut paraître immérité; d'autre part, un canular est destiné à mystifier — ici les spectateurs; or Cyrano n'y songe nullement, il veut seulement les amuser. S'il s'est donné du mal pour pousser à bout les énumérations et autres jeux de vocabulaire, ce labeur est admirablement masqué. La comédie se développe dans la jubilation, et c'est cette jubilation qui fait passer sur les évidentes faiblesses de la construction, la platitude de certains caractères, la

---

[1]   Jean Corbinelli, *Extraits de tous les beaux endroits des ouvrages des plus célèbres autheurs de ce temps...*, Amsterdam, 1681, t. IV, p. 343.

[2]   Le P. J.-P. Niceron, *Mémoires pour servir à l'histoire des hommes illustres*, t. XXXVI, p. 231 et suiv.

[3]   E. Lintilhac, *Histoire générale du théâtre en France*, t. III, p. 110.

[4]   E. Faguet, *Histoire de la poésie française*, t. II, p.237.

[5]   V. Fournel, *Le Théâtre au XVIIe siècle. La Comédie*, 1892, p. 61.

[6]   G. Mongrédien, *Cyrano de Bergerac*, p. 125.

charge des autres. Reconnaissons que Antoine Adam a beaucoup mieux compris la pièce: «La verve est grandiose et l'outrance épique. Nul effort d'exactitude, mais de la cocasserie, les trouvailles les plus folles, un comique de proportions surhumaines.»[7]

Les frères Parfaict, au début du XVIIIe siècle, partageaient, certes, les préjugés de leur temps: ils trouvaient la comédie irrégulière, de plan défectueux, de conduite extravagante, déploraient l'absence de liaison des scènes, la mauvaise exploitation de situations ingénieuses; jugeaient le style «hérissé de pointes, de jeux de mots, de quolibets qui blessent souvent les mœurs et même la religion», mais ils racontaient la pièce, en donnaient de larges extraits et ils notaient que ce poème n'était pas sans mérite, car

> On y trouve un fond comique d'un goût singulier et qui n'a point d'exemple, des plaisanteries qui feraient encore plus d'effet si elles étaient placées naturellement, et enfin des caractères neufs soit par le fond, soit par la façon dont ils sont présentés. Granger peut passer pour original[8], il est vrai qu'il est outré, mais peut-on en être surpris? Châteaufort est un capitan d'une espèce toute nouvelle. Corbineli serait le modèle d'un assez bon fourbe s'il avait plus d'esprit, d'invention et d'adresse. A l'égard de Mathieu Gareau, c'est le personnage le plus comique et le plus original de la pièce; il est le premier paysan qu'on ait osé hasarder au théâtre avec le jargon de son village; cette invention est due à M. Cyrano, et celui-ci s'acquitte assez bien de son rôle pour avoir pu mériter les applaudissements et exciter les auteurs à l'imiter[9].

Ils précisent enfin que c'est la première comédie en prose qu'on ait vue depuis qu'il y a un théâtre fixe à Paris, «ce qui ajoute encore à la gloire de l'auteur, qui a ouvert cette carrière à ceux qui lui ont succédé.» Ils auraient été bien inspirés de nous dire quand et dans quel théâtre la pièce a été jouée, car il n'en existe aucune trace et l'on est fondé à croire qu'elle ne parut jamais sur une scène.

Le Journal de Trévoux, pour qui Cyrano est un « auteur plein de feu et d'imagination, de boutades et de saillies, mais sans goût

---

[7] A. Adam, Histoire de la littérature française au XVIIe siècle, t. II, p.123.

[8] Effectivement, il occupe une place à part dans la catégorie des pédants.

[9] Cl. et Fr. Parfaict, Histoire du Théâtre français, t. VIII.

et sans jugement»[10] approuve cette critique, faite «avec goût et sans partialité», qu'il résume ainsi:

> Ils y trouvent de grands défauts, un plan irrégulier, des scènes décousues, un dénouement ridicule, un style chargé de pointes, de jeux de mots et de quolibets, mais un fond de comique d'un goût vraiment original, des situations plaisantes, des caractères burlesques que nos plus grands maîtres n'ont pas dédaigné d'emprunter [...] *Le Pédant joué* n'est pas une belle comédie, mais tout autre que Cyrano ne l'eût pas si bien faite[11].

Quant au *Journal des Savants,* il note que les Parfaict en donnent un extrait assez étendu et rappellent l'anecdote de l'avocat célèbre prouvant que Gareau avait effectivement droit à la succession qu'il réclamait[12].

Jacques Prévot, inconditionnel de Cyrano, voit dans *Le Pédant joué* une œuvre majeure:

> Sur nous, spectateurs du théâtre de l'absurde et des comédies de langage d'aujourd'hui, *Le Pédant joué,* par la rudesse de son dessein, la simplicité mécanique de ses oppositions de discours, bref, par tout ce qui a pu sembler maladresse pendant longtemps, exerce une véritable fascination. La sensibilité de Cyrano au problème de la relation de l'homme de son temps, même caricatural, à son langage confère à cette comédie d'intellectuel, à ce coup unique de génie, une modernité, qui pourrait séduire un metteur en scène, et en tout cas garantit le plaisir de la lecture[13].

Assertions que ne songe pas à contester Jacques Truchet dans l'introduction qu'il rédigea pour l'édition de la pièce, même s'il met en garde contre une vision anachronique: «les jeux sur le langage des burlesques du XVIIᵉ siècle ne sont pas ceux du théâtre de dérision du XXᵉ»[14]. Nous pourrions ajouter que c'est justement cette gratuité, cette inconscience de traiter un problème fondamental de l'humanité, qui fait qu'aucune recherche labo-

---

[10]   *Mémoires pour l'histoire de la Science et des Beaux-Arts,* dits *Journal de Trévoux,* 1747, p. 612.

[11]   *Ibid.* p. 1676-1677.

[12]   *Journal des Sçavans,* 1747, p. 438.

[13]   J. Prévot, *Cyrano de Bergerac poète et dramaturge,* Belin, 1978, p. 141.

[14]   J. Scherer et J. Truchet, *Théâtre du XVIIᵉ siècle,* t. II, Gallimard, coll. de La Pléiade, p. 1466.

rieuse et pédante ne vient gâter le charme et le naturel de cette magnifique explosion verbale.

SOURCES

On a voulu voir une source du *Pédant joué* dans une courte pièce en deux scènes de Lope de Vega, *L'Enlèvement d'Hélène*; le seul rapport est que pour obtenir le consentement d'un père, on joue devant lui l'enlèvement d'Hélène par Pâris; mais il n'y a pas dans cette pièce signature d'un vrai-faux contrat, tandis qu'aucun enlèvement n'a lieu chez Cyrano. Il n'est d'ailleurs pas sûr du tout que Cyrano ait connu cette œuvre, simple *entremès* publié à Sarragosse en 1644, dans les *Fiestas del Sanctissimo Sacramento*, et traduite en français beaucoup plus tard. *La Sœur* de Rotrou, toute différente par ailleurs, met en scène un fourbe, Ergaste; mais celui-ci ressemble beaucoup plus à Scapin – et pour cause[15] –, qu'à Corbineli. Plus proche à certains égards se trouve être le *Candelaio*, de Giordano Bruno, traduit en français sous le titre *Boniface et le pédant*. Cette pièce, écrite aux alentours de 1582, a tout le foisonnement des comédies du XVIe siècle, avec déguisements, vols, interversion de personnes[16], coups de bâton. Son intrigue compliquée se développe autour de trois thèmes: l'amour de Boniface —marié avec Kérubine — pour une courtisane, Vittorie, l'avarice de Bartholomée, qui cherche à fabriquer de l'or avec l'aide d'un faux alchimiste et la peinture du pédant Mamphurius. De ces trois thèmes, chacun lié à un caractère particulier, seul celui du pédant est conservé par Cyrano.

On estime aujourd'hui que *Le Pédant joué* a dû être écrit vers la fin de 1645 ou le début de 1646, en vertu d'une allusion au mariage brusqué, par ambassadeurs, de Marie de Gonzague avec le roi de Pologne, le 6 novembre 1645[17]. Au XIXe siècle, on le

---

[15] Plus exactement, c'est Scapin qui lui ressemble, Molière s'étant beaucoup inspiré de la pièce de Rotrou.

[16] L'épouse légitime qui, grâce au déguisement et à l'obscurité, reçoit les hommages que son mari croit rendre à la maîtresse convoitée sera plus d'une fois reprise, en particulier par Beaumarchais dans *Le Mariage de Figaro*.

[17] PAQUIER: [«...et l'autre jour encore, les Polonais enlevèrent la princesse Marie en plein jour à l'hôtel de Nevers, sans que personne osât branler.» (Acte II, sc. 4).

croyait une œuvre de jeunesse, composée au sortir du collège, vers 17 ou 18 ans, dans tout le feu de la rancune de l'auteur pour son ancien principal, Grangier. Curieusement, on a dit la même chose pour l'*Ubu-Roi* de Jarry. Il n'est pas exclu que comme chez ce dernier, une espèce de farce ridiculisant le maître ait été ébauchée par le potache, reprise ensuite avec tout l'art d'un auteur parvenu à maturité. L'écriture du *Pédant joué* est beaucoup trop savante pour qu'on l'attribue à un garçon de dix-huit ans. S'il existait déjà quelque chose, on est fondé à croire que l'ajout de la référence de 1645 est faite au moment où il remanie ou plutôt réécrit sa pièce.

LA PIÈCE

L'intrigue du *Pédant joué* est des plus pauvres : Un père hésite entre trois prétendants pour sa fille ; en outre, il est le rival de son fils. Seule, ce deuxième élément fournit une intrigue : un premier subterfuge pour obtenir le consentement du père au mariage ayant échoué, on a recours à un second, des plus banals : on donne au père un rôle dans une comédie feinte et on lui fait signer devant notaire un vrai contrat, qu'il croit contrat de théâtre.

Cette histoire est distribuée assez maladroitement à travers les cinq actes.

Au premier, le père refuse l'un des prétendants, soldat fanfaron et décide de se débarrasser de son rival de fils en l'envoyant à Venise. Celui-ci refusant, il le menace de le faire passer pour fou et interner.

Au deuxième, c'est le tour de l'éviction du deuxième prétendant, un riche paysan. Puis l'habileté d'un homme d'intrigue fait croire au père que son fils a été fait prisonnier par une galère turque et en obtient cent pistoles pour sa rançon. Enfin, sur son ordre, son valet fait en son nom une cour burlesque à celle qu'il souhaite épouser.

Au troisième, le père fait lui-même sa cour à la jeune fille, tandis que le troisième prétendant, frère de celle-ci, cherche un stratagème pour forcer le père à lui donner sa fille.

Le quatrième acte se passe la nuit : le père, avec l'aide de son valet essaie d'entrer par escalade dans la chambre de son aimée. Découvert et menacé, il est obligé de consentir au mariage de sa fille ; mais il charge l'homme d'intrigue d'enivrer son fils pour que lui-même puisse se marier en son absence.

Au cinquième acte, le valet qui a appris le stratagème du fils, vend la mèche: le fils doit faire le mort et la jeune fille avouer qu'elle s'était engagée à l'épouser mort ou vif, après quoi elle sera libre: dès le mariage accompli, il se relèvera. Le père montre qu'il n'est pas dupe: on a recours alors immédiatement à une supposée comédie, pour célébrer, dit-on, son mariage, et, sous prétexte de rôle, on lui fait signer un vrai contrat.

Assurément, il y a une certaine logique dans le déroulement du *Pédant joué*, mais on n'y trouve guère de progression. Le fond de suspens, inséparable de toute œuvre théâtrale, existe, naturellement, mais le spectateur n'a guère le temps de s'y intéresser, d'autant que l'invraisemblance est criante. Il faut chercher ailleurs. Ajoutons que ce schéma n'a rien de neuf, il appartient, comme les scènes nocturnes ou la pièce enchâssée, à l'arsenal de la farce et de la *commedia dell'arte*.

Il n'y a aucun doute que la comédie a été construite autour du personnage du père, Granger, portrait satirique d'un certain Grangier, proviseur au collège de Beauvais, dont Cyrano aurait suivi les classes et gardé, on veut bien l'admettre, un mauvais souvenir (de lui ou de son collège). Beaucoup plus près de nous, Alfred Jarry a élaboré son Ubu-Roi pour se venger d'un professeur qu'il n'aimait pas. Connaissait-il *Le Pédant Joué?* Le thème et les personnages n'ont aucune parenté; mais on assiste au même phénomène: une satire ponctuelle se développe en une farce délirante et ce délire même (plus dans *Ubu-Roi* que dans *Le Pédant*) prend une résonance philosophique ou tout au moins humaine inattendue. En outre, dans les deux pièces, il y a véritable création d'un langage ou de langages: si l'œuvre de Cyrano ignore les «Merdre», les «pompes à phynances», et les «petits bouts de bois dans les oneilles», le patois de Gareau, le français latinisé de Granger, les explosions verbales de Châteaufort sont, elles aussi, en un sens des créations langagières. Enfin, visiblement, et sans ignorer le rigoureux travail nécessaire dans l'un et l'autre cas, les deux pièces ont été écrites dans la jubilation de l'auteur et pour la jubilation du public.

Paul-Louis Lacroix a voulu trouver des clefs. La première ne pouvait lui échapper: Jean Grangier était un homme considérable dans l'université. Né en 1576, il fut recteur de l'université en 1611, professeur d'éloquence latine au Collège Royal, et principal du collège de Dormans, dit collège de Beauvais, à Paris. Il avait été ordonné diacre, mais n'avait pu accéder à la prêtrise parce que trop myope. Il obtint donc une dispense pour épouser sa servante – en 1631 ou 1635 –, dont il avait déjà plusieurs enfants : régularisation d'une situation délicate ; il devait mourir en 1643. Il est connu aussi par un procès qu'il soutint contre les parents de ses élèves, étant accusé de malversations. Il est amusant de voir que le factum qu'il rédigea à cette occasion est écrit à peu près dans la même langue que celle qu'on lui prête dans la comédie. Il écrit, par exemple, parlant de boursiers auxquels il s'opposait : « Je pensais les avoir vaincus de bons offices et courtoisie, lorsque l'aposthème qu'ils avaient tenue cachée l'espace de dix ans, s'est crevée tout à coup et a jeté la boue de leurs demandes, qui feraient soulever l'estomac aux gens de bien. »

Les autres clefs sont beaucoup moins sûres : Châteaufort n'était pas un nom rare, un des meilleurs amis de Cyrano s'appelait ainsi ; mais le personnage aurait hérité des traits du capitaine de la compagnie des gardes de Carbon de Casteljaloux sous les ordres duquel Cyrano avait servi. De même, il existait un sieur de La Tremblaye, gentilhomme de Normandie (et peut-être beaucoup d'autres : car La Tremblaie désigne un fief planté de trembles), mais c'est avec une autre intention que Cyrano a choisi de l'appeler ainsi.

Gareau est un patronyme sans rareté (aujourd'hui, six familles à Paris portent ce nom), peut-être formé sur *gars*. Il se peut bien que La Fontaine ait songé à Cyrano lorsqu'il a appelé Garo le paysan, héros de la fable *Le Gland et la citrouille* ; mais évidemment son modèle est générique : il est le campagnard patoisant[18].

P.-L. Lacroix rappelle, à propos de Corbineli, l'existence de Jean Corbinelli, fils d'un italien favori de Catherine de Médicis et lui-même secrétaire des commandements de Marie de Médicis. Né vers 1615-1616, cet épicurien aimable et spirituel que Mme de Grignan appelait « le mystique du diable » était un grand ami de Mme de Sévigné. On ne voit pas quel rapport il aurait pu avoir avec Cyrano ; mais pour homme d'intrigue, il était tout indiqué de prendre un italien.

Quant à Paquier, ce pourrait être, avec plus de justesse, Pierre Olivier, sous-maître au collège de Beauvais, qui resta fidèle à Grangier lors de son procès[19]. Effectivement, Paquier précise

---

[18] A noter que le Garo de La Fontaine s'exprime en français.

[19] « Je m'appelle Pierre, Monsieur », dit d'ailleurs Paquier, en IV, 2. Et Gareau cite un « Piare Olivier » parmi les collatéraux de Nicolas Girard (II, 3).

qu'il s'appelle Pierre et la clausule de son nom est semblable.
Nous passons sur le cousin Fleury, dont tout rôle se borne à quatre
répliques.

Plus significatif que ces quêtes de clefs serait de remarquer
que la liste des personnages comporte, outre deux ingénues et un
jeune premier, deux noblaillons, l'un discret, l'autre trublion, un
pédant, dans tous les sens du terme, un paysan, un valet de
collège, et un fourbe napolitain. Tous ces gens, théâtralement
parlant, se répartissent en trois caractères forts (Granger, Gareau,
Châteaufort), trois caractères moyens (Charlot, Genevote,
Paquier), un meneur de jeu (Corbineli) et deux caractères faibles
(La Tremblaye, Manon). Cela suffirait pour faire une bonne
comédie, bien construite; mais, si l'on met à part les trois derniers, c'est une tout autre fonction que leur donne l'auteur: ils
sont d'abord porteurs d'un langage ou de langages particuliers et
c'est à travers cette particularité que le lecteur peut leur
construire un caractère: la façon dont ils traitent l'objet de leur
discours est beaucoup plus significative que l'objet même.

Dans ce domaine de la parole, même si des personnages
secondaires (Corbineli, Charlot, Genevote) savent y briller, trois
surtout dominent la pièce: Granger, le plus riche et le plus souple,
le seul qui soit opposé à tous les autres, Châteaufort, le plus déli-
rant, Gareau, le plus original.

LES PERSONNAGES

Manon

Existe-t-elle? A peine. Trois courtes phrases à l'acte II, une
autre à l'acte III, et deux brèves tirades à l'acte IV. Présente à
l'acte V, elle ne dit rien. En conclura-t-on que, écrasée par la maîtrise langagière de son père, elle n'ose pas prendre la parole, ou
plutôt qu'elle n'intéresse pas l'auteur, point zéro entre trois prétendants?

La Tremblaye

Celui que Manon aime en secret, La Tremblaye, est un peu
plus prolixe. Il ne paraît que dans les dernières scènes de l'acte III
et justifie son silence par une phrase adressée à Corbineli. La

vérité est que jusque-là on n'avait pas besoin de lui ; maintenant il se manifeste un peu plus, feignant de prendre pour un voleur Granger qui répond au rendez-vous de sa sœur, le menaçant de la justice et ne lui pardonnant qu'en échange de la main de sa fille. Granger le considère comme aussi poltron que Châteaufort, mais rien dans la pièce ne vient corroborer cette affirmation.

Charlot

Charlot Granger, en révolte contre son père qui se trouve être son rival, pourrait être un jeune premier insignifiant : il n'a aucune imagination et mérite le reproche que lui adresse indirectement Genevote dans la pièce intérieure : « Je m'étonne donc que vous ne travaillez plus courageusement aux moyens de posséder une chose pour qui vous avez tant de passion », et sa réponse est étrangement sage pour un amoureux : « Mademoiselle, tout ce qui dépend d'un bras plus fort que le mien, je le souhaite et ne le promets pas. » Mais Cyrano lui accorde deux séquences où il prend du relief. A la fin de l'acte I, il se livre vis-à-vis de son père à une série de palinodies successives aussi vives qu'invraisemblables. Au quatrième acte, en une longue tirade, il joue la scène de l'homme ivre avec l'abondance verbale que l'on trouve dès qu'un thème ou une situation s'y prête.

Corbineli

Corbineli est qualifié de « Valet du jeune Granger, Fourbe ». Le manuscrit mettait le mot « Fourbe » en tête. C'est évidemment sa fonction essentielle, le terme valet n'étant là que pour lui donner une insertion sociale. Il apparaît dans dix-huit scènes sur quarante-trois, ce qui est la moindre des choses puisqu'il est le seul moteur de l'action. En fait, il n'élabore que quatre fourberies, dont l'une échoue : la fiction de l'enlèvement sur la galère turque, la scène de l'échelle qui force Granger à donner sa fille à La Tremblaye, la feinte ivresse et la fausse mort de Charlot, dénoncées par Paquier, et la pièce enchâssée qui fera croire à Granger que le contrat qu'il signe est fictif. Cyrano ne lui a donné aucun des traits traditionnels du valet : il n'est ni ivrogne, ni voleur, il ne se plaint pas de sa condition ; à la différence de Scapin, il n'a pas à se reprocher d'avoir joué des tours pendables à son jeune maître ; il ne se permet pas non plus de le morigéner. Il a conscience de sa valeur, mais ne l'expose qu'avec modération et sur le ton de la plaisanterie, lorsque, au cinquième acte, il affirme n'ambitionner que le titre de «grand», quel que soit le domaine où s'exerce cette grandeur, ivrognerie, mensonge ou politique. On en peut douter, car si la première de ses fourberies réussit, la deuxième échoue; quant à la troisième, la comédie feinte et le vrai-faux contrat, elle est tellement banale qu'elle ne peut guère être portée à son actif. Mais ce personnage d'utilité technique reçoit en deux endroits la grâce de la parole. D'abord dans la scène de la galère (II, 3), où il sait fort bien faire accepter à Granger une situation invraisemblable, faisant revivre le jeune Charlot éploré, le Turc menaçant et exigant. Il n'hésite pas à proférer des énormités, que Molière devait corriger[20], comme d'être venu de Constantinople entre deux eaux. Encore l'édition a-t-elle réfréné sa verve: dans le manuscrit, il évoquait dans un délire verbal quasi surréaliste, les dunes du Cours-la-Reine, la manœuvre précise de la galère turque et son départ en haute mer. Autre efflorescence verbale à la première scène du quatrième acte, où Corbineli se flatte d'incarner cinquante-cinq formes de démons sorciers, fantômes, apparitions ou sorts divers, véritable explosion de toutes les superstitions connues, mais qui tourne court.

Genevote

Généralement discrète comme il sied à une jeune fille bien élevée, la sœur de M. de La Tremblaye n'apparaît qu'à la fin de l'acte II. Granger lui-même nous a appris que son fils était son rival – ce pourquoi il l'envoyait à Venise –; Charlot a prononcé en parlant d'elle le mot *maîtresse*, ce qui, dans le langage du théâtre peut laisser supposer que son amour est payé de retour, encore que ce ne soit pas sûr. En cette scène 9 du deuxième acte, Genevote répond à Paquier qui lui fait de la part de Granger une cour burlesque, à grands renfort de feux, de charbons et de traits, d'une façon très équivoque: elle ne cesse d'affirmer avec force à Paquier son amour pour son «maître». Or, Paquier est le valet de Granger père; il n'y a donc que deux possibilités: ou bien elle s'exprime par antiphrases, se moquant de Granger, ou bien «ton maître» désigne Charlot; ainsi, elle généralise la fonction de

---

[20] Molière place la scène des *Fourberies de Scapin* à Naples, où l'accostage d'une galère turque est à la rigueur vraisemblable.

Paquier et, comme il est pour elle évident qu'elle ne peut aimer que le jeune homme, son interlocuteur, ou plutôt le spectateur, ne devrait pas se tromper devant ses protestations d'amour. A vrai dire, il nous paraît impossible de choisir entre les deux interprétations, car s'il est des phrases à clin d'œil, comme: « Tu lui pourras témoigner combien je l'aime, si tu l'as compris par mes discours », on rencontre aussi: « Je souhaiterais autant de science qu'en a ton maître, pour répondre à son disciple », qui ne peut s'appliquer qu'à Granger père. Il est permis de penser que Cyrano le fait exprès, ou plutôt que cela lui est égal, le rôle de ses personnages étant uniquement d'être porteurs de discours.

Ce rôle, Genevote va l'assumer pleinement à l'acte III: elle arrive de but en blanc pour narrer un événement qui vient d'avoir lieu « il n'y a pas deux heures, au plus facétieux personnage de Paris ». Dans les *Fourberies de Scapin,* Zerbinette ignore à qui elle s'adresse lorsqu'elle joue la scène analogue, et c'est parce qu'il se doute de quelque chose que Géronte l'exhorte à la lui raconter. Dans *Le Pédant joué,* on peut supposer que Genevote sait de qui il s'agit et qu'elle se complaît à se moquer de Granger; d'ailleurs le récit de la fourberie tient en treize lignes, interrompu une seule fois par une invitation à rire. En revanche, le portrait de Granger occupe cinquante-quatre lignes. On pourrait le qualifier de morceau de bravoure, si tout n'était morceau de bravoure dans la pièce. Ajoutons que cette complaisance pour une description détaillée, avec une étonnante richesse de vocabulaire, étayée d'une érudition remarquable, qui se développe avec un plaisir évident de celle qui parle et une puissance d'imagination peu vraisemblable chez une ingénue, ne cadre guère avec le caractère que laissent supposer les autres propos de Genevote. Il est vrai que le rendez-vous qu'elle donne à Granger en l'invitant à venir avec une échelle n'est pas sans arrière-pensée; certes, elle joue fort bien la comédie à l'acte V en feignant de croire que Charlot est mort, mais même si elle se proclame elle-même « facétieuse », il y a un abîme entre ces roueries, classiques dans une comédie, et le délire verbal auquel nous avons assisté. Une distance encore plus grande avec la sévère leçon de morale qu'elle donne à Granger, une fois le contrat signé.

Paquier

Il est de tradition au théâtre italien que, au valet fourbe, corresponde le valet lourdaud: à Trivelin ou Mezzetin,

Pedrolino[21]. Dans *Le Pédant joué*, ce rôle de Gilles ou de Pierrot est tenu par Paquier, mais avec des traits particuliers. Bien que second rôle, c'est l'un des caractères les mieux dessinés de la pièce: s'il n'agit guère et se contente de parler, il fait justement partie, quoique à un degré plus humble, de ce groupe d'êtres de mots que sont Granger, Gareau, Châteaufort.

Son caractère est loin d'être homogène. Cuistre, c'est-à-dire valet de collège, il est teinté de latin: il appelle son maître *Domine* aussi souvent que Monsieur, «*Domine, accede celeriter*» s'écrie-t-il à l'acte V. Plus étonnant, il a quelques connaissances de la physique de son temps: il distingue savamment le feu central du feu vital et du feu élémentaire[22]. Homme du peuple, il est superstitieux; Jacques Prévot parle avec raison de «son sot bon sens». Il s'indigne que le capitaine turc «n'a peut-être pas été à confesse depuis dix ans». Il s'étonne que l'ombre projetée par la lune ne soit pas ronde puisque la lune est ronde, mais il fait sur l'âme de Granger donnée la veille à Genevote, des réflexions qui, sur un autre ton, pourraient sortir tout droit d'un madrigal; il ne se souvient plus s'il doit ou non laisser entrer Châteaufort; son témoignage en IV, 4 est un tissu de contradictions: il entend «du monde dans notre rue crier tout bas tant qu'il pouvait», etc. Comble de stupidité, en I, 3, il répète à Charlot les paroles de son père: «Je ne vous dis pas moi: mais je vous dis que c'est Moi, car il m'a dit en partant: dis-lui que c'est Moi».

Pourtant, en même temps, Paquier n'est pas sans esprit: obéissant à la lettre à Granger, il fait de sa part à Genevote une cour dont la sottise apparente est pleine de finesse. Il prend au pied de la lettre les métaphores habituelles de l'amour: feux, charbons, traits, ce qui est ridicule, mais il le fait avec une grande virtuosité,

---

[21] Arlequin réunit quant à lui les deux fonctions: trompeur et souvent trompé, leste et pourtant maladroit; c'est ce qui lui donne son relief et son originalité. Quant à Molière, il détruira l'équilibre: Coviella, unique valet du *Bourgeois gentilhomme*, est extrêmement fin, et Sganarelle est seul en face de Dom Juan. Quant au Sylvestre des *Fourberies*, bien qu'avec infiniment moins de relief que Scapin, il est loin d'être un sot. Pierre Brun rapproche Paquier à la fois d'Arlecchino et du Pedrolino de *Il Capitane*, comédie de Flaminio Scala, qui, pour soutirer à Pantalon l'argent dont son fils a besoin, raconte qu'il a été pris et rançonné par des brigands.

[22] Cyrano lui-même, comme on le voit dans *L'Autre monde*, s'est beaucoup intéressé, en bon gassendiste, à la structure de la matière et à la nature du feu.

jouant sur les deux sens du mot feu, et identifiant les «traits» qui blessent le cœur amoureux avec l'adverbe «très», ce qui lui permet d'enrichir sa tirade. On pourrait se demander s'il n'y a pas malice de sa part, mais on ne se pose pas la question: on se laisse, comme ailleurs, emporter par ces jongleries verbales.

Enfin, c'est Paquier qui prononce le plus souvent des répliques ironiques, au dépens des uns et des autres: les Turcs ne veulent pas de l'argent des chrétiens parce qu'il porte une croix; Corbineli n'a pas à craindre d'être dévoré, non parce que les Turcs ne sont pas cannibales, mais parce que les musulmans ne mangent point de porc; la Fortune ne saurait sourire puisqu'elle est sur une roue[23]; Châteaufort a beaucoup de noms parce qu'il a beaucoup de pères. Il ne craint pas non plus d'égratigner ses maîtres: Quelle idée a pris Charlot de monter dans une galère puisque, avec un peu de chance, le roi l'y aurait bientôt envoyé en bonne compagnie. Connaissant l'inimitié du père et du fils, lorsque celui-ci supplie celui-là «par les services que je vous ai fait,», il continue, *mezzo voce*: «et par celui des morts qu'il voudrait bien vous avoir fait faire.» Enfin, certaine réflexion sent le libertinage au moins autant que l'extrême candeur: Non pas, certes, à la scène première de l'acte IV, son commentaire sur le diable, assurément femelle, «puisqu'il a tant de caquet» et son affirmation assez sceptique: «Ma foi, monsieur, ne craignez point les diables jusques à ce qu'il vous emportent: pour moi, je ne les appréhende que sur les épaules des femmes», trait de misogynie traditionnelle; mais, d'une façon beaucoup plus impertinente, lorsque Corbineli annonce à Granger que son fils, complètement ivre, ne saurait empêcher son mariage, Paquier commente:

> Avouez, Monsieur, que Dieu est bon; voilà sans doute la récompense de la messe que vous lui fîtes dire il n'y a que huit jours.

Ces deux aspects l'apparentent à Arlequin; comme lui, son rôle essentiel est de provoquer le rire par ses réflexions fines ou sottes, indifféremment, mais il n'en a ni la gourmandise, ni l'absence de scrupules, ni l'agilité, ni l'importance.

---

[23] Supplice des criminels.

Chateaufort

De tous les personnages, c'est sans doute celui qui a le plus d'ancêtres. Depuis que la Renaissance a redécouvert le *Miles gloriosus* de Plaute, le fameux Pyrgopolynice, Italiens, Espagnols, Français ne se sont pas privés d'introduire dans leurs comédies ce personnage de guignol, haut en couleurs, dont la posture comme le verbe sont sûrs d'exciter le rire. Le capitaine Fierabras des *Jaloux* de Larivey et le Taillebras du *Railleur* de Maréchal en sont des relais. Les années 1645-1650 sont riches de soldats fanfarons : le Capitan Matamore, Dom Japhet d'Arménie, le Parasite ; mais deux créations dramatiques surtout ont influencé Cyrano : le Matamore de Corneille[24] et l'Artabaze de Desmarets de Saint-Sorlin[25]. Le rôle de Châteaufort est toutefois beaucoup plus important en longueur : plus de 300 lignes, alors que Matamore et Artabaze font respectivement 273 et 299 vers. Une ligne comportant en moyenne à peu près 18 syllabes, on peut considérer qu'il parle une fois et demie plus que ses homologues. Il figure seulement dans 10 scènes, encore son rôle est-il réduit dans les deux derniers actes. Comme Matamore, personnage d'apparence, c'est surtout au début de la pièce qu'il se manifeste[26], notamment par de longues tirades.

P.-L. Lacroix, nous l'avons vu, juge que son nom serait une raillerie (douce ?) de Cyrano à l'égard d'un de ses amis. Pour Jacques Prévot, il est emprunté à un village de cette vallée de Chevreuse, où Cyrano a passé ses années d'enfance. Et pourquoi pas l'un et l'autre ? Du reste, ce nom va bien à un hobereau vaniteux. Lui-même d'ailleurs explique à Paquier, au cinquième acte, que son auteur n'avait que l'embarras du choix :

> D'abord que quelqu'un viendra s'offrir, demande-lui son nom, car s'il s'appelle La Montagne, la Tour, la Roche, la Butte, Fortchâteau, Châteaufort ou de quelqu'autre nom inébranlable, tu peux t'assurer que c'est moi.

La tradition a adopté sans discussion les principaux traits du *miles gloriosus* : la couardise, la vantardise, l'exagération à un

---

[24] Dans *L'Illusion comique* (1636).

[25] Dans *Les Visionnaires* (1640).

[26] Etant donné la structure de *L'Illusion comique*, Matamore ne peut exister que dans les actes II, III, et IV ; dans ce dernier, son rôle se réduit à 28 vers.

degré inouï, une espèce d'érudition mythologique, géographique
et même cosmographique, et la défaite finale ; le fanfaron est toujours déconfit s'il n'est pas toujours battu, déconfiture qu'il ne
reconnaît pas, au demeurant, car il s'entend à merveille au raisonnement du renard de La Fontaine en face des raisins inacces-
sibles[27]. Souvent il a pour valet temporaire un jeune premier qui
lui est infiniment supérieur en condition et en qualités, mais ce
n'est pas le cas dans *Le Pédant joué*, où il est seul. Il n'a pas non
plus l'occasion de faire sa cour à celle qu'il aime ; pourtant il pose
au jeune homme à la mode ; quelques décennies plus tard, on
aurait dit au petit-maître. Au quatrième acte, Paquier le reconnaî-
tra dans le portrait qu'a tracé Granger à la scène précédente :

> Il t'en conviendra voir d'autres, la barbe faite en garde de poi-
> gnard, aux moustaches rubantées, au crin poudré, au manteau
> galonné, qui, tout échauffés, se présenteront à toi[28].

Ces différents traits, Châteaufort les assume, et son originalité
vient de ce qu'il les porte à un niveau jusqu'alors inconnu, allant,
comme le dit fort bien Jacques Prévot, « au-delà de l'outrance
même ». Outrance qui réside moins dans le contenu du discours
que dans sa forme : Châteaufort oblige les dieux à une course perpétuelle, chacun sur une planète ; un de ses revers remplit l'univers de terreur, au point que celui-ci se ramasse en une boule, de
carré qu'il était ; mais Matamore envoyait le destin donner des
ordres à Jupiter et malgré lui empêchait le soleil de se lever, l'aurore passant la matinée dans sa chambre, à essayer de le séduire,
sans succès d'ailleurs ; quant à Artabaze, copernicien, il suspend
la course du soleil, qu'il place au centre du monde, la terre et les
cieux roulant à l'entour[29]. Châteaufort est plus prolixe, prati-
quant, comme les autres personnages de Cyrano mais dans son
domaine propre, ce que Jacques Prévot appelle « la rhétorique de

---

[27] La Fontaine, « Le Renard et les raisins », *Fables*, III, 11.

[28] Notons au passage une contradiction : A la première scène de la pièce,
Granger mettait en doute la virilité de Châteaufort parce qu'il était imberbe ;
or, au cinquième acte, il a « la barbe faite en garde de poignard », autrement
dit les moustaches à la pointe relevée. Inattention de l'auteur ? Moustaches
postiches ? Ou plus vraisemblablement indifférence.

[29] « Et c'est par mon pouvoir et par cette aventure
Qu'en nos jours s'est changé l'ordre de la nature. » (*Les Visionnaires*, I, 1,
v. 79-80)

l'épuisement». Ce qui, chez les autres, s'expose en trois ou quatre vers, donne lieu ici à une longue tirade, tout entière consacré à l'auto-création de Châteaufort. Non seulement il explique comment la Nature pour le créer

> empoigna les âmes de Samson, d'Hector, d'Achille, d'Ajax, de Cyrus, d'Epaminondas, d'Alexandre, de Romule, de Scipion, d'Annibal, de Sylla, de Pompée, de Pyrrhus, de Caton, de César et d'Antoine, puis les ayant pulvérisées, calcinées, rectifiées, elle réduisit toute cette confection en un spirituel sublimé qui n'attendait plus qu'un fourreau pour s'y fourrer,

mais comment l'Art et la Nature se querellèrent, comment il envoya les principaux dieux chevaucher les planètes et fit des autres un saupiquet pour son dîner.

Cette rhétorique de l'épuisement, Châteaufort l'utilise d'une façon continuelle; par exemple lorsque en II, 2, il rend compte en termes d'escrime de la manière dont il se bat, pour terminer par: «j'aurais estramaçonné, ébranlé, empiété, engagé, volté, porté, paré, riposté, carté, passé, désarmé, et tué trente hommes.» Corneille s'était amusé à un exercice semblable lorsque Matamore évoquait le feu que l'éclat de son épée sortant du fourreau mettrait à la maison de sa maîtresse[30], mais cela restait un cas unique. Il va de soi que ce discours use de figures nombreuses: d'abord l'hyperbole, comme on s'en doute, figure favorite du fanfaron, puis l'antithèse qui donne de la force au propos, la métaphore, la comparaison, la périphrase, toutes figures propres à l'art oratoire.

Au reste, le personnage sait éviter la monotonie et sa vantardise ne se manifeste pas toujours de la même façon. Au début de l'acte III, il se livre à un monologue où il imagine les diverses morts qu'il pourrait infliger à La Tremblaye... pour conclure que, aucune ne le satisfaisant, il est obligé de lui laisser la vie. Lorsque Gareau le roue de coups, il explique qu'il ne peut se battre avec un vilain. Recevant les coups de La Tremblaye, il les compte et feint d'avoir résolu d'en accepter douze, non pas treize (IV, 3). A la scène 10, il fait semblant d'avoir perdu le garde imaginaire que lui aurait donné le tribunal des maréchaux, car il lui faut absolument quelqu'un pour l'empêcher de tirer l'épée. Au quatrième acte (sc. 2), il évoque encore les catastrophes causées par le vent

---

[30] *L'Illusion comique*, III, 4, v. 747-760.

de son épée, et il le fait dans une série de jeux de mots, peut-être ridicules mais qui sont loin d'être sots. Au cinquième acte enfin, voulant assister à la comédie, il mêle intimidation et supplication. Il y a donc une extrême variété dans une conduite qui pourrait n'être que de rodomontades monotones.

Orateur, Châteaufort l'est par essence, toute sa raison de vivre, toute sa vie est réfugiée dans sa parole: supprimez-la, ne reste qu'un triste poltron, sans argent ni courage; quant à sa noblesse, on n'en sait rien. Peut-on même le qualifier de mythomane? Le terme implique une adhésion profonde à une création de l'imaginaire; mais Châteaufort croit-il à ce qu'il dit, hors le moment où il le dit? Ce n'est même pas certain; d'où pour lui la nécessité de parler sans cesse. Ou, pour nous exprimer autrement, le personnage n'existe que par une suite de discours sans arrière-plan, collée sur le mannequin du *miles gloriosus,* et dont toute la psychologie se réduit à un semblant de cohérence.

Gareau

Le personnage de Gareau est la grande innovation de Cyrano. C'est en effet pratiquement la première fois qu'on met un paysan parlant un patois soutenu sur le théâtre; les quelques exemples que l'on peut rencontrer dans des *jeux* du Moyen-Age ou dans la *Farce de Maître Pathelin* sont sporadiques. On trouve aussi quelques paysans dans le *Francion* de Sorel, mais il s'agit d'un roman. En revanche le patois du pamphlet anti-Mazarin des *Agréables conférences*[31] a beaucoup de rapport avec celui de Gareau, mais contemporaines du *Pédant joué,* il est difficile de savoir qui a influencé l'autre. Quoi qu'il en soit, l'idée fera fortune. Les paysans de Molière s'exprimeront ainsi dans son *Dom Juan,* et ses successeurs, en particulier Dancourt, abuseront de ce moyen commode d'introduire de la variété et du piquant dans le dialogue[32], mais leur patois, édulcoré et surtout stabilisé, est devenu une *koïnè.* En outre, aucun de ses successeurs ne parle autant que Gareau, dont la majeure partie du rôle consiste en

---

[31] *Agréables conférences de deux paysans de Saint-Ouen et de Montmorency sur les affaires du temps*, publiées entre 1649 et 1651. Ed. F. Deloffre, Paris, Les Belles-Lettres, 1966.

[32] Les villageois des *Vendanges de Suresnes* de Du Ryer, publiées en 1635, parlent un français normal, ceux des *Vendanges de Suresnes* de Dancourt (1695) patoisent à qui mieux mieux.

longues tirades coupées de brèves répliques. Ce rôle comporte en tout 281 lignes, ce qui est beaucoup; pourtant, il ne paraît que dans cinq scènes (II, 2 et 3; V, 8,9, 10); encore ne dit-il rien en V, 9: il n'est là que parce que Cyrano a voulu pour ainsi dire clore la pièce par la dernière et la plus longue tirade patoisante de son personnage[33], qui cesse ainsi d'être épisodique et s'affirme comme un des rôles essentiels de la pièce.

Pourtant, la fonction de Gareau dans l'action est des plus faibles: candidat à la main de Manon, il est écarté par Granger dès la fin de la scène 3 de l'acte II. Auparavant il a raconté sa vie à Châteaufort, qu'il a fini par rouer de coups, scène de guignol mais non d'action. Il revient à la charge à l'acte V, essayant de se concilier Granger en voulant à toute force lui faire accepter «une fressure de veau pendue au bout d'un bâton», nouvelle scène de farce.

Gareau, plus encore que les autres, existe uniquement pour parler et pour parler dans une langue totalement originale, à travers laquelle d'ailleurs, se dessinent certains traits qui donnent de la cohérence au caractère. Jacques Prévot a identifié ce patois comme étant fondamentalement celui du sud-ouest de Paris, contaminé par les patois du centre, Orléanais, Gâtinais, Nivernais, sans excepter quelques expression picardes ou normandes, mais l'essentiel provient de Meudon, de Vaugirard, et de la vallée de Chevreuse, où Cyrano avait passé les dix premières années de sa vie dans la propriété que son père possédait à Mauvières. Une phrase sur les enfants du château qui jouent avec les petits paysans, courent avec eux dans les bois et grimpent aux arbres pour aller dénicher des oiseaux, en II,3, peut faire allusion à cette enfance; d'autre part l'aisance du langage de Gareau montre que son auteur ne peut qu'être familier avec ce type de discours, dont il est littéralement le créateur au théâtre, puisqu'il n'existe pour ainsi dire pas de traces écrites de patois d'Ile-de-France à l'époque de la rédaction du *Pédant joué*.

Ce patois est caractérisé d'abord par un certain nombre de différences phonétiques: *ar* remplace *er* (gare = guerre); *e* ou *i* remplace la diphtongue *oi* (vela = voilà, fi = foi); *eux* remplace *eurs* en supprimant la liquide (mangeux = mangeurs); *e* remplace *i*

---

[33] 40 lignes. Une fois Gareau parti, la comédie ne contient plus que 6 répliques: 12 lignes en tout.

(mene = mine); *iau* remplace *eau*, conformément à la prononciation générale (beguiau = bedeau); *eu* vocalise la liquide de *el* (queuque = quelque); *é* s'ouvre en *a* (acoutez = écoutez); de même *ian* remplace *ien* (bian = bien); *uche* remplace *oche* (repruche = reproche); *ui* diphtongue *i* (luire = lire), mais inversement *i* remplace la diphtongue *ui* dans d'autres termes (sis = suis); les dentales sourde *t* et sonore *d* se transforment en les vélaires correspondantes (quiens = tiens; Guiable = Diable); enfin, le *r* final s'amuit (bonjou = bonjour)[34]. Elle comporte aussi quelques phénomènes de rotacisme (Mademoi*r*elle pour Mademoiselle).

La morphologie, elle aussi, subit des altérations: *pus* au lieu de *plus*, *fesy* pour *fis*, *sçavons* pour *sçavent*, *donrai* pour *donnerai*, *prendrois* pour *prendriez*, *ferouas* pour *ferois*, *fesiesmes* pour *fîmes*, etc. Il faut noter en particulier les pronoms personnels *oul* (= il), *ol* (= elle), *ous* (= vous), d'autant plus authentiques que les successeurs n'oseront pas les reprendre

La syntaxe, elle-même, comporte quelques particularités: suppression de *pas* dans une proposition négative, ou constructions désuètes: *Je li disis qu'il s'en revenist*, pour *Je lui dis de s'en revenir*. Il y faut ajouter des régionalismes: *chinfregniau, bezot, défigurance, escousse*, etc., des expressions comme *J'en dis du mirliro*.

Ce langage s'organise suivant une rhétorique paysanne, mais portée à son maximum par Gareau. Elle se caractérise d'abord par l'emploi constant d'épenthèses, jurons (*vartigué, par la morguoi*), impératifs de communication (*aga, ardé* = regardez; *acoutez* = écoutez), expressions obscures (*nanain, da, o gnian*), locutions bloquées (*Bonnefi, sfaimon*). Ces épenthèses en effet sont la marque de qui ne manie pas facilement la parole, de même que les proverbes, dictons, adages sont le signe de qui n'est pas sûr de sa pensée et se réfère sans cesse à une sagesse extérieure. De ceux-ci on peut compter largement plus de trente, dont des jeux de mots, *«la barbe [...] luy estet venüe devant Sens»*, *«quand oul est deshabillé, c'est un beau cornu», «Il fait aujourd'hui clair de lune, demain il fera clair de l'autre»* et une citation biblique déformée, en latin, *«quod scripsi, quod scripsi»*. Multi-

---

[34] C'est à dessein que nous n'utilisons pas les signes de transcription phonétique, car n'ayant que des textes à notre disposition, il serait imprudent d'en affirmer la valeur phonétique avec rigueur.

ples sont les images, les comparaisons, surtout si elle se développent dans un sens grivois ou obscène («*Monsieur le Curé avet bien trampé souvent son goupillon dans son benaisquié* [bénitier]».

Y a-t-il un rapport entre le patois de Gareau et celui de Piarot et Janin, les deux paysans des *Agréables Conférences*? En vérité, l'esprit est identique, même si la lettre est quelque peu différente : les conjugaisons, les pronoms, les formes de jurons (*Guieu, Guiebe*) sont semblables, mais des graphies diffèrent systématiquement : ainsi les *Conférences* disent *queme*, là ou Gareau met *com* («comme»), *quer*, au lieu de *car;* le rotacisme y est fréquent (*rore* au lieu de *rose*), comme les incises (*sditi, stidy*), mais encore plus souvent, son contraire, par le changement de *r* en *s*: *boize*, au lieu de *boire*, *nout minagèze*, au lieu de *not menagere*, *voizeman* au lieu de *voireman*, etc. Il est facile de comprendre que *Le Pédant*, comme les *Conférences* représentent deux manières parallèles de rendre par écrit un langage fondamentalement oral. On y rencontre d'ailleurs des expressions identiques : *Tanquia, ardé, à grand randon, liché le morviau, faire l'obenigna, j'en dis du mirlizot*. Certaines similitudes paraissent des emprunts plus évidents : il est question de faire *l'Olebriu*, les diamants y sont *guiamans* et des émeraudes y deviennent des *hemoroïde* (sans *s*). On y rencontre le proverbe : *s'il est riche qui desne deu foua*; de même, Janin fait servir à Piarot une fressure de cochon, pour l'entendre faire le récit de sa députation auprès du roi. Dans quel sens s'opèrent ces emprunts, apparemment indubitables? Il semble que Cyrano soit l'emprunteur, pour plusieurs raisons : d'abord, les *Agréables Conférences* ayant paru en 1649, il les connaissait bien avant l'édition et même au moment du manuscrit, si celui-ci, comme le pense Madeleine Alcover date de 1650-1651. Ensuite, il est plus naturel de puiser dans un ensemble destiné à la lecture pour en porter des éléments au théâtre que de partir de quelques répliques d'une comédie pour en faire un texte de lecture. Enfin, on comprend très bien comment Cyrano peut tirer, par exemple, un effet scénique frappant de la fressure, alors que dans le sens inverse il y aurait banalisation et affaiblissement. Ce sont plagiats courants, dont nul ne se formalise et qui n'enlèvent rien au discours du paysan de Cyrano.

Cette rhétorique villageoise n'a pas peur des grands mots, noms communs ou noms propre, mais elle les déforme : «à la franche Marguerite» (à la bonne franquette) devient «à la maxite

Françoase», les émeraudes deviennent «des hemoroïdes», les *Amadis de Gaule*, les *Décades* de Tite-Live et l'*Enéide* de Virgile deviennent «des Amas de gaules, des Cadets de tirelire, des Aînez de vigile». En particulier les noms géographiques se prêtent admirablement à la déformation: «la Turquise», «le Deux Trois de Gilles le bastard», «Harico» (Jéricho), «le pays des Bassins» (Abyssins), etc. Le comble est atteint avec le «païs du beurre», ou tout au moins «mou comme beurre» dont les habitants sont «durs comme piare». Heureusement, on a le bon goût d'expliquer qu'il s'agit de la Grèce, dont les habitants sont «des Grets» (Grecs prononcé Grès).

Assurément l'auteur en rajoute: si un bon paysan d'Ile-de-France a pu entendre parler de la Turquie, de la Grèce et d'autres pays, il est peu vraisemblable qu'il ait retenu, même déformés, le nom d'œuvres comme les *Décades* de Tite-Live. Cyrano s'amuse, mais il part d'une réalité certaine, partout vérifiable jusqu'au moment où la culture écrite de l'école obligatoire, puis l'invasion des médias ont comblé en partie le fossé qui au XVIIᵉ siècle séparait le peuple de la bourgeoisie et plus encore peut-être la campagne de la ville[35].

En fait, il y a deux langages de Gareau, celui du manuscrit et celui de l'édition: le premier est à la fois plus et moins patoisant que le second. Certaines graphies semblent faire état d'une prononciation particulière: *prendrès* pour *prendrais*[36], *vaissio* pour *vaisseau*, *chinfregnio* pour *chinfregniau*, *yeau* pour *iau*, *tout avolivar* au lieu de *tout avaux l'hyvar* (tout au long de l'hiver) *cemefiti* au lieu de *ce me fit-il*. En revanche, d'autres formes sont plus proches de la prononciation française: *écoutés* pour *acoutez*, *ç'aitait* au lieu de *c'estet*, *Taitigué* au lieu de *Testigué*, *savouquoy*, plus clair que *savequoi*, *benaitier* au lieu de *benaisquié*. D'une façon générale, d'ailleurs, dans le manuscrit, la vélaire ne remplace pas la dentale: on y lit *tantia* et non *tanquia*, *bedio* et non

---

[35] D'un côté une culture et une religion encore toutes médiévales, fondées sur des traditions flokloriques; de l'autre, une culture pénétrée de l'antiquité classique et une religion dégagée du folklore. Certes, l'éducation classique est réservée à la bourgeoisie masculine, mais elle déteint sur les femmes et la domesticité: Sganarelle est le seul laquais de Molière à croire au moine bourru.

[36] La graphie *prendrais* indique déjà une prononciation patoisante, qui ne diphtongue pas l'imparfait, dont la forme normale est *prendrois*.

beguiau; le rotacisme n'a pas lieu: *Mademoiselle* et non *Mademoirelle*; *bien* ne se change pas en *bian*; enfin les pronoms personnels gardent souvent leur forme habituelle: si *elle* continue à s'exprimer par *ol* ou *o*, on a couramment *il* ou *i* au lieu de *oul* et *vous* au lieu de *ous*. Ces divergences n'ont rien d'étonnant; souvent les éditeurs – dont éventuellement l'auteur lui-même – s'efforcent de rendre plus compréhensibles les termes difficiles, et, en même temps, d'accroître le pittoresque du langage en forçant l'aspect patoisant de ce qui est clair.

Un autre caractère de Gareau, tenant lui aussi à son origine, mais là encore poussé à son maximum, ce sont les dérives du discours; comme l'a observé Jacques Prévot, ce n'est pas la logique qui conduit les développements de Gareau mais leur mouvement même. Si chaque tirade s'organise autour d'un thème, elle s'en écarte sans cesse (à l'exception, peut-être du récit de ses voyages), d'où la nécessité d'y revenir: «Et y à propos, […] Dame, […] O donc […] Tanquia que, ô donc, pour revenir à notre conte…». Reconnaissons d'ailleurs que ces écarts contribuent au comique de ces propos.

Le plus remarquable est que sous ce parler «hurlu brelu», comme il dirait lui-même, se dessine une figure relativement cohérente: un homme de la campagne, totalement sûr de lui, fin dans sa rusticité et volontiers goguenard, nullement ébloui par les rodomontades de Châteaufort et l'érudition de Granger, avec lequel il a joué enfant, pas plus que par les contrées lointaines qu'il a visitées: il n'a remarqué que la noirceur des Abyssins et le fait que les petits enfants d'Italie savent déjà parler italien! Il a pensé un moment à épouser Manon, une fille des villes, sans doute à cause de sa jeunesse; du reste il la connaît déjà puisque celle-ci l'appelle familièrement «Mon pauvre Jean» et le tutoie; mais il se console fort bien de ne pas l'obtenir. Il a percé à jour la couardise de Châteaufort et il en profite, mais lui-même n'a guère de courage: cocu, au lieu de tuer son rival, il s'est contenté de le porter sur son dos jusqu'à moitié chemin de sa maison: vengeance aussi modérée que surprenante. Quant à la succession espérée, dont l'exposé est si compliqué, elle se révélerait justifiée selon un avocat du début du XVIIIe siècle. Jacques Prévot a essayé de la résumer, mais il semble qu'il manque quelques chaînons: de toute façon, elle serait source de tels procès que Granger a bien raison de la refuser.

Granger

Source et principal personnage de la comédie, Granger, qui paraît sur le théâtre pendant 26 scènes sur 43 et dont le rôle a une longueur de 785 lignes, domine largement tous les autres. Il est visible que la pièce a été écrite pour lui et autour de lui. Il a une triple fonction théâtrale : père, amoureux, pédant, réunissant en lui, outre ses traits propres les deux figures italiennes de Pantalon et du Docteur. La première de ses fonctions est la plus banale et la moins importante : il n'a pas l'idée de consulter l'inclination éventuelle de sa fille pour la marier ; il aimerait bien qu'elle épousât un gentilhomme, mais il recherche surtout quelqu'un de suffisamment fortuné qui ne risque pas, plus tard, d'avoir besoin de secours, et qui consentirait peut-être à se passer de dot, car il y a de l'Harpagon en lui, comme en témoigne son accoutrement (III, 2). Il est d'une dureté absolue envers son fils, en qui il ne supporte pas un rival et il a toutes les peines du monde à consentir à payer une rançon de cent pistoles pour sa prétendue libération.

Les amours de Granger sont le principal moteur de l'intrigue ; non seulement sa passion est cause qu'il veut envoyer son fils à Venise, ce qui aura pour conséquence la scène de la galère, mais le rendez-vous qu'il a obtenu de Genevote va le faire surprendre en train de vouloir pénétrer par la fenêtre dans la maison de La Tremblaye : il est trop heureux, en accordant à celui-ci la main de Manon, d'éviter des poursuites ou le coup d'épée dont on le menace. Toute la scène nocturne du quatrième acte est construite autour de cette histoire. Et c'est comme réjouissance d'accordailles que Granger accepte que l'on joue une petite comédie, à la fin de laquelle il se trouvera dupé.

Mais l'aspect dominant, qui se retrouve dans tous les autres, c'est celui du pédant, principal du collège de Beauvais : cet esprit pédantesque imprègne tous ses discours. Notons que le mot pédant, à cette époque, conserve son sens propre, de l'italien *pedante*, que l'on trouve chez Montaigne, c'est-à-dire professeur, homme de collège, mais y ajoute déjà le sens moderne d'érudit prétentieux.

Naturellement, le premier trait du pédant est d'être imprégné de latin. C'était le cas déjà de l'Hortensius du *Francion* de Sorel (1623), le premier des ancêtres français de Granger, qui d'ailleurs a, lui aussi, un cuistre à sa dévotion ; c'est encore plus le cas de

Mamphurius, dans *Boniface et le pédant*, traduction française du *Candelaio*; à côté de lui, Granger est très modéré dans son usage du latin. Au reste, ce qui est frappant chez celui-ci est moins la quantité de latin que le choix et l'usage qu'il en fait. Car ce n'est pas un érudit: point de citations de poètes ni d'orateurs. D'une part il ne connaît que des mots et expressions isolés, stéréotypés (*haud dubie, ne multus sim, a capite ad calcem, a minori ad majus*) parmi lesquelles deux expressions bibliques ou religieuses: *nescio vos* et *ne reminiscaris delicta nostra*, et des traductions faciles (*tuus enim patruus*), ou des règles élémentaires de Despautère, qui rappellent parfois les pages roses du petit Larousse: Jacques Prévot en a relevé dix-neuf, très souvent prises dans une interprétation obscène, ce qui probablement devait être une habitude de potaches déjà passablement éculée[37]. Plus frappante est sa manière d'agir comme l'écolier limousin, décalquant un mot latin pour en créer un néologisme français: *avole, sejongant, obtondre*, etc. Jacques Prévot en a compté soixante-quinze, mais un certain nombre étaient déjà passés dans la langue: il reste à peu près trente néologismes à l'état pur.

La latinité de Granger ne s'arrête pas à la langue: toute la mythologie et un peu de l'histoire ancienne entrent dans son discours, mais la mythologie, le vocabulaire, la grammaire, ce sont les matières du programme de sixième: est-ce une intention mali-

---

[37] Jan Van Pauteren (1460-1520), professeur à l'université de Louvain, francisé en Jean Despautère, écrivit une grammaire latine à l'usage des écoliers, entièrement en latin, *Universa Grammatica in commodiorem docendi et discendi usum redacta*, publiée dans certaines éditions sous le titre *Johannis Despauterii ninivitae commentarii gramatici*, gros ouvrages en trois parties, paginées séparément dans les premières éditions: **Prima pars grammatica**, en 7 livres: *De nominum generibus, De nominum recta declinatione, De nominum heteroclisi, De nominum comparationibus, De verborum praeteritis et supinis, De verbis defectis et anomalis, De verborum formis*; **Syntaxis**: un seul livre de 299 pages; **Ars versificatoria**: 3 livres, suivi d'un livre IV, *De Accentibus*, et d'un livre V, *De Carminum generibus*.
Les règles sont en gros caractères et parfois numérotées. Cette grammaire peut être considérée comme le bréviaire des études latines au XVIIe siècle. Nous donnons, comme Jacques Prévot, les références d'après l'édition très complète de 1563. Certes, rien ne prouve que Cyrano de Bergerac l'ait eue sous les yeux; ni aucune autre, ou même l'un de ces *Epitome* (résumés) de cette grammaire, à l'usage des écoliers, dont plusieurs furent publiés, au moins dès 1627; car les règles qu'il cite étaient apprises par cœur et il en avait certainement gardé le souvenir.

cieuse de l'auteur ? Le principal du collège de Beauvais, à travers sa faconde faussement savante, semble ne pas connaître autre chose que le rudiment !

Par ailleurs et contradictoirement, il se montre parfois singulièrement habile comme rhéteur et même comme versificateur (je n'ose dire poète): au premier acte, la succession de 73 octosyllabes rimant tous en *if* est un chef-d'œuvre du style burlesque. Ses tirades sont toujours rigoureusement, voire pesamment articulées, à l'aide parfois de termes latins: *Atqui, ac primo*, etc. Il aime les jeux de construction verbale, développant par exemple sa colère selon les quatre opérations arithmétiques; il aime images et métaphores, filées parfois, parlant de courir de la Vierge au Chancre et d'entrer au Verseau en passant par le Capricorne (I, 1) ou comparant les femmes aux arbres (I, 3), ou encore dans la demande qu'il adresse à Paquier en IV, 5 :

> Mais si tu veux que l'embryon de tes espérances, devenant le plastron de mes libéralités, fasse métamorphoser ta bourse en un microcosme de richesses et ta poche en corne d'abondance, fais dis-je que mon coquin de fils prenne un verre au collet de si bonne sorte qu'ils en tombent tous deux sur le cul [...] voici de l'or, voici de l'argent ; Regarde si par un prodige surnaturel je ne fais pas bien dans ma poche conjonction du soleil et de la lune sans éclipse.

Au reste chacune de ses tirades importantes est un morceau de bravoure. Déjà, le refus de Châteaufort comme gendre (I,1); la tirade sur le mariage, qui rappelle celles de Panurge (I, 3); la tirade sur les protections à prendre contre les esprits (avant l'envoi de Paquier en messager auprès de Genevote, en II,8); le soliloque devant le miroir et les répétitions de l'expression du dédain, de la colère et de l'amour (III, 1); les quatre tirades par lesquelles il fait sa cour: celle de l'antithèse, celle de la comparaison, celle de la métaphore et celle des arguments, complétées, chose bien inattendue, par une longue adresse dans un ancien français tout à fait correct (III, 2). L'acte IV, d'action, est plus pauvre; on y retrouve néanmoins un long discours à Paquier, où après l'avoir habillé de jeux de mots, il le charge d'enivrer son fils. Même chose à l'acte V: des répliques assez brèves forment l'oraison funèbre de Charlot (sc. 2) et la célébration de sa propre habileté à jouer (sc. 5); elles sont suivies d'un autre morceau de bravoure, recommandations données à Paquier comme portier de théâtre. Enfin, le manuscrit de la pièce se termine par une longue et étrange conversation avec la mort, d'esprit passablement libertin.

Ces morceaux de bravoure complètent le caractère de Granger, certes, insistant sur sa cuistrerie, son érudition inutile, son *phébus*, son style fleuri et riche de *concetti* à la Nervèze ; plus d'une fois aussi, ils montrent en lui un orateur inopportun peut-être, mais habile, voire un authentique poète. Et pour cause : Cyrano, emporté par le plaisir d'écrire, oublie son personnage et écrit pour lui-même. Comment douter qu'il se réjouisse de sa maîtrise à manier l'ancienne langue, à filer des métaphores et des comparaisons, à élaborer des édifices d'antithèses ou à construire une argumentation imparable ? On peut même aller plus loin : l'entremêlement du latin au français et tout le fatras pédantesque sont un jeu, certes, mais un jeu de clerc. Grangier n'a pas perdu son temps avec son élève : il en est venu à lui ressembler. Souvent, le personnage n'est qu'un prétexte, c'est la voix de l'auteur des *Lettres* et des *Entretiens pointus* que nous entendons. Au point que c'est dans la bouche de Granger que Cyrano met son testament d'esprit fort – quitte à le supprimer dans l'édition, à la fois par prudence et par souci de cohésion esthétique.

On ne peut donc se faire une vision cohérente du personnage. Gareau nous apprend la bassesse de son origine : visiblement fils d'un domestique des Marcilly, il a passé son enfance à courir dans les bois avec ses semblables, dont Gareau. Sans doute remarqué par le curé, qu'il fréquentait peut-être beaucoup («Ous esquiez trejours à pandiller entour ces cloches») il a fait des études, il est devenu homme des villes, cultivé, principal de collège, bref, «grosse citrouille» de «petit navet» qu'il était. On peut même voir une ironie dans la bouche de Gareau : «ce biau marle qui sublet si finement haut, ce n'estet que le clocu, Fili David», phrase qui se peut traduire par «Vous vous croyez un grand seigneur ou un grand savant[38], vous n'êtes qu'un coucou, fichtre !». Phrase à entendre moins comme une allusion au cocuage, deux phrases plus tôt que comme une raillerie, puisque le coucou pond ses œufs dans le nid des autres oiseaux : «vous vous croyez un homme de savoir, vous n'êtes qu'un pilleur et un copieur.»[39] Il a

---

[39] Le merle a une robe noire, comme les docteurs...

[40] Gareau est-il capable de juger du savoir de Granger ? Non, certes, mais il y a les on-dit, et il est loin d'être sans finesse. En outre, il ne faut pas exclure un sens du fait qu'il est hors du contexte.

gardé d'ailleurs une certaine familiarité avec Gareau, puisque sa fille le tutoie et qu'il envisage même de l'avoir pour gendre. Il est censé aussi avoir un frère établi à Venise, pour les besoins de la cause. Son avarice est manifeste par l'état de son accoutrement tel que le peint Genevote, en III, 1, et par la récompense qu'il promet à Paquier : un impôt sur la pitance de ses disciples (Grangier avait été accusé de détournements). On repère donc, ici ou là, un certain nombre de traits de caractère, on essaie de nous faire un portrait du personnage, mais sa parole le dépasse, elle se déploie pour elle-même, avec cette fantaisie érudite, ce goût pour les jeux de langage et d'idées que l'on observe pareillement dans les autres œuvres de Cyrano et qui ressortissent de deux courants de pensée de la première moitié du XVIIe siècle : le burlesque et le libertinage érudit.

LE COMIQUE

En définitive c'est donc du domaine du langage que provient principalement le comique de la pièce. Car, autrement, que trouve-t-on ? Un fonds d'intrigue on ne peut plus simple et plus banal ; quelques jeux de scènes et un certain nombre de caractères ridicules originaux ; mais c'est au niveau du langage que se déploie toute leur envergure : ils ne sont que ce qu'ils disent et ils sont tout ce qu'ils disent : il n'y a pas en eux d'arrière-plan, suggéré par leur parole, mais demeuré profond, comme chez Molière, par exemple. C'est donc essentiellement du point de vue du langage que l'on peut distinguer une série de treize grandes séquences, qui font l'articulation véritable de la pièce.

— la séquence Granger-Châteaufort, ou du refus (I, 1),

— la séquence Granger-Charlot, ou du voyage de Venise (I, 2-9)

— la séquence Gareau-Châteaufort, ou des coups (II, 2),

— la séquence Gareau-Granger, ou de la succession (II, 3),

— la séquence Granger-Corbineli, ou scène de la galère (II, 4),

— la séquence Paquier-Genevote, ou des feux, des charbons et des traits (II, 9),

— la séquence du miroir, ou la répétition de Granger seul (III,1),

- la séquence Genevote-Granger (III, 2), immense séquence qu'on peut diviser en séquence du rire et séquence de la cour burlesque.

- la séquence nocturne (Granger, Corbineli, La Tremblaye, Châteaufort, Genevote, divisée elle-même en séquence de l'échelle et des ombres (IV, 1), et séquence des menaces (IV, 2 et 3),

- une petite séquence Granger-Paquier, ou de l'habillement (IV, 4),

- la séquence Granger-Charlot-Corbineli, ou séquence de l'ivresse (IV, 6 à 8),

- la séquence Granger-Corbineli-Genevote, ou de la ruse qui échoue (V,1-4),

- la séquence du dénouement (V, 5-10), comportant la séquence de la pièce intérieure (la majeur partie de la scène 10), elle-même comprise dans une séquence de rappel, où figurent Châteaufort, Gareau, etc.[40]

De ces treize séquences, trois seulement font avancer l'action : la séquence nocturne et celle de la pièce intérieure, auxquelles il faut ajouter la séquence de Venise : ailleurs, il s'agit de séquences de parole, on pourrait dire de prétextes à une parole qui, se développant pour elle-même selon sa propre liberté, ne construit le personnage que formellement, ou tout au moins, de ce point de vue, n'apporte qu'un contenu accessoire. Ces grandes suites comportent elles-mêmes des séquences plus petites, fortement autonomes : la séquence en octosyllabes (I, 1), la séquence des femmes (I, 3), celle des feux, celle des charbons et celle des traits (II, 9), la séquence des antithèses, celle des métaphores, celle des arguments et celle du vieux français, dans la cour burlesque (III, 2), etc. Beaucoup plus que toute autre chose, ce sont ces variations éblouissantes sur l'utilisation du langage qui soutiennent – pour ne pas dire qui font— la pièce. Et si, dans les discours de Gareau, tout est dominé par l'utilisation du patois, ils ne s'en développent pas moins autour de thèmes distincts (les voyages, la succession, etc.)

---

[40] A quoi s'ajoute, dans le manuscrit une dernière séquence : la conversation de Granger avec la mort.

Ce sont ces séquences qui portent tout le comique de la pièce, dans leur efflorescence, leur foisonnement et leur perpétuelle incongruité. Car, si le langage est toujours remarquable par sa variété, il l'est aussi par son incongruité : jamais ce qui est dit ne convient à l'action ou à l'effet recherché : les discours de Châteaufort sont absurdes, ceux de Gareau hors de saison, ceux de Granger toujours en décalage par rapport non seulement à la norme mais à la raison. On peut donner de ce perpétuel écart deux exemples : celui de Corbineli brodant des variations pathétiques sur l'enlèvement de son maître par les Turcs, sans aucun rapport avec la réalité : encore s'agit-il d'une fourberie, il n'est nullement dupe de ses paroles, aussi le ridicule ne rejaillit pas sur lui, mais sur son auditeur principal. Un autre exemple est la cour faite par Granger à Genevote, par l'intermédiaire de Paquier d'abord, puis directement ensuite. C'est une sorte de danse nuptiale à contre sens ; le but est de charmer, mais Granger s'y prend exactement comme s'il visait le contraire : quelle femme serait sensible à cet étalage de cuistreries, de recherche laborieuse, de jeux de langage ? Et qui ne se lasserait de ce travail langagier, n'était son extrême variété ? Cyrano se montre un véritable acrobate du langage : il jongle avec les mots, les phrases, les figures, le latin, le patois, le français ou l'ancien français, la prose et les vers, avec une éblouissante virtuosité. A l'intérieur de ce langage se déploient les outrances, les bévues, les bourdes, les gaucheries voulues, tous les effets de rhétorique, voire de poétique, sans oublier le large domaine de la gauloiserie : on repère plus de 31 grivoiseries ou franches obscénités, sans compter les multiples allusions au cocuage, cornes, etc. De ce bas comique, si Châteaufort et Paquier y participent éventuellement, l'essentiel provient de Gareau et surtout de Granger, ce qui n'a rien d'étonnant : les clercs, peut-être par compensation à l'austérité de leurs études sont volontiers paillards et l'écart qui se manifeste ainsi chez eux donne plus de relief à des plaisanteries douteuses que si elles étaient placées dans la bouche d'un reître quelconque. Ce sont tous ces aspects, en même temps que le rythme toujours rapide, qui font du *Pédant joué* une comédie exceptionnelle, même si par la force des choses, elle se réduit à n'être, pour nous comme pour ses contemporains, qu'un théâtre dans un fauteuil ; moins bien construite, peut-être, que certaines autres, mais très supérieure en force comique, en puissance satirique et en allégresse d'écriture au théâtre de son temps.

LE TEXTE

Principales éditions

LE / PEDANT / IOVÉ / COMEDIE / Par Mr DE CYRANO BERGERAC [Fleuron] / A PARIS / Chez CHARLES DE SERCY, / au Palais, / dans la Salle Dauphine, à la Bonne-Foy couronnée / MDCLIV / *Avec Privilege du Roy.*　　Rf 5839*

LE / PEDANT / IOVÉ, / COMEDIE / Par Mr DE CYRANO BERGERAC [Fleuron] / A PARIS, / Chez CHARLES DE SERCY, au / Palais, dans la Salle Dauphine, à la / Bonne-Foy couronnée / MDCLVIII / *Avec Privilege du Roy*　　Rf 5860

LE / PEDANT / IOVÉ, / COMEDIE / *Par M. de CYRANO BERGERAC* [Fleuron] / A PARIS, / Chez CHARLES DE SERCY, au Palais, / dans la Salle Dauphine. / MDCLX / *Avec Privilege du Roy*　　Rf 5861

LE / PEDANT / IOVÉ / COMEDIE / [Fleuron] / A ROUEN, chez ANTOINE FERRAND, / aux degrez du Palais / MDCLXIII.
[Dans un recueil factice, du même imprimeur]　　Rf 5842

LE / PEDANT / JOVÉ. / COMEDIE, PAR MONSIEUR DE / CYRANO BERGERAC / Fleuron / *A LYON.* / Chez CHRISTO-PHILE FOURMY, rue / Mercière, à l'enseigne de l'Occasion. / *MDCLXIII.* / AVEC PERMISSION [t. III]　　Rf 5862

LE / PEDANT / IOVÉ, / COMEDIE / *Par Monsieur DE CYRANO BERGERAC* / Fleuron] / A PARIS / Chez CHARLES DE SERCY, / au Palais / au Sixième Pilier de la Grand'Salle, à la Bonne-Foy couronnée / MDCLXXI / *AVEC PRIVILEGE DU ROY*　　Rf 5844 (2)

LE / PEDANT / JOÜÉ. / COMEDIE. / PAR MONSIEUR DE / CYRANO BERGERAC / /Fleuron] / *A LYON* / Chez PIERRE COMPAGNON, / & ROBERT TAILLANDIER, / rue Mercière, au Cœur-bon / MDCLXXII / AVEC PERMISSION　Rf 5863

LE / PEDANT / JOÜÉ / COMEDIE / *PAR MONSIEUR* / DE CYRANO BERGERAC. / [Fleuron] / A ROUEN, / Chez JEAN B. BESONGNE, / ruë Ecuyere, au Soleil / Royal, 1678.

---

* Les cotes sont celles de la Bibliothèque de l'Arsenal.

42 ŒUVRES COMPLÈTES

[dans un recueil factice des Œuvres diverses, même lieu, s. d.]
Rf 5843

LE / PEDANT / JOÜÉ. / COMEDIE. / PAR MONSIEUR /
DE CYRANO BERGERAC / PREMIERE PARTIE /Fleuron] / A
PARIS / Chez CHARLES DE SERCY, / au Palais au sixième /
Pilier de la Grand'Salle, vis à vis la Montée de la /Cour des
Aydes, à la Bonne-Foy couronnée / MDCLXXXIII / *AVEC PRI-
VILEGE DU ROY*   8° BL 13849

LES / ŒUVRES / DE MONSIEUR / DE CYRANO / BER-
GERAC. / NOUVELLE EDITION / ornée de Figures en taille-
douce / SECONDE PARTIE / Fleuron / A AMSTERDAM / Chez
JACQUES DESBORDES, Libraire, /vis à vis la grande porte de
la Bourse, / MDCCIX. [Ne contient pas les pièces]   Rf5846

LES / ŒUVRES / DIVERSES / DE MONSIEUR / DE
CYRANO / BERGERAC. / [fleuron portant dans un cœur le
monogramme J.H.S.] / Sur l'imprimé, / A Paris, / Chez
CHARLES DE SERCY, au Palais, dans la Salle Dauphine, à la
bonne Foy / MDCLXI
[Recueil factice; contient *Le Pédant joué*]   Rf 5840

LES / ŒUVRES / DE MONSIEUR / DE CYRANO / BER-
GERAC. / PREMIERE PARTIE / Fleuron / A PARIS / Chez
CHARLES DE SERCY, au Palais, au / Sixième Pilier de la
grand'Salle; vis à / vis la montée de la Cour des Aydes, / à la
Bonne-Foy couronnée./ MDCLXXVI
[Contient *Le Pédant joué*]   8°BL 33903

LES / ŒUVRES / DIVERSES / DE MONSIEUR / DE
CYRANO / BERGERAC. / TOME PREMIER / Enrichi de
figures en Taille-douce, /A AMSTERDAM. / chez DANIEL
PAIN, Marchand Libraire / Sur le Voorburgwal proche du
Stilsteeg / MDCXCIX
[Contient *Le Pédant joué*]   Rf 5845

LES / ŒUVRES / DIVERSES / DE MONSIEUR / CYRANO
/ DE BERGERAC. / TOME TROISIEME / A AMSTERDAM /
Chez JACQUES DESBORDES, Libraire, / sur le Pont de la
Bourse joignant les Comptoirs de Cologne / MXCCXLI.
[Contient *Le Pédant joué* et *La Mort d'Agrippine*]
Rf 5847

Parmi les éditions modernes, il faut signaler celle de P. L. Jacob, dans les *Œuvres comiques, galantes et littéraires de Cyrano de Bergerac*, Paris, Garnier Frères, s.d. ; celle de Rémy de Gourmont, Paris, Mercure de France, 1908 ; celle de Frédéric Lachèvre, dans les *Œuvres diverses de Cyrano de Bergerac*, Paris, Garnier frères, 1933. Cette édition reprend les notes de P.-L. Jacob, mais elle a l'originalité d'intégrer en italiques dans le texte les ajouts du manuscrit.

Enfin, mentionnons deux éditions plus récentes. Celle de Jacques Prévot, *in* Cyrano de Bergerac, *Œuvres complètes*, Paris, Belin, 1977, suit l'édition originale dont elle respecte l'orthographe ; elle n'est pas annotée, mais en revanche, les répliques de Gareau donnent lieu à un commentaire très serré et à une annotation pratiquement exhaustive dans *Cyrano de Bergerac poète et dramaturge*, du même auteur, Paris, Belin, 1978. Celle de Jacques Truchet dans le tome II du *Théâtre du XVIIe siècle*, coll. de La Pléiade, Paris, Gallimard, 1986, comportant une annotation abondante sur l'ensemble, est faite d'après le manuscrit.

Car il existe un manuscrit du *Pédant joué* (B.N., F. fr. n.a. 4557) du plus grand intérêt. C'est une copie soignée, paginée, très lisible ; elle donne un texte qui sera visiblement émondé pour l'édition. Madeleine Alcover le date de 1650-1651. C'est dire qu'il est nettement postérieur au texte primitif. Lorsque l'on compare avec l'édition, on s'aperçoit d'une lacune, d'un « bourdon », qui commence après le dernier mot de la page actuelle 10 v° et qui se termine avant « au mariage », premiers mots de la page actuelle 11 r°. Autrement dit, la pagination ne tient pas compte du bourdon. D'après Madeleine Alcover, on peut supposer que le texte absent correspondait à un feuillet arraché, détaché ou manquant par une inadvertance quelconque, car le texte édité ne présente aucun caractère qui puisse laisser supposer une suppression volontaire ; de plus la coupure rend le manuscrit incohérent. Il n'a donc pu servir de base à l'édition, pour laquelle il fallait une lecture exacte ; il nous semble qu'il devait plutôt être destiné à circuler dans des milieux amis, comme c'était le cas général pour les écrits de ce temps. On peut penser que ces cercles d'intimes, sans doute assez libertins en l'occurrence mais prudents, ont suggéré à Cyrano des suppressions, des atténuations ou des corrections.

Nous suivons l'édition originale – la seule qu'a pu connaître Cyrano – en signalant les variantes de 1658 et de 1660, malgré tout assez proches, à l'exception de celles concernant la ponctuation, que nous modifions le moins possible, adoptant alors, autant que faire se peut, celle de 1658 ou de 1660. Quant à l'orthographe, elle est résolument modernisée, sauf dans les passages en patois où nous la conservons intégralement.

Pourquoi ce choix? D'abord parce que l'édition de la Pléiade met le texte du manuscrit, assez fidèlement reproduit dans l'ensemble, à la portée de tous. Mais surtout, il y a toute apparence que l'édition ait été surveillée par l'auteur lui-même; et s'il existe des suppressions dues à la prudence, en particulier la tirade finale de Granger, qui, si on peut l'apparenter aux autres morceaux de bravoure du personnage (le poème en octosyllabes du premier acte, la déclaration amoureuse de l'acte III, etc.) demeure néanmoins totalement incongrue et n'a aucun rapport ni avec la pièce ni avec le caractère du personnage, la plupart des corrections par rapport au manuscrit sont d'ordre esthétique: l'auteur supprime des longueurs, des répétitions, inverse des expressions, en général avec bonheur.

En revanche, nous donnons toutes les variantes du manuscrit qui ne sont pas purement orthographiques; et dans ces variantes nous respectons absolument son orthographe. Nous respectons aussi la ponctuation, qui est sinon inexistante, au moins difficilement discernable: souvent seule une majuscule indique une nouvelle phrase; ailleurs, l'unique signe employé est la virgule, avec parcimonie. L'apostrophe existe rarement et presque toujours l'article est lié avec le nom. Sauf dans quelques cas précis, notamment dans les répliques de Gareau, où cette liaison est significative, nous avons cru préférable de séparer les termes, pour plus de clarté.

Nous avons reproduit dans les variantes le texte entier des répliques de Gareau, car le patois du manuscrit n'est pas celui de l'édition. Celle-ci, en effet, comme c'est fréquemment le cas, est hyperpatoisante (*Vramant* au lieu de *Vrament, bian* au lieu de *bien, j'en avouas* au lieu de *j'en avois, Jacquelaine* au lieu de *Jaqueline, Tanquia* au lieu de *Tantia, estet* au lieu de *était,* etc.) D'autre part, elle ne conserve pas une orthographe visiblement intentionnelle, corrigeant *je fesi* en *je fesis,* transformant en *ce l'y fis-je* un *celifije* soudé, bien plus significatif du parler paysan. Bien qu'il suive le manuscrit, Jacques Truchet, tenu par le parti pris de modernisation de la collection, n'a pu respecter absolument la forme de ces répliques.

LE PÉDANT JOUÉ[a]

ACTEURS

GRANGER, pédant[1].
CHATEAUFORT, capitan.
MATHIEU GAREAU, paysan.
DE LA TREMBLAYE[b], gentilhomme amoureux de la fille du
pédant.
CHARLOT GRANGER, fils du pédant[c].
CORBINELI, valet du jeune Granger, fourbe[d].
PIERRE PAQUIER, cuistre[2] du pédant, faisant le plaisant[e].
FLEURY, cousin du pédant.
MANON, fille du pédant.
GENEVOTE, sœur de M. de la Tremblaye[f].
CUISTRES[g].

La scène est à Paris au collège de Beauvais.

---

[1]   « Homme de collège qui a soin d'instruire et de gouverner la jeunesse, de lui enseigner les humanités et les arts.» Furetière, *Dictionnaire universel* (1690). L'auteur note ensuite le sens péjoratif de « qui fait un mauvais usage des sciences, qui les corrompt et altère, qui les tourne mal, qui fait de méchantes critiques et observations, comme font la plupart des gens du collège », et il ajoute encore : « Les qualités d'un pédant, c'est d'être mal poli, mal propre, fort crotté, critique opiniâtre, et de disputer en galimatias.»

[2]   « Valet de pédants, ou de prêtres, et de gens de collège, qui leur sert à faire cuire leur viande» (Furetière). Cette dernière qualification, n'est d'ailleurs là que pour expliquer l'étymologie du terme, qui viendrait du latin *coquere*, cuire.

ACTE PREMIER

SCÈNE PREMIÈRE
GRANGER, CHATEAUFORT

GRANGER

O par les dieux jumeaux[3], tous les monstres ne sont pas en Afrique. Et de grâce, satrape du palais stygial[4], donne-moi la définition de ton individu. Ne serais-tu[a] point un être de raison[5], une chimère[6], un accident sans substance[7], un élixir[8] de la matière première[9], un spectre de drap noir? Ha! tu n'es sans doute que cela, ou tout au plus un grimaud[10] d'enfer qui fait l'école buissonnière.

CHATEAUFORT

Puisque je te vois curieux de connaître les grandes choses, je veux t'apprendre les miracles de mon berceau. La nature se voyant incommodée d'un si grand nombre de divinités, voulut[b] opposer un Hercule à ces monstres. Cela lui donna bien jusques à la hardiesse de s'imaginer qu'elle me pouvait produire. Pour cet effet elle empoigna les âmes de Samson, d'Hector, d'Achille, d'Ajax, de Cyrus, d'Epaminondas, d'Alexandre, de Romule, de Scipion, d'Hannibal, de Sylla, de Pompée, de Pyrrhus, de Caton,

---

[3]   Castor et Pollux.

[4]   Gouverneur des Enfers (le palais du Styx); les Satrapes étaient les gouverneurs des provinces de Perse.

[5]   Un pur concept, sans existence concrète.

[6]   Création de l'imagination.

[7]   Distinction scolastique: l'accident est ce par quoi se manifeste la substance; il ne peut exister sans elle.

[8]   « La substance la plus subtile, interne et spécifique de chaque corps, qui est comme l'essence de l'essence » (Furetière).

[9]   « Celle qu'on conçoit, faisant abstraction de toutes ses formes » (Furetière).

[10]   Étymologiquement élève des classes de grammaire, d'où galopin, employé au XVIe siècle avec le sens de diable, d'où le jeu de mots: un diablotin qui fait l'école buissonnière sur la terre.

de César, et d'Antoine[11]; puis les ayant pulvérisées, calcinées, rectifiées, elle réduisit toute cette confection, en[a] un spirituel sublimé[12] qui n'attendait plus qu'un fourreau pour s'y fourrer[b]. Nature glorieuse de son réussi ne pût goûter modérément sa joie, elle clabauda[13] son chef-d'œuvre partout; l'Art en devint jaloux; et fâché, disait-il, qu'une teigneuse emportât toute seule la gloire de m'avoir engendré, la traita d'ingrate, de superbe[14], lui déchira sa coiffe: Nature de son côté prit son ennemi aux cheveux. Enfin, l'un et l'autre battit et fut battu. Le tintamarre des démentis, des soufflets, des bastonnades, m'éveilla; je les vis et jugeant que leurs démêlés ne portaient pas la mine de prendre si tôt fin, je me crée moi-même[c]. Depuis ce temps-là leur querelle dure encore; partout vous voyez ces irréconciliables ennemis se[d] prêter le collet[15], et les descriptions de nos écrivains d'aujourd'hui ne sont lardées d'autre chose que des faits d'armes de ces deux gladiateurs, à cause que prenant à bon augure d'être né dans la guerre, je leur commandai en mémoire de ma naissance de se battre jusques à la fin du monde sans se reposer. Donc afin de ne pas demeurer ingrat, je voulus dépêtrer la Nature de ces dieutelets[e] [16,] dont l'insolence la mettait en cervelle[17]. Je les mandai, ils obéirent; enfin je prononçai cet immuable arrêt: «Gaillarde troupe, quand je vous ai convoqués, la plus miséricordieuse intention que j'eusse pour vous était de vous annihiler; mais craignant que votre impuissance ne reprochât[f] à mes mains l'indignité de cette

---

[11] Aux héros de la Bible et de l'*Iliade*, Châteaufort ajoute les grands hommes de l'antiquité.

[12] Termes se rapportant à des opérations de chimie: *calciner*, c'est «réduire les métaux en chaux ou poudre très subtile par le moyen du feu» (Furetière); *rectifier*, c'est «réitérer des distillations ou sublimations de choses déjà distillées ou sublimées» (*ibid.*); une *confection* est en termes de pharmacie «un remède qui a la consistance d'électuaire* solide, composé de plusieurs drogues précieuses» (*ibid.*); un *sublimé* est le résultat d'une distillation. *L'électuaire est une sorte de bonbon adoucissant.

[13] *Clabauder*: «Se dit figurément des hommes qui crient, qui déclament trop hautement, qui parlent beaucoup et qui ne disent rien de solide»(Furetière). Au sens propre, c'est aboyer fortement.

[14] *Superbe*: orgueilleux, vain, présomptueux.

[15] *Prêter le collet à quelqu'un*, c'est au figuré dire «qu'on lui tiendra tête en toutes sortes de disputes et contestations» (Furetière).

[16] Diminutif méprisant: petits dieux.

[17] Mettre en peine, en inquiétude.

victoire, voici ce que j'ordonne de votre sort. Vous autres dieux qui savez si bien courir comme Saturne père du temps, qui mangeant et dévorant tout court[a] à l'hôpital[18]; Jupiter qui comme ayant la tête fêlée depuis le coup de hache qu'il reçut de Vulcain doit courir les rues[19]; Mars qui comme soldat court aux armes; Phébus qui comme dieu des vers court[20] la bouche des poètes; Vénus qui comme putain court l'aiguillette[21]; Mercure qui comme messager court la poste[22]; et Diane qui comme chasseresse court les bois[b]; vous prendrez la peine, s'il vous plaît de monter tous sept à califourchon chacun sur une étoile. Là vous courrez de si bonne sorte, que vous n'aurez pas le loisir d'ouvrir[c] les yeux.»

PAQUIER

En effet les planètes sont justement ces sept-là[d].

GRANGER

Et des autres dieux, qu'en fîtes-vous?

CHATEAUFORT

Midi sonna, la faim me prit, j'en fis un saupiquet[23] pour mon dîner.

PAQUIER

Domine, ce fut assurément en ce temps-là que[e] les oracles cessèrent.

---

[18] Où l'on enferme les indigents, ceux qui ont mangé tout leur avoir. Saturne dévorait ses enfants, dès leur naissance.

[19] «On dit qu'un homme est fou à courir les rues, pour dire qu'il est tout à fait hors de sens»(Furetière). D'un coup de hache, Vulcain fendit la tête de Jupiter, et Minerve en sortit tout armée.

[20] Au sens de hanter, fréquenter, comme on court le bal, les tripots, etc.

[21] «Se dit d'une femme qui va se prostituer de çà et de là» (Furetière). *L'aiguillette* est un lacet qui sert à attacher le haut-de-chausses.

[22] *Courir la poste*: aller à la vitesse de la poste, la plus rapide que l'on connaisse, par suite des fréquents relais.

[23] *Saupiquet*: «il se dit de toutes sortes de sauces qui sont de haut goût» (Furetière).

CHATEAUFORT

Il est vrai ; et dès lors ma complexion prenant part à ce salmi-gondis de dieux[a], mes actions ont été toutes extraordinaires[b]: car si j'engendre, c'est en Deucalion[24]; si je regarde, c'est en basi-lic[c][25]; si je pleure, c'est en Héraclite; si je ris, c'est en Démocrite[26]; si[d] j'écume, c'est en Cerbère; si je dors, c'est en Morphée; si je veille, c'est en Argus; si je marche, c'est en Juif[e] errant; si je cours, c'est en Pacolet[27]; si je vole, c'est en Dédale[f][28]; si je m'arrête, c'est en dieu Terme[g][29]; si j'ordonne, c'est en destin. Enfin[h] vous voyez celui qui fait que l'histoire du phénix[30] n'est pas un conte.

GRANGER

il est vrai qu'à l'âge où vous êtes n'avoir point de barbe : vous me portez la mine aussi bien que le phénix, d'être incapable d'en-gendrer[i]. Vous n'êtes ni masculin, ni féminin, mais neutre. Vous avez fait de votre dactyle un trochée, c'est-à-dire que par la sous-traction d'une brève vous vous êtes rendu impotent à la propaga-tion des individus[31]. Vous êtes de ceux dont le sexe femelle
Ne peut ouïr le nominatif
A cause de leur génitif,
Et souffre mieux le vocatif
De ceux qui n'ont point de datif,

---

[24] Ce fils de Prométhée fut le fondateur de tout le genre humain.

[25] Le regard de cet animal imaginaire était mortel.

[26] Célèbres philosophes grecs, dont la légende prétend que l'un pleurait et l'autre riait toujours.

[27] Écuyer des quatre fils Aymon, célèbre par la rapidité de son cheval.

[28] Dédale fabriqua des ailes de plumes et de cire au moyen desquelles il s'évada du labyrinthe.

[29] La borne marquant la frontière d'une propriété, assimilée à un dieu par les Romains.

[30] Le phénix, comme Châteaufort, s'engendre lui-même à partir de ses cendres.

[31] Le dactyle est composé de deux brèves et d'une longue, le trochée d'une brève et d'une longue. Allusion obscène facile à comprendre à la fausse virilité de Châteaufort, bien qu'on voie mal pourquoi une seule brève est supprimée, sinon pour permettre la métaphore métrique, probablement cou-rante parmi les gens de collège. Molière la reprendra dans *La Jalousie du Barbouillé*, sc. VI: «...de la quantité, tu n'aimes que le dactyle, *quia constat ex una longa et duabus brevibus* », dit le Docteur à Angélique.

Que de ceux dont l'accusatif
Apprend qu'ils ont un ablatif.
J'entends que le diminutif
Qu'on fit de vrai trop excessif
Sur votre flasque génitif,
Vous prohibe le conjonctif.
Donc, puisque vous êtes passif,
Et ne pouvez plus être actif,
Témoin le poil indicatif
Qui m'en est fort persuasif,
Je vous fais un impératif
De n'avoir jamais d'optatif
Pour aucun genre subjonctif,
De *nunc* jusqu'à l'infinitif,
Ou je fais sur vous l'adjectif
Du plus effrayant positif
Qui jamais eut comparatif :
Et si ce rude partitif
Dont je serai distributif
Et vous le sujet collectif,
N'est le plus beau superlatif,
Et le coup le plus sensitif
Dont homme soit mémoratif,
Je jure par mon jour natif[32]
Que je veux pour ce seul motif
Qu'un sale et sanglant vomitif
Surmontant tout confortatif,
Tout lénitif, tout restrictif,
Et tout bon corroboratif[33],
Soit le châtiment primitif
Et l'effroyable exprimitif
D'un discours qui serait fautif ;
Car je n'ai le bras si chétif,
Ni vous le talon si fuitif,
Que vous ne fussiez portatif
D'un coup bien significatif.

---

[32] Serment solennel dans l'antiquité.
[33] Au jeu sur les termes de grammaire, succède celui celui sur les termes de
pharmacie.

O visage! ô portrait naïf!
O souverain expéditif
Pour guérir tout sexe lascif
D'amour[a] naissant, ou effectif,
Genre[b] neutre, genre métif[34],
Qui n'êtes homme qu'abstractif,
Grâce à votre copulatif
Qu'a rendu fort imperfectif
Le cruel tranchant d'un ganif[35];
Si pour soudre ce logogrif[36],
Vous avez l'esprit trop tardif,
A ces mots soyez attentif:
Je fais vœu de me faire juif,
Au lieu d'eau de boire du suif,
D'être mieux damné que Caïf[37],
D'aller à pied voir le Cherif[38],
De me rendre à Tunis captif[39],
D'être berné comme escogrif[40],
D'être plus maudit qu'un Tarif[41],
De devenir ladre et poussif,
Bref, par les mains d'un sort hâtif,
Couronné de cyprès et d'if[42],
Passer dans le[c] mortel esquif[43]
Au pays où l'on est oisif,

---

[34]   S'emploie au XVII[e] siècle aussi bien que *métis*.

[35]   Granger accuse donc nettement Châteaufort d'avoir été en partie châtré, sans préciser s'il s'agirait d'une vengeance ou d'une opération destinée dès l'enfance à en faire un eunuque, on ne sait pour quelle raison.

[36]   Sorte d'énigme fondée sur les combinaisons possibles des lettres du mot à trouver.

[37]   Caïphe, le grand-prêtre qui fit arrêter Jésus-Christ et le livra aux Romains.

[38]   Chef religieux de la Mecque.

[39]   Tunis comme Alger était un centre où les corsaires barbaresques vendaient comme esclaves leurs prisonniers chrétiens.

[40]   Un escogriffe est à l'origine un homme impudent et hardi, mais aussi de grande taille, mal bâti et de mauvaise mine.

[41]   Les édits du tarif fixaient la valeur des monnaies, ou différentes impositions indirectes.

[42]   Plantes funéraires.

[43]   La barque de Caron.

Si jamais je deviens rétif
A l'agréable exécutif
Du vœu dont je suis l'inventif,
Et duquel le préparatif
Est, beau Sire, un bâton massif,
Qui sera le dissolutif
De votre demi-substantif:
Car c'est^a mon vouloir décisif
Et mon testament mort ou vif[44].

---

[44] Plutôt que d'accumuler les notes de détail, nous traduisons ce texte, au demeurant facile à comprendre:

Vous êtes de ceux dont les femmes ne peuvent entendre prononcer le nom, à cause de leur appareil génital; elles souffrent mieux que l'on appelle ceux qui n'ont rien à leur donner que ceux dont la mise en cause apprend qu'ils ont subi une ablation. J'entends que la diminution qu'on a opérée, d'une façon, il est vrai, excessive, sur vos flasques génitoires, vous interdit toute conjonction [avec une femme]. Donc, puisque vous êtes passif et ne pouvez plus être actif, témoin votre barbe qui l'indique [par son absence] et m'en persuade facilement, je vous fais commandement de ne jamais éprouver de désir de vous soumettre [ou même, plus crûment, de coucher sous vous] un genre [féminin], de maintenant jusqu'à l'infini, ou je fais sur vous l'adjonction de la plus effrayante plantation [de gifles] qui ait jamais pu donner lieu à comparaison. Et si cette rude répartition dont je serai le distributeur et vous le sujet qui la recueillera, n'est la plus belle et la plus grande chose et le coup le plus sensible dont un homme puisse se souvenir, je jure, par le jour de ma naissance, que je veux pour ce seul motif qu'un sale et sanglant vomitif, surmontant tout réconfortant, tout lénifiant, tout astringent et tout bon fortifiant soit le premier châtiment et l'effroyable expression d'un discours qui s'avérerait faux, car je n'ai le bras si chétif ni vous les talons si rapides à la fuite que vous ne soyez porteur d'un coup bien significatif.

O visage! ô portrait au naturel! ô moyen souverain et expéditif pour guérir tout le sexe lascif d'un amour naissant ou déjà formé! O genre neutre, genre métis, qui n'êtes homme qu'abstraitement, du fait de votre système de copulation qu'a rendu fort inefficace le cruel tranchant d'un canif, si pour résoudre cette énigme vous avez l'esprit trop lent, soyez attentif à ces mots:

Je fais vœu de me faire juif, de boire du suif au lieu d'eau, d'être damné mieux que Caïphe, de faire à pied le pèlerinage de la Mecque, de me rendre prisonnier à Tunis, d'être berné comme un escogriffe, d'être plus maudit qu'un impôt, de devenir lépreux et asthmatique; bref, d'être couronné de cyprès et d'if par les mains d'un destin trop pressé et de passer de la barque mortelle au pays du repos, si jamais je renâcle à l'exécution agréable du vœu que je viens de formuler et dont la préparation est, mon beau monsieur, un bâton massif qui dissoudra votre demi-substance, car c'est ma volonté définitive et mon testament mort ou vif.

Mais vous parler ainsi, c'est vous donner à soudre les emblèmes[45] d'un sphinx; c'est perdre son huile[46] et son temps; c'est écrire sur la mer, bâtir sur l'arène[47] et fonder sur le vent. Enfin je connais que si vous avez quelque teinture des lettres, ce n'est pas de celle des Gobelins[48], car, par Jupiter Ammon, vous êtes un ignorant[a].

CHATEAUFORT

Des lettres! ah que me dites-vous? Des âmes de terre et de boue pourraient s'amuser à ces vétilles; mais pour moi je n'écris[b] que sur les corps humains.

GRANGER

Je le vois bien. C'est peut-être ce qui vous donne envie d'appuyer votre plume charnelle sur le parchemin vierge de ma fille. Elle n'en serait pas contristée, la pauvrette; car une femme aujourd'hui aime mieux les bêtes que les hommes, suivant la règle *as petit haec*[49]. Vous aspirez aussi bien qu'Hercule à ses colonnes ivoirines[50], mais l'orifice, l'orée et l'ourlet de ses guêtres est pour vous un *Ne plus ultra*[51]. Premièrement à cause que vous êtes veuf[c] d'une pucelle qui vous fit faire plus de

---

[45] *L'emblème* est la représentation énigmatique de quelque concept moral. Le *Livre des emblèmes* d'Alciat est très connu à l'époque. *Soudre*: résoudre.

[46] L'huile de sa lampe.

[47] Le sable.

[48] Les teintures utilisées dans la manufacture des Gobelins, fondée par Henri IV en 1601, étaient d'excellente qualité.

[49] Première référence aux règles de Despautère: les mots terminés par *-as* demandent le pronom *haec* et non *hic*, c'est-à-dire sont féminins (*Gr.*,L. I, p. 45). Granger l'inverse faisant de *haec* le sujet: celle-ci (c'est-à-dire la femme) demande des ânes (*aze*, note J. Truchet, est une ancienne forme méridionale; cf. anglais *ass*).

[50] Allusion grivoise aux cuisses de Manon Granger, comparées aux colonnes d'Hercule, nom antique du détroit de Gibraltar.

[51] «Pas au-delà». Il peut y avoir, à travers la description des guêtres une allusion érotique, (affaiblie dans l'expression actuelle «trouver chaussure à son pied»), mais on peut voir aussi une allusion à la réponse que fit le peintre Apelle à un cordonnier, qui, après avoir critiqué justement la représentation d'une sandale dans un tableau, s'en prit le lendemain à un autre détail, ce qui lui attira cette remarque de l'artiste « *Ne, sutor, ultra crepidam* »: Cordonnier, pas plus haut que la chaussure!»

chemin en deux jours que[a] le soleil en huit[b] mois dans le
zodiaque; vous courrâtes[c] de la Vierge au[d] Chancre en moins de
vingt-quatre heures, d'où vous entrâtes[e] au Verseau sans avoir vu
d'autre signe en passant que celui du Capricorne[52]. La seconde
objection que je fais est[f] que vous êtes normand. Normandie,
quasi venue du nord pour mendier. De votre nation les serviteurs
sont traîtres[g], les égaux insolents, et les maîtres insupportables.
Jadis le blason de cette province était trois faux, pour montrer[h] les
trois espèces de faux qu'engendre de climat: *scilicet*[53] faux saul-
niers, faux témoins et faux monnayeurs[54]. Je ne veux point de
faussaire en ma maison. La troisième, qui m'est une raison invincible, c'est que votre bourse est malade d'un flux de ventre[55],
dont la mienne appréhende la contagion. Je sais que votre valeur
est recommandable, et que votre mine seule ferait trembler le
plus ferme manteau[56] d'aujourd'hui; mais en cet âge de fer on
juge de nous par ce que nous avons et non pas parce que nous
sommes. La pauvreté fait le vice[i57], et si vous me demandez: *Cur
tibi despicior?* je vous réponds: *Nunc omnibus itur ad aurum*[58].
D'un certain riche laboureur la charrue m'éblouit[59], et je suis tout

---

[52] Jeux de mots obscènes sur les signes du Zodiaque: Vous attrapâtes une
maladie vénérienne (un *chancre*) en moins de vingt-quatre heures et vous
eûtes une blennorragie (le *Verseau* est lié à l'idée d'écoulement), sans avoir
vu d'autre signe que celui de votre cocuage (à cause des cornes de la chèvre
qui a donné son nom à la constellation). Le manuscrit fait passer Châteaufort des *Gémeaux* (métaphore de l'accouplement) au Cancer («Chancre»)
en huit jours, puis aller de la Vierge au Verseau, ce qui est moins cohérent,
d'autant que le Cancer succède immédiatement aux Gémeaux, tandis qu'il
y a dix mois entre la Vierge et le Cancer. C'est le Capricorne qui précède le
Verseau. Dire qu'une femme fait faire du chemin (ou fait voir du chemin) à
son mari signifie qu'elle le trompe.

[53] «C'est-à-dire».

[54] Plaisanteries classiques sur les Normands.

[55] «Diarrhée». Châteaufort a toujours la bourse vide.

[56] D'après Furetière, les voleurs dérobaient les manteaux (d'où le nom de tire-
laine). Il faudrait donc comprendre: le plus courageux porteur de manteau
d'aujourd'hui.

[57] Inversion de l'adage: Pauvreté n'est pas vice.

[58] «Pourquoi me méprises-tu?» et «Aujourd'hui, tout le monde va vers l'or».
Deux exemples successifs de compléments au datif, pris chez Despautère
(*Syn.*, p. 346).

[59] Cet éblouissement par une charrue, comme si elle était en or, est évidemment un effet comique. Un laboureur est un riche paysan, indépendant et

à fait résolu que, puisque *hic dat or, I longum ponat* dans son *O commune*[60]. C'est pourquoi je vous conseille de ne plus approcher ma fille en roi d'Égypte, c'est-à-dire qu'on ne vous voie point auprès d'elle dresser la pyramide à son intention[61]. Quoique j'aime les règles de la grammaire, je ne prendrais pas plaisir de vous voir accorder ensemble le masculin avec le féminin ; et je craindrais que *Si duo continue jugantur, fixa nec una, sit res*, un malevole n'inférât *Optant sibi jungere casus*[62].

CHATEAUFORT

Il est vrai, Dieu me damne[63], que votre fille est folle de mon amour. Mais quoi, c'est mon faible de n'avoir jamais pu regarder de[a] femme sans la blesser. La petite gueuse[64] toutefois a si bien su friponner mon cœur, ses yeux ont si bien su paillarder[65] ma pensée, que je lui pardonne quasi la hardiesse qu'elle a prise de me donner de l'amour. «Généreux gentilhomme, me dit-elle

---

possédant attelages, bétail et terres. La portée sociologique de la mention est intéressante : un riche cultivateur peut être un plus beau parti qu'un gentilhomme ruiné.

[60] «*Hic* va avec *or*, autrement dit, les mots en *-or* sont masculins. Règle complémentaire de *as petit haec* (Despautère,*Gr. L.* I, p. 43) Quant au reste, il s'agit de règles de prosodie «Je pose un I long», et «O commun», c'est-à-dire long ou bref indifféremment (Despautère,*Vers.*, III, p. 651 et 652). Granger combine toutes ces règles de façon à dire : Je suis tout à fait résolu, puisque celui-ci donne de l'or, à ce qu'il place son I long dans le O de ma fille» malicieusement qualifié de commun. La signification obscène est évidente.

[61] Encore une allusion obscène.

[62] Deux autres règles de syntaxe, déformées : «Si deux noms se succèdent immédiatement et ne sont pas une seule chose fixe» (Despautère, *Syn.*, p. 258) et «[L'interrogatif] souhaite se joindre des cas semblables» (Addition postérieure : *Syn.*, p. 13 *in* ed. de 1666). On doit comprendre : «Je craindrais que, si deux êtres s'accordent étroitement sans être une seule et même chose, un malveillant n'en déduisît : ils désirent joindre leurs cas.» Le mot *casus* signifie aussi malheur, infortune en latin, et le mot *cas* désigne familièrement les parties sexuelles, principalement de la femme. Quant aux deux termes, *malevole* et *inférât*, ce sont les mots latins *malevolus* et *inferat*, francisés, Granger parle comme l'Ecolier limousin de *Pantagruel*.

[63] Juron familier. Sous-entendu : si ce que je dis n'est pas vrai.

[64] Emploi affectueux d'un terme qui désigne très familièrement à l'époque une femme de mauvaise vie.

[65] Exciter en moi des pensées paillardes. Ce sens donne une connotation analogue au verbe *friponner*, qui au sens propre signifie voler.

l'autre jour, la pauvrette ne savait pas mes qualités, l'univers a besoin de deux conquérants[a], la race en est éteinte en vous, si vous ne me regardez d'un œil de miséricorde. Comme vous êtes un Alexandre[b], je suis une amazone; faisons sortir de nous deux un Plus-que-Mars, de qui la naissance soit utile[c] au genre humain, et dont les armes, après avoir dispensé la mort aux deux bouts de la terre, fassent un si puissant empire que jamais le soleil ne se couche pour tous ses peuples[66].» J'avais de la peine à me rendre entre les bras de cette passion, mais enfin je vainquis en me vainquant tout ce qu'il y a de grand au monde, c'est-à-dire que je l'aimai[d]. Je ne veux pas pourtant que tant de gloire vous rende orgueilleux, que deveniez insolent sur les petits; mais humiliez-vous en votre néant que j'ai voulu choisir pour faire hautement éclater ma puissance[67]. Vous craignez, je le vois bien, que je méprise[e] votre pauvreté; mais quand il plaira à cette épée, elle fera de l'Amérique et de la Chine une[f] basse-cour de votre maison.

GRANGER

O microcosme[68] de visions fanatiques[g][69], *vade retro*[70]; autrement, après vous avoir apostrophé[71] du bras gauche, *Addetur*[h] *huic dexter, cui syncopa fiet ut alter*[72] et pour tout emplâtre de ces balafres[73], vous serez médicamenté d'un *Sic volo, sic jubeo, sit*

---

[66] Rappel du mot de Charles-Quint, sur l'empire duquel le soleil ne se couchait jamais.

[67] Jacques Truchet relève ici une parodie du style mystique; mais Châteaufort inverse le mouvement; d'ordinaire, c'est l'homme qui proclame de lui-même son néant devant Dieu par humilité. Il n'est même pas exclu qu'il y ait une allusion blasphématoire à l'Incarnation.

[68] Concentré. Au sens propre, le microcosme, ou petit monde, – l'homme – s'oppose en termes platoniciens au macrocosme, le grand monde – l'univers.

[69] Le manuscrit donne *fantastiques*, mais *fanatique* a, au XVIIᵉ siècle, le sens de visionnaire.

[70] «Retire-toi Satan.» Parole du Christ (Marc, VIII, 23).

[71] Furetière donne le sens d'appliquer un soufflet.

[72] Déformations de règles de la déclinaison latine: «A celui-ci s'ajoutera le droit, pour lequel il y aura la même syncope que pour l'autre.» (Desapautère, *Gr.*, L. II, p. 71) Il semble que le mot syncope soit à prendre ici dans le sens de chute, donc de frappe.

[73] La balafre est la cicatrice d'une coupure. On peut comprendre que les soufflets seront tellement forts qu'ils feront éclater la peau et laisseront des marques.

pro ratione voluntas[74]. Loin donc d'ici, profane, si vous ne voulez que je mette en usage pour vous punir toutes les règles de l'arithmétique[a]. Ma colère *primo*, commencera par la démonstration, puis marchera ensuite[b] une position[75] de soufflets ; *item*, une addition de bastonnades ; *hinc*, une fraction de bras ; *illinc*, une soustraction de jambes. De là je ferai grêler une multiplication de coups, tapes, taloches, horions, fendants, estocs, revers, estramaçons, et casse-museaux[76] si épouvantables, qu'après cela l'œil[c] d'un lynx ne pourra pas faire la moindre division[d], ni subdivision, de la plus grosse parcelle de votre misérable individu.

CHATEAUFORT

Et moi, chétif excommunié[77], j'aurais déjà fait sortir[e] ton âme par cent plaies, sans la dignité de mon être, qui me défend d'ôter la vie à quelque chose de moindre qu'un géant ; et même je te pardonne, à cause qu'infailliblement[f] l'ignorance de ce que je suis t'a jeté dans ces extravagances. Cependant me voici fort en peine, car pouvait-il me méconnaître, puisque pour savoir mon nom il ne faut qu'être de ce monde ? Sachez donc, Messire Jean, que je suis celui qu'on ne peut exterminer sans faire une épitaphe à la Nature[78], et le père des vaillants, puisqu'à tous je leur ai donné la vie.

GRANGER

Pardonnez[g], grand prince[79], à mon peu de foi. Ce n'est pas[80]...

---

[74] Citation, à peine déformée de Juvénal (*Satire VI*, v. 223) : « Je le veux, je l'ordonne. Que ma volonté tienne lieu de raison. », reprise en partie dans Despautère (*Syn*, p. 360).

[75] « En termes d'arithmétique et d'algèbre il signifie supposition » (Furetière).

[76] *Tapes, taloches, horions*, à peu près synonymes, désignent des coups donnés avec la main, *l'estoc*, un coup de pointe de l'épée ; le *fendant* et l'*estramaçon* sont des coups donnés avec le tranchant de celle-ci ou du sabre, le premier spécialement de haut en bas, le *casse-museau* est un « coup de poing dans le nez, ou autre choc qui offense le visage » (Furetière).

[77] Injure gratuite.

[78] Puisqu'il pourrait détruire l'univers et qu'il le laisse subsister, Châteaufort, devenu ainsi force de vie et de conservation, s'assimile à la Nature.

[79] Contrairement à son attitude précédente, Granger entre, ou feint d'entrer dans le jeu.

[80] La suite qui figure dans le manuscrit, *ta fierté que je révoquais en doute, mais j'avais de la peine à croire qu'un dieu pouvait se loger avec un homme*, pouvait non sans raison paraître une allusion libertine au dogme de

CHATEAUFORT[a]

Relevez-vous, Monsieur le Curé[81], je suis content. Choisissez vite où vous voulez régner, et cette main vous bâtit un trône dont l'escalier sera fait des cadavres de six cents rois.

GRANGER

Mon empire sera plus grand que le monde si je règne sur[b] votre cœur. Protégez-moi seulement contre je ne sais quel gentillâtre qui a bien l'insolence[c] de marcher sur vos brisées, et...

CHATEAUFORT

Ne vous expliquez pas ; j'aurais peur que mes yeux en courroux ne jetassent des étincelles, dont quelqu'une[d] par mégarde vous pourrait consumer. Un mortel aura donc eu la témérité de se chauffer à même feu que moi, et je ne punirai pas les Quatre Éléments qui l'ont souffert ? Mais je ne puis parler, la rage me transporte ; je m'en vais faire pendre l'Eau, le Feu, la Terre et l'Air[e], et songer au genre de mort dont nous exterminerons ce pygmée qui veut faire le colosse.

SCÈNE II
GRANGER, PAQUIER

GRANGER

Hé bien, *Petre*, ne voilà pas une digue que je viens d'opposer aux terreurs que me donne tous les jours Monsieur[f] de La Tremblaye Car La Tremblaye à cause de Châteaufort, Châteaufort à cause de La Tremblaye, désisteront[82] de la pour-

---

l'Incarnation et a été supprimée de l'édition, vraisemblablement par prudence.

[81] Jacques Truchet donne plusieurs explications à cette appellation. Grangier, principal du collège de Beauvais s'appelait Jean. Messire Jean est une appellation familière des curés depuis les fabliaux de Moyen-Age. Grangier avait été ordonné diacre, puis exceptionnellement autorisé à se marier, ayant eu des enfants de sa servante. Quant au personnage Granger, c'est au moins un clerc, et il fait un grand usage du latin. Enfin on peut remarquer l'opposition entre *Chétif excommunié*, un peu plus haut et le titre honorable que lui donne Châteaufort lorsque Granger s'est décidé à le vénérer.

[82] Cet emploi absolu du verbe est déjà vieilli en 1650. Le pédant a latinisé en *Petre* le prénom de son « cuistre ».

suite de ma fille. Ce sont deux poltrons[a] si éprouvés que, s'ils se battent jamais[b], ils se demanderont tous deux la vie[83]. Me voici cependant embarqué sur une mer où la moitié du monde a fait naufrage. C'est l'amour chez moi, l'amour dehors, l'amour partout. Je n'ai qu'une fille à marier et j'ai trois gendres préten-dus. L'un se dit brave, je sais le contraire; l'autre riche[c], mais je ne sais; l'autre gentilhomme, mais il mange beaucoup[84]. O! Nature, vous croiriez-vous être mise en frais, si vous aviez fagoté[85] tant seulement[86] trois belles qualités en un individu. Ha! Pierre Paquier, le monde s'en va renverser.

PAQUIER

Tant mieux, car autrefois, j'entendais dire la même chose, que tout était renversé. Or, si l'on renverse aujourd'hui ce qui était renversé, c'est le remettre en son sens[87].

GRANGER

Mais ce n'est pas encore là ma plus grande plaie: j'aime, et mon fils est mon rival. Depuis le jour que cette furieuse pensée a pris gîte au ventricule[88] de mon cerveau, je ne mange pour toute viande[89] qu'un *paenitet, taedet, miseret*.[90] Ha! c'en est fait, je me vais pendre.

PAQUIER

Là, Là, espérez en Dieu, il vous assistera: il assiste bien les Allemands qui ne sont pas de ce pays-ci.

---

[83] Ils se demanderont grâce mutuellement.

[84] Les hobereaux avaient la réputation d'être pauvres et affamés; il faut sans doute l'entendre au sens de manger de l'argent, une dot, etc.

[85] Arranger sans soin.

[86] Archaïsme.

[87] Variation amusante sur un thème baroque souvent exploité.

[88] Le mot désigne non seulement les deux cavités du cœur, mais aussi quatre cavités du cerveau.

[89] Nourriture, au sens général.

[90] Verbes impersonnels latins dont la construction est particulière: «je me repens, je suis dégoûté, j'ai pitié»(Despautère, *Syn*, Reg. XVI, p.318). Ils expriment ici la tristesse de Granger.

GRANGER

Si je l'envoyais à Venise? *Haud dubie,*[91] c'est le meilleur. C'est le meilleur! O! oui sans doute. Bien donc, dès demain je le mettrai sur mer.

PAQUIER

Au moins ne le laissez pas embarquer sans attacher sur lui de l'anis à la reine, car les médecins en ordonnent contre les vents[92].

GRANGER

Va-t-en dire à Charlot Granger qu'il avole subitement[93] ici; s'il veut savoir qui le demande, dis-lui que c'est moi.

SCÈNE III

GRANGER *seul*

Donc sejonguant[94] de nos lares[95] ce vorace absorbeur de biens, chaque sol de rente que je soulais[96] avoir deviendra parisis[97]. Et le marteau de la jalousie ne sonnera plus les longues heures du désespoir dans le clocher de mon âme. D'un autre côté, me puis-je résoudre[a] au mariage, moi que les livres ont instruit des accidents qu'il[b] tire à sa cordelle[98]? Que je me marie ou ne me marie pas, je suis assuré de me repentir. N'importe, ma femme prétendue n'est pas grande, ayant à vêtir une haire[c] [99], je ne la puis prendre trop courte. On dit cependant qu'elle veut plastronner[100]

---

[91] «Sans aucun doute»
[92] Jeu de mots scatologique.
[93] «Qu'il vienne en toute hâte.» Sur *avole*, voir ce qui est dit de *malevole*, p. 11, n 8.
[94] Toujours le latin francisé: *sejungere* = séparer.
[95] Divinités protectrices du foyer et donc, par extension, le foyer lui-même.
[96] Avoir l'habitude. Archaïsme.
[97] *Le sol parisis* (de Paris) valait 25 % de plus que le *sol tournois* (à l'origine, de Tours).
[98] Corde qui sert à haler les bateaux.
[99] Chemise de crin ou de toile rude portée par mortification.
[100] Le plastron est une «cuirasse qui ne couvre que le devant du corps» (Furetière).

sa virginité contre les estocades de mes perfections. Hé! à d'autres[a], un pucelage est plus difficile à porter qu'une cuirasse. Toutes les femmes[b] ne sont-elles pas semblables aux arbres, pourquoi donc ne voudrait-elle pas être arrosée? *Ac[c] primo,*[101] comme les arbres, elles ont plusieurs têtes, si[d] elles sont ou trop ou trop peu humectées, elles ne portent point; commme les arbres, elles ont les fleurs auparavant les fruits; comme les arbres, elles déchargent quand on les secoue. Enfin, Jean Despautère le confirme; quand il dit *Arboris est nomen muliebre.*[102] Mais je crois que Paquier a bu de l'eau du[e] fleuve Léthé[103], ou que mon fils s'approche à pas d'écrevisse[104]; je m'en vais *obviam* droit à lui[105].

SCÈNE IV
CHARLOT, PAQUIER

CHARLOT

Je ne puis rien comprendre à ton galimatias

PAQUIER

Pour moi, je ne trouve rien de si clair.

CHARLOT

Mais enfin, ne me saurais-tu dire qui c'est qui[f] me demande?

---

[101] «Et en premier,»

[102] «Les noms d'arbres sont féminins» (Despautère, *Gr. L.* I, p. 32). Cette comparaison des femmes et des arbres se fonde sur des poncifs satiriques ou médicaux. On comprend de quel arrosage ou de quelle fleurs (les règles) il s'agit. Une femme a plusieurs têtes, c'est-à-dire change souvent d'humeur – à moins qu'il ne s'agisse de coiffure. L'excès de rapports sexuels comme leur trop grande rareté peut rendre la femme stérile; les secousses provoquent des fausses couches

[103] Le Léthé était un fleuve des enfers dont l'eau apportait l'oubli: selon Virgile, les morts en buvaient avant de se réincarner.

[104] En reculant.

[105] Granger traduit lui-même d'une façon pléonastique le mot latin qu'il emploie.

PAQUIER

Je vous dis que c'est moi.

CHARLOT

Comment, toi?

PAQUIER

Je ne vous dis pas moi: mais je vous dis que c'est Moi; car il m'a dit en partant[a]: dis-lui que c'est Moi[106].

CHARLOT

Ne serait-ce point mon père que tu veux dire?

PAQUIER

Hé! vramant oui. A propos, je pense qu'il a envie de vous envoyer sur la mer.

CHARLOT

Hé[b] quoi faire, Paquier,

PAQUIER

Il ne me l'a point dit; mais je crois que c'est pour voir la campagne.

CHARLOT

J'ai trop voyagé, j'en suis las.

PAQUIER

Qui, vous? Je vais gager chapeau[c] de cocu, qui est un des vieux de votre père, que vous n'avez jamais vu la mer que dans une huître à l'écaille.

CHARLOT

Et toi, Paquier, en as-tu vu davantage?

---

[106] Plaisanterie facile dans le goût de la farce.

PAQUIER

Oui-dà; j'ai vu les Bons Hommes[107], Chaillot, Saint-Cloud, Vaugirard[a].

CHARLOT

Et qu'y as-tu remarqué de beau, Paquier?[b]

PAQUIER

A la vérité je ne les vis pas trop bien pource que les murailles m'empêchaient.[c]

CHARLOT

Je pense, ma foi, que tes voyages n'ont pas été plus longs que sera celui dont tu me parles. Va[d], tu peux l'assurer que je ne désire pas...

SCÈNE V
GRANGER, CHARLOT [PAQUIER]

GRANGER

Que tu demeures plus longtemps ici? Vite, Charlot, il faut partir. Songe à l'adieu dont tu prendras congé des Dieux-Foyers[108], protecteurs du toit paternel; car demain l'aurore porte-safran[109] ne se sera pas plutôt jetée des bras de Tithon dans ceux de Céphale[e], qu'il te faudra fier à la discrétion[110] de Neptune guide-nefs[111]. C'est à Venise où[112] je t'envoie; *Tuus enim patruus*[113]

---

[107] Le couvent des Minimes, appelés les Bonshommes avait donné son nom à une côte située entre Chaillot et l'île des Cygnes. Saint-Cloud et Vaugirard sont deux autres villages de banlieue.

[108] Les Lares, dont il était question plus haut.

[109] L'Aurore était l'épouse de Tithon et l'amante de Céphale. *Porte-safran* est une épithète de style homérique, variante de «l'Aurore aux doigts de rose»; mais c'est Virgile qui parle du lever de l'aurore, «laissant à Tithon son lit de safran» (*Géorgiques*, I, v. 447).

[110] «Au bon plaisir».

[111] Autre épithète de style homérique.

[112] Latinisme de construction, usité au XVIIe siècle.

[113] «Car ton oncle».

m'a mandé qu'étant orbe d'hoirs mâles[114], il avait besoin d'un personnage sur la fidélité duquel il pût se reposer du maniement de ses facultés[115]. Puisque donc tu n'as jamais voulu t'abreuver aux Marets, fils de l'ongle du cheval emplumé et que la lyrique harmonie du savant meurtrier de Python[116] n'a jamais enflé ta parole, essaie si dans la marchandise[117], Mercure aux pieds ailés te prêtera son caducée. Ainsi le turbulent Eole te soit aussi affable qu'aux pacifiques nids des alcyons[a][118]! Enfin, Charlot, il faut partir.

CHARLOT

Pour où aller, mon père?[b]

GRANGER

A Venise, mon fils.

CHARLOT

Je vois bien, Monsieur, que vous voulez éprouver si je serais assez lâche pour vous abandonner, et par mon absence vous arracher d'entre les bras un fils unique. Mais non, mon Père, si vos tendresses sont assez grandes pour sacrifier votre joie à mon avancement, mon affection est[c] si forte qu'elle m'empêchera bien de vous obéir. Aussi, quoi que vous puissiez[d] alléguer, je demeurerai sans cesse auprès de vous et serai votre bâton de vieillesse.

GRANGER

Ce n'est pas pour prendre votre avis, mais pour vous apprendre ma volonté, que je vous ai fait venir. Donc[e] demain[f] je

---

[114] «Privé d'héritiers mâles», du latin *orbus*.

[115] Ses biens.

[116] Ces marais sont ceux où l'Hippocrène, source à laquelle s'abreuvent les poètes, jaillit du sol sous le sabot de Pégase (d'où leur qualification de *fils de l'ongle du cheval emplumé*). Le *savant meurtrier de Python* est Apollon: Charlot Granger n'a jamais eu de goût pour la poésie.

[117] Commerce. C'est le principal sens du mot au XVIIe siècle.

[118] Les alcyons, oiseaux fabuleux, étaient censés faire leurs nids sur les flots. La légende prétendait que pendant la période d'incubation, en janvier, la mer demeurait calme. On donnait à cette période le nom de «jours alcyoniens.»

vous emmaillote[119] dans un vaisseau pendant que l'air est serein ; car s'il venait à nébulifier[120], nous sommes menacés par les Centuries de Nostradamus[121], d'un temps fort[a] incommode à la navigation.

CHARLOT

C'est donc sérieusement que vous ordonnez de ce voyage ? Mais apprenez que c'est ce que je ne puis faire, et que je ne ferai jamais.

SCÈNE VI
GRANGER, FLEURY, [PAQUIER]

FLEURY

Hé bien, mon cousin, notre laboureur est-il arrivé ? Ferons-nous ce mariage ?

GRANGER

Hélas ! mon cousin, vous êtes arrivé sous les présagieux auspices d'un oiseau bien infortuné[122]. Soyez toutefois le fatal arbitre de ma noire ou blanche destinée, et[b] le fidèle étui[123] de toutes mes pensées. Ce riche gendre n'est pas encore venu ; je l'attendais ici, mais lorsque je ne pensais vaquer[c] qu'à la joie, je me vois investi des glaives de la douleur. Mon fils est fol, mon cousin, le pauvre enfant doit une belle chandelle[d] à saint Mathurin[124].

FLEURY

Bon Dieu, depuis[e] quand ce malheur est-il arrivé ?

---

[119] Le mot fait image : Charlot sera prisonnier du bateau (assimilé à un berceau. Cf. Rabelais, *Pantagruel*, chap. IV) comme un bébé l'est de ses langes.

[120] Mot fabriqué par Granger sur le latin *nebula*, nuage.

[121] Les *Centuries* de Nostradamus, vieilles d'un siècle, prédisaient toutes sortes de choses, en style si obscur que rien n'empêche d'y discerner des prévisions météorologiques.

[122] Autrement dit un oiseau de mauvais augure.

[123] Parce qu'il lui confie ses pensées.

[124] Saint invoqué pour la guérison de la folie.

GRANGER

Hélas ! tantôt comme je le caressais[125], il a voulu se jeter à mon visage et dessiner à mes dépens le portrait d'un maniaque sur mes joues[126]. Il grommelle en piétinant qu'il n'ira point à Venise. Ho, ho, le voici, cachons-nous et l'écoutons.

SCÈNE VII
[CHARLOT, FLEURY, GRANGER, CUISTRES]

CHARLOT

Moi, j'irais à Venise ? et j'abandonnerais la chose pour laquelle[a] seule j'aime le jour ? J'irai plutôt aux enfers ; plutôt[b] d'un poignard j'ouvrirai le sein de mon barbare père, et plutôt de mes propres mains, ayant choisi son cœur dans un ruisseau de sang, j'en battrai les murailles[c][127].

FLEURY

O ! grand Dieu, quelle rage !

CHARLOT

Non, mon père, je n'y puis consentir.

FLEURY, *fuyant*

Liez-le, mon cousin, liez-le ; il ne faut qu'un malheur[128].

GRANGER

Piliers de classes, tire-gigots[d], ciseaux de portion[e], exécuteurs de justice latine ; *Adeste subito, adeste, ne dicam advolate.* Jetez-moi promptement vos bras achillains[f][129] sur ce microcosme

---

[125] *Caresser* quelqu'un, c'est lui dire des choses aimables, sans idée de contact physique.

[126] Ces prétendues griffures permettent de le reconnaître comme fou.

[127] Cette extrême violence rappelle les tragédies du *forcènement* à la mode au début du siècle.

[128] « Il suffit d'une fois ». Expression en laquelle Jacques Prévot voit une dramatisation populaire.

[129] « Accourez immédiatement, accourez, pour ne pas dire : volez.» Granger s'adresse aux cuistres, ou valets du collège présents sur la scène ; d'ailleurs

erroné de chimères abstractives[130], et liez le aussi fort que
Prométhée[a] sur le Caucase[131].

CHARLOT

Vous avez beau faire, je n'irai point.

GRANGER

Gardez bien qu'il n'échappe, il ferait un haricot[132] de nos
scientifiques substances.

CHARLOT

Mais, mon père, encore dites-moi pour quel sujet vous me
traitez ainsi. Ne tient-il qu'à faire le voyage de Venise pour vous
contenter[b]? J'y suis tout prêt.

GRANGER

Osez-vous attenter au tableau vivant de ma docte machine[133],
goujats[134] de Cicéron! songez à vous; *Iratus est rex, reginaque,
non sine causa*[135]. Apprenez que j'en dis moins que je n'en pense,
et que *Supprimit orator quae rusticus edit inepte*[136].

---

le manuscrit parlait de *bras cuistraux*, corrigés dans l'édition en *achillains*,
terme plus noble et plus digne de Granger. Ces cuistres, indispensables, sont
appelés piliers de classes parce qu'ils font la police dans les classes; ils
donnent aussi le fouet aux écoliers sur l'ordre des régents, ils sont donc *exécuteurs de justice latine*; d'après Frédéric Lachèvre, ce sont eux qui décou-
pent au réfectoire les portions de chacun et qui attrapent par les jambes
l'écolier qu'on met aux arrêts; mais je me demande si ces surnoms ne sous-
entendent pas qu'ils volent les gigots à la cuisine (pour les manger ou les
vendre), et qu'ils rognent les portions des élèves (pour la même raison).

130 «Ce concentré fallacieux de rêveries sans rapport avec le réel». Sur *microcosme*, voir p. 57, n. 68.

131 Puni par Zeus pour avoir dérobé le feu aux immortels, Prométhée fut
enchaîné sur le Caucase, où un aigle venait chaque jour lui dévorer le foie.

132 «Hachis fait en gros morceaux de mouton ou de veau bouilli, avec des
marrons, des navets, etc.» (Furetière).

133 Charlot Granger est le portrait (le *tableau vivant)* de son père L'emploi de
machine, au sens de corps appartient au vocabulaire philosophique et peut-
être plus spécifiquement cartésien.

134 Un *goujat* est un valet de soldat; l'emploi du mot est toujours péjoratif.

135 «Le roi et la reine sont en colère, non sans cause» (*Syn.*, p. 250).

136 «L'orateur coupe ce que le vulgaire expose sottement» Encore une règle de
Despautère (*Syn*, p. 257) pour recommander l'usage de l'ellipse.

CHARLOT

Oui, mon père, je vous promets de vous obéir en toutes choses ; mais pour aller à Venise, il n'y faut pas penser.

GRANGER

Comment, frelons de collège, rouille[a] de mon pain, cangrène[b][137] de ma substance, cet obsédé n'a pas encore les fers aux pieds ? Vite, qu'on lui donne plus d'entraves que Xerxès n'en mit[c] à l'océan quand il le voulut faire esclave[138].

CHARLOT

Ah[d] ! mon père, ne me liez point, je suis tout prêt à partir.

GRANGER

Ha ! je le savais bien que mon fils était trop bien morigéné[139] pour donner chez lui[e] passage à la frénésie[140]. Va, mon Dauphin, mon Infant, mon Prince de Galles, tu seras quelque jour la bénédiction de mes vieux ans. Excuse un esprit prévenu de faux rapports ; je te promets en récompense d'allumer pour toi mon amour au centuple dès que[f] tu seras là.

CHARLOT

Où, là, mon père ?

GRANGER

A Venise, mon fils.

CHARLOT

A Venise, moi ? Plutôt la mort.

---

[137] Le *frelon*, confondu souvent avec le mâle de l'abeille est considéré comme un parasite, qui ne fait que bourdonner sans objet et butiner le miel. La *rouille* est ici le champignon microscopique qui gâte les céréales. Au XVIIᵉ siècle, on écrit *cangrène* plutôt que gangrène.

[138] Allusion à un épisode célèbre des guerres médiques.

[139] *morigéné* signifie « bien élevé ».

[140] Folie furieuse. Les noms qui suivent sont ceux des héritiers royaux de France, d'Espagne et d'Angleterre.

GRANGER

Au fou, au fou[a]; ne voyez-vous pas comme il m'a jeté de l'écume en parlant! Voyez ses yeux tout renversés dans sa tête[b]. Ha! mon Dieu, faut-il que j'aie un enfant fou! Vite, qu'on me l'empoigne.

CHARLOT

Mais encore apprenez-moi pourquoi on m'attache[c].

UN CUISTRE

Parce que vous ne voulez pas aller à Venise.

CHARLOT

Moi, je n'y veux pas aller? On vous le fait accroire. Hélas, mon père, tant s'en faut; toute ma vie j'ai souhaité avec passion de voir l'Italie, et ces belles contrées qu'on appelle le jardin du monde.

GRANGER

Donc, mon fils, tu n'as plus besoin d'ellébore[141]. Donc ta tête reste encore aussi saine que celle d'un chou cabus[142] après la gelée. Viens m'embrasser, viens mon toutou, et va-t-en aussitôt chercher quelque chose de gentil et à bon marché, qui soit rare hors de Paris pour en faire un présent à ton oncle; car je te vais[d] tout à l'heure retenir une place au coche de Lyon[143].

SCÈNE VIII

CHARLOT, *seul*

Que de fâcheuses conjonctures où je me trouve embarrassé! Après toute ma feinte, il faut encore ou abandonner[e] ma maî-

---

141 Plante dont la racine guérissait la folie.
142 *chou cabus*: chou pommé.
143 Pour se rendre à Venise on prend le coche, ancêtre de la diligence, jusqu'à Lyon, puis on descend le Rhône jusqu'à la mer, où l'on s'embarque ordinairement pour Gênes. *Tout à l'heure* signifie «immédiatement».

tresse, c'est-à-dire mourir, ou me résoudre à vêtir un pourpoint de pierre[144], cela s'appelle Saint-Victor ou Saint-Martin.

SCÈNE IX
CORBINELI, CHARLOT

CORBINELI

Si vous me voulez croire, votre voyage ne sera pas long.

CHARLOT

Ha! mon pauvre Corbineli, te voilà. Sais-tu donc bien les malheurs où mon père m'engage?

CORBINELI

Il m'en vient d'apostropher tout le *Tu autem*[145]. Il vous envoie à Venise; vous devez partir demain; mais pourvu que vous m'écoutiez, je pense que, si le bonhomme, pour tracer le plan de cette ville[a], attend votre retour, il peut dès maintenant s'en fier à la carte. Il vous[b] commande d'acheter ici quelque bagatelle à bon marché qui soit[c] rare à Venise, pour en faire un présent à votre oncle. C'est un couteau qu'il vient d'émoudre[146] pour s'égorger. Suivez-moi seulement[d].

---

[144] Etre emprisonné dans l'abbaye de Saint-Victor ou dans celle de Saint-Martin, où les parents pouvaient faire enfermer leur enfants rebelles ou coupables de quelque action honteuse.

[145] Le *Tu autem* est à l'origine une expression de clerc, d'emploi fréquent au XVII[e] siècle, signifiant d'après Littré, le point essentiel, le nœud d'une affaire. L'expression peut provenir de la dernière phrase de la leçon brève des complies: *Tu autem, Domine, misere nobis*, qui résume effectivement l'essentiel de la prière. Apostropher, c'est adresser la parole à quelqu'un; mais on est probablement ici en présence d'une formule stéréotypée, car *Tu autem* est un exemple classique de l'apostrophe.

[146] *émoudre*: aiguiser.

ACTE II

SCÈNE PREMIÈRE

CHATEAUFORT SEUL.

(*Il s'interroge et se répond lui-même*)[a]. Vous vous êtes battu? Et donc? Vous avez eu l'avantage sur votre ennemi? Fort bien. Vous l'avez désarmé? Facilement. Et blessé? Hon[147]. Dangereusement s'entend? A travers le corps. Vous vous éloignerez? Il le faut. Sans dire adieu au roi[148]? Ha, a, a! Mais cet autre[149], mordiable, de quelle mort le ferons-nous tomber? De l'étrangler comme Hercule fit Antée, je ne suis pas[b] bourreau. Lui ferai-je avaler toute la mer?[c] Le monument d'Aristote est trop illustre pour un ignorant[150]. S'il était maquereau[151], je le ferais mourir en eau douce. Dans la flamme, il n'aurait pas le temps de bien goûter la mort. Commanderai-je à la terre de l'engloutir tout vif? Non, car comme ces petits gentillâtres sont accoutumés de manger leurs terres[152], celui-ci pourrait bien manger[d] celle qui le couvrirait. De le déchirer par morceaux, ma colère ne serait pas contente, s'il restait de ce malheureux un atome après sa mort. O! Dieux, je suis réduit à n'oser pas seulement lui défendre de vivre, parce que je ne sais comment le faire mourir.

---

[147] Exclamation dubitative, ici de fausse modestie.

[148] C'est-à-dire en fuyant subrepticement, pour n'être pas emprisonné pour duel.

[149] Désigne *La Tremblaye*, comme le montre plus loin l'appellation de *petit gentillâtre*.

[150] Aristote se serait jeté dans l'Euripe, le bras de mer qui sépare du continent l'île d'Eubée, par désespoir de ne pouvoir en expliquer les courants qui changeaient selon le flux ou le reflux. La mer est devenue ainsi son sépulcre – son *monument*.

[151] Jeu probable sur le sens du mot: proxénète.

[152] Les nobles se voient contraints de vendre leurs terres ou de les mettre en gage pour pouvoir faire bonne figure à la cour.

SCÈNE II
JEAN GAREAU[a], CHATEAUFORT

GAREAU

Vartigué[153], vela de ces mangeux de petis[b] enfants. La vegne[c] de la Courtille[154]: belle montre[155] et peu de rapport.

CHATEAUFORT

Où vas-tu, bonhomme?

GAREAU

Tout devant moy.

CHATEAUFORT

Mais je te demande où va le chemin que tu suis?

GAREAU

Il ne va pas, il ne bouge.

CHATEAUFORT

Pauvre rustre[d], ce n'est pas cela que je veux savoir: je te demande si tu as encore bien du chemin à faire aujourd'hui.[e]

GAREAU

Nanain da[156], je le trouvaray[f] tout fait.

CHATEAUFORT

Tu parais, Dieu me damne, bien gaillard pour n'avoir pas dîné.

GAREAU

Dix nez? Qu'en fera-je[g] de dix? Il ne m'en faut qu'un.

---

[153] Voir l'étude du langage de Gareau, p. 29-33.
[154] Selon Lachèvre, le raisin de cette vigne, au nord de Paris, arrivait rarement à mûrir.
[155] «Apparence».
[156] «Non, certes».

CHATEAUFORT

Quel docteur! Il en sait autant que son curé.

GAREAU

Aussi sije[157]; N'est-il pas bien curé[158] qui n'a rien au ventre?
Hé la ris Jean, on te frit des œufs[159]. Testigué, est-ce à cause
qu'ous êtes Monsieu, qu'ous faites tant de menes[160]? Dame, qui
tare a guare a[161]. Tenez n'avous point veu malva[162]? Bon jou
donc, Monsieur, s'tules[163]. Hé qu'est-ce donc? Je pense donc
qu'ous me prendrais pour queuque ignorant? Hé, si tu es riche,
disne deux fois[164]. Aga quien[165], qui m'a angé de ce galouriau[166]?
Bonefi[167], sfesmon[168]! vela un homme bien vidé[169], vela un
angein[170] de belle deguesne[171]; vela un biau vaissiau[172] s'il avoit
deux saicles[173] sur le cul. Par la morguoi, si j'avoüas une sarpe ei

---

[157] Aussi le suis-je (curé). La phrase précédente est une locution proverbiale.

[158] Gareau aime les jeux de mots.

[159] D'après Furetière, *Rit-en Jean, on te frit des œufs* serait une injonction ironique adressée à celui qui rit sans sujet; quelque chose d'analogue à notre
«Va te faire cuire un œuf», mais dans un emploi différent. Cette apostrophe
laisse supposer que Châteaufort se moque des réponses de Gareau.

[160] «Mines».

[161] Qui a terre a guerre. La propriété est source de querelles.

[162] Obscur. Jacques Prévot propose: Tenez, n'avez-vous point vu mal, va?

[163] «Si tu l'es» (un Monsieur).

[164] Encore un proverbe.

[165] Locution interjective: Regarde, tiens.

[166] «Embarrassé de ce godelureau».

[167] «Par ma bonne foi!».

[168] Obscur; on peut comprendre: ce fait ce mons[ieur]. Il me semble préférable
de le rapprocher du *samon* ou *saymon* des *Agréables Conférences*: c'est
mon [avis]. Expression encore employée par Madame Jourdain: «Çamon
vraiment!» (*Le Bourgeois gentilhomme*, III,3).

[169] Jeu de mots encore. D'après Furetière, *un homme bien vidé* est un homme
répugnant.

[170] «Engin» avec ses multiples sens y compris celui de sexe viril.

[171] «Allure».

[172] «Tonneau».

[173] «Cercles». Cette réflexion laisse supposer que Châteaufort est ron-
douillard, ce qui correspond à un type de soldat fanfaron, l'autre étant l'extrême maigreur.

un baston[174], je feroüas un gentizomme tout au queu[175]. C'est de la noblesse à Maquieu[176] Furon[177], va te couché, tu souperas demain. Est-ce donc pelamor[178] qu'ous avez un engain[179] de far au côté qu'ous fetes l'Olbrius et le Vaspasian[180]? Vartigué[181], ce n'est pas encore come-ça. Dame acoutez je vous dorois bian de la gaule par sous l'huis[182]; mais par la morguoy[183] ne me joüez pas des trogedies, car je vous feroûas du bezot[184]. Jarnigué[185], je ne sis pas un gniais; j'ay esté sans repruche marguillier, j'ay esté beguiau, j'ay esté port-ofrande, j'ay esté chasse-chien[186], j'ay esté Guieu et Guiebe[187], je ne

---

[174] «Si j'avais une serpe et un bâton»; *ei* semble un hapax.

[175] «Tout aussi bien» Gareau veut- probablement dire qu'une serpe et un bâton lui donneraient un air aussi martial qu'à Châteaufort, ce qui est se moquer des armes nobles que sont l'épée et le poignard; ou bien que serpe et bâton lui permettraient de se battre contre lui. Ce sont d'ailleurs les armes des jacqueries. Gareau peut vouloir affirmer ainsi que tous les hommes sont égaux.

[176] «Mathieu».

[177] Comprendre une noblesse de miséreux, comme le montre la suite de la phrase. De «fût rond» à membre viril, en passant par le furet, qui ne chasse que s'il a le ventre vide, et le voleur (*fur* en latin), Jacques Prévot énumère tous les sens possibles, peut-être d'ailleurs évoqués globalement ici.

[178] «Par la mort», juron fréquent.

[179] «Engin», terme bien péjoratif pour nommer l'épée.

[180] «Que vous vous donnez des allures d'Olibrius et de Vespasien». Pourquoi ces deux noms: le gouverneur des Gaules, type du bravache cruel, et l'inventeur des... vespasiennes (à l'origine simple tonneau placé au coin des rues)? Faire l'*Olebriu* se rencontre dans les *Agréables conférences* (v. p. 31).

[181] «Vertu-Dieu».

[182] «Je vous donnerais bien du bâton par-dessous la porte», c'est-à-dire sous votre habit. L'expression peut avoir un sens obscène.

[183] «Par la mordieu» (la mort de Dieu).

[184] Faire du bezot: donner la mort. Vieille expression dont on ignore l'origine. Selon Lachèvre, *bazer* signifie «tuer» en argot, *bazarder* «mourir».

[185] «Je renie Dieu»

[186] Énumération des différents emplois d'église destinés à montrer l'honorabilité de Gareau. L'amusant est qu'ils sont donnés en ordre de valeur décroissante: le *marguillier* est le laïc choisi pour administrer les affaires temporelles, le *bedeau* n'est qu'un «bas officier d'une église» (Littré), qui veille à l'ordre pendant les offices, *portofrande* est une distinction obscure; quant au *chasse-chien*, c'est évidemment la fonction la plus basse.

[187] «Dieu et Diable»: l'énumération aboutit à un vertige lyrique, assez inat-

scay pus qui je sis. Mais ardé[188] de tout ça brerrr, j'en dis du mirliro[189], parmets que j'aye de stic[a] [190].

CHATEAUFORT

Malheureux excommunié, voilà bien du haut style.

GAREAU

Monsieur de Marsilly m'apelet[b] bien son bâtard. Il ne s'en est pas fally l'espoisseur d'un tornas[191] qu'il ne m'ait fait apprenty Conseillé. Vien-çá ce me fit-il[192] une fois, gros fils de[c] Putain, car j'esquions[193] tout comme deux frères; je veux, ce fit-il, que tu venais, ce fit-il, autour de moi, ce fit-il, dans la Turquise, ce me fit-il. – O! ce l'y fis-je, cela vous plaist à dire[194]. – Non est, ce me fit-il. – O! si est, ce l'y fis-je. – O ce me fis-je à part moi: Ecoute, Jean, ne faut point faire le bougre[195], faut sauter[196].» Dame, je ne fesy point de difigurance[197] davantage, je me bouty[198] avec ly

---

    tendu chez un paysan.

[188] «Regardez»: comme l'onomatopée qui suit, *Brerrr*, ces mots n'ont aucune valeur significative et ne sont que des épenthèses du discours.

[189] «Melilot», petite fleur jaune. «Le peuple l'emploie en ce proverbe: *J'en dis du melilot*, pour dire: Je ne m'en soucie guère»(Furetière). On trouve les formes *mirlirot, mirlizot* (*Agréables Conférences*), etc.

[190] Deux sens possibles: «de ceci», par opposition à *de tout ça,* ce qui voudrait dire en somme: revenons à nos moutons. Ou bien doit-on lire «d'estoc» et il faudrait comprendre: «permets que j'aille droit au but». Comme il n'y a pas de raison pour que ce soit une faute, il est probable qu'il s'agit d'une expression courante. J'avoue que cette affirmation, par rapport au galimatias et aux lenteurs de Gareau ne serait pas sans saveur.

[191] «un tournois» c'est-à-dire un sou.

[192] Équivalent de «ce me dit-il».

[193] «J'étions». Je au singulier avec un verbe au pluriel équivaut à un pluriel. Forme patoisante classique.

[194] Sous-entendu: «mais vous ne le prenez pas au sérieux». Formule de refus poli. Les répétitions constantes des incises sont une marque du langage des paysans.

[195] Pourquoi le *bougre*? Peut-être celui qui n'est ni homme ni femme, qui ne se décide pas entre les sexes.

[196] «Il faut te jeter à l'eau, te décider». On trouve chez Saint-Simon: «Il fallut sauter le bâton».

[197] «Défiance» ou «mauvaise figure».

[198] «Je m'associai à lui» ou «je me mis en route avec lui».

cahin caha, tout à la maxite Françoase[199]. Mais quand on g'ny est, on g'ny est. Bonne-fy pourtant je paraissy un sot basquié, un sot basquié[200] je paraissy, car Martin Binet... Et y à propos Denis le balafré son onque[201], ce grand ecné[202], s'en venit l'autre jour la remontée[203] lantarner[204] environ[205] moi. Ah! ma foy, ma foy, je pense que Guieu-marcy, je vous l'y ramenis[206] le pus biau chin-fregniau[207] sur le moustafa [a208] qu'oul l'y en demeury les badi-goines[209] escarboüillées[210] tout avaux l'hyvar[211]. Que Guiebe aussi! Tous les jours que Guieu feset, ce bagnoquier[212] la me ravaudet[213] comme un Satan. C'estet sa sœur qui espousit le grand Tiphoine[214]. Acoutez[215], ol n'a que faire de faire tant de[b]

---

[199] Contamination entre «à la franche marguerite», équivalent approximatif de «à la bonne franquette», et les *Marguerites françoises*. Le mot Marguerites (en latin, «perle») figure dans le titre de plusieurs anthologies poétiques à la mode au XVI[e] siècle. A quoi peut s'ajouter une confusion avec le mot «maxime». En outre, Cyrano connaissait certainement *Les Marguerites françoises ou fleurs de bien dire, recueillies des plus beaux discours de notre temps*, parues en 1605, rééditées en 1609, 1612 1614, 1625, etc. C'est un recueil de belles expressions pour les orateurs, prédicateurs, etc.

[200] Double déformation de «sot bâté», comme on dit âne bâté. Le manuscrit donne d'ailleurs *sot batié*. Chiasme emphatique.

[201] «Oncle».

[202] Le manuscrit porte *aiquené*, que J. Truchet comprend comme «cheval», d'après les *Agréables conférences*: le mot viendrait de haquenée; mais pour J. Prévot, *ecné* est une forme patoisante d'*échiné*, battu.

[203] Forme normande de «relevée», terme encore en usage à la fin du XIXe siècle, pour désigner l'après-midi.

[204] «Lanterner», Furetière donne comme équivalents «fatiguer, importuner» et indique aussi le sens de perdre son temps.

[205] «Autour de».

[206] Terme emprunté au jeu de paume: «prendre de volée», plutôt qu'à l'équita-tion: «faire baisser la tête à un cheval». On peut comprendre: je lui lançai à toute volée.

[207] «Chinfreneau», coup, horion.

[208] Vraisemblablement «moustache», avec peut-être une connotation turque, suite du voyage de Gareau.

[209] Ou «badigoinces»: lèvres, lippe.

[210] «Écrabouillées».

[211] Variante de *aval*: «tout au long de l'hiver».

[212] «Baguenaudier», celui qui baguenaude, «fait le badaud» (Furetière).

[213] *Ravauder aux oreilles de quelqu'un*: «lui rompre la tête», d'après Furetière.

[214] Parisianisme pour Tiphaine.

[215] «Écoutez».

l'enhasée[216], ol n'a goute ne brin de biau. Parmafy[217], come dit l'autre, ce n'est pas grand chance; la Reyne de Nior[218], malhureuse en biauté. Pour son homme quand oul est deshabillé, c'est un biau cor nu[219]. Mais regardez un petit[220], ce n'estet encore qu'une varmene[221], et si[222] ol feset desja tant la devargondée, pour autant[223] qu'ol sçavet luire[224] dans les Sessiaumes[225], qu'on n'en sçavet[226] chevir[227]. Ol se carret[228] comme un pou dans eune rogne. Dame aussi ol avet la voix, reverence parlé[229], aussi finement claire qu'eune iau de roche. Len[230] diset que Monsieur le Curé avet bien trampé souvent son goupillon dans son Benaisquié[231], mais ardé sont des médiseux[232] les faut laisser dire; et pis quand oul[233] auret ribaudé[234] un tantinet, c'est à ly a faire, et à nous à nous taire[235], pis qu'il donne bian la pollution[236] aux autres, il ne

---

216   Vieux mot: «empressé, affairé»; *faire tant de* signifie: «se donner des allures de».

217   «Par ma foi».

218   Peut-être «La Reine Aliénor», à qui d'ailleurs Niort appartenait.

219   Jeu de mots facile et sans doute courant. Quel est cet homme? le grand Tiphoine? Du reste on n'en parlera plus. Gareau procède «à sauts et à gambades», comme dit Montaigne.

220   Adverbe: «un peu».

221   «Vermine».

222   «Pourtant».

223   «Parce que» ou «sous prétexte que».

224   «Lire».

225   «Les sept Psaumes» de la pénitence, dont la lecture régulière était recommandée.

226   Au sens de «pouvait».

227   «Venir à bout».

228   D'après tous les dictionnaires, «marcher avec affectation et fierté». Une *rogne* est une espèce de teigne ou de gale. Expression apparemment populaire.

229   «Sauf votre respect». L'excuse est placée presque au seul moment du discours où elle n'est aucunement justifiée.

230   «L'on».

231   «Bénitier». Métaphore évidemment obscène.

232   «Médisants».

233   «Il», par opposition à *ol*, «elle».

234   «Fait le ribaud». Le ribaud est celui «qui est adonné à la paillardise et à la lubricité» (Furetière).

235   Proverbe populaire.

236   «L'absolution». La déformation joue peut-être avec le sens sexuel du mot.

l'oublie pas pour ly. Monsieur le Vicaire itou estet d'une humeur bien domicile et bien turqoise[237] ; mais ardé[a] ...

CHATEAUFORT

Et de grâce, villageois, achève-nous tes aventures du voyage de Monsieur de Marsilly.

GAREAU

Ho, ho, ous n'estes pas le roi Minos, ous estes le roi Priant[238]. O donc je voyagisme sur l'or riant et vers la Mardy Terre Année[b].

CHATEAUFORT

Tu veux dire au contraire vers l'Orient, sur la Méditerranée[c].

GAREAU

Hé bian! je me reprens, un var se reprent bian[239]. Mais guian[240], si vous pansiais que je devisiesme entendre tous ces tintamares-là, comme vous autres latiniseurs, Dame nanain: Et vous, comme guiebe[241], déharnachez-vous[242] vostre Philophie? J'arrivismes itou aux Deux Trois de Gilles le bastard, dans la Transvilanie, en Bethlian de Galilene, en Harico, et pis au païs... au païs... au païs... du Beurre[d 243].

---

237 «Bien docile et bien courtoise».

238 Jeu de mots sur Priam, le roi de Troie – que l'on prononçait probablement /Priã/, Minos, parce qu'il faisait des *menes*. V. p. 74, n. 150.

239 Gareau veut-il dire qu'un vers se reprend – se corrige – ou qu'on reprend un verre? On trouverait des arguments pour l'un et l'autre sens. A moins qu'il ne s'agisse d'un proverbe paysan sur le ver de terre.

240 «Tiens».

241 «Comment diable».

242 «Démêlez-vous». Je comprends: «moi, qui suis un rustre, je ne suis pas obligé de comprendre tous ces termes bizarres. Et vous, êtes-vous capable de démêler votre philosophie?» Molière se souviendra de l'aphérèse d'un mot trop long pour des oreilles incultes: Marotte, dans *Les Précieuses ridicules* (sc. VI) protestera qu'elle n'a pas «appris la filofie dans *Le Grand Cyre*.».

243 Singulier voyage que celui de Gareau: après être allé au détroit de Gibraltar, il passe en Transylvanie, dans les Carpathes, puis se rend à Bethléem, dont il a souvent entendu prononcer le nom complet à l'église au moment de Noël, mais il se trompe car c'est de Bethléem de Judée qu'il est toujours

CHATEAUFORT

Que Diable veux-tu dire, au païs du Beurre?

GAREAU

Oui, au païs du Beurre. Tant quia que c'est un païs qui est mou comme beurre, et où les gens sont durs comme piare. Ha! c'est la graisse; hé bian les gens n'y sont-ils pas bien durs, pis que ce sont des Grets. Et pis après cela, je nous en allismes, révérence parlé[244] en un païs si loin, si loin; je pense que mon maître appelet cela le païs des Bassins[245], où le monde est noir comme des Antechrists. Ardé, je croy fixiblement que je n'eussièmes pas encor cheminé deux glieuës[246], que j'eussiesmes trouvé le pardis et l'enfar[247]. Mais tenez, tout ce qui me semblit de pus biau à voir, c'est ces petits Sarasins d'Italise[248]; cette petite grene d'andoüille[249] n'est pas pus grande que savequoy[250], et s'ils savont desja parler italian. Dame je ne fesismes là guere d'ordure[251]. Je nous bandismes nos caisses[252] tout au bout du monde dans la Turquise, moy et mon maître. Parmafy[253] pourtant, je disis biantost à mon

---

question; il va ensuite à Jéricho, ce qui pour une fois est vraisemblable, et passe dans le pays mou comme beurre, qui évidemment est... la Grèce.

[244] Cf. p. 78, n. 229.

[245] «Des Abyssins».

[246] «Lieues».

[247] Quel que soit le lieu où l'on place le paradis et l'enfer, ils sont évidemment après le bout du monde.

[248] «Italie», même déformation que pour Turquise. Pour un paysan d'Ile de France comme Gareau, Sarasins est un terme péjoratif qui s'applique à tous les méditerranéens.

[249] Furetière dit qu'on appelle graine d'andouilles «une troupe de petits enfants qui se sont amassés», ce qui est peu satisfaisant ici. L'emploi du mot andouille pour désigner une personne peu énergique et peu intelligente n'est signalé que dans la deuxième moitié du XIXᵉ siècle, mais rien n'indique qu'il n'existait pas avant. Le mot a d'ailleurs toujours eu une connotation burlesque ou obscène.

[250] «Vous savez quoi», comme on dit «grand comme ça».

[251] «Nous ne nous attardâmes guère». S'il y eut un temps où ordure signifiait l'action d'ourdir, de tisser, selon F. Godefroy, ce sens premier a été recouvert par celui, plus courant, de salir: on salit peu l'endroit où l'on ne reste pas.

[252] Selon Furetière, «On dit proverbialement bander la quaisse pour s'enfuir, s'en aller, parce qu'en effet on bande la peau d'une quaisse ou tambour, quand on veut battre la marche ou la retraite.»

[253] «Par ma foi».

maître qu'oul s'en revenist. Hé quement[254], quelle vilanie?[255]
Tous ces Turcs là sont tretous huguenots comme des chiens. Oul
se garmantet[256] par escousse[257] de leur bailler des exultations à la
Turquoise[a].

CHATEAUFORT

Il faut dire des exhortations à la Turque.

GAREAU

O bian tanquia[258] qu'il les sarmonet[259] comme il falet[b].

CHATEAUFORT

Ton maître savait donc l'idiome turc?

GAREAU

Hé vrayment oüy oul sçavet tous ces Gerosmes la, les avet-il
pas veus dans le latin? Son frere itou estet bien sçavant, mais oul
n'estet pas encore si sçavant, car n'en marmuset[260] qu'oul[261]
n'avet appris le latin qu'en françois[262]. C'estet un bon Nicolas[263],
qui s'en allet tout devant ly[264], hurlu, brelu[265], n'en eust pas dit

---

[254] «Comment».
[255] On peut comprendre que c'est le maître qui répond: ce serait vilenie d'abandonner ces pauvres Turcs infidèles, *tretous* – c'est-à-dire «tous» – *huguenots comme des chiens*; au contraire il s'applique à les convertir par ses exhortations (*exultations*), probablement cérémonieuses et imagées. On peut penser aux politesses du *Bourgeois gentilhomme*.
[256] «Prenait beaucoup de soin, se donnait du mal».
[257] *Escousse*, métathèse de *secousse*, désigne un espace de temps; ici, «par moments, de temps à autre».
[258] «Quoi qu'il en soit».
[259] «Sermonnait» [...] fallait.
[260] «On murmurait».
[261] «Il».
[262] La culture de Gareau est primitive: pour lui, le latin donne la clef de toutes les langues, mais il comprend néanmoins visiblement la saveur de la plaisanterie - peut-être courante: n'avoir appris le latin qu'en français.
[263] Prénom de paysan, mais Jacques Prévot suggère de lire: un bon *Nicolas* ou *écolas:* un bon écolier.
[264] «Tout droit».
[265] «Terme populaire qui signifie brusquement, inconsidérément» (Furetière).

qu'oul y touchet, et stanpandant oul marmonet tousjours dans une bastelée de livres[266]. Je ne me sçauras tenir de rire, quand je me ramenteu[267] des noms si biscornus, et si par le sanguoy[268] tout ça estet vray, car oul estet moulé[269]. D'auquns s'intiloient, s'intuloient: oüay? ce n'est pas encore comme ça: s'inlutiloient, j'y sis casi[270]: s'intilutoient: sin, sin, sin. Tanquia que jhe m'entend bian[a].

CHATEAUFORT

Tu veux dire s'intituloient.

GAREAU

Oüy, oüy, sin, sin, hela qui se fesoient comme vous dites: vela tout comme il le défrinchet[271]. Je ne sçay pus où j'en sis, vous me l'avez fait pardre[b272].

CHATEAUFORT

Tu parlais du nom de ces livres.

GAREAU

Ces livres donc, pis que livres y a. Oüay? Ha je sçay bian. Oul y avet des Amas de Gaules, des Cadets de Tirelire, et des Aisnez de Vigile[c273].

CHATEAUFORT

Il faut dire, mon grand ami, des Amadis de Gaule, des Décades de Tite-Live, des Enéïdes de Virgile. Mais poursuis[d].

---

[266] Il était plongé dans une *batelée* (le contenu d'un bateau) de livres, qu'il lisait à mi-voix et non des yeux, ce qui montre sa rusticité.

[267] «Je me rappelle».

[268] «Par le samblieu», ou «palsambleu»: par le sang de Dieu.

[269] «Imprimé». Gareau a le respect du livre.

[270] «Quasi», presque.

[271] «Défrichait», autrement dit, «déchiffrait».

[272] Vexé, Gareau veut sauver la face: il accuse Châteaufort de l'avoir troublé.

[273] Les déformations sont telles que l'auteur les traduit aussitôt pour les spectateurs ou les lecteurs.

GAREAU

O! par le sangué[274] va-t'en charcher tes poursuiveux[275]. Aga qu'il est raisonnabe aujourd'hui, il a mangé de la soupe à neuf heures[276]. Hé si je ne veux pas dire comme ça, moy? Tanquia qu'à la parfin je nous en revinsmes. Il apportit de ce païs-la tant de guiamans[277] rouges, des hemorhoïdes[278] vartes, et une grande espée qui atteindret d'ici à demain. C'est à tout[279] ces farre-mens[280] que ces mangeux de petis[a] enfants se batont en deüil[281]. Il aportit itout de petis[b] engingorniaux[282] remplis de naissance[283], à celle fin de conserver, ce feset-il, l'humeur ridicule[284], à celle fin, ce feset-il, de vivre aussi longtemps que Maquieu salé[285]. Tenez, n'avous point veu Nique-doüille[286], qui ne scauret rire sans montrer les dents.[c]

---

[274] Même chose que *sanguoy* (v. p. 82, n. 268).

[275] «Occupe-toi de tes affaires».

[276] Jacques Prévot, notant qu'il s'agit d'un «proverbe bien paysan», comprend: «Il a commencé sa journée de bonne heure, il est bien réveillé»; mais *neuf heures* n'a rien de matinal. Pour Frédéric Lachèvre, la phrase veut dire: «Vous avez de bonne heure pris vos précautions». Je comprendrais, quant à moi: il a pris son premier repas solide à 9 h. au lieu de 10 ou 11, et, bien nourri, il est en forme. Je me demande s'il ne faut pas comprendre *raisonnable* au sens de «raisonneur»?

[277] «Diamants rouges»; il s'agit de rubis.

[278] «Emeraudes». La même déformation plaisante se retrouve dans les *Agréables Conférences*.

[279] «Avec».

[280] Le mot *ferrement* désigne toute sorte d'outils de fer; l'emploi du mot pour parler d'une épée est dépréciatif. Quelle est cette épée? Un cimeterre? Les mangeux de petits enfants sont probablement les Turcs.

[281] «En duel».

[282] Jacques Prévot hésite entre un terme patoisant ou un mot forgé par Gareau à partir d'engin. Il s'agit de flacons ou de boîtes.

[283] «D'essences», de parfums.

[284] «L'humide radical», principe de la vie selon les médecins, d'après Furetière.

[285] Corruption populaire de Mathusalem; mais ici, l'adjectif *salé*, sans majuscule semble vouloir indiquer que *Mathieu* a été conservé dans le sel.

[286] Ce «Niguedouille» en question est assurément Châteaufort. L'expression pléonastique qui suit semble proverbiale, mais elle peut signifier «rire sans menacer».

CHATEAUFORT

Je ne ris pas de la vertu de tes essences.

GAREAU

O gnian, sçachez que les naissances ont de marveilleuses pro-pretez[287] (*Il le frappe*)[a]. C'est un certain oignement[288] dont les Ancians s'oignient quand ils estient morts, dont ils vivient si lon-guement. Mais morgué il me viant de souvenir que vous vouliais tantost que je vous disi le nom de ces livres. Et je ne veux pas, moy; et vous estes un sot dres là[289]; et testigué, ous estes un inorant là-dedans. Car ventregué si vous estes un si bon diseux morgué[290] tapons nous donc la gueule comme il faut[291]. Dame il ne faut point tant de beure pour faire un cartron[292]. Et quien[293] et vela pour toy[b294].

CHATEAUFORT

Ce coup ne m'offense point, au contraire il publie mon courage invincible à souffrir. Toutefois afin que tu ne te rendes pas indigne de pardon par une seconde faute, encore que ce soit ma coutume de donner plutôt un[c] coup d'épée qu'une parole, je veux bien te dire[d] qui je suis. J'ai fait en ma vie septante mille combats, et n'ai jamais porté botte qui n'ait tué sans confession. Ce n'est pas[e] que j'aie jamais ferraillé le fleuret, je suis adroit la grâce à Dieu; et partant[f] la science que j'ai des armes, je ne l'ai

---

[287]　«Propriétés».

[288]　«Onguent».

[289]　Jacques Prévot hésite entre «à partir de là» et «à travers cela», c'est-à-dire «en cela».

[290]　«Têtebleu», «ventrebleu», «morbleu»: autant de jurons mis en une forme patoisante.

[291]　Très irascible, Gareau se fâche contre Châteaufort, à vrai dire sans autre raison que de mettre en évidence la poltronnerie de celui-ci.

[292]　Un quarteron représente le quart d'une livre, soit environ cent vingt-cinq grammes. Dicton paysan, dont le sens ici n'est pas très clair. Peut-être: ne cherchons pas de raisons: vous êtes beau parleur, moi non, cela suffit pour que nous nous battions.

[293]　«Tiens».

[294]　C'est là que l'on placerait aujourd'hui la didascalie; mais au XVIIe siècle, lorsqu'elles ne sont pas en marge, on les met souvent en tête des répliques.

jamais apprise que l'épée à la main[295]. Mais que cet avertissement ne t'effraie point; je suis tout cœur[296], et il n'y a point par conséquent de place sur mon corps où tu puisses adresser tes coups sans me tuer. Sus donc, mais gardons la vue, ne portons point de même temps, ne poussons point de près, ne tirons point de seconde[297]. Mais vite, vite, je n'aime pas tant de discours. Mardieu, depuis le temps, je me serais mis en garde, j'aurais gagné la mesure[298], je l'aurais rompue, j'aurais surpris le fort[299], j'aurais pris le temps[300], j'aurais coupé sous le bras[301], j'aurais marqué tous les battements[302], j'aurais tiré la flanconnade[303], j'aurais porté le coup de dessous[304], je me serais allongé de tierce sur les armes[305], j'aurais quarté du pied gauche[306], j'aurais marqué feinte à la pointe et dedans et dehors[307], j'aurais estramaçonné[308],

---

[295]   Châteaufort se vante de ne s'être jamais exercé au fleuret moucheté dans les salles d'escrime: il a toujours combattu à l'épée nue – et donc mortelle.

[296]   Jeu sur les deux sens du mot *cœur*: l'organe et le courage.

[297]   Conseils d'escrime: *porter, pousser, tirer* désignent différentes façons de donner un coup d'épée; la *seconde* comme la *tierce* et la *quarte* sont des postures.

[298]   La *mesure* est la juste distance où un tireur peut atteindre son adversaire en se fendant: *gagner la mesure*, c'est choisir cette distance au lieu de la laisser prendre à l'adversaire.

[299]   Le *fort* de l'épée est le tiers de la lame, mesurée à partir de la main.

[300]   Le *temps*, c'est la durée d'un mouvement quelconque. *Prendre le temps*, c'est «partir par un mouvement judicieux sur le mouvement de l'ennemi en le prenant par son contraire», autrement dit, parer et tirer en même temps.

[301]   *Couper*, c'est dégager en faisant passer la pointe de l'épée par-dessus celle de l'adversaire.

[302]   Le *battement* est un petit coup sec de la pointe de l'épée sur le fort de l'épée de l'adversaire, de manière à causer un léger ébranlement dans la tenue de son épée.

[303]   La *flanconnade* consiste à peser par le dedans du faible de son épée sur le faible de son adversaire pour lui faire découvrir son flanc.

[304]   L'épée étant *en-dessous* de celle de l'adversaire.

[305]   «J'aurais fait une fente en tierce» (en tenant l'épée, les ongles dirigés vers le bas).

[306]   «J'aurais mis mon pied en position de quarte».

[307]   La *feinte* est une fausse attaque; *dedans* et *dehors* marquent la position de l'épée par rapport à celle de l'adversaire.

[308]   «Porté un coup de taille».

86   ŒUVRES COMPLÈTES

ébranlé[309], empiété[310], engagé[311], volté[312], porté[313], paré, riposté[314], quarté, passé, désarmé, et tué trente hommes[a].

GAREAU

Vramant, vramant, vela bian la musicle de S. Innocent[315], la pus grande piqué[316] du monde. Quel embrocheux de limas[317]! (*Il le frappe encore*): et quien[318], quien, vela encore pour t'agacer[b319].

CHATEAUFORT

(*Gareau le frappe*)[c] Je ne sais, Dieu me damne, ce que m'a fait ce maraud, je ne me saurais[d] fâcher contre lui. (*Il le frappe encore*) Foi de cavalier, cette gentillesse[320] me charme[e]. Voilà le faquin du plus grand cœur que je vis jamais. (*Il est frappé derechef*) Il faut nécessairement ou que ce bélître[321] soit mon fils, ou

---

[309] *Ébranler*, c'est déranger la tenue de l'épée de l'adversaire.

[310] «Avancé le pied».

[311] «Engagé le fer» en poussant avec le fort de son épée sur le faible de celle de l'adversaire.

[312] C'est faire un quart de tour de manière à présenter le dos à l'adversaire; *quarter* a le même sens.

[313] «Porté une botte».

[314] La *riposte* est l'attaque qui suit immédiatement la parade. Châteaufort décrit ici avec précision et vraisemblance un bref combat à l'épée… qui s'achève par une outrance. Dans le chapitre des *Grotesques* qu'il lui consacre, Théophile Gautier, évoquant le bretteur qu'était Cyrano, s'est amusé à reprendre tous ces termes pour les lui appliquer dans un portrait plein de vie. (*Les Grotesques*, Paris, 1859, p 181 et suiv.).

[315] «Verbiage d'idiot», avec jeu de mot sur les chanteurs de l'église Saint-Innocent.

[316] «Pitié».

[317] «Embrocheur de limaces – ou d'escargots». On peut y voir un sens obscène.

[318] «Tiens».

[319] «Provoquer quelqu'un doucement à quelque dispute ou querelle» (Furetière).

[320] Le mot ne désigne plus la noblesse, mais a déjà le sens actuel, ce qui le rend ici tout à fait incongru.

[321] «Gros gueux qui mendie par fainéantise et qui pourrait bien gagner sa vie» (Furetière). D'où: coquin.

qu'il soit démoniaque[a]. D'égorger mon fils à mon escient[322], je n'ai garde; de tuer un possédé j'aurais tort, puisqu'il n'est pas coupable des fautes que le diable lui fait faire. Toutefois, ô, pauvre paysan[b], sache que je porte à mon côté la mère nourrice des fossoyeurs, que de la tête du dernier Sophi[323] je fis un pomeau à mon épée, que du vent de mon chapeau je submerge une armée navale; et que qui veut savoir le nombre des hommes que j'ai tués, n'a qu'à poser un 9, et tous les grains de sable de la mer ensuite qui serviront de zéros. Quoi que tu fasses, ayant[c] protesté que je gagnerais cela sur moi-même (*Il est encore battu*)[d] de me laisser battre une fois en ma vie[e], il ne sera pas dit qu'un maraud comme toi me fera changer de résolution. (*Gareau se retire en un coin du théâtre et le Capitan demeure seul*)[f] Quelque faquin de cœur bas, et ravalé[324], aurait voulu mesurer son épée avec ce vilain; mais moi qui suis gentilhomme, et gentilhomme d'extraction[325], je m'en suis fort bien su garder. Il ne s'en est cependant quasi rien fallu que je ne l'ai percé de mille coups, tant les noires vapeurs[g] de la bile offusquent quelquefois la clarté des plus beaux génies. En effet, j'allais[h] tout massacrer. Je jure donc aujourd'hui par cette[i] main, cette main dispensatrice des couronnes et des houlettes, de ne plus dorénavant recevoir personne au combat, qu'il n'ait lu devant moi sur le pré[326] ses lettres de noblesse; et pour une plus grande prévoyance, je m'en vais faire promptement avertir Messieurs les Maréchaux[327] qu'ils m'envoient des gardes pour m'empêcher de me battre; car je sens[j] ma colère qui croît, mon cœur qui s'enfle[k], et les doigts qui me démangent de faire un homicide. Vite, vite, des gardes, car je ne réponds plus de moi. Et vous autres Messieurs qui m'écoutez, allez m'en quérir tout à l'heure, ou par moi tantôt vous n'aurez point d'autre lumière à vous en retourner, que celle des éclairs de mon sabre, quand il

---

[322] «Consciemment».

[323] Titre du roi de Perse.

[324] «Avili».

[325] De famille noble et non pas récemment anobli par l'achat d'une charge.

[326] Sur le lieu même du duel, du nom du pré aux clercs, lieu fameux de rencontres dans le Paris d'Henri IV et de Louis XIII.

[327] Pour éviter les duels, un tribunal composé de maréchaux de France était chargé de régler les affaires d'honneur. En 1653, un nouveau règlement plus précis avait été publié. Ils disposaient de gardes pour surveiller les parties adverses et éviter des altercations après leur jugement.

vous tombera sur la tête (*Gareau revenant le frappe encore et le Capitan s'en va*)[a]. Et la raison est que je vais[b], si je n'ai un garde, souffler d'ici le soleil dans les cieux comme une chandelle. Je[c] te massacrerais, mais tu as du cœur[328], et j'ai besoin de soldats.

SCÈNE III
GRANGER, MANON, GAREAU, FLEURY

MANON

Quel démêlé donc, mon pauvre Jean avais-tu avec ce capitaine?

GAREAU

Aga, ou me venet ravodé de sa philophie. Agré[329], tenez, c'est tout fin dret comme ce grand Cocsigruë[330] de Mon~ du Meny; vous sçavez bian, qui avait ces grands penaches[331] quand je demeurais chez Mademoirelle[332] de Carnay. Dame pelamor[333] qu'oul estet brave cõme le temps[334], qu'oul luiset dans le moulé[335], qu'oul jargonet par escousse des Anes à Batiste, des Pères-Paticiers[336]; il velet[337] que je l'y fissiesmes tretous lobeni-

---

328 «Du courage». Châteaufort propose à Gareau de l'enrôler dans son armée imaginaire.

329 Comme *Aga*, «regardez», simple épenthèse du discours. *Ravodé*: v. p. 77, n. 213.

330 Pour Furetière, c'est un poisson de mer, pour Richelet, un coquillage, pour Huguet, un oiseau, tous d'ailleurs animaux fabuleux. Furetière le signale comme signifiant aussi une chose chimérique. Peut-être faut-il l'entendre ici au sens de rêveur, d'hurluberlu.

331 «Panaches».

332 «Mademoiselle»; phénomène de rotacisme.

333 «Par la mort», juron atténué.

334 *Brave* a vraisemblablement ici le sens d'élégant. Les dictionnaires ne donnent pas le sens de l'expression: je comprends: «toujours vêtu à la dernière mode».

335 Voir plus haut, n. 224 et 269.

336 «Il parlait de temps à autre, d'une façon incompréhensible des Anabaptistes et des Péripatéticiens». Si les disciples d'Aristote peuvent avoir leur place dans ces propos de pseudo-lettré, les Anabaptistes ne semblent être là que pour le jeu de mots.

337 «Voulait».

gna[338]. Pelamor itou, à ce que suchequient[339] les mediseux, qu'avec Mademoirelle nostre Metraisse, il boutet cety-cy dans cety-la[340] (ce n'est pas ce nonobstant[341], comme dit l'autre, pour ce chore la[342], car ardé bonne renommée vaut mieux que ceinture dorée). Mais par la morguoy sphesmon, c'estet un bel oisiau pour torner quatre broches[343]; et pis étou l'en marmuset[344] qu'oul estet un tantet tarabusté de l'entendement[345]. Bonnefy la barbe l'y estet venuë devant eune bonne ville, ol luy estet venuë devant Sens[346]. Ce Jean[347] qui de tout ce mesle, il y a desja une bonne escousse da[348], s'en venit me ramener avos les eschegnes[349] eune houssene[350] de dix ans. Vartigué, je n'estes pas gentizome pour me battre en deüil[351], mais... O don c'estet Mademoirelle nostre Mestraisse qui m'avet loüé et stanpandant il voulet, ce dit-il, me faire, ce dit-il, enfiler la porte[352]. «O, ce me fit-il, je te feray bien enfiler la porte, ce fit-il.» Guian cette parole là me prenit au cœur. O par la morguoy, ce l'y fis-je, vous ne me feraiz point enfiler la porte, et pis au fons, ce l'y fis-je, c'est Mademoirelle qui m'a loüé: si mademoirelle veut que je l'enfile, je l'enfileray bian, mais non pas pour vous[a353].»

---

338 Faire *l'Obenigna*, c'est rendre hommage, par référence à certaines hymnes de la Sainte Vierge. Le terme se trouve dans les *Agréables Conférences*.

339 «Chuchotaient».

340 Obscénité évidente.

341 «Malgré cela».

342 «Pour cette chose-là». Rotacisme.

343 «C'est un homme bien fait pour tourner quatre broches». Expression de grand mépris, selon Oudin, signifiant qu'il n'est bon qu'à tourner les broches, travail au surplus fait souvent par un chien.

344 «Et puis l'on murmurait aussi».

345 «Qu'il avait l'esprit un peu troublé.

346 Calembour populaire: «la barbe lui était venue avant la raison». Jeu de mots sur *Sens* et sur *devant*, adverbe à la fois spatial et temporel.

347 Prénom moqueur (cf. Gros Jean, Jean-Jean, Messire Jean).

348 «Il y a déjà un bon moment».

349 *Avos*: même sens que *avaux*». Comprendre: m'appliquer aval l'échine; autrement dit, me rouer de coups.

350 Une *houssine* est à l'origine une verge de houx; si elle a dix ans, c'est un solide gourdin.

351 «En duel».

352 «Prendre la porte immédiatement».

353 Comprendre que Monsieur du Mesnil, cette espèce d'hurluberlu, apparemment amant de Mademoiselle de Carnay, a voulu mettre Gareau à la porte,

GRANGER

Or ça, notre gendre, mettons toutes querelles[a] sous le pied, et donnons-leur d'un oubli a travers les hypocondres[354]. Si l'hyménée porte un flambeau, ce n'est pas celui de la Discorde. il doit allumer nos cœurs mais non pas notre fiel : c'est le sujet qui nous assemble tous. Voilà ma fille qui voudrait déjà qu'on dit d'elle et de vous *Sub, super, in, subter, casu juguntur utroque*[b] *in vario sensu.*[355]

MANON

Mon père, je ne suis pas capable de former des souhaits, mais de seconder les vôtres : conduisez ma main dans celle que vous avez choisie, et vous verrez votre fille d'un visage égal, ou descendre[c], ou monter[356].

GRANGER

Rien donc ne nous empêche plus de conclure cet accord, aussitôt[d] que nous saurons les natures de votre bien.

FLEURY

Là donc, ne perdons point de temps.

GRANGER

Vos facultés consistent-elles en rentes, en maisons, ou en meubles ?

---

en le menaçant d'un gourdin de houx. Mais Gareau refuse : il n'obéit qu'à Mademoiselle, ce qui lui permet à la fin de sa tirade, une équivoque grivoise. Gareau ne peut se battre en duel, n'étant pas gentilhomme ; mais on ne saura jamais comment il a résisté à M. du Mesnil.

[354] Paroles pacifiantes de Granger, qui coupe l'histoire de Gareau. *Mettre sous le pied*, c'est effacer ou dominer ; cette métaphore banale est complétée par une expression beaucoup plus imagée : donnons-leur un coup d'oubli – comme un coup d'épée – au travers du ventre (les *hypocondres* sont les deux côtés de l'abdomen, sous les fausses côtes).

[355] Toujours Despautère : « Sous, au-dessus, dans, au-dessous se joignent à l'un et l'autre cas (ablatif ou accusatif) selon le sens »(*Syn*, Reg. XVII, p.320). A entendre, évidemment, comme une énumération grivoise des positions de l'amour. Sur *casus*, voir p. 56, n. 62.

[356] *Descendre* en épousant un paysan, *monter* en épousant Châteaufort ou La Tremblaie, qui sont gentilshommes.

GAREAU

Dame oüy, j'ay très-bian de tout ça, par le moyan d'un heritage[a].

GRANGER

Qu'on donne promptement un siège à Monsieur; Manon, saluez votre mari. Cette succession est-elle grande?

GAREAU

Elle est de vint mile[b] francs[357].

GRANGER

Vite, Pasquier, qu'on mette le couvert.

GAREAU

(*Il se met dans une chaise.*)[c] La, la, vous moquez-vous, rabusez[358] votre bonet; entre nous autres, il ne faut point tant de fresmes ni de simonies[359]. Hé! qu'es-ce donc? Nostre-dinse[360], n'en diret que je ne nous connoissiens plus. Quoy ous avez bouté en obliviance de quand ous esquiais au Chaquiau[361]? Parguene alez, ous n'esquiais qu'un petit navet en ce tems-là, ous estes à cette heure cy eune citrouille bian grosse[362]. Vramant laissez faire, je pense que Guieu marcy, j'avons bian sarmoné de vous[363], feu nostre mainagere et moy. Si vous estet venu des cornes toutes les fois que les oreilles vous ont corné (ce que j'en dis pourtant ce n'est pas que j'en parle[364], ce crois-je bian qu'ous en[365] avez assez sans nous). Tanquia que, ô! donc, pour revenir à nostre conte, jer-

---

[357] Valeur actuelle? Il faut multiplier au moins par 100, ce qui représenterait une succession de deux millions.

[358] «Remettez».

[359] «De frimes (de manières) ni de cérémonies».

[360] «Notre-Dame! on dirait...». Juron atténué.

[361] «Vous avez mis en oubli le temps où vous étiez au château?»

[362] Jacques Prévot note que cette «métaphore jardinière» peut cacher un jeu de mots: un petit qui *n'avait* rien du tout.

[363] «Nous avons beaucoup parlé de vous, ma femme et moi».

[364] Formule analogue à «ce n'est pas pour dire», ou «ce n'est pas par plaisir d'en parler».

[365] Des cornes.

niguoy³⁶⁶ j'esquiesmes tous deux de meschantes petites var-
menes³⁶⁷. J'alliesmes vreder avaux³⁶⁸ ces bois. Et y à propos, ce
biau marle³⁶⁹ qui sublet³⁷⁰ si finement haut: hé bian regardez, ce
n'estet que le Clocu Fili Davi³⁷¹! Ous esquiais un vray jui
d'Avignon en ce tems-là; Ous esquiais trejours à pandiller entour
ces cloches et y³⁷² à sauter comme un Maron³⁷³. O bian, mais ce
n'est pas le tout que des choux, il faut de la graisse^a³⁷⁴.

GRANGER

Avez-vous ici les contrats acquisitoires de ces héritages-là?

GAREAU

Nanain vramant et si³⁷⁵ l'on ne me les veut pas donner; mais
je me doute bian de qu'oul y a. Testigué, je m'amuse bian à des
papiers, moy. Hé! ardé, tous ces brimborions de contracts, ce

---

³⁶⁶ «Jarnidieu» (je renie Dieu), juron favori de Henri IV.

³⁶⁷ «Nous étions tous deux de méchantes (ou de chétives) petites vermines».
Gareau ouvre des horizons sur la carrière de Granger, petit paysan comme
lui, sans doute fils de domestiques du château, devenu un bourgeois et un
personnage important. c'est une façon de le rabaisser et en même temps de
justifier l'existence du personnage de Gareau dans la pièce.

³⁶⁸ «Courir au hasard à travers».

³⁶⁹ «Merle». Le merle, vêtu de noir comme un docteur, s'applique sans doute à
Granger lui-même. On pourrait comprendre: ce beau docteur, qui parlait si
bien et avec tant d'autorité n'était qu'un parasite, qui a pris tout son savoir
chez les autres, comme le coucou qui s'attribue les nids d'autrui.

³⁷⁰ «Sifflait».

³⁷¹ D'après Jacques Prévot, allusion blasphématoire à saint Joseph: le cocu du
fils de David. Mais le manuscrit coupe après *clocu. Fili David* n'est donc
plus qu'une exclamation portant sur la suite de la phrase: «Ce n'était que le
coucou. Fils de David! vous étiez un vrai juif d'Avignon.»

³⁷² «Yod» explétif épenthétique, selon Jacques Prévot.

³⁷³ Allusion étrange. Les juifs d'Avignon, protégés par le pape, faisaient-ils du
zèle en sonnant les cloches (ou était-ce une forme de brimade?) Il peut y
avoir aussi une confusion entre Maron – c'est-à-dire maronite, chrétiens
d'orient qui avaient abjuré l'hérésie – et Marrane, juifs officiellement
convertis, mais continuant à pratiquer leur religion en secret, et qui donc,
eux aussi, s'efforçaient de montrer qu'ils étaient bons chrétiens.

³⁷⁴ Proverbe, que l'on peut comprendre comme «C'est pas tout, ça», ne nous
amusons pas à ces propos hors du sujet, revenons à nos moutons.

³⁷⁵ Adverbe: «et pourtant».

n'est que de l'escriture qui n'est pas vraye, car ol n'est pas moulée[376]. Hobian acoutez la, c'est eune petite sussion[377] qui est vramant bian grande da, de Nicolas Girard; hé la le pere de ce petit Louis Girard qui estet si semillant[378]; ne vous sçauriais vous recorder[379]? C'est ly qui s'alit neger à la grand Mare[380]. O bian son pere est mort, et si[381] je l'avons conduit en tare[382], s'il a plu à Guieu, sans repruche[383], comme dit l'autre. Ce pauvre Guiebe estet allé dénicher des pies sur l'orme de la comere Massé. Dame, comme oul estet au copiau[384], le vela bredi, breda[385], qui commence à griller tout avaux les branches[386] et cheit eune grande escousse[387], pouf, à la renverse. Guieu benit la Chresquianté[388], je croy que le cœur l'y escarboüillit dans le ventre, car oul ne sonit jamais mot, ne groüillit[389], sinon qu'oul grimonit[390] en trépassant: «Guiebe set de la pie et des pîaux.» O donc ly estet mon compere et sa femme ma comere[391]. Or ma comere, pisque comere y a, auparavant que d'avoir espousé mon compère, avet espousé en preumieres nopces, le cousin de la brû de Piare[392] Olivier, qui

---

[376] Pour Gareau, seul ce qui est imprimé (moulé) est sérieux. Respect de l'analphabète pour le livre.

[377] «Succession».

[378] «Remuant, éveillé», en parlant en général des enfants.

[379] «Souvenir».

[380] «Noyer dans la grande mer».

[381] «Aussi»: une des nombreuses épenthèses du discours rustique.

[382] «Terre».

[383] «Reproche»; L'expression a à peu près le même sens que révérence parler, sauf votre respect, etc.

[384] «A la cime».

[385] Onomatopée.

[386] «Glisser tout en bas des branches»; griller en ce sens est bas et vulgaire selon Furetière.

[387] «Tombe pendant un grand moment», mais le mot escousse, «secousse» fait image.

[388] Formule atténuative, du genre: «Dieu me pardonne.»

[389] «Il ne prononça aucun mot, ni ne fit aucun mouvement», mais Jacques Prévot donne au verbe grouiller le sens de «gronder, grogner».

[390] «Marmonna».

[391] Sont compère et commère le parrain et la marraine d'un même enfant; ils le sont également avec les parents de l'enfant.

[392] «Pierre». Sur ce nom, v. Introduction, p. 18.

touchet de bian pres à Jean Henaut, de par le gendre du biau-frere de son onque. Or cely-cy, retenez bian, avet eu des enfans de Jaquelaine Brunet qui mourirent sans enfans. Mais il se trouve que le neveu de Denis Gauchet avet tout baillé[393] à sa femme par contract de mariage, à celle fin de frustriser les heriquers[394] de Thomas Plançon qui devient y rentrer[395], pis que sa mere-grand n'avet rian laissé aux mineurs de Denis Vanel l'esné. Or, il se trouve que je somes parens en queuque magniere de la veufve de Denis Vanel le jeune, et par consequent ne devons-nous pas avoir la sussion de Nicolas Girard[a]?

GRANGER

Mon ami, je fais ouvrir à ma conception[b][396] plus d'yeux que n'en eut jamais le berger gardien de la vache Io, et je[c] ne vois goutte en votre affaire.

GAREAU

O Monsieu, je m'en vas vous l'éclaircir aussi finement claire, que la voix des enfans de cœur de nostre village[397]. Acoutez donc. Il faut que vous sçachiais que la veufve de Denis Vanel le jeune, dont je sommes parens en queuque magniere, estet la fille du second lit de Georges Maquiau le biau-frere de la sœur du neveu de Piare Brunet, dont j'avons tantost fait mention : or il est bian à clair que si le cousain de la brû de Piare Olivier, qui touchet de bian pres à Jean Henaut de par le gendre du biau-frere de son onque, estet pere des enfans de Jaquelaine Brunet trépassez sans enfans, et qu'apres tout ce tintamare là on n'avet rian laissé aux mineux de Denis Vanel le jeune, j'y devons rentrer, n'est-ce pas ?[d][398]

---

[393] « Donné ».

[394] « Frustrer les héritiers ».

[395] Dans la succession.

[396] « Ma faculté de concevoir ». Argus, gardien d'Io, avait cent yeux.

[397] Le manuscrit disait Notre-Dame ; l'édition corrige avec bonheur, avec une comparaison plus naturelle pour Gareau.

[398] D'après les frères Parfaict (*Histoire du théâtre français*), un habile avocat se serait amusé à étudier la question et aurait conclu que Gareau avait effectivement droit à la succession.

GRANGER

Pasquier, repliez la nappe, Monsieur n'a pas le loisir de s'arrêter[399]. Ma foi, beau sire, depuis le jour que Cupidon segregea[a][400] la lumière du chaos, il ne s'est point vu sous le soleil un démêlé semblable, Dédale et son labyrinthe en ont bien dans le dos[401]. Je vous remercie cependant de l'honneur qu'il vous plaisait nous faire : vous pouvez promener votre charrue ailleurs que sur le champ virginal du ventre de ma fille[402].

MANON

Les valets de la fête vous remersissont[403]

FLEURY

Vous avez bon courage mais les jambes vous faillent[404].

GAREAU

Ma foy voire ; aussi bian n'en velay-je pus. J'aime bian mieux eune bonne grosse mainagere qui vous travaille de ses dix doits, que non pas de ces Madames de Paris qui se fesont courtiser des courtisans. Vous verrais ces galouriaux tant que le jour est long, leur dire, Mon cœur, Mamour ; parcy, parla ; je le veux bian ; le veux-tu bian ? Et pis c'est à se sabouler[405], à se patiner[406], à plaquer les mains au commencement sur les joües, pis sur le cou,

---

[399] D'après P.-L. Lacroix, cette phrase rappellerait le congé que Panurge donne à Rondibilis, au *Tiers Livre*, chap. XXXIV.

[400] *Segregare :* «sépara». Dans aucune mythologie ce rôle ne revient à Cupidon. Y a-t-il une intention blasphématoire, cachée, fondée sur le fait que Dieu est Amour. *Cf.* les derniers vers de la *Divine Comédie*.

[401] Nous dirions «peuvent aller se rhabiller», en fait de complication.

[402] Image que l'on rencontre déjà chez Lucrèce, ici à intention visiblement érotique.

[403] Formule ironique de congé. Certains ont voulu lire *remercieront*, puisque, ailleurs, Manon parle correctement, mais il est probable qu'elle s'amuse ici à patoiser à sa façon.

[404] «Vous désirez plus que vous ne pouvez avoir».

[405] «Terme populaire, qui se dit de ceux qui se tourmentent le corps, qui se renversent à terre, se roulent, se houspillent, comme font les petites gens, quand ils se jouent» (Furetière).

[406] «Peloter». Effet comique : on imagine mal les *Madames de Paris* et les *courtisans* se rouler à terre en public. Et même, à l'époque de Furetière, *patiner* est banni chez les gens distingués.

pis sur les tripes, pis sur le brinchet[407], pis encore pus pas[a], et ainsi le vitse glisse[408]. Stanpendant moy qui ne veux pas qu'on me fasse des tragodies[409], si j'avouas treuvé queuque ribaut[410] licher[411] le moruiau[412] à ma femme, comme cet affront là frappe bian au cœur, peut-estre que dans le desespoir je m'emporteroüas à jeter son chapiau par les frenestres, pis ce seret du scandale[413]. Tigué[414] queuque niais[b][415].

GRANGER

O espérances futiles[c] du concept des humains ! De même[d] les chats tu ne flattes que pour égratigner, Fortune malicieuse.

SCÈNE IV
CORBINELI, GRANGER, PAQUIER.

CORBINELI

Elle n'est pas seulement malicieuse, elle est enragée. Hélas ! tout est perdu, votre fils est mort.

GRANGER

Mon fils est mort ! Es-tu hors de sens ?

---

[407] Pour qu'il y ait progression érotique, les *tripes* doivent signifier l'estomac ou la taille ; le *brinchet* (bréchet), c'est la poitrine.

[408] Jeu phonétique : « le vice glisse, le vice se glisse » ; mais la graphie de l'édition introduit une image obscène. L'édition de Rouen, en 1678, écrit d'ailleurs, avec une censure qui efface toute ambiguïté : *le v. se glisse*.

[409] « Des drames » ; la suite explique de quelle *trogedie* il peut s'agir.

[410] « Paillard ».

[411] « Lécher ».

[412] On a le choix, selon les dictionnaires : « la morve » (image peu ragoûtante, mais possible), « le bout du nez », ou plutôt « le museau » (*morvel* en ancien français). Quant au sens que donne Leroux : « flatter, courtiser », il serait beaucoup trop faible dans la bouche de Gareau.

[413] Gareau, lui non plus, n'a pas un courage excessif.

[414] Abréviation pour *Testigué*, « Têtebleu ».

[415] Sous-entendu « s'y laisserait prendre ». Jacques Truchet cite une expression analogue de Molière : « Quelque sotte, ma foi… » (*Tartuffe*, II, 2).

CORBINELI

Non, je parle[a] sérieusement: votre fils à la vérité n'est pas
mort, mais il est entre les mains des Turcs.

GRANGER

Entre les mains des Turcs? Soutiens-moi, je suis mort.

CORBINELI

A peine étions-nous entrés en bateau pour passer de la porte
de Nesle au quai de l'Ecole[416]...

GRANGER

Et qu'allais-tu faire à l'Ecole, baudet[417]?

CORBINELI

Mon maître s'étant souvenu du commandement que vous lui
avez[b] fait, d'acheter quelque bagatelle qui fût rare à Venise, et de
peu de valeur à Paris, pour en régaler son oncle, s'était imaginé
qu'une douzaine de cotrets[418] n'étant pas chers, et ne s'en trouvant point par[c] toute l'Europe de mignons comme en cette ville, il
devait en porter là: c'est pourquoi nous passions vers l'Ecole
pour en acheter; mais à peine avions-nous[d] éloigné la côte, que
nous avons été pris par une galère turque[e].

GRANGER

Hé! de par le cornet retors[419] de Triton dieu marin, qui jamais
ouït parler que la mer fût à Saint-Cloud? qu'il y eût des galères,
des pirates ni des écueils?

CORBINELI

C'est en cela que la chose est plus merveilleuse. Et quoique
l'on ne les ait point vus en France que cela, que sait-on s'ils ne
sont point venus de Constantinople jusqu'ici entre deux eaux?

---

[416] La porte de Nesle se trouvait entre le Pont-neuf et le pré aux clercs. Le quai
de l'Ecole est aujourd'hui le quai du Louvre. L'Ecole était jadis celle de
l'abbaye de Saint-Germain. Peut-être parodie d'un exorde solennel: cf.
Racine, *Phèdre*, V, 6: «A peine nous sortions...».
[417] Injure choisie: un âne n'a rien à faire à l'Ecole.
[418] Fagots de petit bois.
[419] «Recourbé».

PAQUIER

En effet, Monsieur, les Topinambours[420] qui demeurent quatre ou cinq cents lieues au-delà du monde, vinrent bien autrefois à Paris; et l'autre jour encore les Polonais enlevèrent[a] la princesse Marie en plein jour à l'hôtel de Nevers, sans que personne osât branler[b][421].

CORBINELI

Mais ils ne se sont pas contentés de ceci, ils ont voulu poignarder votre fils...

GRANGER

Quoi, sans confession[422]?

CORBINELI

S'il ne se rachetait[c] par de l'argent.

GRANGER

Ah[d]! les misérables; c'était pour incuter[423] la peur dans cette jeune poitrine.

PAQUIER

En effet, les Turcs n'ont garde de toucher l'argent des chrétiens, à cause qu'il a une croix[424].

CORBINELI

Mon maître n'a jamais pu dire autre chose, sinon: «Va-t-en trouver mon père et lui dis...» Ses larmes aussitôt suffoquant sa

---

[420] Ou «Topinambous»: Indiens du Brésil. Les explorateurs en avaient amené quelques-uns en France en 1550.

[421] «Faire un mouvement» de protestation. Cette allusion a permis de dater la pièce (v. p. 15).

[422] Effet burlesque de cette soudaine piété de Granger.

[423] *Incutere:* «susciter».

[424] Dans beaucoup d'anciennes monnaies européennes figurait l'inscription *Sit Nomen Domini Benedictum*, entourant une croix. Vers le milieu du XVIe siècle, celle-ci fut remplacée en France par les armes royales.

parole, m'ont[a] bien mieux expliqué qu'il n'eût su[b] faire les tendresses qu'il a pour vous[425]...

GRANGER

Que diable aller faire aussi dans la galère d'un Turc? D'un
Turc! *Perge.*[426]

CORBINELI

Ces écumeurs[427] impitoyables ne me voulaient pas accorder la
liberté de vous venir trouver, si je ne me fusse jeté aux genoux du
plus apparent d'entre eux. «Hé! Monsieur le Turc, lui ai-je dit,
permettez-moi d'aller avertir son père, qui vous enverra[c] tout à
l'heure sa rançon.»

GRANGER

Tu ne devais pas parler de rançon, ils se seront moqués de toi.

CORBINELI

Au contraire. A ce mot, il a un peu rasséréné sa face: «Va[d],
m'a-t-il dit, mais si tu n'es ici de retour dans[e] un moment, j'irai
prendre ton maître dans[f] son collège et je vous[g] étranglerai tous
trois aux antennes de notre navire.» J'avais si peur d'entendre
encore quelque chose de plus fâcheux, ou que le diable ne me vint
emporter estant en la compagnie de ces excommuniés[428], que je
me suis promptement jeté dans un esquif pour vous avertir des
funestes particularités de cette[h] rencontre.

GRANGER

Que diable aller faire dans la galère d'un Turc?

PAQUIER

Qui n'a peut-être pas été à confesse depuis dix ans.

---

[425] On peut voir là une parodie du *Cid*
      «Sire la voix me manque à ce récit funeste,
      Mes pleurs et mes soupirs vous diront mieux le reste» (II, 7, v. 679-681).
[426] «Continue», terme qu'emploient les maîtres avec les élèves qui récitent une
      leçon.
[427] *Écumeurs* des mers, autrement dit «pirates». *Tout à l'heure*: immédiatement.
[428] Équivalent d'«infidèles», mais le terme est plus violent.

GRANGER

Mais penses-tu qu'il soit bien résolu d'aller à Venise?

CORBINELI

Il ne respire[429] autre chose.

GRANGER

Le mal n'est donc pas sans remède[a]. Paquier, donne-moi le réceptacle des instruments de l'immortalité *Scriptorium scilicet*[430].

CORBINELI

Que désirez-vous faire?

GRANGER

Ecrire une lettre à ces Turcs.

CORBINELI

Touchant quoi?

GRANGER

Qu'ils me renvoient mon fils parce que j'en ai affaire[b]. Qu'au reste ils doivent excuser la jeunesse qui est sujette à beaucoup de fautes; et que s'il lui arrive une autre fois de se laisser prendre, je leur promets, foi de docteur, de ne leur en plus obtondre[c431] la faculté auditive.

CORBINELI

Ils se moqueront par ma foi de vous.

GRANGER

Va-t-en donc leur dire de ma part, que je suis prêt de leur répondre par-devant notaire, que le premier des leurs qui me

---

[429] «Se dit figurément en morale en parlant des passions violentes [...] Un usurier ne *respire* que le gain» (Furetière).

[430] «C'est-à-dire mon écritoire».

[431] *Obtundere*: «assommer»; «Je promets de ne plus leur casser les oreilles».

tombera entre les mains je le leur renverrai[a] pour rien (Ha! que diable, que diable aller faire en cette galère?). Ou dis-leur qu'autrement je vais m'en plaindre à la justice. Sitôt qu'ils l'auront remis en liberté, ne vous amusez[432] ni l'un ni l'autre, car j'ai affaire de vous.

CORBINELI

Tout cela s'appelle dormir les yeux ouverts.

GRANGER

Mon Dieu, faut-il être ruiné à l'âge où je suis? Va-t-en avec Paquier, prend le reste du teston[433] que je lui donnai[b] pour la dépense il n'y a que huit jours. (Aller sans dessein dans une galère!) Prends tout le reliquat[c] de cette pièce (Ha! malheureuse géniture[434], tu me coûtes plus d'or que tu n'es pesant.) Paye la rançon et ce qui reste, emploie-le en œuvres pies (Dans la galère d'un Turc!). Bien[d], va-t-en. (Mais misérable, dis-moi, que diable allais-tu faire dans cette galère?). Va prendre dans mes armoires ce pourpoint découpé que quitta feu mon père l'année du grand hiver[e] [435].

CORBINELI

A quoi bon ces fariboles? Vous n'y êtes pas. Il faut tout au moins cent pistoles[436] pour sa[f] rançon.

---

432 A sens de «s'attarder, perdre son temps».

433 Ancienne monnaie qui valait au temps de Furetière 19 sols 6 deniers, soit six deniers de moins qu'un franc. L'emploi du terme montre le caractère archaïque de Granger en même temps que son avarice: un franc par semaine pour la dépense d'une maison! alors que les plus bas salaires sont au moins d'un demi-franc par jour. Encore Granger suppose-t-il qu'il en reste et qu'il devra en rester après paiement de la rançon: nous sommes dans l'invraisemblance absolue de la farce.

434 Désigne les enfants; mais le mot, devenu archaïque, est donc burlesque.

435 Les pourpoints découpés ne sont plus à la mode. Le grand hiver peut être soit celui de 1638, soit celui de 1608, particulièrement dur. Dans ce cas, si nous sommes en 1645 ou 1646, le pourpoint aurait près de quarante ans!

436 Mille francs, somme considérable.

GRANGER

Cent pistoles! Ha! mon fils, ne tient-il qu'à ma vie pour conserver la tienne? Mais cent pistoles!… Corbineli, va-t-en[a] lui dire qu'il se laisse pendre sans dire mot; cependant qu'il ne s'en afflige[b] point, car je les en ferai bien repentir.

CORBINELI

Mademoiselle Genevote n'était pas trop sotte, qui refusait tantôt de vous épouser[c], sur ce qu'on l'assurait que vous étiez d'humeur, quand elle serait esclave en Turquie, de l'y laisser[d].

GRANGER

Je les ferai mentir. S'en aller[e] dans la galère d'un Turc! Hé quoi faire de par tous les diables, dans cette galère? O! galère, galère, tu mets bien ma bourse aux galères.

SCÈNE V
PAQUIER, CORBINELI

PAQUIER

Voilà ce que c'est d'aller aux galères. Qui diable le pressait? Peut-être que s'il eût eu la patience d'attendre encore huit jours, le roi l'y[f] eût envoyé en si bonne compagnie[437] que les Turcs ne l'eussent pas pris.

CORBINELI

Notre *Domine*[438] ne songe pas que ces Turcs me dévoreront[439].

PAQUIER

Vous êtes à l'abri de ce côté-là, car les mahométans ne mangent pas de porc.

---

[437] Avec une si bonne escorte: celle qui accompagnait jusqu'à Marseille les condamnés aux galères.
[438] «Maître»; Corbineli, lui aussi, est gagné par la latinisation de la maison Granger.
[439] Corbineli est trop intelligent pour croire cela, mais il exagère intentionnellement; en fait le terme est surtout destiné à amener la réplique de Paquier.

SCÈNE VI
GRANGER, CORBINELI, PAQUIER

GRANGER

(*Granger revient lui donner une bourse, et s'en retourne à même temps*)[a]. Tiens, va-t-en, emporte[b] tout mon bien[c].

SCÈNE VII
CORBINELI, (CHARLOT)

CORBINELI

(*Frappant à la porte de La Tremblaye.*) Montjoie Saint-Denis[440]! ville gagnée, *Accede*, Granger le jeune, *accede*. O le plus heureux des hommes! ô le plus chéri des dieux! Tenez, prenez, parlez à cette bourse, et lui demandez ce que je vaux.

CHARLOT

Allons vite, allons inhumer cet argent, mort pour mon père, au coffre de Mademoiselle Genevote[441]. Ce sera de bon cœur et sans pleurer que je rendrai les derniers devoirs à ce pauvre trépassé. Et cependant[d] admirons la médisance du peuple qui jurait que mon père, bien loin de consentir au mariage de Mademoiselle Genevote et de moi, prétendait lui-même à l'épouser, et voici que pour découvrir l'imposture des calomniateurs, il envoie[e] de l'argent pour faire les frais de nos[f] cérémonies.

SCÈNE VIII
GRANGER, PAQUIER

GRANGER

Fortune, ne me regarderas-tu jamais qu'en rechignant? jamais ne riras-tu pour moi?

---

[440] Cri de victoire des rois de France depuis Charlemagne. *Accede*: approche.

[441] A la différence des *Fourberies de Scapin*, on ne sait pas trop à quoi va servir cet argent.

PAQUIER

Ne savez-vous pas qu'elle est sur une roue, Damoiselle Fortune? Elle serait bien ladre[442] d'avoir envie de rire. Mais, Monsieur, assurément que vous[a] êtes ensorcelé.

GRANGER

As-tu quelquefois entendu frétiller sur la minuit dans ta chambre quelque chose de noir?

PAQUIER

Vrament, vrament. Tantôt j'entends traîner des chaînes à l'entour de mon lit; tantôt je sens coucher entre mes draps une grande masse lourde[b]; tantôt j'aperçois à notre âtre une vieille toute ridée se graisser, puis à califourchon sur un balai[c] s'envoler par la cheminée[443]; enfin, je pense que notre collège est l'icon[444], le prototype[d] et le père-grand[e] du château de Bicêtre[f][445].

GRANGER

Il serait donc à propos, ce me semble, de prendre garde à moi. Quelque incube[446] pourrait bien venir habiter avec ma fille, et faire pis encore, butinant les reliques de mon chétif et malheureux *gaza*[447]. Ma foi pourtant, diables folets[448], si vous attendez cela pour dîner, vous n'avez qu'à dire grâces[449]: je m'en vais faire prendre à toutes mes chambres chacune une médecine[g][450] d'eau bénite. Ils pourraient bien toutefois me voler d'un côté, quand je

---

[442] Selon Furetière, signifie aussi «insensible». La roue, réservée aux assassins, aux voleurs de grand chemin, est le plus grand des supplices que la justice peut ordonner.

[443] Les sorcières s'enduisaient le corps de graisse de bouc avant d'enfourcher leur balai pour se rendre au sabbat.

[444] «L'image», transcription du grec *eikôn*.

[445] Le vieux château de Bicêtre était considéré comme hanté.

[446] «Démon qu'on s'imagine venir coucher avec les femmes et en abuser» (Furetière). Les *succubes* au contraire, empruntent une forme féminine.

[447] «Trésor, magot».

[448] Esprits qui se manifestent pour effrayer les gens simples.

[449] Prière que l'on prononce à la fin du repas.

[450] Le manuscrit dit: un clystère; *médecine*, qui désigne une purge, est un peu moins irrévérencieux.

les conjurerais de l'autre. N'importe[a]: Paquier, va-t-en chercher[b] sous mes grandes armoires un vieux livre de plain-chant[c] [451]; déchire-le par morceaux, et en attache un feuillet à chaque avenue[452] de ma chambre, comme aux portes, aux fenêtres, à la cheminée[d]; et principalement enduis en un certain coffre-fort, fidèle dépositaire[e] de mon magasin. Ecoute, écoute, Paquier, il vient de me souvenir que les démons s'emparent des trésors égarés ou perdus: de peur que quelqu'un d'eux ne vienne à se méprendre, souviens-toi bien d'écrire sur la pièce de game[453] qui couvre[f] la serrure, mais en gros caractères: «Il n'est ni égaré ni perdu, car je sais bien qu'il est là»[g]. Je me veux divertir de ces pensées mélancoliques. Ces imaginations sépulcrales usent bien souvent l'âme auparavant le corps. Paquier *adesto*[454]; va-t-en au logis de ma toute belle Navre-cœur: souhaite-lui de ma part le bonjour qu'elle ne me donne pas; parle-lui avantageusement de mon amour. Et surtout, ne l'entretiens que de feux, de charbons et de traits[455]. Va vite, et reviens m'apporter la réponse.

SCÈNE IX
PAQUIER, GENEVOTE

PAQUIER, *seul*[h]

De feux, de charbons et de traits: cela n'est pas si aisé qu'on dirait bien.

GENEVOTE, *arrivant*[i]

Comment se porte ton maître, Paquier?[j]

PAQUIER

Il se porte comme se portait saint Laurent sur le gril: roussi, noirci, rôti, et tout cela par feu.

---

[451] Ces chants liturgiques doivent écarter les démons

[452] «Accès»; archaïsme; ne s'emploie plus qu'en parlant des villes.

[453] Ou «came» Pièce de mécanique qu'il faut faire jouer pour dégager la serrure.

[454] «Viens ici». Granger veut chasser les pensées tristes.

[455] Ces termes font partie du vocabulaire galant, au moins pour le premier et le dernier («flèches»); mais d'ordinaire on parle de «braises» plutôt que de *charbons*. Le remplacement accroît le burlesque.

GENEVOTE

Je ne sais pas s'il souffre ce que tu dis; mais je te puis assurer que du jour qu'il commença de m'aimer, je commençai de mériter la couronne du martyre. O ! Paquier, fidèle témoin[a] de ma passion, dis à ton maître, que sa chère et malheureuse Genevote, verse plus d'eau de ses yeux, que sa bouche n'en boit, qu'elle soupire autant de fois qu'elle respire, et que[456]...

PAQUIER

Mademoiselle, je vous prie, laissons[b] là toutes ces choses[c], parlons seulement de ce dont mon maître m'a commandé de vous entretenir.[d] Dites-moi, avez-vous beaucoup de bois pour l'hiver? Car mon maître ne se peut passer de feu[e].

GENEVOTE

Sans mentir, j'aurais bien le cœur de roche, s'il n'était pénétrable aux coups des perfections de ton maître.

PAQUIER

Bon Dieu, quel coq-à-l'âne ! Répondez-moi catégoriquement : n'avez-vous jamais vu de feu Saint-Elme[457]?

GENEVOTE

Je ne sais de quoi tu me parles; je voudrais seulement que Monsieur Granger[f] ...

PAQUIER

Vous[g] ne savez donc pas que votre fréquentation a rempli mon maître de feu sauvage[458]?

---

[456] On comprend mal l'attitude de Genevote. Se moque-t-elle de Granger? Plus vraisemblablement, je pense que les mots «ton maître» désignent Charlot Granger. Il y a donc pendant toute la scène un quiproquo, qui n'influe pas sur le déroulement de la pièce, mais renseigne les spectateurs sur les sentiments de Genevote.

[457] Flamme due à l'électricité statique, qui se voit parfois au sommet des mâts des navires.

[458] Un feu qu'il ne saurait modérer.

GENEVOTE

Mon pauvre Paquier, si tu m'aimes, je te supplie, entretiens-moi d'autre chose; parle-moi de l'amour que ton maître me porte.

PAQUIER

Ce n'est pas là ce dont j'ai à vous parler. Mais[a] à quoi diable vous sert de tourner ainsi la truie au foin[459]? Dites-moi donc, ferez-vous cette année du feu gregeois[460] à la Saint-Jean?

GENEVOTE

Plût à Dieu que je pusse découvrir ma flamme à ton maître sans l'offenser, car je brûle pour lui...

PAQUIER

Ha, bon cela[b].

GENEVOTE

D'une amour si violente que[c] je souhaiterais qu'une moitié de lui devînt une moitié de moi-même[d], mais la glace de son cœur...

PAQUIER

Hé bien, ne voilà pas toujours quitter notre propos[e]? Et tout cela de peur que votre âme ne prenne feu parmi tant d'autres: mais ma foi il n'en ira pas ainsi[f]. Il y a trois feux dans le monde, Mademoiselle: le premier est le feu central; le second le feu vital, et le troisième le feu élémentaire[461]. Ce premier en a trois sous soi qui ne diffèrent que par les accidents: le feu de collision, le feu d'attraction, et le feu de position[462].

---

[459] «Changer de discours» (Furetière).

[460] Ici, au sens de «feu d'artifice».

[461] *Le feu central* est un terme de chimie désignant le feu qui cuit les métaux dans le centre de la terre; *le feu vital* est celui qui est censé animer tous les êtres vivants; *le feu élémentaire* est le feu en tant qu'élément, dont le domaine est l'empyrée.

[462] Le feu qui s'obtient par le choc, celui qui se transmet et celui que l'on produit en chauffant un corps

GENEVOTE

As-tu fait dessein de continuer tes extravagances jusques au bout du Jugement[a][463]?

PAQUIER

Mais[b] vous-mêmes, avez-vous fait dessein de me faire enrager jusques à[c] la fin du monde? Vous me venez parler de l'amour que vous portez à mon maître : voilà de belles sottises ; ce n'est pas cela qu'on vous demande, je veux seulement que vous sachiez que Monsieur Granger n'est qu'un feu folet[464] depuis qu'il vous a vue ; que bientôt aussi bien que lui vous arderez, s'il plaît à Dieu, du feu Saint-Antoine[465], et que... Mais où diable[d] pêcher de nouveau feu ? Ha ! par ma foi j'en tiens : Mademoiselle, Feu votre père et feu votre mère avaient-ils fort aimé feu leurs parents ? Car feu le père et feu la mère de Monsieur Granger avaient chéri passionnément feu les trépassés ; et je vous jure que le feu est[e] une chose si inséparable de mon maître, qu'on peut dire de lui (quoiqu'il soit plein de vie) : Feu le pauvre Monsieur Granger, principal du collège de Beauvais. Or çà, il me reste encore les[f] charbons et les[g] traits.

GENEVOTE

Je souhaiterais autant de science qu'en a[h] ton maître pour répondre à son disciple.

PAQUIER

O ! Mademoiselle, je vous souhaiterais, non pas[i] autant de science, mais autant de charbons[466], de peste, et de clous qu'il en a. Quoi ! vous en riez ? Et je vous proteste moi, qu'à force de brûler[j], il s'est tellement noirci le corps, que si vous le voyiez[k],

---

[463] Du Jugement dernier, évidemment.

[464] Il ne tient pas en place.

[465] Maladie bien connue au Moyen Age, que certains assimilent à la gangrène, d'autres à une maladie hémorroïdale dangereuse (F. Lachèvre). « Que le feu Saint-Antoine t'arde !» est une formule de malédiction, d'où l'emploi ici du verbe archaïque.

[466] « C'est aussi une tumeur ou pustule pestilentielle qui vient d'ordinaire aux aines et aux aisselles » (Furetière). Paquier joue sur le mot, qu'il rapproche des bubons de la peste et des clous ou furoncles.

vous le prendriez plutôt pour un grand charbon que pour un docteur. J'en suis maintenant aux traits.

GENEVOTE

Tu lui pourras témoigner combien je l'aime, si tu l'as compris par mes discours; et cependant je suis bien assurée que son affection n'est pas réciproque.

PAQUIER

Pour cette particularité, Mademoiselle, vous avez tort de vous mettre en peine; car il proteste tout haut de se ressentir des traits que vous lui jouez; de réverbérer sur vous les traits dont vous le navrez; et de peur que par trait[467] de temps, les traits de votre visage ne soient offensés des traits de la mort[a], il vous peint avec mille beaux traits d'esprit dans un livre intitulé: «La très[468] belle, très parfaite et très accomplie Genevote, par son très humble, très obéissant et très affectionné serviteur[b], Granger.»

GENEVOTE

Tu diras à ton maître que j'étais venue ici pour le voir; mais que l'arrivée de ce capitaine m'a fait en aller. Je reviendrai bientôt. Adieu[c].

SCÈNE X
CHATEAUFORT, PAQUIER

CHATEAUFORT

Hé! mon Dieu, Messieurs, j'ai perdu mon garde[d 469], personne ne[e] l'a-t-il rencontré? Sans mentir j'en ferai reproche à la Connétablie[470], d'avoir fié[471] à un[f] jeune homme la garde d'un diable comme moi. Si j'allais maintenant rencontrer ma partie[472],

---

467 Ici, «espace, longueur».
468 Jeu de mots sur *traits* et *très*.
469 Les gardes que les Maréchaux donnaient parfois aux duellistes invétérés. Voir p. 87.
470 Juridiction dont fait partie le tribunal des Maréchaux.
471 «Confié».
472 «Mon adversaire».

que serait-ce? Il faudrait s'égorger comme des bêtes farouches. Pour moi, encore que je sois vaillant, je ne suis point brutal. Ce n'est pas que je craigne le combat, au contraire, c'est le pain quotidien que je demande à Dieu tous les jours en me levant. On le verra, on le verra; car par la mort, aussitôt[a] que j'aurai retrouvé ce garde qui me gardait, je proteste de désobéir à quiconque, hormis à ce pauvre garde, me[b] voudrait détourner de tirer l'épée. Holà, garde-mulet, ne l'as-tu point vu[c] passer, mon garde? C'est un garde que les maréchaux de France m'ont envoyé pour m'empêcher de faire un duel le plus sanglant qui jamais ait rougi l'herbe du pré aux clercs. Ventre[473], que dira la noblesse de moi, quand elle saura que je n'ai pas eu le soin de bien garder mon garde? O! toi donc, malheureux petit homme, va-t-en signifier à tous les braves qu'ils aient à me laisser en patience[474] dorénavant pource[d] qu'encore que mon garde ne soit pas ici, je suis censé[e] comme l'ayant. Je lui donnais deux pistoles par jour; et si je le puis retrouver, je promets à mon bon ange un cierge blanc de dix livres, et à lui de lui donner quatre pistoles, au lieu de deux[475]. Enfin, je le rendrai si content de moi, qu'il ne souffrira pas que je m'échappe de lui, ou ce sera le plus ingrat homme du monde[476].

PAQUIER

Hé bien, Monsieur, qu'importe, puisque vous voulez tuer votre ennemi, que ce garde vous ait abandonné? Vous pouvez à cette heure[f] vous battre sans obstacle.

CHATEAUFORT

O! chien de Mirmydon[477], chien de filou, chien de grippe-manteau[478], chien de traîne-gilet[g], que tu es brute en matière de

---

[473] Equivalent de Ventrebleu! C'est un des jurons de Matamore dans L'Illusion comique de Corneille.

[474] «Laisser en repos»; sens signalé par Furetière.

[475] Vingt francs ou quarante francs par jour: salaire énorme, mais bien entendu imaginaire, comme le garde. La libéralité va de pair avec la bravoure.

[476] Ce garde imaginaire est évidemment pour Châteaufort un prétexte pour ne pas se battre.

[477] Peuplade belliqueuse dont Achille était roi; mais c'est aussi une catégorie de gladiateurs romains.

[478] «Voleur de manteau»; traîne-gilet a probablement le même sens, mais l'emploi du mot est rare; peut-être faut-il préférer la leçon du manuscrit: traîne-gibet, autrement dit «gibier de potence».

démêlés! Où sera donc[a] la foi d'un cavalier? Quoi, tu te figures
que je sois si peu sensible à l'honneur, que de me résoudre à
tromper lâchement, perfidement, traîtreusement, la vigilance
d'un honnête homme qui me gardait, et qui à l'heure que je[b] parle,
ne s'attend nullement que je me batte? Ah! plutôt le ciel échappe
à ses liens pour tomber sur ma tête. Moi, aggraver la faute d'un
imprudent par une plus grande[c]! Si je pensais qu'un seul homme
se le fût imaginé, pour me venger d'un individu sur toute l'espèce, j'enverrais défendre au genre humain d'être vivant dans
trois jours.

PAQUIER

Adieu, adieu.

CHATEAUFORT

Va toi-même à Dieu, poltron, et lui dis de ma part que je lui
vais envoyer bientôt tout[d] ce qui reste d'hommes sur la terre.

ACTE III

SCÈNE PREMIÈRE
PAQUIER, GRANGER

PAQUIER

Car par les feux je l'ai brûlée, par les charbons je l'ai
entêtée[479], et par les traits je l'ai percée.

GRANGER

Ha! Paquier, tu t'es aujourd'hui surpassé toi-même. N'espère
pas toutefois de lauréole[e] [480] condigne[481] à cet exploit, un tel
service mérite des empires, et la Fortune, cette ennemie de la
vertu, ne m'en a pas donné; mais viens chez ma maîtresse me
voir entrer dans la place dont tu m'as ouvert la brèche[482].

---

[479] «Donné un mal de tête».

[480] *Laureola*: «couronne de laurier».

[481] «Digne de, en rapport avec».

[482] Métaphore militaire de style galant, sans véritable signification érotique.

PAQUIER

Ne courez point si vite; vous cherchez votre âne quand vous êtes dessus[483]. Ne vous ai-je pas dit qu'elle vous doit venir trouver ici?

GRANGER

(*Il ouvre un grand bahut d'où il tire de vieux habits, avec un miroir, etc.*)[a]

Il m'en souvient : je n'ai donc plus qu'à choisir lequel me siéra le mieux de mes habits pontificaux[484]. O! déesse paphienne[485], sois-moi en[b] aide et confort en cette[c] mienne tribulation. Et vous, sacrés haillons de mes ancêtres qui ne gagnez des crottes[486] qu'aux bons jours[487], vous qui n'avez point[d] vu le jour depuis le mariage de mon bisaïeul, qu'il n'y ait sur votre texte[488] tache, trou, balafre, ou déchirure, qui ne reçoive[e] un sanglot, une larme, et une quérimonie[489] particulière. Amour, flamme folette qui n'est jamais qu'au bord d'un précipice; ardent[490] qui brilles pour nous éblouir; feu qui brûles et ne consumes[f] point, guide aveugle qui crève les yeux à ceux que tu conduis; bourreau qui fait rire en tuant; poison que l'on boit[g] par les yeux; assassin que l'âme introduit dans[h] sa maison par les fenêtres; amour, petit poupard, c'est à tes côtés douillettement frétillards[i 491], que je viens perager les reliques[492] de la journée. Plantons-nous diamétralement devant ce chef-d'œuvre vénitien[493], et faisons avec un compte exact la revue de tous les traits de mon visage. Que le poil de ma

---

483   Sans doute proverbe populaire, mais citation bien peu galante en l'occurrence
484   Granger se considère comme un pontife du savoir.
485   De Paphos : il s'agit de Vénus.
486   Rappelons que la *crotte* est la boue.
487   Les *bons jours* sont les jours de fêtes solennelles. Granger ne met ses plus beaux habits qu'à cette occasion.
488   Au sens de «tissu».
489   *Querimonia* : «plainte solennelle». Probablement par respect.
490   Autre nom du feu follet.
491   Cette expression burlesque tranche avec toutes les appellations nobles, riches en oxymores, qui précèdent.
492   Encore un décalque du latin : «passer le reste».
493   Autrement dit le miroir : les glaces de Venise étaient célèbres.

barbe qui paraîtra hors d'œuvre[494] soit châtié comme un passe-volant[495]. Essayons quel personnage il nous siéra mieux de représenter devant elle, de Caton ou de Momus[496]. Je tâche à rire et à pleurer sans intervalle, et je n'en puis venir à bout (*Il rit et il pleure en même temps*)[a][497] Mais que viens-je de voir? Quand je ris, ma mâchoire ainsi que la muraille d'une ville battue en ruine, découvre à côté droit une brèche à passer vingt hommes. C'est pourquoi, mon visage, il vous faut styler[498] à ne plus rire qu'à gauche; et pour cet effet je vais marquer sur mes joues de petits points, que je défends à ma bouche, quand je rirai, d'outrepasser. On m'a dit que j'ai la voix un peu casse[b][499], il faut surprendre avec l'oreille mon image en ce miroir avant[c] qu'elle se taise[500]. «Je salue très humblement le bastion des grâces[d] et la citadelle des rigueurs de Mademoiselle Genevote[501].» Ai-je parlé trop haut, ou trop bas? Il serait bon, ce me semble, d'avoir des lieux communs tout prêts[e] pour chaque passion que je voudrai vêtir. il faudra faire éclater, selon que je serai[f] bien ou mal reçu, le dédain, la colère ou l'amour.

Ça[g] pour le «dédain»:

«Quoi, tu penserais que tes yeux eussent féru[502] ma poitrine au défaut de la cuirasse? Non, non, tes traits sont si doux qu'ils ne blessent personne. Quoi, je t'aurais aimé, chétif égoût de concupiscence, Vase de nécessité, pot de chambre du sexe masculin[h][503]? Hélas! petite gueuse, regarde-moi seulement, admire[i], et te tais.»

---

[494] «Hors de sa place».

[495] Faux soldat enrôlé pour les revues. Les passe-volants étaient punis du fouet ou de la flétrissure.

[496] *Caton* représente la gravité, *Momus* est le dieu du rire.

[497] Certains acteurs de farce ou de la comédie italienne étaient célèbres pour ce jeu de physionomie.

[498] Furetière signale ce sens d'«accoutumer».

[499] «Enrouée».

[500] Phrase obscure. Je comprends: il faut surveiller mon image, pour savoir si je découvre mon mauvais profil. Mais on peut considérer aussi que pour Granger le miroir reflète sa voix.

[501] Style galant.

[502] «Frappé».

[503] Inutile de commenter la vulgarité de ces images, issues d'ailleurs intentionnellement d'expressions de dévotion: la femme est appelée parfois «vase de perdition», par opposition aux litanies de la Sainte Vierge: «*Vas spirituale, Vas honorabile, Vas insigne devotionis*».

Pour la «colère»:

«O! trois et quatre fois, Mégère[504] impitoyable, puisse le ciel en courroux ébouler sur ton chef[a] des hallebardes au lieu de pluie: puisses-tu boire autant d'encre[505] que ton amour m'a fait verser de larmes: puisses-tu cent fois le jour servir aux chiens de muraille pour pisser; enfin, puisse la destinée[b] tisser la trame de tes jours avec du crin, des chardons, et des étoupes.»

Pour l'«amour»

«Soleil, principe de ma vie, vous me donnez la mort; et déjà je ne serais plus[c] qu'une ombre vaine et gémissante qui marquerait de ses pas la rive blême de l'Achéron[506], si je n'eusse redouté de faire périr en moi votre amour qui ne doit pas moins vivre que sa cause. Peut-être, ô belle tigresse, que mon chef neigeux vous fait peur: je sais bien aussi que les jeunes ont dans les yeux moins de rouge et plus de feu[d] que nous; que vous aimez mieux notre bourse au singulier qu'au pluriel[507]; qu'au déduit[508] amoureux[e] une femme est insatiable; et que si la première nuit *optat ut excedat digito*, la seconde nuit[f] elle en veut *pede longior uno*.[509] mais sachez qu'un jour l'âge ayant promené sa charrue sur les roses et sur les lys[g] de votre teint, fera de votre front un grimoire en arabe[510]; et que jeunes et vieux sont quotidiennement épitaphés[511], à cause que: *Compositum simplexque modo simili gradiuntur*[512].

---

[504] Mégère est une des trois Furies.

[505] C'est un universitaire qui parle. A rapprocher d'ailleurs de «se faire un sang d'encre».

[506] Un des deux fleuves des enfers, avec le Styx.

[507] Encore une notation grivoise.

[508] «Plaisir»; employé à peu près uniquement pour la chasse et pour l'amour.

[509] Deux expressions tirées du même exemple de Despautère (*Syn.*, 399). «Elle souhaite qu'il s'avance d'un doigt» ou «qu'elle dépasse la longueur du doigt» et «Plus long qu'un pied». Sens érotique évident.

[510] Les rides du front évoqueront des caractères arabes.

[511] «Reçoivent une épitaphe» c'est-à-dire: meurent chaque jour.

[512] «Le composé et le simple se déclinent (exactement: procèdent) de semblable façon». (Despautère, *Gr.*, L; II, p.65) La citation est un peu plus sollicitée que d'ordinaire: il faut admettre que les vieillards sont plus «composés», moins «simples» que les jeunes gens.

SCÈNE II
GRANGER, PAQUIER, GENEVOTE

GRANGER

Mademoiselle, soyez vous venue autant à la bonne heure que la grâce aux pendus[513], quand ils sont sur l'échelle.

GENEVOTE

Est-ce l'amour[a] qui vous a rendu criminel? Vraiment la faute est trop illustre pour ne vous la pas pardonner. Toute la pénitence que je vous en ordonne[b], c'est de rire avec moi d'un petit conte que je suis venue ici[c] pour vous faire. Ce conte toutefois se peut bien appeler une histoire, car rien ne fut jamais plus véritable. Elle vient d'arriver il n'y a pas deux heures au plus facétieux[514] personnage de Paris; et vous ne sauriez croire à quel point elle est plaisante. Quoi, vous n'en riez pas?

GRANGER

Mademoiselle, je crois qu'elle est divertissante au-delà de ce qui le fut jamais[d]; mais...

GENEVOTE

Mais vous n'en[e] riez pas?

GRANGER

Ha, a, a, a, a.[515]

GENEVOTE

Il faut avant que d'entrer en matière vous anatomiser[516] ce squelette d'homme et de vêtement, aux mêmes termes qu'un

---

[513] Molière songera peut-être à ce compliment maladroit en style archaïque lorsqu'il fera parler Thomas Diafoirus dans *Le Malade imaginaire* (II, 5). C'est d'autant plus probable qu'il a déjà transposé la scène suivante dans *Les Fourberies de Scapin* (III, 3).

[514] «Bouffon».

[515] Granger n'a aucune raison de rire d'une histoire qu'il ne connaît pas. Molière aura soin de ne faire poser la question par Zerbinette qu'à la fin de son récit.

[516] «Faire l'anatomie. Il se dit tant au propre qu'au figuré» (Furetière).

savant[517] m'en a tantôt fait la description[a]. Voici l'heure environ que le soleil se couche, c'est l'heure aussi par conséquent que les lambeaux de son manteau se viennent rafraîchir aux étoiles. Leur maître ne les expose jamais au jour, parce qu'il craint que le soleil prenant une matière si combustible pour le berceau du phénix, ne[b] brûlât et le nid et l'oiseau. Ce manteau donc, cette cape, cette casaque, cette simarre[518], cette robe, cette soutane[c], ce lange[519] ou cet habit (car on en est encore à deviner ce que c'est, et[d] le syndic[520] des tailleurs y demeurerait a quia[521]) fait bien dire aux gausseurs[522] qu'il fait peur aux larrons en leur montrant la corde[e]. Certains dogmatistes[523] disent avoir appris par tradition, qu'il fut[f] apporté du Caire où[g] on le trouva dans une vieille cave, à l'entour de je ne sais quelle momie, sous les saintes masures d'une pyramide éboulée[524]. A la vérité les figures grotesques que les trous, les pièces, les taches et les filets[525] y composent bizarrement ont beaucoup de rapports avec les figures hiéroglyphiques[h] des Egyptiens. C'est un plaisir sans pareil de contempler ce fantôme arrêté dans une rue. Vous y verrez amasser cent curieux, et tous en extase disputer de son origine : l'un soutenir que l'imprimerie ni le papier n'étant pas encore trouvés[i], les doctes y avaient tracé l'histoire universelle ; et sur cela remontant de Pharamond à César, de Romule à Priam[j], de Prométhée au premier homme, il ne laissera pas échapper un filet[526] qui ne soit au moins le symbole de la décadence d'une monarchie ; un autre veut[k] que ce soit le tableau du chaos ; un autre la métempsycose de Pythagore ; un autre divisant ses[l] guenilles par chapitres, y trouvera[m]

---

[517]   Quel savant ? Vraisemblablement Corbineli. Le terme est justifié par l'idée d'anatomie.

[518]   «Espèce de soutane que certains magistrats portent sous leur robe» (Furetière).

[519]   Ce mot semble désigner ici un vague morceau de tissu.

[520]   «Officier qui est chargé des affaires […] d'une communauté» (Furetière).

[521]   «A parce que» sans pouvoir donner l'explication. Demeurer à quia, c'est demeurer court.

[522]   «Moqueurs».

[523]   Les dogmatistes admettent des certitudes philosophiques.

[524]   Genevote suggère avec ironie qu'il s'agit d'une relique vénérable.

[525]   Les fils de la chaîne ou de la trame.

[526]   Un fil du manteau.

l'Alcoran divisé par Azoarès[527]; un[a] autre le système[b] de Copernic;[c] un autre enfin jurera que c'est le manteau du prophète Elie et que sa sécheresse est une marque qu'il a passé par le feu[528]. Et moi pour vous blasonner[529] cet écu, je dis qu'il porte de sable, engrêlé sur la bordure, aux lambeaux sans nombre. Du manteau, je passerais aux habits[d], mais je pense qu'il suffira de dire, que chaque pièce de son accoutrement est un antique[e] [530]. Venons de l'étoffe à la doublure, de la gaine à l'épée, et de la châsse au saint[f]; traçons en deux paroles le crayon de notre ridicule docteur. Figurez-vous un rejeton de ce fameux arbre Cocos[531], qui seul fournit[g] un pays entier des[h] choses nécessaires à la vie. Premièrement en ses cheveux on trouve de l'huile, de la graisse et des cordes de luth[532]; sa tête peut fournir de corne[533] les couteliers, et son front les négromanciens de grimoire à invoquer le diable[534]; son cerveau d'enclume[535]; ses yeux de cire, de vernis[536] et d'écarlate; son visage de rubis; sa gorge, de clous[537]; sa barbe, de décrottoirs[i] [538]; ses doigts, de fuseaux[539]; sa peau, de lime[540],

---

[527]   Averroès, Zoroastre, ou le Zohar?

[528]   Elie fut enlevé au ciel sur un char de feu, mais il avait déjà légué son manteau à Elisée.

[529]   Décrire selon les termes de l'héraldique. Le champ de l'écu est noir (*il porte de sable*), bordé de petites pointes (*engrêlé*) et l'on y peut faire figurer le nombre de *lambeaux* que l'on voudra. Jusqu'à la fin du XVIe siècle, l'écu de France portait «d'azur aux fleurs de lys d'or sans nombre». Henri IV les réduisit à trois en l'honneur de la Sainte Trinité. Il y a d'ailleurs jeu de mots: le *lambeau* ou *lambel* est une brisure de l'écu, sous forme de filet ne touchant pas les bords; il indique souvent une branche cadette. Comprendre que le manteau est plein de poussière, ou de terre, effiloché sur les bords et tout déchiré.

[530]   «Une antiquité».

[531]   Le cocotier, aux propriétés légendaires.

[532]   Ils sont graisseux et raides.

[533]   A cause de la dureté de son cuir, ou, plus probablement, allusion au cocuage.

[534]   Cf. le *grimoire en arabe*, p. 114, n. 510.

[535]   Il a la tête dure!

[536]   Il a de la cire dans le coin de ses yeux, aux paupières rouges, et qui suintent une espèce de liquide épais.

[537]   A cause des furoncles ou autres boutons dont elle est garnie?

[538]   F. Lachèvre parle de cure-dents; plus vraisemblablement, pour Furetière, c'est «une petite brosse faite avec du poil de pourceau ou de sanglier, qu'on laisse fort court et qui sert à décrotter les souliers.»

[539]   A cause de leur maigreur, on pourrait s'en servir pour filer.

[540]   Tellement elle est rugueuse.

son haleine, de vomitif[a]; ses cotaires[541], de pois; ses dartres, de farine[542]; ses oreilles, d'ailes à moulin[543]; son derrière, de vent à le faire tourner; sa bouche de four-à-ban[544]; et sa personne, d'âne à porter la mounée[545]. Pour son nez, il mérite bien une[b] égratignure particulière. Cet authentique nez arrive partout un quart d'heure devant[c] son maître; dix savetiers de raisonnable rondeur vont travailler dessous à couvert de la pluie[546]. Hé bien, Monsieur, ne voilà pas un joli Ganymède[547]? Et c'est pourtant le héros de mon histoire[d]. Cet honnête homme[e] régente une classe dans l'université. C'est bien le plus faquin[f], le plus chiche, le plus avare, le plus sordide, le plus mesquin... Mais riez donc!

GRANGER

Ha, a, a, a,a.

GENEVOTE

Ce vieux rat de collège a un fils qui, je pense, est le receleur des perfections que la nature a volé au père. Ce chiche penard[548], ce radoteur.

GRANGER

Ah! malheureux, je suis trahi! c'est sans doute ma propre histoire qu'elle me conte. Mademoiselle, passez ces épithètes; il ne faut pas croire tous les mauvais rapports, outre que la vieillesse doit être respectée.

---

[541] En fait, on entretenait les cautères, ou ulcérations artificielles, considérés comme éliminant les mauvaises humeurs, en y encastrant un «pois ou boule de lierre.»

[542] La dartre «rend la peau galeuse et farineuse» (Furetière).

[543] A cause de leur taille.

[544] «Four banal».

[545] Les sacs de farine.

[546] Le nez de Cyrano était célèbre: il le prête à Granger. Rostand se souviendra de ces propos, en particulier du premier, lorsqu'il fera dire à son Cyrano:
«Ce nez qui d'un quart d'heure en tous lieux me précède» (I, 5).

[547] L'adolescent choisi par Jupiter pour être son échanson, à cause de sa beauté.

[548] «Terme injurieux qu'on dit quelquefois aux hommes âgés» (Furetière).

GENEVOTE

Quoi, le connaissez-vous?

GRANGER

Non, en aucune façon.

GENEVOTE

O bien, écoutez donc. Ce vieux bouc veut[a] envoyer son fils en je ne sais quelle ville, pour s'ôter un rival, et afin de venir à bout de son entreprise, il lui veut faire accroire qu'il est fou. Il le fait lier et lui fait ainsi promettre tout ce qu'il veut: mais le fils n'est pas longtemps créancier de cette fourbe. Comment? vous ne riez point de ce vieux bossu, de ce maussadas[549] à triple étage?

GRANGER

Baste, baste, faites grâce à ce pauvre vieillard.

GENEVOTE

Or écoutez le plus plaisant. Ce goutteux, ce loup-garou, ce moine-bourru[b 550]...

GRANGER

Passez outre, cela ne fait rien à l'histoire.

GENEVOTE

Commanda à son fils d'acheter quelque bagatelle pour faire un présent à son oncle le Vénitien; et son fils un quart d'heure après lui manda qu'il venait d'être pris prisonnier par les pirates turcs, à l'embouchure du golfe des Bons-Hommes[551]; et ce qui

---

[549] Forme gasconne de maussade. A *triple étage* signifie « au dernier point » selon Furetière.

[550] Le *loup-garou* ou lycanthrope est un homme qui se transforme en loup – souvent pendant les nuits de pleine lune – à la suite d'un pacte avec le diable; Les loups-garous mangent des enfants et s'accouplent avec des louves; plusieurs procès de sorcellerie furent dirigés contre eux. « Le moine bourru est un fantôme qu'on fait craindre au peuple, qui s'imagine que c'est une âme en peine qui court les rues pendant les Avents de Noël, qui maltraite les passants »(Furetière).

[551] Voir p. 64, n. 107.

n'est pas mal plaisant, c'est que le bonhomme aussitôt envoya la rançon. Mais il n'a que faire de craindre pour sa pécune[552], elle ne courra point de risque sur la mer du Levant.

GRANGER

Traître Corbineli, tu m'as vendu, mais je te ferai donner la salle[553]. Il est vrai, Mademoiselle, que je suis interdit; mais[a] jugez aussi par le trouble de mon visage de celui de mon âme. L'image de votre beauté joue incessamment dans mon cœur à remue-ménage[554]. Ce n'est pas toutefois du désordre d'un esprit égaré que je prétends mériter[b] ma récompense, c'est de la force de ma[c] passion, que je prétends vous prouver par quatre figures[d] de rhétorique: les antithèses, les métaphores, les comparaisons et les arguments. Et pour les déplier, écoutez parler l'*antithèse* [555]:

Si mais je ne dis point si,[e] il[556] est plus véritable que la vérité. *Si*, dis-je, l'amère douceur, et la douce amertume, le poison médicinal et la médecine empoisonnée, qui[f] partent sans sortir de vous, ô monstre indéfectueux[557], n'embrasaient mon esprit en le glaçant[g], et n'y faisaient tantôt vivre, tantôt mourir, un immortel petit géant (j'appelle ainsi les flammes visibles dont le plus grand et le plus petit des dieux[h] [558] m'échauffe et me fait trembler). Ou *si* ces aveugles clairvoyants (je veux dire vos yeux, belle tigresse, ces innocents coupables[i]) se publiant sans dire mot[j], amis ennemis de l'esclave liberté des hommes, n'avaient contraint volontairement mon génie dans la libre prison de votre sorcière

---

[552] De *pecunia*, «argent». Le terme, archaïque, est employé ici par plaisanterie et peut-être pour se moquer de l'archaïsme de Granger.

[553] Expression de collège: «Fouetter un écolier en public pour donner l'exemple aux autres» (Furetière).

[554] «Jeu d'enfant où on met tous les meubles d'une pièce en désordre» (Furetière).

[555] «Figure de rhétorique qui consiste en un jeu ou opposition de mots ou de membres de périodes» (Furetière). En fait, ici, l'antithèse (la *douceur* opposée à l'*amertume*) est toujours enrichie de l'oxymore (*l'amère douceur, la douce amertume*). On n'en compte pas moins de 25 dans la tirade.

[556] Au sens de «cela».

[557] «Sans défaut». Le propre d'un monstre est d'être un corps «imparfait».

[558] L'Amour.

beauté, lui qui faisait gloire auparavant d'une fermeté constante en son inconstance; *si*, dis-je, tout cela n'avait fait faire et défaire à mes pensées beaucoup de chemin en peu d'espace; si bref vous ne m'aviez apporté des ténèbres par vos rayons, *je* n'aurais pas appelé de mon juge à mon juge, pour demander ce que je ne veux pas obtenir: c'est, pitoyable inhumaine, la santé mortelle d'une aigre douce maladie, qu'on rendrait incurable si on la guérissait.

GENEVOTE

Comment appelez-vous cette figure-là[a]?

GRANGER

Nos ancêtres jadis la baptisèrent « antithèse ».

GENEVOTE

Et moi qui la confirme aujourd'hui, je lui[b] change son nom et lui donne celui de galimatias[559].

GRANGER

Voici la métaphore et la comparaison[560] qui viennent à vos pieds demander audience.

GENEVOTE

Faites-les entrer.

GRANGER

Tout ainsi qu'un neigeux torrent, fier enfant de l'Olympe, quand son chenu coupeau[561] acravanté[562] d'orages, et courbant sous le faix des froidureux cotons[563]; franc[564] qu'il se voit de · l'étroite conciergerie[565] où le calme le tenait serf[c], *Qua data porta*

---

[559] Réaction d'esprit tout classique contre le style recherché, appelé aussi « phébus ». L'évêque donne souvent un nouveau prénom à ceux qu'il confirme.

[560] La métaphore n'est qu'une comparaison abrégée, réduite au terme comparant.

[561] « Sa cime neigeuse ». *Chenu* signifie « blanc », en parlant des cheveux.

[562] « Accablé sous un poids excessif » (Furetière).

[563] Les flocons de neige.

[564] « Libre », par opposition à *serf*.

[565] « Prison », du nom de celle de Paris.

ruit[566], va ravager insolemment[a] le sein fertile des pierreuses[567] campagnes, et déshonorant sans vergogne par le guéret champêtre la perruque dorée de Cérès aux pâles couleurs[568], fait brouter ilec[569] le troupeau écaillé[570], où le coutre tranchant du[b] laboureur pieça[571] se promenait; ainsi mes espérances ne pouvant plus tenir contre l'impétuosité de mon déplaisir, le huissier[c] de ma tristesse tenant en main la baguette[572] de mes soupirs, a fait place à la grandeur[d][573] de mes douleurs; j'ai débarricadé mes clameurs, lâché la bride à mes sanglots, donné de l'éperon à mes larmes, et fouetté mes cris devant moi. Ils feront bon voyage, car il me semble que je vois déjà[e] la sentinelle avancée de votre bonté paraître entre les créneaux et sur la plate-forme de vos grâces, qui crie à mes soupirs: «Qui va là»? Puis, ayant appelé le corporal[574] de votre jugement, donné l'alarme au corps de garde de vos pudicités[f], demandé le mot du guet à mes soupirs, les avoir reconnus pour amis[g], laissé passer à cause du[h] paquet[575] de persévérance, et bref les articles de[i] bonne intention signés[576] de l'amant et de l'aimée, voir[577] la paix universelle entre les deux Etats de notre foi matrimoniale régner ès[578] siècles[j] des siècles[579].

---

[566] «Il se précipite par la porte qu'on lui ouvre».

[567] Dans l'opposition entre *fertile* et *pierreuses*, on pourrait voir encore un oxymore.

[568] Phrase quelque peu obscure: le guéret, c'est le champ labouré, où rien ne pousse encore, tandis que *la perruque dorée* est une métaphore pour «la moisson»: *pâles couleurs* parce que Cérès est toujours qualifiée de blonde. Quant à *déshonorer*, le mot peut s'appliquer aux choses; ainsi Furetière note: «Il est défendu [...] de déshonorer les arbres, c'est-à-dire de les étêter».

[569] Latin *Illic*, «Vieux mot, qui signifiait autrefois en ce lieu-là» (Furetière).

[570] Les poissons.

[571] «Autrefois»; également archaïque.

[572] Une *baguette*, ou verge était le signe distinctif des huissiers.

[573] Suite de la personnification. Il est normal qu'un huissier à verge précède quelqu'un qui a droit au titre de Votre grandeur.

[574] D'après Furetière, c'est une forme populaire pour «caporal».

[575] Désigne très souvent une lettre; ici, un laissez-passer.

[576] Comprendre: «une fois signés».

[577] Ce verbe dépend logiquement de *Il me semble*.

[578] Contraction de «en les».

[579] *In saecula saeculorum*, clausule fréquente des doxologies, à laquelle les fidèles répondent, comme Genevote, *Amen*.

GENEVOTE

Amen.

GRANGER

Donc pour nous y acheminer soyez comme un[a] Jupiter qui s'apaise[b] par de l'encens; je serai comme Alexandre à vous en prodiguer. Soyez de même que[c] le lion qui se laisse fléchir par[d] les larmes[580]; je serai de même qu'Héraclite[e] [581] à force de pleurer. Soyez tout ainsi que le naphte[582] auprès du feu; et je serai tout ainsi que le mont Etna qui ne saurait s'éteindre[f]. Soyez ne plus ne moins que le bon terroir qui rend ce qu'on lui prête; et je serai ne plus ne moins que Triptolème[583] à vous ensemencer[584]. Soyez ainsi que les abeilles qui changent en miel les fleurs[g]; et les fleurs de ma rhétorique, ainsi que celles d'Attique, se chargeront de manne[585]. Soyez telle en fermeté que la rémore[586] qui bride la nef au plus fort de la tempête; et je serai tel que le vaisseau de Caligula[587] qui en fut arrêté[588]. *Ne multus sim*[589], soyez à la façon des trous qui ne refusent point de mortier; et je serai à la façon de la truelle qui bouchera votre crevasse[590].

---

[580] Allusion à un *topos*: le lion de Florence, qui ayant saisi un enfant dans sa gueule, au lieu de le dévorer, le rendit à sa mère qui se jetait devant lui en pleurant.

[581] Philosophe grec qui pleurait sur toutes choses, alors que Démocrite, lui, ne faisait qu'en rire.

[582] «Nom général qu'on donne à certaines graisses ou huiles naturelles qui sortent de la terre ou des rochers, qui sont fort inflammables» (Furetière).

[583] Roi d'Eleusis à qui Cérès apprit l'agriculture.

[584] Allusion plus nettement érotique.

[585] La *manne* n'est pas seulement la nourriture miraculeuse des Hébreux pendant l'Exode; c'est aussi une sécrétion que l'on recueille sur certains arbres, notamment des frênes de Calabre. Entre la Calabre et l'Attique, la flore n'est pas très différente; d'autre part, le miel de l'Attique, en particulier de l'Hymettte, était célèbre.

[586] Petit poisson qui s'attache par une ventouse à la coque des navires. La légende voulait qu'il soit capable de les empêcher d'avancer.

[587] Allusion, dit Jacques Truchet, à une expédition de Caligula en Grande Bretagne, qui ne s'éloigna guère du rivage.

[588] L'érudition de Granger ne distingue pas légende et réalité.

[589] «Bref».

[590] Cette tirade, assez alambiquée mais élégante, s'achève sur une énorme obscénité.

GENEVOTE

Vraiment, Monsieur, quoique vous soyez incomparable, vous n'êtes pas un homme sans comparaison.

GRANGER

Ce n'est pas par la métaphore seule, pain quotidien des scholares[591], que je prétends capter votre bénévolence[592]: voyons si mes arguments trouveront forme à votre pied[593]; car si ce contingent métaphysique avait couru du ª *possibile ad factum* [594], je jure par toutes les eaux infernales, par les palus[595] trois fois saints du Cocyte et du Styx; par la couronne de fer de l'enfumé Pluton, par l'éternel cadenas du silence[596]; par[b] la béquille[597] de Vulcain[c], bref, par l'enthousiasme prophétique du Tripier[d] [598] Sibyllin, de vous rendre en beauté non pas la déesse paphhienne[599], mais celle qui fera honte à celle-là. Et pour en[e] descendre aux preuves, j'argumente ainsi. Du monde, la plus belle partie, c'est l'Europe. La plus belle partie[f] de l'Europe, c'est la France, *secundum geographos*[600]. La plus belle ville de[g] France, c'est Paris. le plus beau quartier de Paris, c'est l'Université, *propter Musas*.[601] Le plus beau collège de l'université, je soutiens à la barbe de Sorbonne,

---

591 «Hommes d'école», signalé par Huguet comme très archaïque; mais le mot anglais *Scholar* est toujours vivant.

592 *Captare benevolentiam*, «obtenir la bienveillance» des auditeurs, est en général une partie de l'introduction d'un discours.

593 «Vous conviendront» comme une chaussure.

594 «Du possible au fait» Le contingent est ce qui peut arriver ou n'arriver pas; c'est donc une forme du possible. S'il devenait fait, c'est-à-dire, si vous vous unissiez à moi (dernières lignes de la tirade), vous seriez plus belle que Vénus.

595 «Marais»; le terme est latin, mais existe en français médiéval.

596 Selon l'*Iconologie* de Ripa, le Silence est représenté sous la forme d'une femme portant à sa bouche une bague, pour sceller; mais certains voient dans cette bague une cadenas ou une clef. L'idée est d'ailleurs la même.

597 Vulcain était boiteux. Le manuscrit l'appelait Cyclope, le confondant avec ses ouvriers. L'édition a corrigé l'erreur.

598 Le «trépied» sur lequel la Pythie s'asseyait pour rendre ses oracles. Qu'il y ait en *tripier* un effet burlesque n'est pas impossible.

599 Vénus. Voir *supra*, p. 112, n. 485.

600 «Selon les géographes».

601 «A cause des Muses», qui y sont honorées. L'Université, c'est pour les Parisiens la rive gauche de la Seine; la rive droite est appelée la Ville.

de Navarre, et de[a] Harcourt[602], que c'est Beauvais; et son nom est le répondant de sa beauté, puisqu'on le nomma Beauvais, *quasi*[603] beau à voir. La plus belle chambre de Beauvais, c'est[b] la mienne. *Atqui*[604] le plus beau de ma chambre, c'est moi. *Ergo,*[605] je suis le plus beau du monde. *Et hinc infero*[606] que vous, pucelette mignardelette[607], mignardelette pucelette, estant encore plus belle que moi, il serait, je dis *sole ipso clarius*[608] que vous incorporant au corps de l'Université en vous incorporant au mien, vous seriez plus belle que le plus beau du monde.

GENEVOTE
Vraiment[c], si j'avais dormi une nuit auprès de vous, je serais docte comme Hésiode pour avoir dormi sur le Parnasse.

GRANGER
Mais j'ai d'autres armes encore qui sont toutes neuves à force d'être vieilles, dont je présume outrepercer[609] votre tendrelette poitrine: c'est l'éloquence du franc Gaulois[610]. Or oyez.
E déa[611], royne de haut parage, mie de mes pensées; crème, fleur et parangon[612] des infantes, vous qui chevauchez par ilec du[d] fin feste[613] de cestui vostre magnifique et moult doucereux pale-

---

[602]   Trois autres collèges célèbres.
[603]   « Comme ». Ces étymologies fantaisistes étaient assez fréquentes dans les argumentations du Moyen Age et de la Renaissance. Au XVIIe siècle, elles sont marque de cuistrerie. Molière saura s'en servir, par exemple dans *La Jalousie du Barbouillé* (sc. 6).
[604]   « Eh bien ». Le manuscrit porte simplement *Atque*: « et ».
[605]   « Donc ». *Ergo* introduit en général la conclusion d'un raisonnement.
[606]   « Et de là je conclus ».
[607]   L'emploi de ces diminutifs renvoie aux poèmes ronsardisants; ils ne sont plus utilisés que dans le style burlesque. *Cf.* plus bas, *tendrelette.*
[608]   « Plus clair que le soleil lui-même ».
[609]   « Percer de part en part ».
[610]   « La bonne et simple langue médiévale ». Chapelain l'avait remise à la mode. En fait, tous les écrivains du XVIIe siècle la connaissaient fort bien, même s'ils affectaient de la mépriser.
[611]   « Vraiment ». Nous donnons le sens des mots les plus difficiles avant d'en présenter une traduction d'ensemble.
[612]   « Modèle ».
[613]   « De l'extrême faîte », c'est-à-dire « du haut de ».

froi[614], jouxte lequel gésir souliez[615] en bonne conche[616]; prenez émoi de ma déconvenue. Las oyez le méchef[617] d'un dolent moribond qui, crevé d'ahan[a][618] sur un chétif grabat, onques ne sentit au cœur joie. Point ne boutez[619] en sourde oubliance cil à qui pieça[620] Fortune porte guignon. Las! hélas! réconfortez un pauvret en marisson[621], à qui il conviendra soi gendarmer contre soi, s'occire ou se déconfire[622] par quelqu'autre tour de malengin[623], se ne vous garmantez[624] de lui donner soulas[625]; car de finer[626] ainsi pieça ne lui chaut. Or soyez, ma pucelle aux yeux vairs[627], comme un faucon, quant à moi, je serai votre coint[628] damoisel[629], qui par rémunération d'une si grande merci[630], se aucune chose avez à besogner de son avoir, à tout[631] son tranchant glaive il redressera vos torts et défera vos griefs[632]; il déconfira

---

[614] Le *palefroi* est le cheval de marche et de parade, par opposition au *destrier*, cheval de bataille, et au *sommier*, qui porte les bagages.

[615] «Aviez l'habitude de».

[616] «Accoutrement, équipage». Le manuscrit donne *couche*, ce qui est moins satisfaisant. On peut en effet se demander pourquoi elle s'étendrait à côté de son palefroi, à moins que l'on n'évoque ici des campements lors de grandes chevauchées.

[617] «Malheur».

[618] «Effort, peine».

[619] «Poussez».

[620] «Depuis longtemps»

[621] «Affliction», du verbe «marrir».

[622] «Abattre».

[623] «Mauvaise ruse, tromperie»

[624] Ici, non pas «se lamenter», mais «se mettre en peine».

[625] «Consolation, réconfort».

[626] «Ruser».

[627] L'édition porte *vers*; plutôt que *verts*, il faut sans doute lire *vairs*, mot dont le sens est peu précis: gris-bleu, de couleur changeante, brillants; de toute façon, c'est un compliment au Moyen Age.

[628] «Avisé, prudent, brave, etc.».

[629] Le *damoisel*, jeune gentilhomme, n'a pas encore été armé chevalier. Valeur comique du fait de l'âge de Granger.

[630] «Grâce».

[631] «Avec».

[632] «Chagrin».

des chevaliers félons; il hachera des andriarques[633], il fera des chapelis[634] inénarrables; il martellera des paladins ores à dextre, ores[635] à senestre; bref tant et si beau joutera, qu'il n'y aura pièce[636] de fiers, orgueilleux, outrecuidés, et démesurez géants, lesquels[a] en dépit des armes fées[637], et du haubert[638] de fine trempe, il ne pourfende jus[639] les arçons. Quel ébaudissement de voir donc[b] issir[640] le sang à grand randon[641] du flanc pantois[642] de l'endémène[c][643] Sarasin; et pour festoiement de cas tant beaux, se voir léans[644] guerdonné[645] d'un los[646] de plénière chevalerie[647].

---

[633] Ou «andriagues», animaux fabuleux qui servaient de monture aux héros des vieux romans.

[634] «Combats, massacre». Le mot a aussi le sens de morceaux, débris.

[635] «Tantôt ... tantôt».

[636] Littéralement «morceau»; *n'avoir pièce* est l'équivalent d'une simple négation.

[637] Les armes enchantées sont fréquentes dans les romans de chevalerie.

[638] «La cotte de mailles».

[639] «Jusqu'aux arçons», en donnant un coup de haut en bas. Les arçons sont les parties antérieure et postérieure de la selle.

[640] «Sortir».

[641] «Impétuosité, violence».

[642] «Haletant»

[643] «Agité, turbulent». Le manuscrit porte *endamnè* «prédestiné à la damnation».

[644] «Là, autrement dit: sur le champ».

[645] «Récompensé».

[646] «Louange».

[647] Traduction d'ensemble: Et vraiment, Reine de haute naissance, dame de mes pensées, crème, fleur et modèle des Infantes, vous qui chevauchiez par ici, du haut de votre magnifique et si doux palefroi, contre lequel vous aimiez vous tenir en bel équipage, soyez touchée de ma détresse. Las, écoutez le malheur d'un triste moribond, qui, recru de souffrance sur un pauvre grabat, jamais ne sentit joie au cœur. Ne mettez pas dans un sourd oubli celui à qui depuis longtemps Fortune apporte la malchance. Las, Hélas! réconfortez un malheureux dans l'affliction, qui devra se tuer ou se détruire par quelque autre tour de mauvaise ruse si vous ne vous mettez en peine de lui apporter consolation, car de finir ainsi il y a longtemps qu'il ne s'en soucie. Donc, soyez, ma pucelle aux yeux vairs, comme un faucon; quant à moi, je serai votre vaillant serviteur qui, en récompense d'une si grande grâce, si vous avez besoin d'aucune chose qui soit en son pouvoir, réparera vos préjudices et mettra fin à vos chagrins avec son épée tranchante; il détruira les chevaliers félons, il hachera les andriagues, il fera des combats indicibles, il frappera sur les paladins tant à droite qu'à gauche;

GENEVOTE

Monsieur, il est vrai, je ne le puis celer, c'est à ce coup que je
rends les armes; enfin je m'abandonne toute à vous; usez de moi[a]
aussi librement que le chat fait[b] de la souris; rognez, tranchez,
taillez; faites-en comme des choux de votre jardin[648].

PAQUIER

Je trouve pourtant bien du *distinguo* entre les femmes et les
choux; car des choux la tête en[c] est bonne, et des femmes, c'est ce
qui n'en vaut rien.

GRANGER

Auriez-vous donc agréable, Mademoiselle, lorsque la nuit au
visage de More[649], aura, de ses haillons noirs embéguiné[650] le
minois soufreteux de notre zénith; que je transporte mon individu
aux Lares domestiques de votre toit, pour humer à longs traits
votre éloquence melliflue[651], et faire sur votre couche un sacrifice[d] à la déesse tutélaire de Paphos[652].

GENEVOTE

Oui, venez, mais venez avec une échelle, et montez par ma
fenêtre, car mon frère serre tous les jours les clefs de notre maison
sous son chevet.

GRANGER

O! que ne suis-je maintenant Julius[e] César, ou le pape
Grégoire, qui firent passer le soleil sous leur férule[653]: je ne le

---

bref, il se battra tant et si bien qu'il n'y aura plus de géants fiers, orgueilleux,
outrecuidants et démesurés qu'il ne fende d'un coup jusqu'aux arçons de
leur selle en dépit de leurs armes enchantées et de leur cotte de mailles
d'acier soigneusement trempé. Quelle joie donc, de voir jaillir le sang à
grands flots du flanc haletant du turbulent Sarasin et pour fêter de si belles
victoires de se voir sur le champ récompensé de la gloire d'une complète
chevalerie (c'est-à-dire d'être armé chevalier [par vous]).

[648] Cette curieuse proposition n'est faite que pour amener la remarque de
Paquier, aussi gratuite que misogyne.

[649] Nom générique donné aux Africains.

[650] «Couvert, comme d'un bonnet d'enfant»

[651] «Douce comme le miel».

[652] Vénus; le sens est clair.

[653] Jules César et Grégoire XIII ont réformé le calendrier.

reculerais, ni ne l'arrêterais en Thyeste ou en Josué[654]; mais je le contraindrais de marquer minuit à six heures[655].

SCÈNE III
GENEVOTE, LA TREMBLAYE, GRANGER LE JEUNE, CORBINELI

GENEVOTE

Je pensais aller plus loin vous faire rire, mais je vois bien qu'il me faut décharger ici.

GRANGER le jeune

Aux dépens de mon père?

GENEVOTE

C'est bien le plus bouffon personnage de qui jamais la tête ait dansé les sonnettes[656]; et moi par contagion je[a] suis devenue facétieuse, jusques à lui permettre d'escalader ma chambre. A bon entendeur salut: il se fait tard; les machines[657] sont peut-être déjà en chemin, retirons-nous.

SCÈNE IV
LA TREMBLAYE, CORBINELI

LA TREMBLAYE

(*Il heurte à la porte de Manon*)[b] Va donc avertir Mademoiselle Manon. Tout va bien: la bête donnera dans nos panneaux, ou je suis mauvais chasseur.

---

[654] On sait que Josué arrêta le soleil pour avoir le temps de remporter une victoire complète sur les Amorrhéens; par ailleurs les récits mythologiques racontent que le soleil recula d'horreur lorsqu'il vit Atrée offrir comme repas à Thyeste la chair de ses propres enfants;

[655] Comprendre: je l'avancerais; minuit étant l'heure implicite du rendez-vous.

[656] Selon Frédéric Lachèvre, la *danse des sonnettes* était une danse des bouffons, dont les bonnets et les marottes étaient garnis de clochettes et de grelots.

[657] La machination montée par Corbineli; ou bien les machines de guerre, en l'occurrrence l'échelle.

SCÈNE V
LA TREMBLAYE, MANON, CORBINELI

LA TREMBLAYE

Je m'en vais amasser de mes amis pour m'assister, en cas que son collège voulût le secourir. Mais une autre difficulté m'embarrasse : c'est que je crains, si je ne suis arrivé assez tôt, qu'il n'entre dans la chambre de ma sœur ; et comme enfin elle est fille, qu'elle n'ait[a] de la peine à se dépêtrer des poursuites de ce docteur échauffé ; Et que au contraire, s'il trouve la fenêtre fermée contre la parole qu'il a reçue d'elle, qu'il ne s'en aille, pensant que ce soit une burle[658].

CORBINELI

O ! de cela n'en soyez point[b] en peine, car je l'arrêterai en sorte qu'il ne courra[c] pas fort vite escalader la chambre, et n'osera pour quelque autre raison que je vous tais[d], retourner en son logis. C'est pourquoi je vais m'habiller pour la pièce.

LA TREMBLAYE

J'étais venu pour imaginer avec vous un moyen de hâter notre mariage ; mais votre père lui-même nous en donne un fort bon (*Il lui parle bas à l'oreille*)[e] Il va[f] tout à l'heure assiéger notre château pour voir ma sœur, et moi je…

MANON

C'est par là qu'il faut s'y prendre, n'y manquez pas. Adieu.

---

[658] De l'italien *burla :* «tromperie».

ACTE IV

SCÈNE PREMIÈRE
GRANGER, PAQUIER, CORBINELI[a]

GRANGER

Tout est endormi chez nous d'un somme de fer; tout y ronfle jusques aux[b] grillons et aux crapauds. Paquier, avance ton échelle: mais que c'est bien pour moi l'échelle de Jacob[659], puisqu'elle me va monter au paradis d'amour.

PAQUIER

Je crois que voici la maison. (*Il tombe, ayant appuyé son échelle sur le dos de Corbineli*)[c] Ah[d]! je suis mort. C'est ma faute, je ne lui avais pas donné assez[e] de pied[660].

GRANGER

Monte encore un coup, pour voir si elle est bien appuyée. (*Il l'y met encore et monte.*)[f]

PAQUIER

J'ai peur d'avoir donné trop de pied (*Il nage des bras dans la nuit pour toucher le mur*) Comment je ne rencontre point de mur? Notre machine tiendrait-elle bien[g] toute seule? *Domine*, plantez vous-même votre échelle, je n'y oserais plus toucher[h].

GRANGER

Vade retro, mauvaise bête, je l'appliquerai bien moi-même. Je pense que j'y[i] suis; voici la porte, je la connais aux clous, sur chacun desquels j'ai composé jadis maintes bonnes épigrammes. *Scande*[j][661] pour essayer si elle est ferme.

---

[659] Jacob vit en songe une échelle allant de la terre aux cieux, sur laquelle des anges montaient et descendaient (Genèse, XXVIII, 10-19).

[660] Je ne l'avais pas assez inclinée.

[661] «Monte». Sur *Vade retro*, voir p. 57, n. 70.

PAQUIER

(*Corbineli transpose l'échelle d'un côté et d'autre avec tant d'adresse, que Paquier faisant aller sa main à droite et à gauche, frappe toujours un des côtés de l'échelle sans trouver d'échelon.*)[a] Ha! misérable que je suis, on vient d'arracher les dents à mon échelle. Miséricorde, mon échelle vient d'enfanter. Qui l'aurait engrossie! Serait-ce point moi, car j'ai monté dessus[b]? Mais quoi! l'enfant est déjà aussi gros[c] que la mère[662].

GRANGER

Tais-toi, Paquier. J'ai vu tout à l'heure passer je ne sais quoi de noir. C'est peut-être une de ces Larves[663] au teint blême, dont nous parlions tantôt, qui vient pour m'effrayer.

PAQUIER

(*Granger tousse.*)[d] *Domine*, on dit que pour épouvanter le diable, il faut témoigner du cœur; toussez deux ou trois fois, vous vous rassurerez.

GRANGER

Qui es-tu?

PAQUIER

Un peu plus haut.

GRANGER

Qui es-tu?

PAQUIER

Encore plus fort.

GRANGER

Qui es-tu donc?

---

[662] Comme il rencontre toujours l'échelle en frappant à droite et à gauche, il semble à Paquier qu'elle s'est dédoublée.

[663] «Les démons de l'air et les esprits follets» (Furetière).

PAQUIER

Chantez un peu pour vous rassurer. (*Granger chante.*)[a] Bon;
fort. Faites accroire au spectre que vous ne le craignez point.
Domine[b], c'est un diable huguenot, car il ne se soucie point de la
Croix[c][664].

GRANGER

Il a peur lui-même, car il n'ose parler. Mais, Paquier, ne serait-
ce point mon ombre, car elle est vêtue tout comme[d] moi; fait tous
mes mêmes gestes; recule quand j'avance; avance quand je
recule? Il faut que je m'éclaircisse[665]. (*Il donne un coup et
Corbineli le lui rend.*)[e] Notre-Dame elle me frappe[f].

PAQUIER

Monsieur, il se peut faire que les ombres de la nuit étant plus
épaisses que celles du jour, sont aussi plus robustes, et qu'ainsi
elles pourraient frapper les gens. Entrez, voilà la porte ouverte
(*Corbineli entre vitement avec un passe-partout, et Granger
court après pour entrer aussi.*)[g]

GRANGER

Ma foi, l'ombre est plus habile que moi. Ecoutez donc, me
voici, c'est moi.

PAQUIER

Non vraman-da, ce n'est pas mon maître qui est chez vous[666],
ce n'est[h] que son ombre. Que diable, Monsieu[i], votre ombre est-
elle folle de marcher devant vous, et d'entrer toute seule en un
logis où elle ne connaissait[j] personne? Ho assurément que nous
nous sommes trompés, car si c'était une ombre, la lune l'aurait
faite, et cependant la lune ne luit pas[k]. Hélas! *profecto*, je le viens
de trouver; nous en étions bien loin[l]. C'est votre âme, car ne vous
souvient-il pas qu'hier vous la donnâtes à Mademoiselle

---

[664] Le manuscrit porte la didascalie: *Corbineli fait un signe de croix.*
[665] Jeu de scène fréquent dans la farce et la *commedia.*
[666] Paquier s'adresse à Genevote, qu'il ne voit pas mais qu'il peut supposer à sa fenêtre. L'ombre qui marche devant Granger est évidemment Corbineli, comme l'indique la didascalie qui précède. *Profecto*: «assurément».

Genevote? Or n'étant plus à vous, elle vous aura quitté, cela est bien visible puisque nous la rencontrons en chemin qui s'y en va. Ah! perfide âme, vous ne deviez pas trahir un docteur de la façon; ce qu'il en avait dit n'était[a] qu'en riant; cependant vous l'abandonnez pour une niaiserie! Je m'en vais bien voir si c'est elle[b], car si ce l'est, peut-être qu'en la flattant un peu[c], elle se repentira de sa faute. Je t'adjure par le grand Dieu vivant, de me dire qui tu es.

CORBINELI *par la fenêtre*

Je suis le grand diable Vauvert[667]. C'est moi qui fait dire la patenôtre du loup[668]; qui noue l'aiguillette aux nouveaux[d] mariés; qui fait tourner le sas[669]; qui pétris le gâteau triangulaire; qui rend invisibles les frères de la Rose-Croix; qui dicte aux rabbins la Cabale et le Talmud[670]; qui donne la main de gloire[671], le trèfle à quatre[672], la pistole volante, le gui de l'an neuf, l'herbe de fourvoiement[673], la graine de fougère[674], le parchemin vierge, les gamahez[675], l'emplâtre magnétique[676]. j'enseigne la composition

---

[667] Démon qui hantait le château de Vauvert, au sud de Paris.

[668] Le *Pater du loup* est une conjuration magique que l'on prononce en Gascogne pour que le loup aille étrangler le bétail... des autres, et épargne le vôtre.

[669] Le *sas* est un tamis très fin. «Faire tourner le sas, c'est faire une certaine divination pour découvrir l'auteur d'un vol domestique» (Furetière).

[670] La Cabbale est une interprétation ésotérique de l'alphabet hébraïque; le Talmud est un commentaire rabbinique de la Bible. L'un et l'autre sont considérés par le peuple comme plus ou moins démoniaques parce qu'ils sont juifs.

[671] *La main de gloire* est la main coupée d'un pendu. En lui faisant tenir une chandelle, on peut franchir les portes fermées et passer devant des gardes sans être vu.

[672] Le trèfle à quatre feuilles donne la richesse, l'amour, le bonheur, etc.

[673] Celui qui marche sur cette plante (mandragore, lycopode, fougère, plantain) est censé ne pouvoir retrouver son chemin.

[674] Récoltée à minuit, la nuit de la Saint-Jean, elle donne aux sorciers un grand pouvoir, entre autres elle leur permet de se rendre invisibles et de se déplacer à la vitesse du vent.

[675] Pierres mystiques portant des figures ou des signes.

[676] Emplâtre qui était censé contenir de la poudre d'aimant; conçu par l'alchimiste Angelo de Sala ou Paracelse, il avait quelque chose de magique ou de mystérieux.

des brevets[677], des sorts, des charmes[a], des sigilles[678], des caractères[679], des talismans, des images, des miroirs, des figures constellées[680]. Je prêtai à Socrate un démon[681] familier; je fis voir à Brutus son mauvais génie; j'arrêtai Drusus à l'apparition d'un lutin; j'envoie les démons familiers, les esprits folets, les martinets[682], les gobelins, le moine-bourru, le loup-garou[b], la mule ferrée[c][683], le marcou[684], le cauchemar, le roi Hugon[685], le connétable[d], les hommes noirs, les femmes blanches[686], les ardents, les lémures[687], les farfadets[688], les ogres, les larves[689], les incubes, les succubes[690], les lamies[e][691], les fées, les ombres, les mânes, les spectres, les fantômes; enfin je suis le grand veneur de la forêt de Fontainebleau[692].

GRANGER

Ha! Paquier, qu'est-ceci?

---

[677] Contrats magiques.

[678] «Sceaux, cachets» à pouvoir magique.

[679] Écrits marqués de quelques figures talismaniques ou de simples cachets, qui sont censés avoir des propriétés magiques.

[680] «Horoscopes».

[681] Le *démon* de Socrate, le dieu qui l'inspirait, n'avait rien à voir avec la magie; mais dans le *Voyage dans la Lune*, le narrateur le rencontre.

[682] Comme les *gobelins*, et les *esprits folets*, êtres démoniaques qui errent dans le monde.

[683] Mule qui porte le diable au sabbat: la nuit on croit entendre sur le pavé le bruit de ses fers.

[684] «Le matou». Le chat est souvent considéré comme un être démoniaque dans les superstitions populaires.

[685] Fantôme couronné qui avait le siège de son empire à Tours; le *connétable* en est une variante.

[686] Fantômes qui entraînent les vivants dans la mort.

[687] «Revenants».

[688] Autre esprit follet. *Ardents*: voir p. 112, n. 490.

[689] «Terme de philosophie qui désigne les démons de l'air et les esprits follets» (Furetière).

[690] Voir p. 104, n. 446.

[691] «Certaine espèce de démons ou sorcières qui dévoraient les enfants» (Furetière].

[692] Ce *grand veneur*, démon suivi de sa meute infernale aurait rencontré Henri IV et lui aurait dit: «Attends-moi».

PAQUIER

Voilà un démon qui n'a pas eu toute sa vie les mains dans ses pochettes[693].

GRANGER

Qu'augures-tu de cette vision ?

PAQUIER

Que c'est un diable femelle, puisqu'il a tant de caquet. .

GRANGER

En effet, je crois qu'il n'est pas méchant, car j'ai remarqué[a] qu'il ne nous a dit mot, jusques à[b] ce qu'il s'est vu armé d'un corselet de pierre[c] [694].

PAQUIER

Ma foi, Monsieur, ne craignez[d] point les diables, jusques[e] à ce qu'ils vous emportent. Pour moi, je ne les appréhende[f] que sur les épaules des femmes[695].

SCÈNE II
LA TREMBLAYE, GRANGER,
PAQUIER, CHATEAUFORT[g] [696]

LA TREMBLAYE

Aux voleurs, aux voleurs ! Vous en serez pendus, coquins ! ce n'est pas d'aujourd'hui que vous vous en mêlez[697]. Peuple, vous n'avez qu'à chanter le[h] *Salve*[698], le patient est sur l'échelle.

---

693 Pochette désigne souvent les poches des vêtements. Selon Furetière, avoir les mains dans ses poches, c'est être oisif.

694 A l'abri derrière des murs.

695 C'est-à-dire dans la tête des femmes. Cette réflexion misogyne se rapporte peut-être à la légende selon laquelle saint Pierre ayant d'un coup d'épée coupé la tête à la fois au diable et à Eve, et ayant reçu de Dieu l'ordre de les recoller, se serait trompé et aurait confondu les têtes et les corps.

696 Châteaufort ne paraît qu'un peu plus tard, *à sa fenêtre*. Le décor représente donc une place, avec plusieurs maison, dont l'une est le collège de Beauvais.

697 Scène nocturne : La Tremblaye fait semblant de prendre Granger pour un voleur. Il le saisit : il n'y a plus qu'à le pendre.

698 Le *Salve Regina* se chante au moment de l'exécution des criminels, lorsqu'ils sont sur l'échelle par laquelle ils montent à la potence.

PAQUIER

En mourra-t-il, Monsieur?

LA TREMBLAYE

Tu t'y peux^a bien attendre.

PAQUIER

Seigneur, ayez donc pitié de l'âme de feu mon pauvre maître
Nicolas Granger. Si vous ne le connaissez, Seigneur, c'est ce petit
homme qui avait un chapeau à grand bord et un haut-de-chausse
à la culotte[699].

GRANGER

Au secours, Monsieur de Châteaufort; c'est votre ami
Granger que la Tremblaye veut poignarder.

CHATEAUFORT, *par sa* [b] *fenêtre*

Qui sont les canailles qui font du bruit là-bas. Si je descends,
je lâcherai la bride aux Parques.

LA TREMBLAYE

Soldats, qu'on leur donne les osselets[700]!

GRANGER

Ah! Monsieur de Château très[c] fort[d], envoyez de l'arsenal de
votre puissance la foudre craquetante[701], sur la témérité criminelle de ces chétifs myrmidons[702].

---

[699] La *culotte* est une «espèce de haut-de-chausses court et serré, à laquelle on
attache quelquefois des bas, des canons, des rhingraves» (Furetière). C'est
un vêtement démodé.

[700] Torture consistant à serrer au moyen d'un os de mouton une cordelette
autour des pouces ou des poignets; selon d'autres, on coinçait de petits os
ou des cailloux entre les doigts et l'on serrait. Evidemment, La Tremblaye
n'a aucun droit de torturer Granger, et les soldats sont purement imaginaires: il s'agit seulement de l'effrayer.

[701] Epithète de nature, de style épique.

[702] Voir p. 110, n. 477.

CHATEAUFORT, *descendu sur le théâtre*

Vous voilà donc, marauds. hé! ne savez-vous pas qu'à ces heures muettes, j'ordonne à toutes choses de se taire, hormis à ma renommée? Ne savez-vous pas que mon épée est faite d'une branche des ciseaux[a] d'Atropos[703]? Ne savez-vous pas que si j'entre, c'est par la brèche; si je sors, c'est du combat; si je monte, c'est dans un trône; si je descends, c'est sur le pré; si je couche, c'est un homme par terre; si j'avance, ce sont mes[b] conquêtes; si je recule, c'est pour mieux sauter; si je joue, c'est au roi dépouillé[704]; si je gagne, c'est une bataille, si je perds[705], ce sont mes ennemis; si j'écris, c'est un cartel[706]; si je lis, c'est un arrêt de mort[c]; enfin, si je parle[d], c'est par la bouche d'un canon? Donc, pendard, tu savais ces choses, et tu n'as pas redouté mon tonnerre? Choisis-toi-même le genre de ton supplice; mais dépêche-toi de parler[e], car ton heure est venue.

LA TREMBLAYE

Ah! quelle frénésie[707]!

GRANGER

Monsieur de Châteaufort, *a minori ad majus*[708] Si vous traitez de la sorte un malheureux, que feriez-vous à votre rival?

CHATEAUFORT

Mon rival! Jupiter ne l'oserait être[f] avec impunité.

GRANGER

Cet homme ose[g] donc plus que Jupiter.

---

703 Une des trois Parques.
704 «Nom d'un jeu de cartes», que Châteaufort prend au sens propre.
705 Au sens actif: faire périr.
706 Défi par écrit.
707 La frénésie est une forme de folie violente.
708 «Du petit au grand». Granger essaie de détourner la colère de Châteaufort contre la Tremblaye.

CHATEAUFORT

Ce grimaud, ce fat, ce farfadet[709]! Docteur, vous avez grand
tort ; je l'allais faire mourir avec douceur ; maintenant que ma bile
est échauffée, sans vous mettre au hasard d'être accablé du ciel
qui tombera de peur, je ne le saurais punir[a]. N'avez-vous point su
cet estramaçon[710] dont les siècles ont tant parlé ? Certain fat avait
marché dans mon ombre ; mon tempérament s'en alluma ; je
laissai tomber celui de mes revers, qu'on nomme l'archi-épouvantable, avec un tel fracas, que le vent seul de ma tueuse ayant
étouffé mon ennemi, le coup alla foudroyer les omoplates de la
Nature. L'univers, de frayeur, de carré qu'il était[b], s'en ramassa
tout en une boule ; les cieux en virent plus de cent mille étoiles ; la
terre en demeura immobile[c] ; l'air en perdit le vent[d][711] ; les nuées[e]
en pleurèrent ; Iris en prit l'écharpe[712] ; le soleil en courut comme
un fou ; la lune en dressa les cornes ; la canicule en enragea[713] ; le
silence en mordit ses doigts ; la Sicile en trembla[f][714] ; le Vésuve en
jeta feu et flamme ; les fleuves en gardèrent le lit ; la nuit en porta
le deuil[g] ; les fols en perdirent la raison[h] ; les chimistes en gagnè-
rent la pierre[i][715] ; l'or en eut la jaunisse ; la crotte en sécha sur
pied[j] ; le tonnerre en gronda ; l'hiver en eut le frisson[k] ; l'été en
sua ; l'automne en avorta[716] ; le vin s'en aigrit[l] ; l'écarlate en
rougit ; les rois en eurent échec et mat ; les cordeliers[717] en perdirent leur latin ; et[m] les noms grecs en vinrent au duel[n][718].

---

[709] Sorte de lutin. Châteaufort veut dire que La Tremblaye n'est qu'une forme
       vaine.
[710] Coup du tranchant de l'épée, opposé à l'estoc, qui est un coup de la pointe.
[711] Jeu de mots : perdre haleine, être essoufflé, plutôt que perdre l'haleine,
       mourir.
[712] Messagère des dieux, dont l'écharpe est l'arc-en-ciel ; mais, comme, selon
       Furetière, « avoir l'esprit en l'écharpe » signifie être distrait, préoccupé, il
       faudrait comprendre : Iris en fut distraite (et en oublia ses messages).
[713] La canicule est la constellation de la petite chienne (canicula), d'où le jeu de
       mots.
[714] Pays volcanique, la Sicile connaît de fréquents tremblements de terre. Je
       corrige le texte qui porte « en tremble ».
[715] Jeu de mots sur la pierre philosophale, capable d'opérer la transmutation des
       métaux en or, recherchée par les alchimistes, et la maladie de la pierre.
[716] L'automne tourne court et ne tient pas toujours ses promesses.
[717] Nom donné aux ordres capucins et aux franciscains, qui ont pour ceinture
       une corde… et sont réputés fort ignorants.
[718] En grec, le duel est une catégorie grammaticale qui s'emploie lorsqu'on
       parle de deux personnes ou de deux choses.

LA TREMBLAYE

Pour éviter un semblable malheur, je vous fais commandement de me suivre. Allons, Monsieur l'Archi-épouvantable, je
vous fais prisonnier à la requête de l'univers.

CHATEAUFORT

Vous voyez, docteur, pour ne vous pas envelopper dans le
désastre de ce coquin, j'ai pu me résoudre à lui pardonner.

SCÈNE III
MANON, GRANGER, [PAQUIER], LA TREMBLAYE,
CHATEAUFORT

MANON

Ah, Monsieur de La Tremblaye, mon cher Monsieur, donnez
la vie à mon père, et je me donne à vous. Bon Dieu, j'étais dans le
collège attendant qu'il fût arrivé pour fermer les portes de notre
montée[a] [719,] lorsque j'ai entendu un grand bruit dans la rue. Le
cœur me dit[b] qu'indubitablement il avait eu quelque mauvaise
rencontre. Hélas! mon bon ange ne m'avertit point à faux. Il est
vrai, Monsieur, qu'il mérite[c] la mort, d'avoir été surpris en
volant[720] votre maison; mais je sais bien aussi que tous les gentilshommes sont généreux[721], et tous les généreux pitoyables.
Vous m'avez autrefois tant aimée; ne puis-je en devenant votre
femme, obtenir[d] la grâce de mon père? Si vous croyez[e] que ceci
soit dit[f] seulement pour vous amuser[g] [722], allons consommer notre
mariage, pourvu qu'auparavant vous me promettiez de lui donner
la vie[h]; encore qu'il ne témoigne pas d'y consentir, excusez-le,
Monsieur; c'est qu'il a le cœur un peu haut, et tout homme courageux ne fléchit pas facilement[i]; mais pour lui sauver la vie, je
ferais bien pis que de lui désobéir.

---

[719] « Escalier ».

[720] « Cambriolant ». En fait il a seulement essayé d'entrer.

[721] « Qui a l'âme grande et noble » (Furetière).

[722] « Pour vous faire perdre votre temps », c'est-à-dire pour en gagner.

GRANGER

O dieux ! quelle fourbe ! Sans doute la misérable est d'intelligence avec son traître d'amoureux. Non, non, ma fille, non, vous ne l'épouserez jamais.

MANON

Ah ! Monsieur de La Tremblaye, arrêtez. Je connais à vos yeux que vous l'allez tuer. Bon Dieu, faut-il voir massacrer mon père devant moi ou mourir[723] ignominieusement par les mains de la justice[a]? Donc, à l'âge où je suis, il faut que je perde mon père ? Hé ! pour l'amour de Dieu, mon père, mon pauvre père, sauvez-vous[b], sauvant la vie et l'honneur à vos enfants. Vous voyez que La Tremblaye est un brutal qui ne vous pardonnera jamais, si vous ne devenez son beau-père. Pensez-vous que votre mort ne me touche point. O dame, si est. Sachez que je ne vous survivrais guère et que même pour vous sauver d'un péril encore moindre que celui-ci, je ne balancerais point de me prostituer; à plus forte raison pour vous sauver du gibet, n'ayant qu'à devenir la femme d'un brave gentilhomme, pourquoi[c] ne le ferais-je pas ?

GRANGER

Quo vertam[724] mes amis, l'optique de ma vue et de mes espérances ? C'est à vous, Monsieur de La Tremblaye. *Ne reminiscaris delicta nostra*[725]. Je me reposais sur la protection de Châteaufort, et je croyais que ce tranche-montagne[726]...

CHATEAUFORT

Que diable voulez-vous[d] que je fasse ? Perdrai-je tous les hommes pour un[727] ?

---

[723] Liberté de construction : *père* est à la fois complément d'objet de *massacrer* et sujet de *mourir.*

[724] « Où tournerai-je ? »

[725] « Ne Vous souvenez pas de nos péchés ». Parodie du *Pater ?*

[726] Autre nom imagé donné au type de soldat fanfaron, au même titre, quelques lignes plus loin, que *Rodomont*, personnage tiré du *Roland furieux* de l'Arioste.

[727] Selon Jacques Truchet, on y pourrait voir une parodie de la phrase de Caïphe au Sanhédrin : Il y a intérêt à ce qu'un seul homme meure pour le peuple.» (Jean, XVII, 12).

GRANGER

Oserais-je en ce piteux état vous offrir ma fille et demander votre sœur? Je sais que si vous ne détournez les yeux de mes fautes, je cours fortune de rester un pitoyable raccourci des catastrophes humaines.

LA TREMBLAYE

Désirer cela, c'est me le commander. Mais n'oublions pas de punir ce grotesque[a] Rodomont de son impertinence (*La Tremblaye frappe, et Châteaufort compte les coups.*)[b]

CHATEAUFORT

Un, deux, trois, quatre, cinq, six, sept, huit, neuf, dix, onze, douze. Ah! le rusé, qu'il a fait sagement! S'il eut donné treize, il était mort.

LA TREMBLAYE

(*Il le jette à terre d'un coup de pied.*)[c] Voilà pour vous obliger à ce meurtre.

CHATEAUFORT

Aussi bien me voulais-je[d] coucher.

LA TREMBLAYE

Allons chez nous passer l'accord.

GRANGER

Entrez toujours, je vous suis. Je demeure ici un moment pour donner ordre que nous ayons de quoi nous ébaudir[728].

---

[728] « Terme populaire qui signifie se réjouir » (Furetière). Dans la bouche de Granger, c'est plutôt un archaïsme.

SCÈNE IV
GRANGER, PAQUIER, CORBINELI

GRANGER

Paquier, va-t-en *subito* m'accerser[729] les confrères d'Orphée[730]. Mais d'abord que[731] tu leur auras parlé, reviens et amène-les; car c'est un lieu où je te défends de prendre racine; encore que la viande aérée[732] de ces Messieurs, aussi bien que le chef de Méduse[733], ait droit de te pétrifier ou t'immobiliser par la même force dont usa le violon thracien[734], pour tenir les bêtes pendues à son harmonie.[a] Pour toi, Corbineli, je te pardonne[b] la fourbe[735] en faveur de ma conjonction matrimoniale.

CORBINELI

Monsieur, c'est aujourd'hui[c] sainte Cécile. Si Paquier ne trouve leurs maisons aussi vides que leurs instruments, je veux devenir as de pique[736]. Et puis le pauvre garçon a bien des affaires, il doit aller en témoignage.

GRANGER

En témoignage, et pourquoi?

CORBINELI

Un homme de son pays fut hier déchargé de ce fardeau, qui n'est jamais plus léger que quand il pèse beaucoup[737]. Des coupe-

---

729   *Accersere*, « faire venir, aller chercher ».

730   « les musiciens » pour le bal du mariage ou des fiançailles.

731   « Dès que », tournure archaïsante.

732   « Nourriture sans consistance ». même sens que « viande creuse », dont Furetière déclare que « on le dit figurément « des violons, de la musique, des récits de vers et autres choses qui réjouissent en un festin et qu'on ne mange point.»

733   La tête de Méduse avait le pouvoir de changer en pierre celui qui la regardait.

734   Antonomase pour désigner Orphée. Allusion à la légende bien connue selon laquelle celui-ci charmait les bêtes sauvages au son de sa lyre.

735   Au sens premier de fourberie.

736   « On dit par injure à un homme stupide que c'est un bon *as de pique* » (Furetière].

737   L'argent, « dont l'abondance est plus facile à porter que le manque » (J. Truchet).

jarrets[738] l'attaquèrent; l'autre cria; mais ses cris ne furent autre chose que l'oraison funèbre de son argent. Ils lui ôtèrent tout, jusques à ne lui laisser pas même la hardiesse de les poursuivre[739]. Il soupçonne son hôte d'avoir été de la cabale[740]. L'hôte soutient qu'il n'a point été volé, et prend Paquier à témoin, qui s'est offert à lui.

GRANGER

Hé bien, Paquier, que diras-tu, par ta foi, quand tu seras devant le juge?

PAQUIER

Monsieur, dirai-je en levant la main, j'entendis comme je dormais bien fort, du monde dans notre rue, crier tout bas tant qu'il pouvait «Aux voleurs!» Dame je me levai sans me grouiller[741], je mis mon chapeau dans ma tête, j'avalai mon chassis[742], je jetai ma tête dans la rue, et comme je vis que je ne vis rien, je m'en retournai coucher tout droit. Mais *Domine*, au lieu de m'envoyer quérir des baladins, il serait bien plus méritoire et bien plus agréable à Dieu de me faire habiller[a]. Quelle honte sera-ce qu'on me voie aux noces fait comme un gueux, sachant que je suis à vous? *Induo veste Petrum dic, aut vestem induo Petro*[743]; je m'appelle Pierre, Monsieur.

GRANGER

Tu peux donc bien te résoudre à rogner un morceau de l'arc-en-ciel, car je ne sache point d'autre étoffe payée au marchand

---

[738] «Bretteur, assassin, qui ne porte l'épée que pour battre, assassiner, et faire insulte aux autres» (Furetière).

[739] Une de ces pointes, que Cyrano affectionnait, mais qui sont rares dans *Le Pédant joué*.

[740] «Du complot» pour lui prendre son argent.

[741] «Sans me remuer». On peut comprendre «sans me hâter», mais les propos de Paquier sont une série de contradictions.

[742] «J'ouvris ma fenêtre». Expression stéréotypée, qui justifie l'emploi d'un verbe devenu inusité. Il s'agit d'une fenêtre qui s'ouvre horizontalement en abattant un *chassis*; ce dernier mot désigne l'ensemble de bois et de verre qui clôt l'ouverture (la fenêtre à proprement parler).

[743] Toujours Despautère: «Dites: *Induo...*» Deux façons possibles de dire en latin: «J'habille Pierre d'un vêtement» (*Syn.*, Reg. III, p. 386).

pour te vêtir. La lune six fois n'a pas rempli son croissant depuis la maudite journée que je te caparaçonnai[744] de neuf.

PAQUIER

Monsieur[a] *Saepe quidem docti repetunt bene praepositu-ram*[745]. C'est-à-dire que toute la nature vous prêche, avec Jean Despautère, de m'armer tout de nouveau[b] d'un bon lange[746] de bure.

GRANGER

Va, console-toi, la pitié me surmonte : je te ferai bientôt habiller comme un pape. Premièrement, je te donnerai un chapeau de fleurs[c], une laisse de chiens courants, un panache de cocu, un collet de mouton, un pourpoint de tripe-madame, un haut-de-chausse de ras en paille, un manteau de dévotion, des bas d'âne, des chausses d'hypocras, des bottes d'escrime, des aiguillons de la chair, bref, une chemise de chartre qui te durera longtemps, car je suis assuré que tu la doubleras d'un[d] buffle[747].

---

[744] Le terme ne s'emploie que pour les chevaux.

[745] « Souvent les doctes répètent avec raison la préposition » (Despautère, Syn., Reg. V, p. 389.) c'est-à-dire qu'on répète devant le complément la préposition déjà contenue dans le verbe composé. Paquier joue sur le mot (*paeponere* signifie poser avant), pour dire que Granger peut très bien renouveler ce qu'il lui avait déjà mis sur le dos.

[746] Outre le sens habituel, *lange* peut désigner toute pièce d'étoffe dont on se couvre : « Le peuple dit encore, Voilà un bon *lange*, pour dire, un bon manteau » (Furetière». Le manuscrit porte « de m'armer tout à cru », ce qui était parler comme pour un cheval.

[747] Toute une série d'expressions qui jouent sur les mots : le *chapeau de fleurs* est soit un ornement architectural, soit une couronne de mariée. Furetière note que, en Normandie, marier sa fille avec un chapeau de roses, signifie la marier sans dot. Le chapeau de fleurs signifierait donc : rien du tout. La *laisse* est, selon Littré, « une espèce de cordon de chapeau fait de crin, de fil ou de soie » Le *panache de cocu*, ce sont ses cornes. Ainsi est complet l'habillement de la tête : ensuite, la description continue en ordre logique jusqu'aux *bottes*, à cela près que *bas* et *chausses* sont à peu près synonymes. Le collier ou *collet de mouton* est une pièce de viande. Le *tripe-Madame* est une petite herbe qu'on mange en salade, et dont il est évidemment impossible de faire un pourpoint, mais la *tripe* est « une étoffe de laine qu'on manufacture et qu'on coupe comme le velours »(Furetière). *Comme rats en paille* est une vieille expression signifiant « en désordre », mais le mot *ras* désigne une serge à poils ras. Le *manteau de dévotion*, qui sert à cacher les

Cependant, Corbineli, tu vois un pirate d'amour : c'est sur cette mer orageuse et fameuse[a], que j'ai besoin pour guide du phare de tes inventions. Certaine voix secrète me menace au milieu de mes joies, d'un brisant, d'un banc[748], ou d'un écueil. Penses-tu que ma maîtresse revoie mon fils sans rallumer des flammes qui ne sont pas encore éteintes ? Ah ! c'est une plaie nouvellement fermée, qu'on ne peut toucher sans la rouvrir[b].Toi seul peut démêler les sinueux détours d'un si léthifère[749] dédale ; toi seul peut devenir l'Argus qui me conservera cette Io[750]. Fais donc, je te supplie, toi qui est l'astre et la[c] constellation de mes félicités, que mon fils[d] ne soit plus rétrograde[751] à ma volonté. Mais si tu veux que l'embryon de tes espérances devenant le plastron[752] de mes libéralités, fasse métamorphoser ta bourse en un microcosme des richesses, et ta poche[e] en corne d'abondance ; fais, dis-je, que mon coquin de fils prenne un verre au collet[753] de si bonne sorte qu'ils en tombent tous deux[754] sur le cul. Je présage un sinistre succès[755] à mes entreprises, s'il assiste à cette fête : c'est pourquoi enfonce-le dans un cabaret, où le jus des tonneaux le puisse entretenir jusques à demain matin. Voici de l'or, voici de l'argent ; regarde

---

vices, est une expression satirique. Les *bas d'âne* sont des « bâts » d'âne. La *chausse d'hypocras* est le filtre qu'on emploie pour préparer cette boisson. chacun sait ce que sont les *bottes d'escrime*. Il y a encore un jeu de mots entre les *aiguillons de la chair* (le désir sexuel) et les aiguillettes qui tiennent le haut-de-chausses. La chemise de Chartres est une médaille « qui a deux petits ailerons, faits comme les manches d'une chemise » (Furetière) ; mais *chartre* est un vieux mot pour prison. Quant à la doubler d'un *buffle*, Jacques Truchet y voit une intention irrévérencieuse : « la médaille de Chartres te protégeras d'autant mieux que tu la porteras sur un justaucorps de buffle », dont l'épaisseur constitue une sorte de cuirasse, mais ici, le buffle, avec sa valeur d'« homme stupide » (Furetière), désigne Paquier lui-même.

[748] Un banc de sable. Métaphore filée, de style romanesque, avec effet burlesque.

[749] Il faudrait « létifère », du latin *letifer* : « meurtrier ». Mais *léthifère* peut renvoyer à *Léthée*, v. p. 62, n. 103.

[750] Junon, après avoir transformé sa rivale, Io, en génisse, lui avait donné Argus pour gardien. Voir p. 94, n. 396.

[751] « Ne résiste plus ».

[752] La partie rembourrée du costume de l'escrimeur, qui reçoit les coups, mais ici, il s'agit des libéralités de Granger

[753] « S'enivre »

[754] Le verre et lui.

[755] Au XVII[e] siècle *succès* a simplement le sens de « résultat ».

si par un prodige surnaturel je ne fais pas bien[a] dans ma poche conjonction du[b] soleil et de la[c] lune[756], sans éclipse. Prends, ris, bois, mange, et surtout fais-le trinquer jusques à l'ourlet[757]. Qu'il en crève, n'importe, ce ne sera que du vin perdu.

CORBINELI

Le voici comme si Dieu nous le devait. Permettez que je lui parle un peu particulièrement, car votre mine effarouchante ne l'apprivoiserait pas.

SCÈNE V

GRANGER *le jeune*, GRANGER,
CORBINELI, PAQUIER[d]

CORBINELI[e]

Je vous allais chercher. Vous ne savez pas? On vient de condamner votre raison à la mort. En voulez-vous appeler? J'ai moi-même reçu les ordres[f] de vous enivrer; mais si j'en suis cru, vous blesserez votre ennemi de sa propre épée. Il prétend, le pauvre homme[g], faire tantôt les noces de votre sœur avec Monsieur de La Tremblaye, et le contrat des siennes avec Mademoiselle Genevote. Craignant donc que votre présence n'apportât beaucoup d'obstacles à la perfection[758] de ses desseins, il m'a donné charge de vous saoûler au cabaret[h]; et je trouve, moi, que c'est un acheminement le meilleur du monde pour l'exécution de ce que je vous ai tantôt mandé par celui que je vous ai envoyé[i].

GRANGER le jeune[j]

Quoi, pour contrefaire le mort?

CORBINELI

Oui; car je lui persuaderai que dans l'écume[759] du vin vous aurez pris querelle et que... (*Il lui parle bas à l'oreille.*)[k] Mais

---

[756] De l'or et de l'argent.

[757] On comprend: jusqu'à ce qu'il boive le bord du verre, plus épais que le reste.

[758] «L'accomplissement».

[759] Contamination de sens: en écumant votre vin, c'est-à-dire en le buvant; mais l'écume est aussi ce qui mousse, et, par ailleurs, on écume de rage.

vite, allez promptement étudier vos postures ; nous amuserons[760] cependant, Paquier et moi, votre père, pour donner du temps à votre feinte ivrognerie... Venez ici même représenter votre personnage, et nous lui ferons accroire[761] qu'ensuite votre querelle... etc[a].

SCÈNE VI
GRANGER, CORBINELI, PAQUIER

CORBINELI

O, Monsieur, je ne sais ce que vous avez fait à Dieu, mais il vous aime bien. Votre fils sort de la Croix-Blanche[762] avec deux ou trois de vos pensionnaires qui[b] le traitent. Il n'aura pas ajouté quatre verres de vin à ceux qu'il a pris, que nous lui verrons la cervelle tournée en zodiaque[763].

PAQUIER

Avouez, Monsieur, que Dieu est bon ; voilà sans doute la récompense de la messe[c] que vous lui[764] fîtes dire[d] il n'y a que huit jours.

SCÈNE VII
LA TREMBLAYE, GRANGER, CORBINELLI, PAQUIER

LA TREMBLAYE

Je vous venais quérir, on n'attend plus que vous ;

GRANGER

J'entrais au moment que vous êtes sorti. Mais, ma foi, mon gendre, si nos conviés sont infectés du vin de la tarentule, ils chercheront pour aujourd'hui d'autres médecins que les secta-

---

[760] « nous occuperons ». Cf. p. 101, n. 432.
[761] « Croire faussement ».
[762] Fameux cabaret de Paris.
[763] Il perdra la tête.
[764] A qui renvoie ce *lui ?* Dieu ? Par définition toute messe Lui est adressée. Plus clairement, le manuscrit porte « que vous fîtes célébrer à son intention ». La forme plus vague de l'édition est peut-être moins nettement irrévérencieuse.

teurs d'Amphion[765]; et le goulu Saturne eût bien pu dévorer Jupiter, si les Courètes eussent entonné leurs charivaris aussi loin d'Ida que ces luthériens[766] égratigneront[a] leurs chanterelles[767] *procul*[768] de nos Pénates. Mais au lieu de cet ébat, j'ai pourpensé d'exhiber un intermède de Muses fort jovial. C'est l'effort le plus argut[769] qu'on[b] puisse fantasier[770]. Vous verrez mes grimauds scander[771] les eschignes[772] du Parnasse têtu[773], avec des pieds de vers. Tantôt à coups d'*ergo*[774] déchirer le visage aux erreurs populaires; *nunc* à Pégase[775] faire[776] litière de fleurs de rhétorique[c]; *hinc* d'un fendant[d] [777] tiré par l'hexamètre sur les jarrets du pentamètre, le rendre boiteux pour sa vie; *Illinc autem* [778] un de mes humanistes avec un boulet d'éthopée[779] passer au travers des[e] hypocondres[780] de l'ignorance; celui-ci, de la carne[781] d'une[f] période, fendre au discours démembré[782] le crâne jusqu'aux

---

[765] On pensait que la musique pouvait guérir des troubles mentaux causés par les piqûres de la tarentule, petite araignée d'Italie. Amphion avait construit les murailles de Thèbes en jouant de la lyre, les pierres se plaçant d'elles-mêmes à ses accents. Les sectateurs d'Amphion sont donc les musiciens.

[766] Injure, mais sans doute jeu de mots, à partir du sens de joueur de luth.

[767] La *chanterelle* est la corde la plus mince, celle qui donne le son le plus aigu.

[768] «Loin de».

[769] *Argutus*, «fin, subtil».

[770] «Imaginer».

[771] «Escalader».

[772] «Les échines»: le dos, les arêtes.

[773] Le mont Parnasse a deux cimes.

[774] «Donc»; le terme latin s'emploie pour asséner une conclusion irréfutable; mais fait un calembour avec *ergot*.

[775] Le cheval ailé, monture des poètes.

[776] L'édition porte *fait*. Je corrige d'après le manuscrit.

[777] «Coup de taille appliqué de haut en bas» (Littré). Ce *fendant* sur le jarret de l'adversaire est le fameux coup de Jarnac. L'hexamètre et le pentamètre sont des vers latins assez proches et parfois groupés en distiques

[778] *Nunc... hinc... illinc autem...*: «, maintenant..., de ce côté... mais de celui-là»; équivalent de «tantôt... tantôt...».

[779] «Figure de rhétorique qui est une description des mœurs et des passions de quelque personne» (Furetière).

[780] «Les flancs». Voir p. 90, n. 354.

[781] La *carne* est l'angle dur de quelque solide.

[782] Jeu de mots: une période est composée d'un certain nombre de *membres*.

dents ; un autre *denique*[783] à force de pointes bien aiguës, piquer les épigrammes au cul[784].

                          LA TREMBLAYE

Je vous conseille de prendre la-dessus le conseil de Corbineli : il est Italien ; ceux de sa nation jouent la comédie en naissant ; et s'il est né jumeau, je ne voudrais pas gager qu'il n'ait farcé[a] [785] dans le ventre de sa mère[b].

                          GRANGER

Ho, ho, j'aperçois mon fils ivre ;

                          CORBINELI

Hélas, Monsieur, il a tant bu que je pense qu'il ferait du vin à deux sols, en soufflant dans une aiguière d'eau[786].

                          SCÈNE VIII
CHATEAUFORT, GRANGER *le jeune*[c], GRANGER *le père*,
          LA TREMBLAYE, CORBINELI, PAQUIER

                        GRANGER *le jeune*[d]

L'hôtesse, je ne vous dois rien, je vous ai tout rendu. Miracle, miracle, je vois[e] des étoiles en plein jour[787]. Copernic a dit vrai, ce n'est pas le ciel, en effet, c'est la terre qui tourne. Ah ! que n'étais-je grue depuis la tête jusques aux pieds[f], j'aurais goûté ce nectar, le long temps[g] qu'il aurait été à baigner le long tuyau de cette gorge. Corbineli, dis-moi, suis-je bien enluminé à ton avis. Si mon visage était un calendrier, mon nez rouge y marquerait bien la double fête que je viens de chômer[788]. Ca, ça, courage,

---

[783] « Enfin », conclusion de l'énumération.

[784] Encore une plaisanterie : les épigrammes se caractérisent par leur pointe.

[785] Pour jouer une *farce*, il faut au moins être deux acteurs, comme Tabarin et son maître, par exemple.

[786] Son souffle, à lui seul, transformerait l'eau en vin. Il se peut que ce soit un dicton.

[787] *Cf.* la cervelle tournée en zodiaque. Voir p. 148, n. 763.

[788] On marquait en rouge sur les calendriers liturgiques les fêtes dites « doubles ».

mon bréviaire est à demi dit; j'ai commencé à *Gaudeamus*, et j'en suis à *Laetatus sum*[789]. Garçon, encore chopine, et puis plus: blanc ou clairet, il n'importe; mais [a] qu'ils demeurent en paix, car à la première querelle je les mets hors de chez moi[790]. C'est pour s'être enivré de blanc et de clairet, que la rose et le lys sont rois des autres fleurs. Vite donc, haut le coude; dans la soif où je suis, je te boirai, toi, ton père et tes aïeuls [b], s'ils étaient dans mon verre. Buvez toujours, compagnons, buvez toujours, vous ne sauriez rien perdre, on donne à la Croix-Blanche douze rubis[791] pour la valeur d'une[c] pinte[792] de vin. En effet[d], voyez un peu comme on devient riche à force de boire: je pensais n'avoir qu'une maison tantôt, j'en vois deux maintenant. C'est la vertu du vin qui fait tous ces prodiges. Sans mentir, Démocrite était bien fol[e], de croire que la vérité fût dans un puits; n'avait-il pas ouï dire *In vino veritas* [793]? Mais lui qui riait toujours, il[f] pouvait bien ne l'avoir dit qu'en riant. Nature en sera bernée; elle qui nous a donné à chacun deux bras, deux pieds, deux mains, deux oreilles, deux yeux, deux naseaux, deux rognons et deux fesses, ne nous aura donné [g] qu'une bouche? Encore n'est-elle pas tout à fait destinée à boire; nous en mangeons, nous en parlons, nous en baisons, nous en crachons, et nous en respirons. Ah! qu'heureuse entre les dieux est la Renommée, d'avoir[h] cent bouches[i]. C'est pour bien s'en servir que la mienne[j] ne dit mot; car sympathisant à mon humeur[k], elle boit toujours sans relâche, et mange tout jusqu'à ses paroles[794]. La Parque fera bien de me laisser longtemps sur la terre, car si elle me mettait dedans[l], j'y boirais tout le vin avant qu'il fût en grappe. Point d'eau, point d'eau, si ce n'est au moulin[795]; non plus que de ces vendanges qui se font à coups

---

[789] Plaisanterie liturgique sur les textes de l'Assomption (J. Truchet): l'*introït* de la messe était *Gaudeamus omnes in Domino* («Réjouissons-nous tous dans le Seigneur») et le troisième psaume des vêpres le psaume 112, *Laetatus sum* («Je me suis réjoui».) D'autre part, c'est une parole biblique que «le bon vin réjouit le cœur de l'homme» (*bonum vinum laetificat cor hominis, Eccl.* XI, 20).

[790] Le mélange des deux vins peut être mal supporté par l'estomac.

[791] «On peut faire douze fois rubis sur l'ongle»?

[792] Environ neuf décilitres. La chopine est une demi-pinte.

[793] «La vérité est dans le vin».

[794] Manger ses mots, c'est parler en bredouillant.

[795] Allusion à la locution «Apporter de l'eau au moulin de quelqu'un», aller dans son sens.

de bâton[796]. La seule pensée m'en fait serrer les épaules : fi de la pomme et des pommiers !

GRANGER

Une pomme, en effet, ligua les dieux l'un contre l'autre ; une pomme ravit la femme à Ménélas ; une pomme d'un grand empire ne fit qu'un peu de cendres ; une pomme fit du ciel un hôpital d'insensés ; une pomme fit à Persée égorger trois pauvres filles ; une pomme empêcha Proserpine de sortir des enfers ; une pomme mit en feu la maison de Théodose ; enfin une pomme a causé le péché de notre premier père, et par conséquent tous les maux du genre humain[a][797].

GRANGER *le jeune*

Que vient [b] faire ici ce Neptune avec sa fourche[798] ? Contente-toi d'avoir par ton eau rouge attrapé Pharaon. Le bon nigaud surpris par la couleur, te prenant pour du vin, te but, et se noya[799]. Ça, compère au trident, c'est trop faire des tiennes ; tu boiras en eau douce, aussi bien que ton recors[800] de Triton que voilà.

PAQUIER

Voyez-vous, Monsieur l'ivrogne, je ne suis point recors, je suis homme de bien.

---

[796]   On gaule les pommes dont on fera du cidre.

[797]   Les trois premières assertions visent le jugement de Pâris, l'enlèvement d'Hélène et la destruction de Troie. La quatrième aurait dû venir la pre-mière, puisque tout partit de la pomme d'or jetée par la Discorde au milieu du banquet des Olympiens, portant l'inscription « A la plus belle », et pro-voquant ainsi une dispute générale ente les déesses. Les Hespérides étaient détentrices des pommes d'or. Leur père, Atlas, refusa l'hospitalité à Persée qui tua les trois Gorgones, horribles monstres et non *pauvres filles*. C'est après avoir mangé une grenade et non une pomme que Proserpine ne put quitter les enfers. Si l'histoire du péché originel est bien connue, on com-prend mal l'allusion à la maison de Théodose.

[798]   Pourquoi cette fourche ? Est-ce que Charlot délire ?

[799]   Allusion au passage de la Mer Rouge.

[800]   Officier subalterne de justice, qui accompagne l'huissier pour lui servir de témoin ou lui prêter main-forte.

GRANGER *le jeune*

(*Il le frappe*[a] *et Granger le père s'enfuit*). Quoi, tu me répliques, crapaud de mer?[801]

PAQUIER

O ma foi, je dirai tout.

SCENE IX
LA TREMBLAYE, [GRANGER *le jeune*]

LA TREMBLAYE

Marchez, marchez, il faut bien que la passion éborgne étrangement votre bon père, car il était bien aisé de juger que ni vos yeux, ni vos gestes, ni vos pensées ne sentaient point le vin. Mais encore je n'ai pas su ce que vous prétendez par cette galanterie?[802]

GRANGER *le jeune*

Je vous l'apprendrai chez vous[b].

ACTE V

SCÈNE PREMIÈRE
GRANGER, PAQUIER

GRANGER

Quoi, tout ce que j'ai vu...?

PAQUIER

N'est que feinte.

---

[801] Les *Tritons* sont des divinités de la suite de Neptune. L'appellation *crapaud de mer* est donc particulièrement injurieuse.

[802] Le mot peut signifier un «tour» qu'on va jouer à quelqu'un.

GRANGER

Donc mes yeux, donc[a] mes oreilles…

PAQUIER

Vous ont trompé.

GRANGER

Conte-moi donc la série et la concaténation[803] des projets
qu'ils machinent.

PAQUIER

Que diantre, que[b] vous avez la tête dure ! Je vous ai dit que
votre fils a contrefait l'ivrogne, afin que tantôt Corbineli vous
persuade plus facilement, qu'ayant pris querelle dans les fumées
de la débauche, il se sera battu et aura été tué sur[c] place.

GRANGER

Mais *cui bono*[804] toute cette machine de fourbes[805] ?

PAQUIER

Cui bono? Je m'en vais vous l'apprendre. C'est qu'étant ainsi
trépassé, Mademoiselle Genevote, laquelle a pris langue[806] des
conjurés, doit feindre qu'elle avait promis au défunt, de l'épouser
vif ou mort, et qu'à moins de s'être acquittée de sa parole, elle
n'ose vous donner la main. Corbineli là-dessus vous conseillera
de lui faire épouser le cadavre (au moins de faire toutes les cérémonies qu'on observe dans l'action des épousailles) afin qu'étant
ainsi libre de sa promesse, elle vous la puisse engager.[d] Donc,
comme ils s'y attendent bien, quand[e] vous leur aurez fait[f] prêter la
foi conjugale, votre fils doit ressusciter, et vous remercier du présent[g] que vous lui aurez fait.

---

803   « Enchaînement », terme de logique, donc pédant.
804   « A quoi bon ? ».
805   On ne peut savoir si le mot est pris ici au masculin ou au féminin, autrement
      dit s'il se rapporte à l'agent ou à l'objet..
806   « S'est mise d'accord avec ».

GRANGER

Donc, la mine est éventée, et j'en suis obligé à Paquier mon *factotum*[h]? je ne te donnerai point une couronne civique à la façon des Romains, quoique tu aies sauvé la vie à un bourgeois, honorable homme[807], maître Mathieu Granger, ayant pignon sur rue; mais je te donne un impôt sur la pitance de mes disciples[808]. Voici l'heure à laquelle ces pêcheurs s'empêtreront dans leur propres filets. Justement, j'aperçois le fourbe qui vient. Considère à ton aise la tempête du port[809].

SCÈNE II
GRANGER, PAQUIER, CORBINELI

CORBINELI

Serai-je toujours ambassadeur de mauvaises[b] nouvelles? Votre fils est mort. Au sortir d'ici, étant comme vous savez un peu plus gai que de raison, il a choqué d'une S[810] un cavalier qui passait. L'un et l'autre se sont offensés; ils ont dégainé; et presque en même temps votre fils est tombé mort, traversé de deux grands coups d'épée. J'ai fait porter son corps...

GRANGER

Quoi, la Fortune réservait au déclin de mes ans le spectacle d'un revers si lugubre? Misérable individu, je te plains, non point pour t'être acquitté de bonne heure de la dette où nous nous obligeons tous en naissant: je te plains, ô trois ou quatre fois malheu-

---

[807] «Titre que l'on donne dans les contrats à ceux qui n'en ont point d'autre. C'est [celui] que prennent les petits bourgeois, les marchands et les artisans» (Furetière). Il est inférieur à «Noble homme», que prennent les bourgeois plus élevés.

[808] Il l'autorise soit à vendre une partie de la nourriture des élèves, soit à détourner une partie des fonds qui y sont destinés.

[809] Référence à Lucrèce: *Suave, mari magno...* «Il est doux de contempler depuis la terre, lorsque sur la vaste mer les vents soulèvent les flots, la peine d'autrui.» (*De natura rerum*, III, 1).

[810] Ivre, Charlot ne marche pas droit: «On dit proverbialement qu'un homme qui a trop bu fait des *esses* pour dire qu'il va en serpentant à la manière d'une *esse*» (Furetière).

reux! de ce que tu as occumbé[811] d'une mort où l'on ne peut rien dire qui n'ait été déjà dit; car de bon cœur je voudrais avoir donné un talent[812], et que tu eusses été mangé des mouches à ces vendanges dernières: j'aurais composé là-dessus une épitaphe la plus acute[813], qu'aient jamais vanté les siècles pristins[814].

PAQUIER

A-t-il eu le temps de se reconnaître? est-il bien mort[815]?

CORBINELI

Si bien mort qu'il n'en reviendra pas[a].

GRANGER

Corbineli, appelle Mademoiselle Genevote: elle diminuera mes douleurs en les partageant. Vraiment oui, c'est aux pèlerins de saint Michel qu'il faut apporter des coquilles[816].

SCÈNE III
GENEVOTE, GRANGER, [PAQUIER, CORBINELI]

GRANGER

Mon fils a vécu, Mademoiselle, et je dirais qu'il vit encore si j'avais achevé un poème que je médite sur le genre de son trépas. Je vous avertis toutefois[b] que vous seriez sacrilège, si vous lamentiez la fin d'un homme qui pour une méchante vie et péris-

---

[811] De *occumbere*, «succombé».

[812] Monnaie grecque valant très cher. Son emploi est pédant: Molière s'en souviendra dans *Les Femmes savantes*, en faisant déplorer à Philaminte que la dot de sa fille ne soit pas exprimée en «mines et talents» (V, 3, v. 1608).

[813] *Acuta*: «fine».

[814] *Pristinus*: «d'autrefois» *Les siècles pristins* sont une façon de dire l'Antiquité.

[815] Question chrétienne: *se reconnaître*, c'est faire un acte de contrition; *bien mourir*, c'est mourir avec des sentiments chrétiens de repentance et d'espérance. La réponse de Corbineli, qui a fort bien compris, est irrévérencieuse.

[816] D'après Furetière et Littré, vendre des coquilles aux pèlerins de Saint-Michel, c'est se donner de la peine pour rien. La phrase est ironique, car Granger sait que son fils n'est pas mort. Il joue la comédie.

sable, en recouvre une[817] dans mes cahiers, immortelle et tranquille.

GENEVOTE

Quoi! Monsieur Granger n'est plus? Nous étions trop bien
unis pour être si tôt séparés; je veux comme lui, sortir de la vie;
mais d'autant que la nature qui nous a mis au jour sans notre
consentement, ne nous permet pas de le quitter[a] sans le sien, je
veux sortir de la vie, et rester entre les vivants; c'est-à-dire que
dès aujourd'hui je vais[b] faire dans un cloître un solennel sacrifice
de moi-même[818]. Je n'ignore pas, Monsieur,[c] ce que je dois à
votre affection; mais l'honneur qui me défend de manquer à ma
foi, ne me défend pas de manquer à mon amour; et je vous jure
que si par un impossible ces deux incidents ne souffraient point
de répugnance[819], je me sacrifierais de tout mon cœur à votre
désir[d].

GRANGER

Oui, ma Cythérée[820], oui, vous pouvez m'épouser et garder
votre parole. Il avait parole d'être un jour votre mari, vif ou mort[e];
il faut, pour vous rendre quitte de votre promesse, que vous
l'épousiez mort[f]. Nous passerons le contrat et ferons le reste des
cérémonies; puis quand ainsi vous serez libre de votre serment,
nous procèderons tout à loisir à notre mariage[821].

CORBINELI

Il semble que vous soyez inspiré de[g] Dieu, tant vous parlez
divinement.

---

[817] On attendrait ici: éternelle et bienheureuse; le remplacement par la vie lit-
téraire est d'esprit libertin.

[818] Genevote, qui est bonne chrétienne sait qu'elle n'a pas le droit de se donner
la mort. Quant à l'auteur, qui fait ailleurs l'apologie du suicide, il exprime
peut-être ici une certaine condamnation de l'entrée en religion.

[819] «Si ces deux circonstances n'étaient pas contradictoires» (J. Truchet).

[820] «Ma Vénus», déesse de Cythère.

[821] Granger fait semblant d'entrer dans le jeu, avant de montrer qu'il n'est pas
dupe; c'est une façon de mettre en valeur sa réplique suivante.

GRANGER

Une seule chose m'arrête; c'est qu'étant un miracle, vous n'en fassiez un[a]; que vous ne rendiez[b] la vie à ceux qui ne sont pas morts; et que vous ne fassiez arriver céans la résurrection avant Pâques.

CORBINELI, *tout bas*

O! puissant dieu des fourbes, ma corde vient de rompre; fais que je la renouvelle[c] en sorte par ton moyen, qu'elle vaille[d] mieux qu'une neuve.

GRANGER

Et toi, tu me trahis, fugitif infidèle du parti de mon amour! Toi que j'avais élu pour la boîte, l'étui[e], le coffre, et le garde-manger de toutes mes pensées. Tu m'es Cornelius Tacitus au lieu de m'être Cornelius Publius[822].

PAQUIER

Choisis lequel tu aimes le mieux, d'être assommé ou pendu!

CORBINELI

J'aime mieux boire.

GRANGER

Ce n'était point assez de m'avoir volé au nom des Turcs; il fallait ajouter une nouvelle trahison. Et de son corps, donc, menteur infâme, qu'en as-tu fait[f]?

CORBINELI

Ma foi! là-dessus, je m'éveillai[g] [823].

GRANGER

Que veux-tu dire, tu t'éveillas?

---

[822] Le nom complet de l'historien Tacite est *Publius Cornelius Tacitus*. Jouant sur les mots, Granger accuse Corbineli d'être resté silencieux (tacite), au lieu de lui avoir «publié», c'est-à-dire fait connaître, la vérité.

[823] Effet de surprise assez réussi: Corbineli se rattrape. On trouve des effets analogues, sur le mode tragique, dans *La Mort d'Agrippine*.

CORBINELI

Vraiment^a oui; il ne me fut pas possible de dormir davantage, car votre fils faisait un^b tonnerre de diable avec^c une assiette dont il tambourinait^d sur la table.

GENEVOTE

Et moi^e j'ai fait semblant de croire que votre fils était mort pour vous faire goûter, quand vous le reverriez, un plus pur^f contentement, par l'opposition^g de son contraire.

GRANGER

Quoi qu'il en soit^h Mademoiselle, le fiel importun de mes angoisses n'est que trop adouci par le miel sucré d'un si friand discours. Mais pour ce fourbe de Corbineli, il faut avouer que c'est un grand menteur.

CORBINELI

J'affecte^i, pour moi, d'être remarqué par le titre de Grand, sans me soucier que ce soit celui de grand menteur, grand ivrogne, grand politique, grand Cnez[824], grand Cam[825], grand Turc[826], grand Mufti[827], grand visir, grand Tephterdat[828], Alexandre le grand ou grand Pompée. Il ne m'importe^j, pourvu que cette^k épithète remarquable m'empêche de passer pour médiocre.

GRANGER

Tu t'excuses de si bonne grâce, que je serais presque en colère que tu ne m'eusses point fâché. je t'ordonne pourtant pour pénitence, de nous exhiber le spectacle de quelque intrigue, de quelque comédie. J'avais mis en jeu mon paranymphe[829] des

---

[824] Grand Nez? Il y a une obsession du nez chez Cyrano. Ou grand Knef, dieu égyptien auxquels ils attribuaient la création du monde, puisque le menteur est, lui aussi, créateur d'un monde. *Affecter*, c'est «aimer, souhaiter quelque chose avec empressement et ostentation» (Furetière).

[825] Aujourd'hui, on écrit «Khan».

[826] Le sultan de Constantinople.

[827] Un des plus hauts chefs de la religion musulmane, à la fois prêtre et juge;

[828] D'après F. Lachèvre, il s'agirait du tsar de Moscovie. Le manuscrit place déjà cette énumération à la scène première de l'acte I.

[829] «J'avais tiré une pièce de théâtre (*jeu*: terme employé dans les collèges) de mon *paranymphe*» Le paranymphe est un «discours solennel qui se

Muses, mais Monsieur de La Tremblaye n'a pas trouvé bon que rien se passât sur ces matières sans prendre ton avis.

CORBINELI

En effet, votre déclamation n'eût pas été bonne parce qu'elle est trop bonne. Ces doctes antiquités ne sont pas proportionnées à l'esprit[a] de ceux qui composent les membres de cette compagnie. J'en sais une italienne[b], dont le démêlement est fort agréable : amenez seulement ici Monsieur[c] de La Tremblaye, votre fils, et les autres, afin que je distribue les rôles sur le champ.

GRANGER

Extemplo[830] je les vais[d] congréger[831].

SCÈNE IV
GENEVOTE, CORBINELI[e]

GENEVOTE

La corde a manqué, Corbineli.

CORBINELI

Oui, mais j'en avais plus d'une. Je vais engager notre bon seigneur[f], dans un labyrinthe où de plus grands docteurs que lui demeureraient à *quia*[832].

SCÈNE V[g]
GRANGER, PAQUIER, GENEVOTE, CORBINELI

GRANGER

Au feu ! au feu !

---

prononce à la fin de chaque licence, et qui contient l'éloge solennel de chaque licencié » (*Dic. de l'Académie*, 1694). On peut imaginer que la pièce de Granger aurait été un dialogue d'allégories comme on en voyait parfois dans les collèges.

[830] « Sur-le-champ ».

[831] *Congregare* : « rassembler ».

[832] « Parce que » : *demeurer à quia*, c'est rester court, s'arrêter dans sa réponse après le « parce que » initial.

GENEVOTE

Où est-ce ? où est-ce ?[a]

GRANGER

Dans la plus haute région de l'air, selon l'opinion des péripatéticiens. Hé bien, ne suis-je[b] pas habile à la riposte ? N'ai-je pas[c] guéri le mal aussitôt que je l'ai eu[d] fait ?[833] Ma langue est une vipère, qui porte le venin et le thériaque[834] tout ensemble ; c'est la pique d'Achille, qui seule peut guérir les blessures qu'elle a faites ; et bien loin de ressembler aux bourreaux de la faculté de médecine, qui d'une égratignure font une grande plaie, d'une grande plaie je fais moins d'une égratignure.

CORBINELI

Nous perdons autant de temps, que[e] si nous ne devions pas aujourd'hui faire la comédie. Je m'en vais instruire ces gens-ci[f] de ce qu'ils auront à dire. Je te donnerais bien des préceptes, Paquier, mais tu n'aurais pas le temps d'apprendre tant de choses par cœur[g] ; je prendrai soin, me tenant derrière toi, de te souffler ce que tu auras à dire[h]. Vous, Monsieur, vous paraîtrez durant[i] toute la pièce, et quoique d'abord votre personnage semble sérieux, il n'y en a pas un si bouffon.

GRANGER

Qu'est-ceci ? Vous m'engagez à soutenir des rôles en vos batelages[835], et vous ne m'en racontez pas seulement le sujet ?

CORBINELI

Je vous en cache la conduite, parce que[j] si je vous l'expliquais à cette heure, vous auriez bien le plaisir maintenant d'avoir[k] un beau démêlement, mais non pas celui d'être surpris. En vérité, je vous jure, que lorsque[l] vous verrez tantôt la péripétie[836] d'un

---

[833] Granger veut montrer qu'il est capable de jouer la comédie lui aussi, de faire peur et de rassurer aussitôt. On peut penser que la plaisanterie devait être traditionnelle dans les collèges. Les péripatéticiens sont les disciples d'Aristote.

[834] « Electuaire très composé [d'un grand nombre de plantes], ainsi appelé parce qu'on le regardait comme un spécifique contre toute sorte de venins et de serpents » (Littré). On le considérait comme une panacée.

[835] Farces de bateleurs ; Granger regrette visiblement sa docte comédie.

[836] La *péripétie* est le renversement de la situation qui amènera le dénouement.

intrigue[837] si bien démêlé vous confesserez vous-même que nous aurions été des idiots si nous vous l'avions découvert. Je veux toutefois vous en ébaucher un raccourci. Doncques[a] ce que je désire vous représenter est une véritable histoire, et vous le connaîtrez quand la scène se fermera. Nous la posons[b] à Constantinople, quoiqu'elle se passe autre part. Vous verrez un homme du Tiers état riche de deux enfants, et de force quarts d'écus : le fils restait à pourvoir ; il s'affectionne d'une damoiselle de qualité fort proche parente de son beau-frère ; il aime, il est aimé, mais son père s'oppose à l'achèvement mutuel de leurs desseins. Il entre en désespoir, sa maîtresse de même ; enfin, les voilà prêts, en se tuant, de clore[c] cette pièce. Mais ce père dont le naturel est bon, n'a pas la cruauté de souffrir à ses yeux une si tragique aventure ; il prête son consentement aux volontés du ciel, et fait les cérémonies du mariage, dont l'union secrète de ces deux cœurs avaient déjà commencé[d] le sacrement.

GRANGER

Tu viens de rasseoir mon âme dans la chaire[838] pacifique d'où l'avaient culbuté mille appréhensions cornues[839]. Va paisiblement conférer avec tes acteurs ; je te déclare plénipotentiaire de ce traité comique. Toi, Paquier, je te fais le portier effroyable de l'introïte de mes Lares[840]. Aie cure de les[e] propugner de l'introïte[f 841] du fanfaron, du bourgeois, et du page, qui sachant qu'on fait ici des jeux, ne manqueront pas d'y transporter leurs ignares personnes. Je te mets là des monstres en tête, qu'il te faut combattre diversement. Tu verras diverses sortes de visages. les uns t'aborderont froidement, et si tu les refuses, aussitôt glaive en l'air, et forceront ta porte avec brutalité : le moins de résistance que tu feras, c'est le meilleur. Il t'en conviendra voir d'autres, la barbe faite en garde de poignard[842], aux moustaches rubantées[843], au

---

[837] *Intrigue* est encore normalement du masculin.
[838] Même sens que «chaise».
[839] «Bizarres, fantaisistes».
[840] «L'entrée de ma maison», du latin *introïtus*. L'*introït* est le psaume que le célébrant récite au début de la messe.
[841] «Aie soin (*cura*) de les protéger (*propugnare*) de l'entrée du...
[842] «Les moustaches relevées».
[843] *Moustaches* désigne ici de longues mèches de cheveux, garnies de rubans.

crin[844] poudré, au manteau galonné, qui tout échauffés se présenteront à toi[845]. Si tu t'opposes[a] à leur torrent, ils te traiteront de fat; se formaliseront que tu ne les connais pas: dès qu'ils t'auront arraisonné de la sorte, juge qu'ils ont trop bonne mine pour être bien méchants; avale toutes leurs injures. Mais si la main entreprend d'officier pour la langue, souviens-toi de la règle *Mobile pro fixo.*[b][846] D'autres, pour s'introduire, demanderont à parler à quelque acteur, pour affaire d'importance et qui ne se peut remettre; d'autres auront quelques hardes à leur porter. A tous ceux-là *Nescio vos.*[847] D'autres, comme les pages, environnés chacun[c] d'un écolier, d'un courtaut, et d'une putain[848], viendront pour être admis: reçois-les[d]. Ce n'est pas que cette race de pygmées puisse de soi rien[e] effectuer de terrible, mais elle irait[f] conglober[849] un torrent de canailles armées qui déborderait[g] sur toi, comme un essaim de guêpes sur une poire molle. *Vale, mi care.*[850]

SCÈNE VI[h]

PAQUIER seul

O ma foi! c'est un étrange métier[i] que celui de portier. il lui faut autant de têtes qu'à celui des enfers pour ne point fléchir;

---

[844] Synonyme de cheveux; la valeur péjorative n'est pas certaine à cette époque.

[845] Portrait des élégants de l'époque.

[846] «Que l'adjectif [s'accorde] avec le nom...», début de la première règle de syntaxe de Despautère (*Gr. L.* VIII, p.213). Mais Granger l'entend comme «Sois mobile en face du fixe»: autrement dit, prends la fuite. On retrouvera cette citation dans Molière, *La Jalousie du Barbouillé,* I, 7, avec un sens grivois, qui pour une fois n'existe pas ici, ou alors au second degré, comme rappel d'une plaisanterie de collège.

[847] «Je ne vous connais pas» (Matth., XXV, 12). Formule évangélique employée assez couramment par plaisanterie.

[848] Les pages du roi et de la reine – jeunes adolescents (d'où *pygmées)* de bonne noblesse – ont sans doute déjà l'entrée gratuite dans les théâtres. Souvent, ils essaient de faire entrer avec eux quelque camarade. La qualité de ceux-ci est naturellement satirique: l'*écolier* est un étudiant en droit. Le *courtaud* est au sens propre un chien dont on a coupé les oreilles et la queue; mais il semble qu'il soit pris ici au sens figuré d'apprenti («un courtaud de boutique»).

[849] *Conglobare:* «grouper».

[850] «Adieu, mon cher».

autant d'yeux qu'à[a] Argus pour bien veiller[b]; autant de bouches qu'à[c] la Renommée pour parler à tout le monde[d]; autant de mains qu'à[e] Briarée, pour se défendre de tant de gens; autant d'âmes qu'à[f] l'hydre[851], pour réparer tant de vies qu'on lui ôte[g]; et autant de pieds qu'à[h] un cloporte, pour fuir tant de coups.

SCÈNE VII[i]
PAQUIER, CHATEAUFORT

PAQUIER
Voici mon coup d'essai; courage, j'en vais faire un chef-d'œuvre

CHATEAUFORT
Bourgeois, haut; holà, haut, bourgeois. Vous autres malheureux, ne représentez-vous pas aujourd'hui céans quelques coyonneries et jolivetés[852]?

PAQUIER
Salva pace[853], Monsieur, mon maître n'appelle pas cela comme cela.

CHATEAUFORT
Quelque momie[854], quelque fadaise? Vite, vite, ouvre-moi.

PAQUIER
Je pense qu'il ne vous faut pas[j] ouvrir, car vous avez la barbe faite en garde de poignard; vous ne m'avez pas abordé froidement; vous n'avez pas dégainé; ni vous n'êtes pas page.

---

851 Cerbère avait trois têtes, Argus au moins cent yeux, la Renommée cent bouches, le géant Briarée cent bras; quant à l'hydre de Lerne, chaque fois qu'on lui coupait une tête, elle repoussait aussitôt.

852 Termes méprisants du Rodomont pour qualifier le spectacle. Je conserve l'orthographe *haut*, probablement intentionnelle.

853 Expression latine: «La paix étant sauve», c'est-à-dire «sans nous fâcher».

854 Synonyme de *momerie* (que porte le manuscrit), «mascarade».

CHATEAUFORT

Ah! vertubleu, poltron, dépêche-toi; je ne suis ici que par curiosité.

PAQUIER

Vous ne faites point du tout comme il faut.

CHATEAUFORT

Marbleuᵃ, mon camarade, de grâce, laisse-moi passer!

PAQUIER

Hé, vous faites encore pis; vraiment, il ne faut pas prier.

CHATEAUFORT

Savez-vous ceᵇ qu'il y a, petit godelureau⁸⁵⁵? Je veux être fricassé comme Judasᶜ ⁸⁵⁶, si je me soucie ni de vous ni de votre collège; car, après tout, j'ai encore une centaine de maisons, châteaux s'entend, dont la moindre... Mais je ne suis point discoureur; ouvre-moi vite, si tu ne me veux obliger de croire qu'il n'entre céans que des coquins, puisqu'on m'en refuse l'abord. Cap de Biouᵈ ⁸⁵⁷, et que penses-tu que je soisᵉ? un nigaud? Mardi, j'entends le jargon et le galimatias⁸⁵⁸. Il est vrai que j'ai sur moi une mauvaise cape, mais en récompense, je porte au côté une bonne tueuse, qui fera venir sur le pré le plus résolu de la troupe.

PAQUIER

Vous raisonnez là tout comme ceux qui ne doivent point entrer.

---

⁸⁵⁵ « Jeune fanfaron, glorieux, pimpant et coquet, qui se pique de galanterie, de bonne fortune auprès des femmes, qui est toujours bien propre et bien mis sans avoir d'autres perfections » (Furetière). Emploi injurieux de la part d'un héros tel que Châteaufort. *Marbleu*: « Morbleu ».

⁸⁵⁶ En enfer.

⁸⁵⁷ pour *Cap de Diou*, « Tête Dieu » en Gascon.

⁸⁵⁸ Châteaufort se veut intellectuel: il est capable de comprendre la beauté de la langue et du style, même s'il les méprise.

CHATEAUFORT

De grâce, pauvre homme, que j'aille du[a] moins dire à ton maître que je suis ici, et qu'il me rende[b] un mien goujat[859] qui s'est enfui[c] sans[d] congé.

PAQUIER

«Il en viendra d'autres qui désireront parler à quelque acteur pour affaire d'importance[e]». Je ne sais plus comme il faut dire à ceux-là. Ha! Monsieur, à propos[860], vous ne devez pas entrer.

CHATEAUFORT

Ventre[861], je vous dis encore que je ne suis ici que par promenade. Penses-tu donc, veillaque[862], qu'un gentilhomme de qualité[f] ...

PAQUIER

Domine, domine, accede celeriter.[863] Vous ne m'avez point dit ce qu'il fallait répondre à ceux qui parlent de promenade[g].

SCÈNE VIII[h]
GAREAU, PAQUIER, CHATEAUFORT

GAREAU

O parguene sfemon[864], vela bian debuté. Et pensé vous donc que ce set[865] un parsenage[866] comme les autres, à batons rompus[867]? Dame nanain. C'est eun homme qui sait peu et

---

859   Valet de soldat.
860   «Au fait»; la mémoire revient à Paquier.
861   Voir p. 110, n. 473.
862   «Coquin». le mot était déjà dans la bouche du Matamore de Corneille. (L'*Illusion comique*, II, 2).
863   «Maître, maître, venez vite».
864   Voir p. 74, n. 168.
865   «Soit».
866   «Personnage».
867   Jacques Prévot note que l'expression ne peut avoir ici son sens habituel «à plusieurs reprises et avec des interruptions» et se demande s'il faut le rapprocher d'*impromptu*, avec rappel de la scène des coups de bâton. Mais dans

prou[868]. Comment, oul dit d'or, et s'oul n'a pas le bec jaune[869]. C'est le garçon de cet homme qui en sçait tant. Vela le maître tout craché, vela tout fin dreet son armanbrance[a][870].

CHATEAUFORT

J'aurais déjà fait un crible du ventre de ce coquin, mais j'ai la crainte[b] de faillir contre les règles de la comédie, si j'ensanglantais la scène[871].

GAREAU

Vartigué[872], qu'ous estes considerant[873] ous avez mangé de la soupe à neuf heures[c][874].

CHATEAUFORT

J'enrage, de servir ainsi de borne dans une rue.

GAREAU

O ma foy, ous estes bian delicat en harbes[875], ous n'aimez ni la rue ni la patiance[d].

---

ce passage, Gareau emploie des expressions toutes faites, parfois à tort et à travers.

[868] *Prou* signifiant «beaucoup», la transformation de la locution *peu ou prou* en *peu et prou* la rend absurde.

[869] Il parle d'or et pourtant il n'a pas le bec jaune (couleur de l'or); avoir le bec jaune, c'est être naïf.

[870] Le garçon (serviteur) d'un homme qui en sait tant, lui ressemble, il est son souvenir (*remembrance* déformé en *armambrance*), c'est-à-dire son reflet.

[871] Clin d'œil au public: les bienséances interdisent de représenter un meurtre sur la scène.

[872] Voir p. 75, n. 181.

[873] «Circonspect».

[874] Voir p. 83, n. 276.

[875] «Herbes». La rue est une plante médicinale et la patience une herbe potagère, proche de l'oseille.

SCÈNE IX [a]
GRANGER, GAREAU, [CHATEAUFORT, PAQUIER]

GRANGER

Quel climat sont allés habiter nos Rosciens[876]? l'antipode, ou notre zénith. Je vous décoche le bonjour, chevalier du grand revers; et vous l'homme à l'héritage, salut et dilection[b][877].

GAREAU

Parguene je sis venu nonobstant pour vous défrincher ma sussion encore une petite escousse; excusez l'importunance-da; car c'est la mainagere de mon onque qui ne feset que huyer environ moi que je venis. Que velez-vous que je vous dise? ol feset la guieblesse. «Ah! vramant, ce feset-elle à part soy, monsieur Granger, pis qu'il scet tout, c'est à li à sçavoir ça. Va-t-en, va, Jean, il te dorra un consille là-dessus.» Dame j'y sis venu[c][878].

GRANGER

O! mon cher ami, par Apollon claire-face[879] qui communique sa lumière aux choses les plus obscures, ne nous veuille rejeter dedans le creux manoir[880] de cette spelonque[d][881] généalogique.

---

[876] «Nos acteurs», du nom de Roscius, fameux acteur romain.

[877] «Amour» Granger parodie l'adresse des rescrits apostoliques: «A tous fidèles chrétiens, salut et dilection en Notre-Seigneur» (Furetière, art. *Dilection*). Le manuscrit porte *déliction*, où Jacques Truchet voit une «malice supplémentaire qui fait penser à «délit» (*delictum*)».

[878] La plupart des termes ayant déjà été employés, je me contente de traduire l'ensemble.
Parbleu, je suis venu néanmoins [il a été mis à la porte en II, 3] pour vous défricher ma succession encore un petit peu; excusez-moi de vous importuner, car c'est la femme de mon oncle qui ne faisait que me crier après pour que je vienne. Que voulez-vous que je vous dise? Elle faisait la diablesse. «Ah, vraiment, faisait-elle à part soi, puisque Monsieur Granger sait tout, c'est à lui à savoir ça. Va-t-en, va, Jean, il te donnera un conseil là-dessus.» Dame, je suis venu.

[879] Épithète homérique.

[880] «Demeure».

[881] «Caverne»; le mot est encore courant à la fin du XVIe siècle.

GAREAU

Parguene, Monsieu, sacoutez donc un tantet, et vous orez, si je ne vous la boute pas aussi à clair qu'un cribe[a][882].

GRANGER

Ma parole est aussi tenable qu'un décret du destin[883].

GAREAU

(*Il lui présente une fressure de veau pendue au bout d'un bâton.*[884])[b] O bian, comme dit Pilatre, *Quod scrisi, quod scrisi* [885], n'importe, n'importe, ce niaumoins[886], tanquia, qu'odon[887] comme dit l'autre[888], vela une petite douceur que nostre mère-grand vous envoye[c].

GRANGER

Va, cher ami, je ne suis point[d] jurisconsulte mercenaire[889].

---

[882] « Parbleu, Monsieur, écoutez donc un tant toit peu et vous verrez (exactement; «entendrez») si je ne vous la mets pas aussi au clair qu'un crible» en la tamisant ou en la filtrant, mais peut-être aussi qu'un «scribe», écrivain public capable d'expliquer les questions juridiques.

[883] « Je ne changerai pas d'avis» et donc tu n'épouseras pas ma fille.

[884] La fressure de veau (ou d'agneau ou de porc) est un ensemble de boucherie assez estimé des gastronomes, qui comprend les poumons, le foie, le cœur (et peut-être aussi les ris chez le veau). On la consomme en ragoût dès l'abattage de l'animal, car ces viscères ne se conservent pas. Faut-il comprendre que cette fressure est accrochée au bout d'un bâton en plein air, au milieu des mouches, ou plus vraisemblablement qu'elle est enveloppée dans un linge en baluchon? Granger, il et vrai, a peur qu'elle ne salisse ses vêtements; mais Gareau a pu déplier le paquet pour lui montrer le contenu et l'approcher un peu trop près de son habit; interprétation plus conforme au *Il présente.*

[885] Le manuscrit cite exactement la parole de Pilate, *Quod scripsi, scripsi,* «ce que j'ai écrit, je l'ai écrit», par laquelle il refuse de changer l'inscription portée sur la croix du Christ, «Roi des Juifs»; mais telle qu'elle est donnée dans l'édition, elle devient une tautologie absurde, et d'autant plus amusante.

[886] «Néanmoins».

[887] «Or donc».

[888] Encore une locution toute faite qui n'a aucune raison d'être ici.

[889] Gareau ne vient plus demander Manon en mariage, mais solliciter l'avis de Granger sur le moyen d'obtenir la succession; d'où le cadeau qu'il lui offre, et le refus de Granger.

GAREAU

La, la, prenez trejours; vaut mieux un tian[890], que deux tu l'auras[a].

GRANGER

Je te dis encore un coup, que je te remercie.

GAREAU

Prenez, vous dis-je, vous ne sçavez pas qui vous prendra[b 891].

GRANGER

Et fi! champêtre Etérogène[c892], prends-tu mes vêtements pour la marmite de ta maison?

GAREAU

Ho, ho, tredinse, il ne sera pas dit que j'usions d'obliviance: cor que je siommes petits, je ne sommes pas vilains[d 893].

GRANGER

Veux-tu donc me diffamer[894] *a capite ad calcem*[895]?

GAREAU

Bonnefy, vous le prendrais. Je sçay bien, comme dit l'autre[896], que je ne sis pas digne d'être capabe[897]; mais stanpandant, oul n'y a rian qui ressembe si bian à eun chat qu'eune chate. Bonnefy, vous le prendrais da, car on me huiret; et pis vous en garderiais de la rancœur contre moy[e 898].

---

[890] « Un tiens ».

[891] Proverbe populaire, assez inattendu ici.

[892] « Qui vient d'ailleurs » (contraire d'*indigène*): Granger repousse Gareau. Le manuscrit donne *acrogène*, que Jacques Truchet propose de lire *agrogène*: « né dans les champs ».

[893] « Ho, ho, Notre-Dame, il ne sera pas dit que je sois oublieux: bien que je sois quelqu'un de peu, je ne suis pas sans bonnes manières. »

[894] « Salir ».

[895] « Depuis la tête jusqu'aux pieds ».

[896] Voir page précédente, note 888.

[897] « Je n'ai pas la capacité (la qualification) nécessaire » (pour vous tenir tête).

[898] « Par ma foi, vous le prendrez. Je sais bien, comme dit l'autre, que je ne suis pas digne d'être capable; mais cependant, il n'y a rien qui ressemble si bien

GRANGER

O vénérable confrère de Pan, des faunes, des sylvains[a], des satyres[b] et des dryades[c] [899], cesse enfin par un excès de bonne volonté[d] de diffamer mes ornements, et je te permets, par rémunération, de rester spectateur d'une invention théâtrale[e] la plus hilarieuse[900] du monde.

CHATEAUFORT

J'y entre aussi, et pour récompense je te permets, en cas d'alarme de te mettre à couvert sous le bouclier impénétrable de mon terrible nom.

GRANGER

J'en suis d'accord, car que saurait refuser un mari le jour de ses noces,

PAQUIER, à *Châteaufort*[f]

Mais, Monsieur, je voudrais bien savoir qui vous êtes, vous qui vouliez entrer.

CHATEAUFORT

Je suis le fils du Tonnerre; le frère aîné de la foudre; le cousin de l'éclair; l'oncle du tintamarre; le neveu de Caron[901]; le gendre des Furies; le mari de la Parque; le Ruffien[902] de la mort; le père; l'ancêtre et le bisaïeul des éclaircissements[903].

PAQUIER

Voyez si j'avais tort de lui refuser l'entrée. Comment[g] un si grand homme pourrait-il[h] passer par une si petite porte[i]?

à un chat qu'une chatte. Par ma foi, vous le prendrez, oui, car on me crierait dessus, et puis vous en garderiez de la rancœur contre moi.» On peut être surpris de voir chez Gareau la finesse de cette dernière observation.

[899] Tous ces termes insistent sur la rusticité de Gareau.

[900] «Plaisante».

[901] Le nocher des enfers, qui fait traverser le Styx aux âmes des morts.

[902] «Paillard et maquereau» (Furetière).

[903] Comprendre: c'est moi qui ait inventé l'idée de demander des *éclaircissements*, c'est-à-dire de proposer des duels. Pour Jacques Truchet, même, ces *éclaircissements* consisteraient à abattre des hommes comme on abat des arbres pour *éclaircir* les forêts.

Monsieur, on vous souffre, à condition que vous laisserez là vos parents car avec le bruit, le tonnerre, et le tintammarre, on ne pourrait rien entendre [a].

CHATEAUFORT

Garde-toi bien une autre fois de te méprendre. D'abord que quelqu'un viendra s'offrir, demande-lui son nom, car s'il s'appelle la Montagne, la Tour, la Roche, la Butte, Fortchâteau [b], Châteaufort, ou de quelque autre titre inébranlable, tu peux [c] t'assurer que c'est moi.

PAQUIER

Vous portez plusieurs noms pource que vous avez plusieurs pères [904]. (*Ils entrent.*) [d]

SCÈNE X [e]
CORBINELI, GRANGER, CHATEAUFORT, PAQUIER,
GAREAU, LA TREMBLAYE,
GRANGER *le jeune*, MANON, GENEVOTE

CORBINELI, *à Granger* [f]

Toutes choses sont prêtes; faites seulement apporter un siège, et vous y colloquez [905], car vous avez [g] à paraître pendant toute la pièce [h].

PAQUIER, (*à Châteaufort*) [i]

Pour vous, ô seigneur de vaste étendue, plongez-vous dans celle-ci [j] [906]; mais gardez d'ébouler sur la compagnie, car nos reins ne sont pas [k] à l'épreuve des pierres, des montagnes, des tours, des rochers, des buttes et des châteaux.

---

904   Double plaisanterie sur les noms du soldat fanfaron: au second degré, *plusieurs pères* signifie plusieurs auteurs qui se sont servi de ce personnage. Emprunt probable à Scarron, *Dom Japhet d'Arménie* (I, 2, v.128-130)

905   *Collocare:* «placer». Corbineli imite le parler de Granger.

906   Probablement une chaise, large et située en hauteur, pour que la réflexion de Paquier soit justifiée.

GRANGER

Ça donc, que chacun s'habille. Hé! quoi je ne vois point de préparatifs[a]? Où sont donc les masques des satyres? les chapelets et les barbes d'ermites? les trousses[907] des Cupidons? les flambeaux poiraisins[908] des Furies[b]? Je ne vois rien de tout cela[909].

GENEVOTE

Notre action[c] n'a pas besoin de toutes ces simagrées. Comme ce n'est pas une fiction[d], nous n'y mêlons rien de feint; nous ne changeons point d'habit; cette place nous servira de théâtre et vous verrez toutefois que la comédie n'en sera pas moins divertissante.

GRANGER

Je conduis la ficelle[910] de mes désirs, au niveau de votre volonté. mais déjà le feu des gueux[e][911] fait place à nos chandelles. Ça, qui de vous le premier estropiera[f] le silence?

Commencement de la pièce[g]

GENEVOTE

Enfin, qu'est devenu mon serviteur?

GRANGER le jeune

Il est si bien perdu qu'il ne souhaite pas de se retrouver.

GENEVOTE

Je n'ai point encore su le lieu ni le temps où commença[h] votre passion.

GRANGER le jeune

Hélas! ce fut aux Carmes, un jour que vous étiez au sermon...

---

[907]   «Carquois».

[908]   «Faits de poix-résine», nom donné à la résine, d'après les dictionnaires de Furetière et de l'Académie.

[909]   C'est l'attirail d'une pastorale ou d'une tragi-comédie.

[910]   «Le fil».

[911]   «Le soleil» La nuit était déjà tombée au quatrième acte, mais maintenant les chandelles sont allumées.

GRANGER le père, *en interrompant*

Soleil, mon[a] soleil, qui tous[b] les matins faites rougir de honte la céleste lanterne, ce fut en même lieu que vous donnâtes échec et mat à ma pauvre liberté. Vos yeux toutefois ne m'égorgèrent pas du premier coup; mais cela[c] provint de ce que je ne sentais que de loin l'influence porte-trait de votre rayonnant visage; car ma rechignante[d][912] destinée m'avait colloqué[913] superficiellement à l'ourlet[914] de la sphère de votre[e] activité[915].

CORBINELI

Je pense, ma foi, que vous êtes fol de les interrompre: ne voyez-vous pas bien que tout cela est de leur personnage?

GRANGER le jeune

Toutes les espèces de votre beauté vinrent en gros assiéger ma raison; mais il ne me fut pas possible de haïr[e]mes ennemis[916], après que je les eus considérés.

GRANGER le père, *en interrompant*

Allons, ma nymphelette, allons, il est vergogneux aux filles[f] de coloquiser[917] *diu et privatim*[918] avec tant vert jouvenceau. Encore si c'était avec moi, ma barbe jure de ma sagesse, mais avec un petit cajoleur!

CORBINELI

Que diable! laissez-les parler si vous voulez, ou bien nous donnerons votre rôle à quelqu'un qui s'en acquittera mieux que vous.

---

[912] *Rechigner*, c'est «faire mauvaise mine, mauvais accueil à quelqu'un» (Furetière).

[913] Voir *supra*, p. 172, n. 905.

[914] «La bordure».

[915] «Vertu [=puissance] d'agir» (Furetière).

[916] Ces *ennemis* sont les *espèces*, c'est-à-dire les aspects (*species*) de la beauté de Genevote. Charlot emploie le style de la poésie galante.

[917] «S'*entretenir*», latin: *colloquor*.

[918] «Longtemps et en privé».

GENEVOTE, *à Granger le jeune*

Je m'étonne donc que vous ne travailliez plus courageusement aux moyens de posséder une chose pour qui vous avez tant
de passion.

GRANGER LE JEUNE

Mademoiselle, tout ce qui dépend d'un bras plus fort que le
mien, je le souhaite, et ne le promets pas[a]. Mais au moins suis-je
assuré de vous faire paraître mon amour par mon combat, si je ne
puis vous témoigner ma bonne fortune par ma victoire. Je me suis
jeté aujourd'hui[b] plusieurs fois aux genoux de mon père, le conju-
rant d'avoir pitié des maux que je souffre ; et[c] je m'en vais savoir
de mon valet s'il lui a dit la résolution que j'avais prise de lui
désobéir, car je l'en avais chargé. Viens çà, Paquier, as-tu dit à
mon père que j'étais résolu malgré son commandement, de passer
outre.

PAQUIER

Corbineli, souffle-moi.

CORBINELI, *tout bas*

Non, Monsieur, je ne m'en suis pas souvenu.

PAQUIER

Non, Monsieur, je ne m'en suis pas souvenu.

GRANGER le jeune

(*Il tire l'épée sur Paquier.*)[d] Ha ! maraud, ton sang me vengera
de ta perfidie !

CORBINELI

Fuis-t-en donc, de peur qu'il ne te frappe[e].

PAQUIER

Cela est-il de mon rôle ?

CORBINELI

Oui.

PAQUIER

Fuis-t-en donc, de peur qu'il ne te frappe[919].

GRANGER le jeune

Je sais qu'à moins d'une couronne sur la tête, je ne saurais seconder[920] votre mérite.

GENEVOTE

Les rois, pour être rois, ne cessent pas[a] d'être hommes; pensez-vous que...

GRANGER le père, *interrompant* [b]

En effet, les mêmes appétits qui agitent un ciron[921] agitent un éléphant: ce qui nous pousse à battre un support[c] de marmite, fait à un roi détruire une province; l'ambition[d] allume une querelle entre deux comédiens; la même ambition allume une guerre entre deux potentats. Ils veulent de même que nous, mais ils peuvent plus que nous.

CORBINELI

Ma foi, je vous enchaînerai[922].

GRANGER le jeune[e]

On croira...

GENEVOTE

Suffise[f] qu'on croie toutes choses à votre avantage. A quoi bon me faire tant de protestations d'une amitié dont je ne doute pas[g]? Il vaudrait bien mieux être[h] pendus au col de votre père, et à force de larmes et de prières arracher son consentement pour notre mariage.

---

[919] Malentendu comique: Paquier croit qu'on lui souffle une réplique.
[920] «Servir de second à...».
[921] Insecte minuscule et mal différencié, le plus petit des insectes visibles à l'œil nu.
[922] Pour l'empêcher de parler quand ce n'est pas son tour.

GRANGER le jeune

Allons-y donc. Monsieur, je viens vous conjurer d'avoir pitié de moi, et[a] ...

GENEVOTE

Et moi, vous témoigner l'envie[b] que j'ai de vous faire bientôt grand-père.

GRANGER

Comment, grand-père? Je veux bien tirer de vous une propagation de petits individus; mais j'en veux être cause prochaine, et non pas cause éloignée[923].

CORBINELI

Ne vous tairez-vous pas?

GRANGER

Cœur bas et ravalé[924], n'as-tu point de honte de consumer l'avril[925] de tes jours à cajoler[926] une fille?

CORBINELI

Ne voyez-vous pas que l'ordre de la pièce demande qu'ils disent tout cela?

GRANGER

Ils n'ont pas assez de bien l'un pour l'autre; je ne souffrirai jamais[c] ...

GENEVOTE

Non, non, Monsieur, je suis d'une condition qui vous défend d'appréhender la pauvreté. Je souhaiterais seulement que vous eussiez vu une terre que nous avons à huit lieues d'ici. La solitude agréable des bois, le vert émaillé des prairies, le murmure des

---

[923] Langage philosophique.
[924] « Avili ».
[925] « Le printemps ».
[926] Cajoler « se dit plus particulièrement à l'égard des femmes et des filles, [...] dont on tâche de surprendre les faveurs, à force de leur dire des douceurs et des flatteries » (Furetière).

fontaines, l'harmonie des oiseaux. Tout cela repeinturerait de noir votre poil déjà blanc[927].

Mademoiselle, ne passez pas outre, voilà tout ce qu'il faut à Charlot[a]. Il ne saurait mourir de faim, s'il a des bois, des prés, des oiseaux, et des fontaines. Car les arbres lui serviront à se guérir du mal des mouches[928]; les prés lui fourniront de quoi paître et les oiseaux prendront le soin de chiffler[929] quand il ira boire à la fontaine.

Ah! sirénique laronnesse des cœurs! je vois bien que vous guettez ma raison au coin d'un bois, que vous la voulez égorger sur le pré, ou bien l'ayant submergée[b] à la fontaine, la donner à manger[c] aux oiseaux.

Je suis venu...

J'ai vu, j'ai vaincu, dit César, au retour des Gaules.

Vous conjurer...

Dieu vous fasse bien[930], Monsieur l'exorciste, mon maître n'est pas démoniaque.

---

[927] Vous revigorerait.

[928] On peut penser que cette expression désigne l'hypodermose, ou varon, du nom de la larve qui perce le cuir des bovins et dont ils essaient de se délivrer en se frottant à l'écorce des arbres. Dans cette réplique Paquier parle de son maître comme s'il s'agissait d'un animal.

[929] Ancienne forme de siffler.

[930] Paquier, coupant la parole à Charlot, croit ou feint de croire qu'il veut faire une conjuration au sens magique du terme. On ne sait pas toujours très bien si nous sommes dans la pièce enchâssée ou dans la comédie générale.

GRANGER le jeune

Par les services que je vous ai faits...

PAQUIER

Et par celui des morts[931] qu'il voudrait bien vous avoir fait faire[a].

GRANGER le jeune

De reprendre la vie que vous m'avez prêtée

PAQUIER

Il était bien fol, de vous prêter une chose dont on n'a jamais assez.

GRANGER le jeune

(*Il tire un poignard.*)[b] Prenez[c] ce poignard, père dénaturé, faites deux homicides par un meurtre[932], écrivez le destin de ma maîtresse avec mon sang, et ne permettez pas que la moitié d'un si beau couple expire de ... mais à quoi bon tant de discours? Frappez[d]! Qu'attendez-vous?

[e]CORBINELI

Répondez donc, si vous voulez. Qu'est-ce? Etes-vous trépassé?

GRANGER

Ah! que tu viens de m'arracher une belle pensée[f]. Je rêvais quelle est la plus belle figure, de l'antithèse ou de l'interrogation[933].

CORBINELI

Ce n'est pas cela dont il est question.

---

931 Le *service des morts*, c'est la messe célébrée pour le repos de l'âme d'un défunt: le jeune Granger aimerait bien que son père ne fût plus.

932 Si Charlot est tué, Genevote mourra de chagrin.

933 Une fois de plus, Granger sort de la comédie feinte pour revenir à des préoccupations de pédant.

GRANGER

Et je ruminais encore à ces spéculateurs qui tant de fois ont fait faire à leurs rêveries le plongeon dans la mer, pour découvrir l'origine de son flux et de son reflux; mais pas un à mon goût n'a frappé dans la visière[934]. Ces raisons salées me semblent si fades[935], que je conclus qu'infailliblement...

CORBINELI

Ce n'est pas de ces matières-là, vous dit-on, dont il est question. Nous parlons de marier Mademoiselle et[a] votre fils, et vous nous embarquez sur la mer!

GRANGER

Quoi[b], parlez-vous de mariage avec cet houbereau? Etes-vous orbe[936] de la[c] faculté intellectuelle? Etes-vous hétéroclite[937] d'entendement? Ou le microcosme parfait d'une continuité de chimères abstractives[938]?

CORBINELI

A force de[d] représenter une fable[e] [939], la prenez-vous pour une vérité? Ce que vous avez inventé vous fait-il peur? Ne voyez-vous pas que l'ordre de la pièce veut que vous donniez votre consentement? Et toi, Paquier, surtout maintenant garde-toi bien de parler, car il paraît ici un muet que tu représentes[940]. Là donc dépêchez-vous d'accorder votre fils à Mademoiselle. Mariez-les[f].

---

[934] Voir p. 342, n. 401.
[935] Jeu de mots.
[936] *Orbus:* «privé de».
[937] D'après Furetière, on appelle ainsi les mots qui ne suivent pas une règle ordinaire.
[938] «Ou n'êtes-vous qu'une suite de rêveries sans réalité?». Dans la conception de nombreux savants de l'antiquité ou de la Renaissance, l'homme est un *microcosme*, un «petit monde», reflet de l'Univers.
[939] «Une histoire inventée».
[940] Il faut empêcher Paquier de dévoiler le pot aux roses, comme il l'a déjà fait plus haut.

GRANGER

Comment, marier, c'est une comédie?

CORBINELI

Hé bien, ne savez-vous pas que la conclusion d'un poème comique[a] est toujours un mariage?

GRANGER

Oui, mais comment serait-ce ici[b] la fin, il n'y a pas encore un acte de fait[c].

CORBINELI

Nous avons uni tous les cinq en un, de peur de confusion: cela s'appelle pièce à la polonaise[941].

GRANGER

Ha bon, comme cela, je te permets de prendre Mademoiselle pour légitime épouse

GENEVOTE

Vous plaît-il de signer les articles, voilà le notaire tout proche.

GRANGER *Il signe*

Sit ita sane[942], très volontiers.

PAQUIER[d]

J'enrage d'être muet, car je l'avertirais[e].

Fin de la comédie[f]

CORBINELI

Tu peux parler maintenant, il n'y a plus de danger[g].

GRANGER

Hé bien, Mademoiselle, que dites-vous de notre comédie?

---

[941] Par allusion au mariage de Marie-Louise de Gonzague avec Ladislas IV, roi de Pologne, dont la conclusion rapide avait étonné tout le monde.

[942] «Qu'il en soit tout à fait ainsi».

GENEVOTE

Elle est belle[a], mais apprenez qu'elle est de celles qui durent autant que la vie. Nous vous en avons tantôt fait le récit comme d'une histoire arrivée, mais elle devait arriver. Au reste, vous n'avez pas[b] sujet de vous plaindre, car vous[c] nous avez mariés vous-même[d], vous-même avez signé les articles du contrat. Accusez-vous seulement d'avoir enseigné le premier à fourber. Vous fîtes accroire aux parents de votre fils qu'il était fol[e] [943], quand vous vîtes qu'il ne voulait point entendre au voyage de Venise. Cette insigne fausseté lui montra le chemin de celle-ci ; il crut qu'il ne pouvait faillir en imitant un si bon père.

CORBINELI

Enfin, c'est une pilule qu'il vous faut avaler.

LA TREMBLAYE[f]

Vous l'avalerez, ou, par la mort…

GAREAU

Ah! par ma fy je sommes logez à l'ensaigne de «J'en tenons[944]». Parmanda[945], j'en avons queque souleur[946], que cette petite ravodière[947] là ly grimoneret[948] queque trogedie. Hé bian, ne vela pas nostre putain de mainagere toute revenuë? Feu la paure defunte, devant guieu set son ame da, m'en baillit eun jour d'eune belle vredée[949]. Par ma fiquette[950], ol me boutit à Cornuaille[951] en tout bian et tout honneur. Stanpandant[952] la bonne chienne qu'elle

---

[943] Phrase justifiée par la présence de Fleury, cousin de Granger, à l'acte I, scènes 6 et 7.

[944] C'est-à-dire: je suis dupe; c'est même un euphémisme pour «être cocu». Jacques Prévot y voit un jeu de mots: être logé à telle ou telle enseigne, c'est être dans telle ou telle situation, et l'on peut entendre *J'en tenons* comme «Jean Tenon», hypothétique aubergiste.

[945] Juron de renforcement.

[946] «Peur», d'après Huguet.

[947] Voir *ravauder*, p. 77, n. 213.

[948] Voir p. 93, n. 390.

[949] La *vredée* est une course (voir p. 92, n. 368). Le sens est: «m'a bien fait marcher».

[950] Diminutif de *fi*, «foi» avec peut-être une connotation érotique.

[951] Jeu de mots: elle me donna des cornes.

[952] «Cependant».

estet..... Aga hé! ous estes don de ces saintes sucrées là? Bonnefy je le voyas bian qu'ous aviais le nez torné à la friandise[953]. Or un jour qu'il plut tant: «Jaquelaine[a], ce ly fis-je tout en gaussant[954], il fait cette nuit clair de l'Eune, il fera demain clair de l'Autre[955].» Enfin tanquia[956], qu'odon[957], ce nonobstant, apres ça, ô dame, éclaircissez-moi à dire[958]: Tanquia que je m'en revenis tout épouvanté tintamarer à nostre huis. A la parfin, je me couchis tout fin nu aupres de nostre bonne femme. Un tantet apres que je me fussis rabougry tout en un petit tapon[959], je sentis queuque chose qui groüillet. «Jaquelaine, ce ly fis-je, je panse qu'il y a là queuqu'un couché. – Oüy, ce me fit-elle, je t'en répons[960], et que guiantre[961] y auret-il?» Eune bonne escousse[962] apres, je sacoute[963] encore fretiller. «Han! Jaquelaine, il y a là queuqu'un.» J'allongis la main, je tâtis. «Hoüay! ce fis-je, eune teste, deux testes»; pis frougonant[964] entre les draps: deux jambes, quatre jambes; Han! Jaquelaine, il y a là queuqu'un. – Hé, Piarre, que tu es fou, ce me fit-elle, tu comptes mes jambes deux fouas!» Parguene[965], je ne me contentis point; je me levis; dame, je découvris le pot aux roses. «Ho! Ho!, vilaine, ce ly fis-je, qu'est-ce que c'est que ça? Fili Davi[966]»! ton ribaut[967] sera étripé. – Vramant Jean, ce me fit-elle, garde-t-en bian: c'est ce pauvre maître Louis le barbier, qui venet de seigner eun

---

[953] «Etre d'humeur amoureuse, être friand d'amour». S'emploie surtout en parlant des femmes.

[954] «En plaisantant».

[955] Jeu de mots facile, qui s'ajoute à l'absurdité: s'il pleut, il ne fait pas clair de lune. D'autre part, se repérer dans le temps par le climat est effectivement un trait de paysan.

[956] Voir p. 81, n. 258.

[957] «Or donc».

[958] «Aidez-moi à dire clairement» (J. Prévot).

[959] «Bouchon».

[960] Réponse ironique, équivalant à une dénégation.

[961] «Diantre».

[962] Voir p. 81, n. 257.

[963] «Ecouter avec attention, se pencher pour entendre».

[964] «Fourgonnant», fouillant.

[965] «Par Dieu», pardi!

[966] Juron solennel: «Fils de David» au vocatif latin (à l'exception de la consonne finale, muette); c'est-à-dire: «Par le Christ». *Cf.* p. 92, n. 371.

[967] «Paillard», ici avec le sens d'«amant».

malade de tout là bas. Il estet tout rede de fred[968], et avet encore
bian de vilain chemain à passer: il m'exhorsisait[969] d'alumer du
feu; dame, comme tu sçais, le bois est char[970]; je ly ay dit qu'il
venist pustôt se réchauffer environ[971] moy; il ne feset que s'y
bouter[972] quand tu es venu. – Allons, allons, ce ly fis-je, maître
Loüis, on vous apprandra de venir coucher avec les femmes des
gens.» Dame, je ne fus ne fou ny estourdy[973], je le claquis[974] bel et
biau sur mes espaules, et le portis jusqu'à moiquié[975] chemain de sa
mairon[976]: «Mais n'y revenez pas eune autre foüas! car parguene,
s'il vous arrive, je vous porteray encore une escousse aussi loin.»
Et bian, regardez, il ne faut qu'eun malheur[977]. Cette petite dévargondée m'en eust peut-estre fait autant; c'est pourquoi bon jour et
bon soir, c'est pour deux foüas[a 978].

---

[968] «Raide de froid».
[969] «Exhortait».
[970] «Cher».
[971] «Près de».
[972] «S'y mettre».
[973] Comprendre: «je n'agis pas étourdiment», ce qui aurait été le cas si je
l'avais tué.
[974] D'après Jacques Prévot, le mot viendrait de *collocare*: placer; mais il peut
y avoir aussi l'idée de claquer, lancer brutalement.
[975] «Moitié».
[976] «Maison»; effet de rotacisme: cf. *Mademoirelle*, p. 88, n. 332.
[977] «Il suffit d'une fois». Dramatisation populaire, selon Jacques Prévot.
[978] «Pour cette fois et pour la prochaine»; autrement dit: Je ne reviendrai pas.
Formule de congé brutal.
Traduction de ce texte:
Ha, par ma foi, me voilà logé à l'enseigne de «J'en tiens». Fichtre! j'avais
quelque peur que cette petite tracassière-là lui fabriquerait quelque tragédie.
Hé bien, ne voilà-t-il pas notre putain d'épouse de retour! Feu la pauvre
défunte – devant Dieu soit son âme, oui – un jour me fit bien marcher. Par
ma foi, elle m'envoya en Cornouaille, en tout bien, tout honneur. Pourtant,
la bonne chienne que c'était! Regardez, hein! vous êtes donc de ces saintes
nitouches-là? Je le voyais bien que vous aviez le nez tourné à la friandise.
Or, le jour qu'il pleuvait tant: «Jacqueline, lui fis-je pour rire, il fait cette
nuit clair de lune, il fera demain clair de l'autre». Enfin, quoi qu'il en soit,
or donc, ce nonobstant, après ça, oh, dame, aidez-moi à m'expliquer. Quoi
qu'il en soit, je m'en revins tout épouvanté cogner à notre porte. A la fin je
me couchai tout nu auprès de ma bonne femme. Un petit moment après que
je me fusse tassé en boule, je sentis quelque chose qui remuait. «Jacqueline,
lui dis-je, je pense qu'il y a là quelqu'un couché. – Oui, tu parles! me

CORBINELI

C'est maintenant à vous, Monsieur, pour combler la félicité de ces nouveaux mariés, d'augmenter leur revenu de celui d'un empire. Il vous sera bien aisé, puisque vous faites chanceler la couronne d'un monarque en la regardant.

CHATEAUFORT

Je donne assez, quand je n'ôte rien; et je leur ai fait beaucoup de bien de ne leur avoir point fait de mal[a].

GRANGER le jeune

Mon petit cœur, il est fort tard, allons-nous mettre au lit.

PAQUIER

Je n'ai donc plus qu'à faire venir la sage-femme, car vous aller entrer en travail d'enfant.

LA TREMBLAYE

Je n'oserais quasi prendre la hardiesse de vous consoler.

GRANGER

N'en prenez pas la peine, je me consolerai bien moi-même. *O tempora! O mores*[b979].

---

dit-elle et qui diantre y aurait-il?» Un bon moment après, j'entendis encore frétiller.: «Ah, Jacqueline, il y a là quelqu'un.» J'allongeai la main, je tâtai. «Oui, dis-je, une tête, deux têtes», puis, fourgonnant entre les draps: deux jambes, quatre jambes: «Ah! Jacqueline, il y a là quelqu'un. – Hé, Pierre, que tu es fou! me dit-elle, tu comptes mes jambes deux fois!» Parbleu, cela ne me contenta point; je me levai: dame, je découvris le pot-aux-roses. «Oh, oh, vilaine, lui dis-je, qu'est-ce que cela? Fils de David! ton paillard d'amant sera étripé. – Vraiment, Jean, me dit-elle, garde-t-en bien: c'est ce pauvre maître Louis, le barbier, qui venait de saigner un malade de tout là-bas. Il était tout raide de froid et il avait encore bien du vilain chemin à faire: il m'exhortait à allumer du feu; dame, comme tu sais, le bois est cher; je lui ai dit de venir plutôt se réchauffer à côté de moi; il venait juste de s'y mettre quand tu es arrivé. «Allons, allons, lui dis-je, maître Louis, on vous apprendra à venir coucher avec les femmes des autres.» Dame, je ne fus ni fou, ni imprudent, je le jetai bel et bien sur mes épaules et le portai jusqu'à moitié chemin de sa maison. «Mais n'y revenez pas une autre fois!, car, parbleu, si cela vous arrive, je vous porterai encore deux fois plus loin.» Eh bien, regardez, il suffit d'une fois. Cette petite dévergondée m'en eût peut-être fait autant; c'est pourquoi, bonjour et bonsoir, une fois pour toutes.

979 «*O temps, ô mœurs!*», Cicéron, *Première Catilinaire*.

VARIANTES

p. 45

[a] *On lit, calligraphié en tête du manuscrit*: Le Pedant // Joué // Comedie en prose // Par Mons. de Bergerac.

[b] Delatramblaie *ms.*

[c] Granger le jeune *ms.*

[d] fourbe et valet du jeune granger *ms.*

[e] cuistre du pédant. *ms.*

[f] Mons[r] de la tramblaie *ms.*

[g] *Cette indication ne figure pas dans le manuscrit.*

p. 47

[a] Serois-tu *ms.*

[b] berceau. Sache que la nature, voiant germer au monde un essein de petits dieux affamez et craignant que cette vermine venant à pululer, n'infectât à la fin la terre apres le ciel, voulut *ms.*

p. 48

[a] à *ms.*

[b] foúreau pour la foúrer *ms.*

[c] fin, pour les mettre d'acord, je me crée moy mesme. *ms.*

[d] ces ireconciliables se *ms.*

[e] je leur commande en memoire de ma naissance de se batre sans se reposer jusqu'à la fin du monde. Nature pour gaigner mes bonnes graces, me présenta cette bisque de héros, je n'en fis parDieu que deux gorgées donc afin de ne pas demeurer ingrat je la voulus dépêtrer de ces dieutelets *ms.*

[f] impuissance reprochât *ms.*

p. 49

[a] devorant court *ms.*

[b] les bestes *ms.*

[c] de fermer *ms.*

[d] sont tout iustement *ms.*

[e] et ie m'en souviens bien que *ms.*

p. 50

[a] de rois et de *ms.*

[b] toutes heroïques ou divines, car *ms.*

^c   *Dans le ms., ces deux phrases sont inversées :* si ie regarde, c'est en basilic, si j'engendre c'est en Deucalion ;

^d   si ie vomis, c'est en montetna ; si j'écume *ms.*.

^e   marche, en Juif *ms.*

^f   financier ; si *ms.*

^g   ie mange c'est en cangraine, Si ie bois c'est en éponge, si *ms.*

^h   destin, Si ie baise c'est en Judas, Enfin *ms.*

ⁱ   mine d'être de mesme que le phoenix, incapable *ms.*

p. 52

^a   L'amour *ms.*

^b   effectif // O genre *ms.*

^c   Et passer du *ms.*

p. 53

^a   un *ms*

p. 54

^a   estes fou *ms.*

^b   *Le manuscrit, brûlé présente un trou à cet endroit.*

^c   veuve *ms.*

p. 55

^a   en trois semaines que *ms.*

^b   six *ms.*

^c   Courrastes *1654 ;* courrustes *à partir de 1658.*

^d   vous courûtes du Gemini au *ms.*

^e   en huit jours ce que l'autre ne sauroit faire et lorsque vous pensiez n'être encore arivé qu'à la Vierge vous *ms.*

^f   à vos argumens est *ms.*

^g   humbles *ms.*

^h   enseigner *ms.*

ⁱ   crime *ms.*

p. 56

^a   une *ms.*

p. 57

^a   Alexandres ; *ms.*

^b   hercule *ms.*

^c   fatale *ms.*

^d   ie l'aime *ms.*

^e   ie méprise *ms.*

^f la *ms.*

^g fanatiques *ms.*

^h Addemus *ms.*

p. 58

^a d'aritmetique *ms.*

^b de suite *ms.*

^c qu'après ce charcutis grand nez, grand Cam, grand Turc, grand Mupsiti, grand Vizir et grand Tephterdat des plus redoutez charcutis, l'œil *ms.*[1]

^d faire division *ms.*

^e couler *ms.*

^f que ie croy qu'infailliblement *ms.*

^g Pardonne *ms.*

p. 59

^a pas ta fierté que ie revoquois en doute, mais j'avois de la peine à croire qu'un dieu peut se loger avec un homme. CHATEAUFORT[1bis] *ms.*

^b quand ie régneray sur ms.

^c a l'insolence *ms.*

^d quelques unes par mégarde vous pouroit *(Le verbe est par erreur au singulier) ms.*

^e faire prendre le feu, l'eauë l'Aër et la Terre *ms.*

^f M. *ms.*

p. 60

^a fille tous deux, Car tous deux sont poltrons *ms.*

^b si jamais ils se batent *ms.*

^c brave, mais i'en doute; l'autre *ms.*

p. 61

^a *Il manque une double page dans le manuscrit (recto, verso), mais sa pagination n'en tient pas compte. Cette lacune commence au mot* individu *et se termine au mot* résoudre.

^b qu'elle *ms.*

^c *C'est l'orthographe du manuscrit. L'édition porte la graphie archaïque* here.

p. 62

^a perfections, et à d'autres *ms.*

---

[1] Texte reporté dans l'édition en V, 3. Voir p. 159.

[1bis] Les noms propres en tête de scène ou de réplique sont écrits dans le manuscrit en grandes minuscules, en ronde grasse.

[b]   toutes femmes *ms.*

[c]   arbres Ac *ms.*

[d]   comme les arbres elles aiment d'estre arrousées comme les arbres, Si *ms.*

[e]   bu du *ms.*

[f]   dire qui me demande *ms.*

p. 63

[a]   sortant *ms.*

[b]   Et *ms.*

[c]   gager ce chapeau *ms.*

p. 64

[a]   et Vaugirard *ms.*

[b]   de beau ? *ms*

[c]   bien à cause que les maisons m'empéchoient *ms.*

[d]   Enfin *ms.*

[e]   *Le manuscrit écrit lisiblement* cefade.

p. 65

[a]   des petits Elcions *ms.*

[b]   Pour ou aller ? *ms.*

[c]   sera *ms.*

[d]   me puissiez *ms.*

[e]   ma volonté. Donc *ms.*

[f]   des demain *ms.*

p. 66

[a]   extraordinairement *ms.*

[b]   blanche ou noire fortune, et *ms.*

[c]   ie pensois ne vaquer *ms.*

[d]   une chandelle *ms.*

[e]   FLEURI: Hé depuis *ms.*

p. 67

[a]   pour qui *ms.*

[b]   aracher la flame aux Furies et Pluton de son trône, plútôt *ms*

[c]   que de soumettre mes plaisirs aux caprices d'un vieillard hébété. /FLEURY
       / *ms.*

[d]   tire-gigauts *toutes éditions.*

[e]   portions *ms.*

[f]   cuistraux *ms.*

p. 68

[a]   promotée *ms.*

[b]   quel sujet vous avez de me traiter ainsi, ne tient-il pour vous contenter qu'à faire le voiage de Venise ? *ms.*

p. 69

[a]   rouille *ms.*

[b]   gangrène *ms.*

[c]   donna *ms.*

[d]   Ha ! *ms.*

[e]   chez soy *ms.*

[f]   aussitôt que *ms.*

p. 70

[a]   O fou, ô fou ! *ms.*

[b]   le crane *ms.*

[c]   vous me faites atacher. *ms.*

[d]   ie te vas *ms.*

[e]   embarrassé Il faut abandonner *ms.*

p. 71

[a]   cette ville la *ms*

[b]   à commandé *ms.*

[c]   qui fût *ms.*

[d]   Suivez-moi seulement. *manque dans ms.*

p. 72

[a]   *Cette didascalie, en romain et en marge dans l'édition, n'existe pas dans le manuscrit.*

[b]   point *ms.*

[c]   sans boire ? *ms.*

[d]   avaler *ms.*

p. 73

[a]   GAREAU *seul dans ms.*

[b]   ptis *ms;* petis *1654, corrigé en* petits *à partir de 1658.*

[c]   vigne *ms.*

[d]   cuistre *ms.*

[e]   si tu as fait beaucoup de chemin aujourd'hui *ms.*

[f]   je l'ay trouvé *ms.*

[g]   Qu'en feroi je *ms*

p. 76

ᵃ *Par rapport à l'édition, le patois de Gareau diffère légèrement de graphie dans presque chaque mot du manuscrit. Plutôt que de relever toutes les variantes, nous préférons donner le texte manuscrit de l'ensemble de la tirade:*

Aussi sije N'est il pas bien curé qui na rien au ventre Héla ri Jan, on te fri des œufs. Tétigué, esse à cause que vous estes Monsieur, qu'ou faites tant de mène? Dame, qui tarra guarra. Tenez n'avous point vu malva? Bon jour donc, Monsieu stulés. Et quesse don je pense don qu'ou me prendrés pour queuque ignorant Hé, si t'es riche, dinne deux fois. Aga quien, qui m'a angé dece galoureau? Bounefi, sfaimon! Vla un homme bien vidé, vla un angin de belle deguesne vla in biau vaissio s'il avoit deux seicles sur le cu. Par la morguoy, si j'avais une sarpe et un báton, je frais in gentisoume tout auqueu. C'est de la noblesse à Matieu Furon, va te coucher tu soupras demain. Esse don plamor quous avez un engin de far au côté quou faites l'Olibrius et le Vaspasian? Hé vartigué, ce n'est pas cor comme sla. Dame écoutés ie vous dorois bien de la gaule parsouluis; mais par la morguoy ne me joués pas des trogedies, car ie vous ferois du bsot. Jarnigué, je ne sis pas un gniais; J'ay esté sans repruche marguillié, J'ay esté bedio, J'ay esté portofrande, J'ai esté chasse-chien, J'ai esté Guieu et Guiable, et ie ne sçay plus qui ie sis. Mais ardé, de tout cela brerrr, Jandi du mirliro, parmets que j'aie de stic.

ᵇ appellet *1658, 1660.*

ᶜ *Sic.; corrigé en* de *à partir de 1658*

p. 77

ᵃ monotafa *Lyon, 1663.*

ᵇ tant l'enhasée *1658, 1660*

p. 79

ᵃ Monsieur de Marsilly m'apeloit son bâtard. Il ne s'en est pas failli l'aipais-seur d'un tornas qu'il ne m'ait fait aprenti conseiller, Vien ca, me fit i une fois, gros fi de putain (car j'estiesme comme deux frères) Je veux, cefiti que tu venéje cefiti, autour de moi cefiti dans la Turquise, ô celifije, sla vous plait à dire Nounais, cemefiti ô criaiie celifige, ô ce fije aparmoy écouté Jan ne faut pas faire le bougre i faut sauter. Dame je ne fesi point de defigurance davantage, je me bouti avec li cain caa, toute à la marguerite françoise mais quanton niais, onniais, bonnefi pourtant, je paroissi un sobatié, un sobaquié je paroissi, car Martin Binet... Et y a prepos Denis le Balafrés son oncle, ce grand aiquené, san veni l'autre jour la remontée lantarné environ moy. Ha ma foy ma foy je pense que Dieumarci je voulirameni le plubio chinfregnio sur le moustafa, que lian demeuri les badigoines écarbouillées tout avolivar que Guiaible aussi tous les jours que Guieu fesoit, ce bagnodié là meravo-doi comm'un Satan cétoy sa sœur qui épousi le grand tiphoine aicouté, ô n'a que faire de faire tant de lanhasée al n'a ne goute ne brin de bio. Par ma fi come di cet autre ce n'est pas grand chance la Rinne de Gnior, malheureuse en biauté pour son homme quand il est deshabillé c'est un bio cornu mais regarde un petit, ce n'aitai cor qu'une varmaine, et si o faisoi désià tant la dévargondée pour autant qu'o savai luire dona les Saisiômes quannan sçavai chevi al se carai comme un pou dans une rougne dam aussi al avai la voix reverance parlé aussi finemant claire qu'une yaue de roche nan disait que Messire Jan avait bian trampé souvent son goupillon dans son benaitier mais ardé sont des envieux, les faut laissé dire et pis quand il arait ribaudé un tantinet cestali à faire et à nou a nou taire pisqu'i donne bian la polucion aux autres y ne l'oublie pas pour li monsieur le Vicaire itou était d'une imeur bien domicile et bien turcoise, mais ardé... *ms.*

b   GAREAU : Hoho vous naites plus le Roy minos, vous aites le Roy priant, O don, je viagisme sur l'occident et sur la Demianée, *ms.*

c   Tu veux dire Lócéan et la Méditeranée *ms.*

d   GAREAU : Hé bien ie me repren, un pou se repren bien, Mais guiant, si vous pensiais que ie dussième entendre tous ces tintamaires là comme vous autres latinisieux dame nanin et vous comme guieble déharnachez-vous vôtre fisolophie, i' arrivîme itou au deux trois de Gille bâtard dans la trans-vilanie, en Betlian de Galilene, en harico, et puis au païs, au païs, au païs du beurre. *ms.*

p.81

a   GAREAU : Oui au païs du Beurre, tantia que c'est un païs qui est mou comme beurre, et ou les gens sont durs comme piare, ha ha c'est la grèce, hé bien les gens ni sontils pas bien durs pisque sont des Grais, Et piapres cela, je nous en alîmes reverence parlé en un pais si loin si loin, Je pense que mon maître apelait cela le pays des bassins où le monde est noir comme des antécri, Ardé je croy fixiblement que ie nussiesme pas encor cheminé deux lieues que j'ussiemmes trouvé le Paradis et l'Enfer, mais tené, tou cequi me sembli le pubiau à vouare, c'est ses petits garçons d'Italise, cete petite grene d'andouille n'est pas plus grande que savouquoy y savont déjà parler Italian dame ie ne fesîmes la guiére d'ordure, Je nous bandîmes nos quaisses tout au bou du monde dans la turquise, moy et mon Maître par ma fi, pourtant, ie dis bientôt à mon maître qu'i i s'en revenît, hé comment qu'eule vilenie tous ces Turcs-là sont tretous huguenos comme des chiens Il se garmantoit par aicousse de bailler des exultations à la turquoise. *ms.*

b   GAREAU : O bien tantia qui les sarmounait commi falait, *ms.*

p. 82

a   GAREAU : Hé vramant voui ysçavait tous ces gerômes-là les avaiti pas veu dans le latin, son frere itou aitait bien sçavant, mais y naitait pas cor si sçavant car nan marmusait qui navait apris le latin qu'en François. C'était un bon Nicolas qui s'analait tout devant lui hurlu brelu an nus pas di qu'il y touchait et stanpandant y marmonnait toujours dans des bâtelées de livres je ne serais me tenir de rire quand ie me ramante des noms si biscornus et si pale sangoué tou cela était vray car il étient moulés d'auqueux s'intiloint, s'intuloint ouay ce n'est pas cor comme sla, s'inlutiloint je y suis quasi, sin-lutitoint hela aidez moy un petit sintilutoint, sin, sin, sin, tantia que ie man-tanbien. *ms.*

^b. GAREAU : Haa voui, voui, sin, sin, héla qui se faisint comme vous disé. Vla tou comm'y le daifrinchoit, je ne sçay pûs où ian sis, vous me l'avez fait pardre. *ms*

^c GAREAU : Ces livres don pisque livre y a vouay haa je sçay bien il y avait des madrigoles des clystaires traginques, des Danaïdes de ville. *ms.*

^d Il faut dire mon grant ami des Amadis de Gaule, des Histoires tragiques, et des Enéides de Virgile. Poursuis. *ms.*

p. 83

^a Petits *Lyon 1663.*

^b Petits *à partir de 1658.*

^c GAREAU : O ! parlesangué, vatan charcher des poursuiveux, aga quil est raisonnable aujourdi il a mangé de la soupe à neuf heures, et si ie ne veux pas dire comme cela moy, òbien tantia qu'a la parfin je nous an revinmes, Il aporti de ce païs la tant de diamans rouges, des hemoroïdes vartes et une grande aipée qui aitindrait d'ici a demain cest àtou ces farremans que ces mangeurs de petits enfans se batont en deuil. Il aporti itou de petits angigourniaux ramplis de naissance pour conserver ce fesaiti, l'humeur ridicule à celle fin, ce fesaiti de vivre aussi lontemps que Matieu tenez, n'avé vou poin veu niguedouille, qui ne sçavait rire sans montrer les dans *ms.*

p.84

^a *Les didascalies de cette sorte sont placées en marge dans les éditions de 1654 et 1658, en ligne dans l'édition de 1660.*

^b GAREAU : O guian sachez que les n'essances ont de merveilleuses propretez, c'est un certain oignement dont les ancians s'oignient quand ils étient mors dont ils vivient si longuement, mais morgué, Il me vient de souvenir quou vouliez tantôt que ie vous dissis le nom de ces livres, et ie ne veux pas moy, & testigué, vous estes un ignorant là-dedans, car testigué si vous estes un si bon parleur, morgué tapons nous don la guielle com' il faut, dame y ne faut point tant de beurre pour faire un cartron, hé bien vela pour toy. *ms.*

^c d'avoir plútot donné un *ms.*

^d ie veux te dire *ms.*

^e point *ms.*

^f pourtant *ms.*

p. 86

^a vingt *ms.*

^b GAREAU : Vrament, vrament vela bien la musicle S^t.Innocent la plus granpitié du monde quiel ambrocheur de limas hé tien tien Vela cor pour t'agacer. *ms.*

^c *en marge :* Il est frapé *ms.*

^d sçaurois me *ms.*

^e m'a charmé Il est frapé *en marge. ms.* Il est encore frapé *ms.*

p.87

ᵃ   demonique *ms.*

ᵇ   Mais, ô Demon qui fais agir le corps de ce pauvre Idiot, sache pour te
    confondre que de tous les diables je suis le diable qui fit estocade² avec Saint
    Michel, et toi, pauvre païsan *ms.*

ᶜ   ie te l'ay desià dit *ms*

ᵈ   *En marge dans le manuscrit.*

ᵉ   une fois batre en ma vie *ms.*

ᶠ   *Cette didascalie est absente du manuscrit.*

ᵍ   fumées *ms.*

ʰ   sans cela, i'alois *ms.*

ⁱ   ma *ms.*

ʲ   déja ma *ms.*

ᵏ   mon sang qui s'alume et *ms.*

p. 88

ᵃ   *Cette didascalie est absente du manuscrit.*

ᵇ   je vas ms.

ᶜ   dans les cieux Il est encore battu en marge *ms.* Je *ms.*

p. 89

ᵃ   GAREAU : Aga, il me venoit ravaudé de sa philophie, ardé tené c'est tout
    findrait comme ce grand cocsigruë Monsʳ du Meni vous sçavez bien qui
    avoit ces grans panaches quand ie demeurois chez mademoiselle de Carné,
    dame plamor qu'il étoit brave comme le temps quil lisoit dans le moulé, qui
    j'argonnoit par écousse des asnes à Batiste, des perespaticiers Il veloit que
    ie l'y fissiesmes tretous lobenigna. pelamour itou à ce que suchetient les
    maidiseux qu'avec mademoiselle nôtre Maîtresse y boutait cetici dans stila
    ce n'est pas nonobstant comme dit l'autre pour le chorla car ardé bonne
    renommée vaut mieux que ceinture dorée, mais par la morgoué sfaimon
    c'étoit un bel oisiau pour tourner quatre broches, et pis itou nan marmusoit
    quil étoit un tantet tarabusté de l'entendement, bonnefi la barbe lui estoit
    venuë devant une bonne ville, elle li était venuë devant Sens ce Jan qui de
    tou se maîle Il y a déjà une boune escousse da sen veni me ramener àvos les
    eschignes une oussine de dix ans vartigué ie n'étois pas gentizoume pour me
    battre en deuil, mais odon c'étoit Mademoiselle notre maîtresse qui m'avait
    loué et setanpandant Il voulait sediti me faire sediti anfiler la porte, ô ceme-
    fiti Je te feré bien enfiler la porte cefiti, guian cette parole là me preni au
    cœur ô palamorgoué celifisie vous ne me ferais point enfiler la porte ; au
    fond celifije c'est mademoiselle qui m'a loué, si Mademoiselle veut que ie
    l'enfille je l'enfileré bien mais non pas pour vous *ms.*

─────────

²   « Qui me battis à l'épée ».

p. 90

ᵃ   toute querelle *ms.*

ᵇ   utrique *ms.*

ᶜ   égal, descendre *ms.*

ᵈ   si tôt *ms*

p. 91

ᵃ   Dame oui J'ay tres bien tres bien de tout cela par le moien d'un heritage *ms*

ᵇ   mil *ms. ;* mile *Lyon 1663.*

ᶜ   *Indication absente du manuscrit.*

p. 92

ᵃ   La la, vous moqué-vou, rasbuté vót bounet entre nous autres, y ne fau point
     tant de frimes ni de simonie hé quaisse don Nótre-dinsse, nan dirait que ie
     ne nous connessions plus quoy vous avez bouté en oubliviance de quand
     vous aiquiais au Chaquio, parguiaine alé vous naitiais qu'un petit navet en
     ce tems-là vous estes à cetheure une citrouille bien grosse vramant laissez
     faire je pense que Dieumarci i'avons bien sarmoné de vous, feu nótre mena-
     gere et moy Si vous était venu des cornes toutes les fois que les oreilles vous
     ont corné, sanquejandi pourtant ce n'est pas que ian parle, ce craije bien
     quos en avez assez sannou. tantia que, odon, pour revenir à nóte conte
     Jarnigoué J'esquiesme toúdeux de méchante petite varmeine J'alliesme
     vreder àvos ces bois, y à propos ce biau marle qui subloit si finement haút
     hébien regardé ce n'étoit que le clocu, filidavi osaitiais un vray Juis
     d'Avignon en ce tànla ; osaitiais tousiou à pandillier entour ces cloches et y
     à sauter comme un mâron, ôbien, mais ce nest pas le tou que des chou il y
     faut de la graisse. *ms.*

p. 94

ᵃ   GAREAU : Nannin vramant et si on ne me les veut pas donner ; mais ie me
     doute bien de cequil y à, taitiguié, je m'amuse bien à des papiers, moy hé
     ardé, tou ses brimborions de contras, cen'est que de l'ècriture qui n'est pas
     vraie car o n'est pas moulée hobien écouté la don car c'est une petite
     sussion qui est vramant bien grande da de Nicolas Girard, & la le pere de ce
     petit Louis Girard qui aitait si semillant ne vous les sçauraivou recorder
     c'est celui qui s'ali naigé à la grand mare, ô bien son frere est mort, et si ie
     l'avons condui en tarre si laplu à Guieu sans repruche comme di l'autre ce
     pauvre Guiaible était alé dénicher des pies sus l'orme de la commere
     Massée dame come il aitait au coupio levela bredi, breda qui commance à
     griller tout avo les branches et chait une grande escousse pouf à la ranverse.
     Guieu benis la cretianté ! Je croy que le cœur li écarbouilli dans le ventre,
     car il ne soni jamais mot ni ne grouilli, sinon qui grimoni en trepassant,
     Guiaible c'était de la pie et des pîaux, odon lui il étoit mon compere et sa
     femme ma commere y auparavant d'avoir épousé mon compere, avoit
     épousé en premieres noces, le cousin de la bru de Piare Olivier, qui touchait
     de bien prais á Jan hénaut, depar le gendre du beaufrere de son oncle or celui

ci retenez bien avoit eu des enfans de Jaqueline Brunet qui mourirent sans enfans mais il se trouvi que le neveu de Denis Gauchet avoit tout baillé à sa femme par contrat de mariage, à celle fin de frustriser les heritiers de Tomas plançon qui devient y r'entrer pis que sa meregrand n'avoit rien laissé aux mineurs de Denis Vanel laîné or, y se trouve que ie sommes parans en quieuque maniere de la veuve de Denis vanel le Jeune et parconséquant ne devonje pas avoir la sussion de Nicolas Girard. *ms.*

b   concepsion ms.

c   les yeux aussi grans que salieres, et si je *ms.*

d   GAREAU : O Monsieu iemanvas vous l'éclarcir aussi finemant claire que la vois des enfans de cœur de NôtreDame, écoutez don y faut que vous sça- chiez que la veuve de Denis Vanel le jeune dont ie somme parens en quieuque maniere était fille du seconlit de Georges Marcio le biofrere du neveu du neveu de la sœur de Piare Brunet dont j'avon tantôt fait mansion or il est bien à clair que si le cousin de la Bru de Piare Olivier qui touchait de bien prais à Jan henaut de par le gendre du biofrere de son oncle, étoit pere des enfans de Jaqueline Brunet trépassez sans enfans et qu'apres tout ce tintamare on n'avoit rien laissé aux mineurs de Denis Vanel le Jeune Je y devons rantrer, nest cepas *ms.*

p. 95

a   separa *ms.*

p. 96

a   *Sic; corrigé seulement dans l'éd. de Lyon en 1663.*

b   GAREAU : Ma foy voire aussi bien n'en veles-ie pas, i'aime bien mieux une bonne grosse ménagere qui vous travaille de ses dix dois, que non pas de ces madames de Paris qui se font courtisé des courtisans, vous varrez ces galouriaux tant que le jour est long leur dire mon cœur mamour, parcy parla je le veux bien li veux-tu bien, et pis c'est à se sabouler a se patiner à plaquer leurs mains au commancement sur les jouës pis sur le cou, pis sur les tripes, pis sur le brinchet pis cor pubas et ainsi le vi se glice, cependant moy qui ne veux pas que nan me fasse des trogedies si j'avois trouvé quelq' ribaut licher le mouvuio à ma femme, comme cet afronla frape bien au cœur peutestre que dans le desespoir je m'emporterois à jeter son chapio par les fenestres ou à lui faire les cornes & me moqué deli pis se serait du scandal, tigué quieuque gniais. *ms*

c   esperance futille *ms*

d   J'avois esté jusqu'à Vaugirard choisir un gendre enqui la nature aiant usé de parcimonie, ie pensois que la fortune eût esté prodigue mais ie trouve que si la mine de son visage est bien plate celle de son coffre est encore plus écachée, de même *ms.*

p. 97

a   Non non, je *ms.*

^b vous avez *ms.*

^c en *ms.*

^d avons-nous *ms.*

^e que le page³ de notre navire à découver au Sur ouest⁴ une galére turque qui táchoit à coups de rames de dérober le vent dessus nous et le fit parce que nous étions mauvais voiliers, apres donc qu'elle à eu doublé le cap des bons-hommes qu'elle a eu jetté fond⁵ et demeuré quelque temps sur le fer⁶ à l'abri des dunes du Cours⁷, elle à levé l'ancre et fait canal⁸ droit à nous de prouë en poupe⁹ ce qui nous a fait choir en defaut, c'est qu'ils ont arboré de créétienté¹⁰, nous ont salué d'amis et singlans d'un quart de bouline¹¹ nous ont gaigné le flanc, nous ont acroché, et la soldatesque sautée sur nôtre tillac, Il nous ont fait esclaves puis se sont élargis¹² en mer. *ms.*

p. 98

^a eurent bien l'impudence d'enlever *ms.*

^b parler *rayé* branler *ms.*

^c le *ms.*

^d Ha *ms.*

p. 99

^a mon *ms. Graphie défectueuse.*

^b sans *ms. Erreur évidente.*

^c envoiera *ms. Nous ne signalerons plus les simples différences de forme, ou les marques d'abréviations comme* Monsʳ, *dans la même phrase.*

^d et va *ms.*

---

³ «Le mousse».

⁴ «Sud-ouest (nous disons encore *suroît*).

⁵ «Jeté l'ancre».

⁶ «Demeuré à l'ancre».

⁷ Il s'agit du Cours-la-Reine, nouvellement construit.

⁸ *Faire canal*, c'est «s'éloigner de la terre pour aller en pleine mer», d'après Furetière.

⁹ Visant notre poupe avec sa proue.

¹⁰ «arboré un pavillon chrétien».

¹¹ La *bouline* est une corde qui permet de manœuvrer directement les voiles à la main pour leur faire prendre le vent. Cingler d'un quart de bouline, c'est prendre le vent d'un quart de la voile, pour avancer lentement et aider à virer. Ces termes maritimes et cette tactique précise de combat naval ont un effet d'inattendu à la fois dans la bouche de Corbineli et dans le paysage parisien.

¹² «Eloignés», terme technique. Ce texte du manuscrit est absolument surréaliste : on croirait voir un film de Bunuel.

e   en *ms.*

f   à *ms.*

g   et vous *ms.*

h   ce *ms.*

p. 100

a   incurable *ms.*

b   affaire après dîner. *ms.*

c   de ne plus leur en obtrindre *ms.*

p. 101

a   je le r'envoierai *ms.*

b   donne *ms.*

c   relicat *ms.*

d   ô bien *ms.*

e   hiver décous *ms.*

f   la *ms.*

p. 102

a   va donc *ms.*

b   s'afflige *ms.*

c   trop impertinente qui souhaitoit tantôt de n'estre jamais vôtre *ms.*

d   de lui [*sic*] laisser aussi bien que vôtre fils. *ms.*

e   Sans aler *ms.*

f   lui *ms.*

p. 103

a   *En marge dans les éditions de 1654 et 1658, rétablie à sa place en 1660,
    cette didascalie ne figure pas dans le manuscrit.*

b   va porter *ms.*

c   haha je croiois te l'avoir donnée *ms.*

d   Cependant *ms.*

e   il m'envoie *ms.*

f   des *ms.*

p. 104

a   assurement vous *ms.*

b   et froide comme du marbre, *ms.*

c   balet *ms.*

d   protipe *ms.*

e   le fils aîné *ms.*

^f Bissestre *ms.*

^g un clistaire *ms.*

p. 105

^a N'importe, j'imagine encore la parade de ce coup-là : *ms.*

^b va chercher *ms.*

^c plain champ *ms.*

^d aux cheminées *ms.*

^e du reste de *ms.*

^f couvrira *ms.*

^g PAQUIER : O oui sans doute, vous avez quelque fameux Negromancien pour capital ennemi. // GRANGER : Je *ms.*

^h *Cette didascalie ne figure pas dans le manuscrit.*

ⁱ *Cette didascalie ne figure pas dans le manuscrit.*

^j *Le manuscrit présente ici deux répliques, supprimées dans l'édition:* PAQ. : Il se porte extremement. // GENE. : Esse extremement bien ou extremement mal

p. 106

^a impassible témoin *ms.*

^b Mademoiselle, laissons *ms.*

^c fadaises, *ms.*

^d de vos amours et de celles de Monsr Granger. *ms.*

^e mon maître est si froidureux qu'il ne peut se passer de feu. *ms.*

^f Granger sceût combien j'aime ce qui vient de lui. ms.

^g O la becqueno[13], malepeste qu'elle est rusée. Vous *ms.*

p. 107

^a hé que ie ne suis pas si sot. Mais *ms.*

^b *Cette réplique de Paquier ne figure pas dans le manuscrit.*

^c d'un amour si étroit *ms.*

^d *La réplique se termine ici dans le manuscrit.*

^e ne voila pas ma friponne sans cesse m'interrompre pour chanter des sotises *ms.*

^f d'autres, mais vous en aurez menti madame la gueuse. *ms.*

p. 108

^a jusq'au jour du jugement. *ms.*

^b Et *ms.*

---

[13] « Becquenaud » d'après Huguet : bavarde.

c   d'extravaguer jusqu'a *ms.*

d   Mais ou diantre *ms.*

e   le feu c'est *ms.*

f   des *ms.*

g   des *ms.*

h   de science que ton *ms.*

i   non point *ms.*

j   à force d'estre parmi le charbon, *ms.*

k   voyiez tout nud, *ms.*

p. 109

a   ou métamorphosez en trais d'écrivain, il *ms*

b   humble serviteur *ms.*

c   pour le voir que ie le dispense de la peine de me rendre visite, Je reviendray tantôt achever la mienne quand il sera de retour à Dieu *ms.*

d   , mon pauvre garde, *ms.*

e   personne ici ne *ms.*

f   à l'imprudence d'un *ms.*

p. 110

a   Si tôt *ms.*

b   qui me *ms.*

c   ici veu *ms.*

d   parce *ms.*

e   sensé *ms. et toutes éditions.*

f   au moins vous *ms.*

g   traîne-gibet *ms.*

p. 111

a   aprés la foy *ms.*

b   ie te parle *ms.*

c   plus lourde faute *ms.*

d   bientôt ce *ms.*

e   l'aureolle *ms.*

p. 112

a   *A la place, en marge, dans le manuscrit:* Il ouvre un coffre dont il tire de vieux habis et un miroir.

b   à aide *ms.*

c   presente mienne *ms.*

^d   pas *ms.*

^e   reçoive de nous *ms.*

^f   n'éclaire point *ms.*

^g   le cœur boit *ms.*

^h   à *ms.*

ⁱ   fretillant *ms.*

p. 113

^a   *Cette didascalie, en marge dans l'édition, ne figure pas dans le manuscrit.*

^b   cassée *ms.*

^c   auparavant *ms.*

^d   le cavalier d'amour et *ms.*

^e   d'avoir tout prêt des lieux communs pour *ms.*

^f   ou bien *ms.*

^g   Ça donc pour *ms.*

^h   des affamez. *ms.*

ⁱ   adore *ms.*

p. 114

^a   sur ton vertical *ms.*

^b   les destinées *ms.*

^c   serois qu'une *ms.*

^d   plus de feu et moins de rouge *ms.*

^e   deduit amour *ms.*

^f   seconde elle *ms.*

^g   sur les lis et les roses *ms.*

p. 115

^a   l'amour monsieur qui *ms.*

^b   je vous ordonne de vôtre faute, *ms.*

^c   ici venuë *ms.*

^d   et ie le dois croire pour cela seulement que vous le dites mais *ms.*

^e   ne riez *ms.*

p. 116

^a   de vétement. Voici *ms.*

^b   il ne *ms.*

^c   ce pavillon, ce *ms*

^d   (car je suis encore à deviner ce que c'est, et ie croy que le *ms.*

e   ne fera pas dire aux gausseurs qu'il se moque du monde en lui montrant la corde, Il est trop vieux le penard pour en avoir une seule[14], certains *ms*.

f   *Mot omis par erreur dans le manuscrit.*

g   qu'on *ms*.

h   hieroglifes *ms*.

i   inventés *ms*.

j   de Licurgue à Deucalion[15], de *ms*.

k   voudra *ms*.

l   ces *ms*.

m   verra *ms*.

p. 117

a   une *ms*.

b   a sphère *ms*.

c   un autre le Livre de Salomon; *ms*.

d   De l'habit je grimperois au chapeau, mais *ms*.

e   cabinet d'antiques *ms*.

f   de la chasse au saint et de la guesne à l'épée *ms*.

g   fournissoit *ms*.

h   de toutes les *ms*.

i   décrotoires *ms*.

p. 118

a   sa parole de ris[16]; *ms*.

b   un *faute du manuscrit*.

c   auparavant *ms*.

d   de l'histoire que ie veux conter *ms*.

e   qui régente *ms*.

f   l'université de Paris, le plus faquin, *ms*.

p. 119

a   vouloit *ms*.

b   ce moine bouri *ms*.

---

[14]   Il ne lui reste plus un seul fil, ce qui est absurde, puisqu'il faut bien qu'il y ait au moins la chaîne, d'où probablement la suppression à l'édition. *Penard*, terme injurieux qui se dit d'un vieillard, s'applique ici au manteau.

[15]   Lycurgue est le législateur de Sparte, Deucalion, fils de Prométhée est le seul homme qui survécut au déluge mythologique et avec sa femme Pyrrha, repeupla la terre.

[16]   Parce que, en parlant, il semble crachoter des grains de riz. Ou bien parce que ses propos sont ridicules : *ris* est le substantif du verbe rire.

p. 120

a   interdit ; jugez *ms.*

b   j'atends ma *ms.*

c   mais de ma seule passion *ms.*

d   membres *ms.*

e   car il *ms.*

f   qui *est omis dans le ms. vraisemblablement par erreur.*

g   gluant *ms.*

h   dont ce Dieu nain *ms.*

i   coupables, mais plutôt encore le siege et la lice[17], le repos et l'action, le tout et la partie de l'unité de nos deux ames, se *ms.*

j   les amis ennemis *ms.*

p.121

a   la *ms. et éd. à partir de 1658.*

b   je change *ms.*

c   cerf *Faute du ms.*

p. 122

a   ronger insolent le *ms.*

b   du ménager laboureur

c   l'huissier *ms.*

d   Maiesté *ms.*

e   déja que ie voy *ms.*

f   de vôtre pudicité, *ms.*

g   pour confédérez, *ms.*

h   de *ms.(erreur).*

i   *mot oublié dans le manuscrit.*

j   au siécle *ms.*

p. 123

a   comme Jupiter *ms.*

b   pour *ms.*

c   de mesme le lion *ms.*

d   qui fléchit aux larmes *ms.*

e   de mesme Héraclite *ms.*

f   ne sçauroit éteindre *ms.*

g   les plus amères fleurs *ms.*

---

[17]   Le champ clos où avaient lieu les tournois et au XVIIᵉ siècle les courses de bague, c'est-à-dire le lieu du mouvement.

p. 124

[a] de *ms.*

[b] la fourche et la *ms.*

[c] du Siclope *ms.*

[d] trepier *ms.*

[e] pour descendre *ms.*

[f] belle de l'Europe *ms.*

[g] de la France *ms.*

p. 125

[a] d'Harcourt *ms.*

[b] Beauvais est la mienne ms.

[c] Si j'avois dormi *commence la réplique dans le manuscrit.*

[d] d'un *ms.*

p. 126

[a] qui créve d'anhan *ms.*

p. 127

[a] lequel *ms.*

[b] adonc *ms.*

[c] endamné *ms.*

p. 128

[a] usez de mes desirs aussi *ms.*

[b] le chat de la souris *ms.*

[c] teste seule est *ms.*

[d] *Les mots* un sacrifice *sont répétés dans le manuscrit.*

[e] maintenant César *ms.*

p. 129

[a] contagion suis *ms.*

[b] *Cette didascalie ne figure pas dans le manuscrit.*

p. 130

[a] qu'elle ait *ms.*

[b] pas *ms.*

[c] pourra *ms.*

[d] fais *1654 seule, par erreur; les autres éditions corrigent.*

[e] *Didascalie placée ici dans l'éd. de 1660; en marge en 1654 et 1656. Ne figure pas dans le manuscrit.*

^f Il va venir *ms.*

p. 131
^a GRANGER, PAQUIER. *ms.*
^b jusqu'aux *ms.*
^c Il apuie son échelle sur le dos de Corbineli *Didascalie en marge dans le manuscrit.*
^d Ha *ms.*
^e assez donné *ms.*
^f Corbineli présente le ventre à l'échelle *en marge dans le manuscrit. A partir de appuyée, le manuscrit porte:*

> PAQ.: Mon échelle est barbuë[18]
> GRAN.: Tu es fou tu es fou
> PAQ.: Dominé notre échelle à rasé sa barbe, j'ai peur

^g tiendroit-elle toute *ms.*
^h toucher car j'aurois peur ma foy de trouver encore une barbe j'aime mieux pour ce coup demeurer ignorant.
En face de cette réplique, le manuscrit porte en marge deux didascalies: Il redonne le dos pour la soutenir *et, plus bas:* Il nage de bras dans la nuit.
ⁱ ie y *ms.*
^j Sonde *ms.*

p. 132
^a *A la place:* Corbineli transporte adroitement l'échelle *en marge dans le manuscrit.*
^b sur elle *ms.*
^c grand *ms.*
^d *Didascalie en marge dans le manuscrit; n'existe pas dans les éditions de 1656 et 1660.*

p. 133
^a *Didascalie en marge dans le manuscrit.*
^b monsieur *ms.*
^c *En marge dans le manuscrit:* Corbineli fait le signe de la croix. *Il est plus probable qu'il s'agit de Paquier.*
^d de mesme moi *ms.*
^e Il donne un coup à Corbineli qui lui rend *en marge dans le manuscrit.*
^f quoy ie frape un ombre et un ombre me frape. *ms.*
^g *A la place:* Corbineli entre subitement avec un passepartout Granger y court *en marge dans le manuscrit.*

---

[18] Paquier touche la barbe ou les cheveux de Corbineli.

^h n'est rien que *ms.*

ⁱ Mons⁷ *ms.*

^j connoit *ms.*

^k car la lune qui luît maintenant l'auroit faite, cependant la lune est toute ronde et l'ombre est faite comme un homme cela ne s'acorde point[19]. *ms.*

^l nous en étions bien loin Je le viens de trouver. *ms.*

p. 134

^a n'étant *ms.*

^b je m'en vais l'essaier *ms.*

^c en la flatant elle *ms.*

^d jeunes *ms.*

p. 135

^a des sorts, des sigilles *éd. 1660.*

^b la fileuse, la beste de la grosse tour,

^c le filourdi, *ms.*

^d les trépassez, *ms.*

^e les Incubes, les lamies *ms.*

p. 136

^a j'ai pris garde *ms.*

^b jusqu'à *ms.*

^c à l'épreuve de nous. *ms.*

^d croiez *ms.*

^e jusqu'à *ms.*

^f n'en puis admettre que *ms.*

^g LA TRAMBLAIE, GRANGER, PAQUIER. *ms.*

^h chanter Salve *ms.*

p. 137

^a il si peut *ms.*

^b la *ms.*

^c plus *ms.*

^d que cil dont le nom tramble la fievre, *ms.*

p. 138

^a oiseaux *ms. Faute évidente.* descendre sur le théâtre *ne figure pas dans le manuscrit.*

---

[19] Encore une absurdité supprimée dans l'édition.

[b] des *ms.*

[c] *A la place de* Si j'écris[…] mort, *le manuscrit donne* si ie lis c'est un cartel, si i'écris c'est avec du sang;

[d] m'explique

[e] partir *ms.*

[f] ne l'oseroit avec *ms.*

[g] est *ms.*

p. 139

[a] de peur, n'avez vous point su *ms.*

[b] de fraieur s'en ramassa *ms.*

[c] paralitique *ms.*

[d] en gagna la courthaléne[20]; *ms.*

[e] nües *ms.*

[f] prit le frisson *ms.*; trembla *1660,*

[g] le jour en dechira le voile de la nuit; *ms.*

[h] en prirent la migraine *ms.*

[i] les épées en mirent leur pucelage à l'abandon; *ms.*

[j] les peignes en grincerent les dens; *ms.*

[k] en frémit *ms.*

[l] les buissons s'en piquerent *ms.*

[m] latin, les noms *ms.*

[n] et tous les philosophes modernes aux nouvelles de ce vacarme redoutant un second chaos se refugierent sous l'aile de verbi gracia[21]. *ms.*

p. 140

[a] logis *ms.*

[b] aussi tôt ma dit *ms.*

[c] a mérité *ms.*

[d] de vous la *ms.*

[e] craignez *ms.*

[f] soit seulement *ms.*

[g] , saisissez-vous de moy tout a l'heure et tout à l'heure allons *ms.*

[h] juriez de ne point égorger mon pauvre pere, encore *ms.*

[i] , comme vous sçavez que par contrainte; *ms.*

----

[20] «Maladie qui vient d'une difficulté de respirer» (Furetière); autrement dit, l'asthme.

[21] *Verbi gratia:* «pour ainsi parler»: les philosophes s'abritèrent sous l'aile d'une précaution oratoire.

p. 141

a　pour un vol encore qu'il n'avoit pas achevé *ms.*

b　sauvez en vous sauvant *ms.*

c　gentilhomme ne le *ms.*

d　veux-tu *ms.*

p. 142

a　crotesque *ms.*

b　*Cette didascalie figure en marge dans le mansucrit.*

c　*Cette didascalie figure en marge dans le mansucrit.*

d　malois ie coucher *ms.*

p. 143

a　*Dans le manuscrit, figure ici le mot* Corb., *par erreur, au lieu de figurer en tête de la réplique commençant par* Monsieur.

b　je te pardonne en faveur de mon mariage la fourbe que tu mas jouée *ms.*

c　la feste de sainte *ms.*

p. 144

a　*A partir de* Et puis le pauvre garçon, *quatre répliques plus haut, jusqu'ici, ce texte ne figure pas dans le manuscrit apparemment par erreur, car Paquier semble continuer la réplique de Corbineli. Texte très confus on enchaîne directement par* Et puis monsieur il seroit bien plus meritoire et plus agreable.

p. 145

a　Domine *ms.*

b　tout à cru *ms.*

c　chapeau d'architecture *ms.*

d　de *ms.*

p. 146

a　en naufrage, *ms.*

b　sans y mettre la mort. *ms.*

c　, ô presagieuse constellacion *ms.*

d　félicitez, de n'estre plus *ms.*

e　microcosme de richesse et ta maison en *ms.*

p. 147

a　je ne sçay pas bien faire dans *ms.*

b　de *ms.*

^c   et de lune *ms.*

^d   *Dans le manuscrit, ce changement de scène se place après* vin perdu

^e   GRANGER : Fais à ta fantaisie. // CORB : Je vous *ms.*

^f   et les instrumens de *ms.*

^g   le bon idiot, *ms.*

^h   à la taverne *ms.*

ⁱ   par Paquier. *ms.*

^j   *Précision absente dans le manuscrit.*

^k   *Cette didascalie ne figure pas dans le manuscrit.*

p. 148

^a   vôtre querelle. *ms.*

^b   qui *manque dans l'édition originale, rétabli en 1658.*

^c   mesme *faute du ms.*

^d   que vous fîtes célébrer à son intention il ni a que huit jours. *ms.*

p. 149

^a   égratignerent *ms.*

^b   qu'on se *ms.*

^c   litière de silogismes : *ms.*

^d   fandant *ms.* ; fendaut, 1654 ; *corrigé en 1658 et 1660.*

^e   les *ms.* corrigé en

^f   un *éd.1660.*

p. 150

^a   qu'il n'ût *ms.*

^b   *Ici, le manuscrit présente un échange de répliques assez long, qui ne figure pas dans l'édition :*

CORB.
Ou plaide vitement, ou paie moy ce que tu me dois ;
PAQ.
Le temps n'est point prefix[22] auquel je dois plaider.
GRAN.
Qu'est ce ci mes disciples, les bases, les tripiers[23], les arboutans et les pilotis de ma chaudiére colégiale que vos dementia coepit[24] puisie estre

---

[22]   « Fixé d'avance » ; terme de la langue judiciaire.

[23]   « Trépieds » (latin *tripus*).

[24]   « Quelle folie vous a pris ». Démarcation Fautive de Virgile, *Bucoliques*, II, v. 69 : *Corydon, quae te dementia cepit?*

vôtre Juge comme jadis le fut Midas entre Pan le rustique et le mignard Apolon.

CORBINELI

Si donc comme lui vous faites un jugement gauche Il ne vous déplaira pas d'aiouter comme lui à votre teste d'Ane des oreilles de grison[25], Sachez donc que nous sommes convenus Paquier et moy qu'il me donneroit dix écus quand ie lui aurois enseigné le droit si parfaitement qu'il gaignât la premiere cause qu'il plaideroit, aujourd'hui pour me frustrer de ce qui m'est dû Il ne veut pas plaider Je l'ay donc fait apeller par devers vous afin de mettre un terme aux remises de sa dette pour vous faire juger en ma faveur, je n'ay qu'à lui proposer un argument dont ie lui fermeray la bouche, n'est-il pas vray Paquier que tu vas gaigner ta cause ou tu la vas perdre, Si tu gaignes ta cause tu me dois paier puisque tu t'es obligé de me donner les dix écus en cas que tu gaignasse la permière cause que tu plaiderois Si tu es condamné le Juge t'oblige de me paier.

PAQ.

Et c'est par là que ie te vas convaincre, car n'est-il pas vray Corbineli que ie seray absous du paiement ou que ie y seray condamné, Si ie suis absous, le Juge me degage de l'obligacion de paier Si ie suis condamné je ne te dois point dix écus puisque j'auray perdu la première cause que i'ay plaidée.

GRAN.

Je declare que Paquier n'est aucunement tenu de satisfaire à la dette parce que j'ordonne que Corbineli s'en fasse paier, et que ledit Corbineli ne peut rien demander à Paquier atendu que Paquier à perdu sa cause contre Corbineli[26]

Ho, ho

^c CHAT. GRANGER lejeune et Ca. *ms.* Châteaufort *manque dans toutes les éditions.*

^d *pas de nom de personnage dans le manuscrit.*

^e Je vois sans astrolabe[27] *ms.*

^f la teste jusqu'aux épaules, *ms.*

^g nectar autant de temps *ms.*

p. 151

^a clairet n'importe pourvu *ms.*

^b aieulx *ms.*

^c pour une *ms.*

---

25 Pour le punir d'avoir déclaré Pan meilleur musicien, Apollon l'affligea d'oreilles d'âne (de *grison*).

26 Vieil exemple de sophistique.

27 Appareil destiné à établir la position des étoiles.

^d ô ma foy voila bien bû si tu manges de mesme Il n'est pas besoin de ven-
dredis a degraisser ton pourpoint

^e fou *ms.*

^f toujours pouvoit *ms.*

^g ne nous donnera donc *ms.*

^h pour avoir eu *ms.*

ⁱ bouches mais qu'elle étoit infortunée de ne les avoir plaines que de vent *ms.*

^j pour cela que ma renommée *ms.*

^k à l'humeur de son maître, *ms.*

^l si elle m'avoit mis dessous, *ms.*

p. 152

^a pomme donna la courte haleine au genre humain Enfin Dieu n'envoia le
deluge que pour ôter de dessus la terre la memoire des pommes. *ms.*

^b vient de *ms.*

p. 153

^a *en marge dans le manuscrit. La suite de la didascalie n'y figure pas.*

^b vous aussi bien que le sujet de la comedie de Corbineli *ms.*

p. 154

^a GRAN: Doncques mes yeux, donques mes oreilles *ms.*

^b diantre, vous *ms.*

^c batu et resté mort sur la

^d engagé. Suposé *ms.*

^e bien que *ms.*

^f leur fassiez mutuellement *ms.*

^g fils mort doit ressusciter et la tenant entre ses bras vous remercier du don *ms.*

p. 155

^a factum *ms.*

^b de mort je vous annonce de fâcheuses nouvelles mon pauvre maître vôtre
ms.

p. 156

^a point *ms.*

^b trépas, je me retracte toutefois et loin de vous conseiller les larmes je vous
avertis *ms.*

p. 157

^a de sortir *ms.*

ᵇ   vas *ms.*

ᶜ   n'ignore point *ms.*

ᵈ   à l'assouvissement de vôtre passion. *ms.*

ᵉ   assurance *éd. 1658 et 1660.*

ᶠ   mort. La *ms.*

ᵍ   d'un *ms.*

p. 158

ᵃ   vous n'engendriez un miracle *ms.*

ᵇ   rendissiez *ms.*

ᶜ   fais que par ton moïen ie le renouë *ms.*

ᵈ   valle *ms.*

ᵉ   pour l'étui, la boîte *ms.*

ᶠ   qu'en fis-tu? *ms.*

ᵍ   ie m'éveille *ms.*

p. 159

ᵃ   Vrament *ms.*

ᵇ   faisoit tonnerre *ms.*

ᶜ   sur *ms.*

ᵈ   tabourinoit *ms.*

ᵉ   sur la table. GRAN : Quoy toute cette mort n'étoit qu'un songe // CORB. Hé
     comment donc l'entendiez-vous // GRAN : O Dieux Je pensois moy mais
     vous mademoiselle vous ne sçauriez vous laver les mains // GEN : Vous le
     dites mais il n'en est rien car sachez que *ms.*

ᶠ   resveriez en vie, beaucoup de *ms.*

ᵍ   par un excès *ms.*

ʰ   GRANGER : Ha, Mademoiselle, *ms.*

ⁱ   discours. Et toy Corbineli tu merites tant s'en faut que tu m'aies desservi,
     mais il faut avouer à propos des Turcs que tu es un grand menteur. // CORB :
     J'embitionne *ms.*

ʲ   yvrongne ou grand politique n'importe *ms.*

ᵏ   quelque *ms.*

p. 160

ᵃ   à la capacité *ms.*

ᵇ   une a l'Italienne *ms.*

ᶜ   Monsʳ *ms.*

ᵈ   vas *ms.*

ᵉ   *Le changement de scène et les noms des personnages ne figurent pas dans
     le manuscrit.*

^f GENE: L'arc amanqué, Corbineli // CORB : Mais i'avois plus d'une fléche, mais avouez avec moy qu'on devroit peindre amour plútôt en habit de Berger que de Roy puis que ceux qu'il protége sont moins hommes qu'ils ne sont bestes, considérez comme vous yeux ont donné si avant dans la visière de nôtre bon Seigneur qu'ils ont blessé jusqu'à sa cervelle Je m'en vais l'engager *ms.*

^g **Scene Quatriesme** *ms.*

p. 161

^a Ouesse, ou esse *ms.*

^b Hé bien Mademoiselle suis-ie

^c riposte, mais i'ay *ms.*

^d ie l'ay *ms.*

^e comme *ms.*

^f ces gens ici *ms.*

^g à dire, cependant gardez bien la porte de chez vous, Je vous donnerois des preceptes mais vous n'auriez pas le temps d'étudier une longue préparacion ; *ms.*

^h ce que vous aurez à faire. *ms.*

ⁱ pendant *ms.*

^j conduite pour cause *ms.*

^k a cette heure de voir *ms.*

^l iure lorsque *ms.*

p. 162

^a Donc *ms.*

^b l'aposons *ms.*

^c par une catastrophe. *ms.*

^d acompli *ms.*

^e la *ms.*

^f propugner contre les inondations *ms.*

p. 163

^a Si tu t'aposes *ms.*

^b c'est un baume aussi souverain contre les rodomonts que l'eau benîte contre les Diables. *ms.*

^c chacun d'un clerc, *ms.*

^d admis, reçois en la moitié chasse l'autre. *ms.*

^e puisse rien *ms.*

^f ira *ms.*

^g débondera *ms.*

^h **Scene cinquiesme** *ms.*

ⁱ c'est une étrange maîtrise *ms.*

p. 164

[a] qu'a *ms.*

[b] garder *ms.*

[c] qu'a *ms.*

[d] à tant de monde *ms.*

[e] qu'a *ms.*

[f] qu'a *ms.*

[g] tant de vies ; *ms.*

[h] qu'a *ms.*

[i] **Scene sixiesme** *ms.*

[j] vous pas *oubli du manuscrit.*

p. 165

[a] Mardieu *ms.*

[b] Sçavez ce *ms.*

[c] Judas *ms.*

[d] Cape *ms.*

[e] que pensez que sois ?

p. 166

[a] au *ms.*

[b] ton maître de me r'envoier *ms.*

[c] enfui de chez moy *ms.*

[d] sans mon *ms.*

[e] et qui ne se peut remettre *ms.*

[f] qualité aille loger quelque part que son bagage ne passe devant. *ms.*

[g] de bagage. *ms.*

[h] **Scene septiesme** *ms.*

p. 167

[a] GAR : O parguienne sefaimon véla bien debuté & pensé vous don que ce sait un parsenaige coume les autres à batons rompus dame nannin c'est un homme qui sçait peu et prou coumant Il dit d'or et sina pas le baijaune. C'est le garçon de cet homme qui en sçait tant ardé vela le maître tout craché vela toufindrait son aramanbrance *ms.*

[b] coquin et ietté sa carcasse aux corbeaux, mais la crainte *ms.*

[c] GAR : Vartigué qu ousestes considerant vous avez mangé de la soupe à neuf heures *ms.*

[d] GAR : O ma foy vous estes bien delicat en harbes vous n'aimez ni la ruë ni la pacience. *ms.*

p. 168

[a] **Scene huitiesme** *ms.*

^b deliction *ms.*

^c GAR : Parguienne ie suis venu nonostant pour vous défrincher ma sussion
    encor une petite escousse excusez l'importunanceda car c'est la mesnagere
    de mon oncle qui ne faisoit que huyé environ moy que ie veni que velévou
    que ie vous disse o faisoit la guiéblesse hé vrament disoit elle a parsoy
    Matieu Granger pis qui sçait tou c'est alui à sçavoir ça. vatan va Jean, il te
    donra un concille la dessus dame je y sis venu. *ms.*

^d spelunque *ms.*

p. 169

^a GAR : Parguienne Monsieur sacoutez donc un tantet et ousorez si ie ne vous
    la boute pas aussi à jour qu'un crible. *ms.*

^b *en marge dans le manuscrit :* Il lui presente une fressure de mouton pendue
    à un bâton

^c GAR : O bien, comme dit Pilate, quod scrisi scrisi[28] n'importe n'importe ce
    niaumoins tanquia que odon vela une petite douceur que notre meregrand
    vous envoie. *ms.*

^d pas *ms.*

p. 170

^a GAR : Lala prené toujou mieux vaut un quien que deux tu l'aras. *ms.*

^b GAR : Prenez vous dije vous ne sçavé pas qui vous prendra *ms.*

^c Et fi champestre acrogéne *ms.*

^d GAR : Hoho tredinsse Il ne sera ps dit que jussiemmes d'obliviance, cor que
    ie saiens petis ie ne sommes pas vilains *ms.*

^e GAR : Bounefi, vous le pranrais ie sçay bien comedit l'autre que ie ne sis
    pas digne d'estre capable moi, Et cestanpandant ignarien qui resemble si
    bien à un cha qu'une chate bonefi vous le pranrais da car on me huirait et pis
    vous en garderiais de la ranquieur contre moy *ms.*

p. 171

^a silvains *ms.*

^b satires *ms.*

^c driades *ms.*

^d excès de misericorde *ms.*

^e *Dans le manuscrit, la réplique se termine ici.*

^f *Cette précision ne figure pas dans le manuscrit.*

^g Jamais *ms.*

^h auroit-il pu *ms.*

ⁱ par un si petit passage ? *ms.*

---

[28] « Ce que j'ai écrit, je l'ai écrit ».

p. 172

a   tintamáre, nous n'aurions pas de silence. *ms.*

b   la Butte, Châteaufort *ms.*

c   tu puis *ms.*

d   *Didascalie en marge dans le manuscrit.*

e   **Scene neuviesme** *ms.*

f   *Cette précision ne figure pas dans le manuscrit.*

g   car aiant *ms.*

h   pièce Il n'est pas besoin que vous sortiez d'ici mais souvenez-vous bien de parler quand ie vous soufleré. *ms.*

i   *Cette précision ne figure pas dans le manuscrit.*

j   cetteci *ms.*

k   point *ms.*

p. 173

a   praparatifs *ms.*

b   des furies la filasse de Cloton *ms.*

c   accion *ms.*

d   ficcion *ms.*

e   jeux *ms.*

f   les premiers estropiront *ms.*

g   de la Comédie// GRANGER le jeune, GENEVOTE *ms.*

h   temps qui conspirerent à la naissance de *ms.*

p. 174

a   clair *ms.*

b   qui les *ms.*

c   coup de couteau, cela *ms.*

d   rechigneuse *ms.*

e   son *ms.*

f   d'haïr *ms.*

g   filles pudibundes *ms.*

p. 175

a   mieux que vous.

GENE.

Je devine et ie croy tout ce que vous souhaitez dire sur cette matiere, soufrez donc que ie ne rabate rien de la haute estime que vous avez conçeuë de moy, car ie craindrois de rabatre le pris d'une chose que vous aimez mais ie m'étonne que vous ne travailliez plus courageusement aux moiens de posséder un tresor pour qui vous avez tant de passion.

GRAN leje.

Mademoiselle ie ne suis ni désespéré ni téméraire tout ce qui dépend d'un bras plus fort que le mien je le souhaite et ne me le promets pas, *ms.*

^b aujourd'hui ieté *ms.*

^c soufre, Je *ms.*

^d *En marge dans le manuscrit.*

^e *Les trois répliques qui suivent ne figurent pas dans le manuscrit.*

p. 176

^a point *ms.*

^b le père, interrompant. *Ces précisions ne figurent pas dans le manuscrit.*

^c supot *ms.*

^d l'ambicion *ms.*

^e enchaîneray.

GRANGER leje

Pour moy mon humeur et mon sort m'ont logé dans le monde à l'étage du milieu, je ne suis point de ces sçavans qui abandonnent à leurs écris le soin de les faire vivre apres la mort.

GENE

Mais en recompense vous n'estes point de ces scolares[29] qui portent le colége partout qui n'ont pas secoué le portefeuille avec la toque[30] et dont les honnestes gens ne sçauroient aprocher tant ils puent encore l'epître familiere[31].

GRANGER le jeune *ms.*

^f Sufit *ms.*

^g d'une amour que ie suis bien aise de croire? *ms.*

^h estre maintenant *ms.*

p. 177

^a Allons-y Monsieur, ie viens me conjouir avec vous de ma bonne fortune et partager le bonheur d'une si precieuse conqueste. *Fin de la réplique dans le manuscrit.*

^b l'aise *ms.*

^c *A la place de cette réplique, on lit dans le manuscrit:*

GRANGER : Quoy ie soufriray que mon fils aille épouser que sçaije qui, peut estre une gueuse

p. 178

^a à Charlot Granger. *ms.*

---

[29] Voir p. 124, n. 591.

[30] En déposant leur toque, ils ont gardé leur serviette (avec leurs cours).

[31] Ils parlent comme Cicéron dans ses *Epistulae ad familiares.*

VARIANTES 219

^b sumergée *ms.*

^c fontaine, donner son cadavre *ms.*

^d GRAN le je : Aussi n'espéroi je pas que la raison vous fît paroître ce que l'amour nous commandoit de refuser c'est pourquoy ie *ms.*

p. 179

^a vous avoir fait. *ms.*

^b *Didascalie en marge dans le manuscrit.*

^c Mais parceque chacun de nos espris anime reciproquement ce qu'il aime que le coup qui me sera funeste sera mortel à celle qui vit en moy et que nous desunir c'est nous detruire prenez *ms.*

^d expiré de douleur sur le tombeau de son autre moitié, frapez *ms.*

^e *Dans le manuscrit, cette réplique est précédée de l'échange suivant :*

PAQ.

Il atend que la vache soit plaine pour tuer le taureau³²

CORB.

Le Diable t'emporte coquin

PAQ.

Et raporte Il ni a au marché que ce que l'on y met³³

CORB.

Un bâton quelque jour reconnoîtra tous ces bons offices

PAQ.

Ciceron dans les siens dit que tout ce qui est honneste est vertueux

GEN.

Quoy monsieur vous ne dites mot estce l'aprehension de voir tirer vôtre sang de nos veines qui vous à gelé la parole non non ne craignez rien mil fois déja nos ames seroient sorties par nos blessures mais nos iours sont nombrez et la providence qui en tient le compte s'offenseroit avec raison si notre désespoir contredisoit son calcul

^f pensée je ruminois à ces speculateurs qui tant de fois ont fait faire à leurs réveries le plongeon dans la mer pour découvrir l'origine de son reflux et de son amertume mais pas un à mon goût n'a frapé dans la visiere, toutes leurs raisons salées me semblent si fades que ie connus qu'infailliblement // CORB : Ce n'est pas *ms.*

p. 180

^a à *ms.*

^b Que *ms.*

---

³² Proverbe ? En tout cas, allusion grivoise.

³³ Proverbe par lequel «on se plaint que la clause de quelque contrat est onéreuse» (Furetière). Jouant sur le mot *offices*, Paquier fait allusion au *De officiis* de Cicéron.

^c de faculté *ms.*

^d de bien représenter *ms.*

^e une histoire *ms.*

^f peur de mesme que les enfans des grimaux dont ils ont eux mesmes barbouillé les compagnons // GRAN le je : Paquier surtout maintenant garde-toi bien de parler car il paroît ici un muet que tu représentes //.CORB : Dépêchez-vous donc d'accorder cette fille à votre fils, mariez-les *ms.*

p. 181

^a des poémes comiques *ms.*

^b seroit ce la fin *ms.*

^c un acte// CORBINELI *ms.*

^d légitime épouse.

LATRAMBLAIE

Et moy j'y consens

GRAN

Dressons les articles que ie les sine

GEN

Bon bon voila un Notaire tout à propos

En marge dans le manuscrit : Le Notaire ecrit le contrat // PAQUIER *ms.*

^e ie dirois quelque chose de beau. *ms.*

^f *Cette didascalie ne figure pas dans le manuscrit.*

^g danger

PAQ.

Il faut avouer qu'Alexandre le grand étoit un vaillant homme, Un jour

GRAN *rayé* CORB.

Un iour tu sera sage quand tu auras pris de l'elebore[34]. // GRANGER

En marge dans le manuscrit : On donne congé au notaire

p. 182

^a belle, monsieur, *ms.*

^b pas de sujet *ms.*

^c vous mesme *ms.*

^d mariés, vous mesme *ms.*

^e fou *ms.*

^f LA TREMBLAYE : Oui, vous *ms.*

p. 183

^a Jacquelaine *éd. à partir de 1660.*

---

[34] L'ellébore guérissant de la folie, c'est une façon de dire à quelqu'un qu'il est fou. *Cf.* La Fontaine, « Le Lièvre et la tortue », *Fables*, VI, 10.

p. 184

ᵃ GAREAU: Hà par ma foy ie somme logé a l'enseigne de jentenon. Parmananda, i'en avois quieuque souleur que ste petite ravaudiere la li grimoneroit quieuque trogedie hébien vela pas notre putain de ménagere toute revenuë nianmoins coume nandit Jesu maria et durôt³⁵ sont deux biaux mos feu la pouvre defunte devant Dieu soit son ame da m'en bailli un jour d'une belle vredée par ma figuette ol me bouti à Cornouaille en tout bien et tout honneur, Setanpandant la bonne chienne qu'ol étoit aga hé ous estes don de ces saintes sucrées là par massure ie le voiois bien qu'ous aviez le nez tourné à la friandise, ó un jour qu'i plut tant Jaqueline celifîje tout en gaussant y fait stenui clair de Lune y fera demain clair de l'autre, en fin tantia que o don ce nonostant apres cela oho dame aiclairé moy à dire tantia que ie m'en reveni tout aipouvanté tintamaré à noutuis à la parfin ie me couchi tou fin nu auprais de noute boune fame Un tantet aprais que ie me fussi rabougri tout en un petit tapon ie senti quieuque chouse la qui grouilloit Jaqueline celifîje je panse qu'il y a là quieuqu'un couché voui cemefitelle ie tan raipon et qui guiantre y aurait i, une bonne essecousse aprais ie sacouti cor fretiller han Jaqueline, il y a là quieuqu'un J'alongi ma main, je táti Vouai cedije une teste deux testes pis fourgounant entre les dras deux jambes quatre jambes han Jaqueline Il y a la quieuqu'un Hé Piare que tes fou cemeditelle tu conte mes jambes deux fois, Parguienne ie ne me contenti point ie me levi dame ie découvri le pot aux roses Ho o vilaine, celifîje, qui esse que cela filidavi ton ribaut sera étripé vrament Jan cemefitelle garde tanbien, c'est ce pauvre maître Louis le Barbier qui venait de seigner une malade toulabas Il était tout roide de frai et avait cor bien du vilain chemin à passer Il m'exorcissait d'alumé du feu dame comme tu sçay le bouas est cher je li ay dit qui se vint putôt réchaufé environ moy y ne fesait que de si bouter quand t'es venu, alon alon [maître Louis *rayé*] celifije maître Louis on vous aprandra à venir couché avec les femmes des gens dame ie ne fus ne fou ni étourdi iele claqui bel et beau súmes épaules et le porti jusqua moitié chemin de sa maison mais ni revenez pas une autre foûa car parguienne si cela vous arive ie vous porteray cor une escousse aussi loin, et bien regardez y ne faut qu'un malheur Ste petite dévargondée man eut peutestre fait autant c'est pourquoua bon iour et bon soir c'est pour deux foûa. *ms.*

p. 185

ᵃ de ne leur pas avoir fait beaucoup de mal. *ms.*

ᵇ *Dans le manuscrit, la réplique de Granger continue ainsi:*

Je sens déja mon ame s'endurcir aux aflictions aussi nature quand elle me batit avoit gagé contre la fortune et la mort qu'elle petriroit un homme qui lui feroit perdre escrime³⁶ aussi ie me sens nay tout propre à faire radoter

---

³⁵ On peut comprendre: être bon chrétien et avoir le ventre plein sont deux bonnes choses. Comme le note J. Truchet, c'est sans doute un proverbe sinon libertin, au moins irrévérencieux puis qu'on rapproche Jésus et Marie d'un côté et le rôti de l'autre.

³⁶ «La mettrait hors de combat».

cette damoiselle aux yeux clos[37] Je la vis ce me semble une nuit travestie en medecin, elle s'aprochoit de mon chevet et ne pensant pas estre connuë pour un Docteur de la faculté elle me demanda quand la fievre m'avoit pris trop tôt lui répliquéje mais encore ou vous tient le mal, ie lui repondis qu'il me tenoit entre deux dras, elle aiouta si ie ne pouvois avaler mes jambes[38], je l'assuray queie n'avalois plus rien sans macher mais reprit elle vous raillez et cependant vous voila dèja bien bas, Il ne s'en faut que le lit que je ne touche à terre, hé mon ami dit-elle pour conclusion recommandez vous à Dieu, quelqu'un y va-t-il lui repartîje, vous mesme tout à l'heure dit elle je l'assuray que ie ferois donc bien mes recomandacions moy mesme, àlors s'apercevant que ie l'avois reconnuë hé bien me dit elle Il est vray Je suis la mort ie viens ici pour t'avertir que tu moùras Il le faut bien puisque i'ay vécu lui répondîje effrontement mais bien tôt dit elle J'en seray plutôt quite, tu laisseras la teste sur un échafaût Il ne m'importe de mourir d'estoc ou de taille[39], mais à fin de vous ôter la peine de tant de menasses je vais pour vous soulager tácher de m'effraier moimesme donc ô mon corps ie t'avertis qu'avant de rendre l'ame tu soufriras plusieurs coups de la main d'un Boureau, n'importe Il n'en sçauroit avoir qu'un qui fasse mourir ce sera en pais étranger il ni a qu'un chemin pour descendre aux Enfers, tu resteras sans sepulture le Ciel me couvrira tu seras affligé d'une fievre bien longue, ie ne mouray donc pas subitement tu seras chassé de ta patrie, ma patrie est tous les lieux ou ie me trouve bien, tu perdras les yeux i'en dormiray davan-tage, tu ne verras rien de beau ni rien de laid, tu deviendras manchot[7] ie ne seray pas au házard d'estre acusé d'homicide, voila seiche et décharnée damoiselle les coups que j'imagine les plus sensibles, toutefois ils ne m'étonnent[40] point Si vous en sçavez d'autres chantez, cette orgueilleuse pelée[41] se trouva si camuse[42] de voir ainsi chifonner[43] sa tirannie qu'elle me pardonna comme ie leur pardonne[44]

Fin

---

[37] La mort.

[38] «Poser les pieds à terre».

[39] Dans un duel, on meurt d'un coup de pointe (*d'estoc*) mais le coup que donne le bourreau pour trancher la tête est un coup *de taille*.

[40] Au sens fort: «ils ne me troublent point».

[41] «Chauve».

[42] eu de mots: au sens figuré, *être camus*, c'est «être honteux»; mais, au sens propre, c'est avoir le nez écrasé, ce qui et le cas de la tête de mort.

[43] Selon Littré, *chiffonner*, c'est déranger l'ajustement d'une femme. Ici, c'est à la fois «mépriser» et «jouer avec».

[44] Parodie du *Pater*. Il n'est pas indifférent de penser que, selon certains témoignages, la première version du vers 1142 de Tartuffe (III, 7) était:
«O Ciel, pardonne lui comme je lui pardonne»,
ou même:
«O Ciel, pardonne-moi comme je lui pardonne».
Molière l'aurait édulcoré pour l'édition définitive en
«O Ciel, pardonne lui la douleur qu'il me donne».

LA MORT
D'AGRIPPINE

TRAGÉDIE

INTRODUCTION

Le Pédant joué, même souvent mal reçu par les critiques, est néanmoins toujours cité parmi les œuvres de Cyrano et l'on se souvient de lui – grâce à Molière –, mais *La Mort d'Agrippine* est à peu près oubliée de nos jours. Pourtant, à la différence de la première pièce, elle fut jouée, probablement à la fin de 1653, c'est-à-dire assez longtemps après avoir été écrite, puisqu'on place sa rédaction en 1647 ou 1648; on peut penser que ce fut à l'Hôtel de Bourgogne[1]. Elle aurait été retirée après quelques représentations, pour avoir choqué le public par quelques vers où s'exprimait un libertinage philosophique un peu trop net et par une expression qui parut délibérément blasphématoire. Néanmoins, selon Tallemant des Réaux, cela n'aurait pas empêché l'édition – avec privilège – de se vendre fort bien[2], ce que corrobore un jugement, plus tardif il est vrai, du chevalier de Mouhy: «Cette tragédie eut beaucoup de succès, elle est remplie de traits hardis[3].» Si l'on appelle ainsi les audaces philosophiques, il est un peu exagéré de dire que la pièce en est «remplie»; mais c'est ce qu'on y remarqua. Du reste, les autorités ne s'en alarmèrent guère, puisqu'elle fut encore donnée à Rouen en 1655. Il est vrai que Rouen n'est pas Paris. Depuis, elle ne fut reprise qu'une fois, le 10 novembre 1872, avec des acteurs célèbres et, paraît-il, applaudie.

Si les audaces de la pièce ont pu peser négativement dans les jugements des contemporains et de certains critiques ultérieurs,

---

[1] On est même allé jusqu'à conjecturer la distribution de la pièce. Voir. P. Brun, *Savinien de Cyrano Bergerac, histoire et légende*, Paris 1909, p. 172.

[2] Boisrobert s'étant étonné de ce succès auprès du libraire Sercy, celui-ci aurait répondu: «Ah! Monsieur, il y a de belles impiétés» Tallemant des Réaux, *Historiettes*, Paris, Gallimard, coll. de la Pléiade, t. II, p. 885-887. Notons en passant que Tallemant appelle Cyrano «un fou», c'est-à-dire un original ou un rêveur, qualificatif dû à l'étrangeté de ses œuvres romanesques.

[3] *Abrégé de l'histoire du théâtre*, Paris 1780, t. I, p. 11.

on peut penser que de nos jours au contraire, elles auraient attiré sur elle une attention sympathique. Son principal défaut tient peut-être à ce qu'elle s'écarte trop du modèle devenu classique de Corneille ou de Rotrou (elle est contemporaine d'*Héraclius* et de *Venceslas*). On accepte mieux une comédie atypique qu'une tragédie de même sorte. Lanson l'estime « mal bâtie, avec de beaux vers » : la deuxième partie de la phrase ne compense pas la première, mais le jugement reprend celui qui a presque toujours été porté. Si le dictionnaire de Moréri, notant que l'on découvre dans les ouvrages de Cyrano « un feu prodigieux et une imagination très vive »[4] ne parle pas de *La Mort d'Agrippine*, les frères Parfaict, toujours précis et mesurés, déclarent : « Ce poème dramatique est follement conduit et rempli de vers durs et enflés, mais en des endroits mâles et pleins d'images. » Ils en donnent quatre extraits : la longue tirade du premier acte (sc. 1) où Agrippine raconte les combats de Germanicus ; les vers « libertins » (II, 4), les paroles de Germanicus mourant, demandant à ses amis de le venger (III, 1), et, en note, le contexte du fameux « Frappons, voilà l'hostie » (IV, 4)[5]. Ils citent ensuite l'article de Niceron[6], pour lequel « il ne faut chercher ni de la justesse ni du jugement dans les ouvrages de Cyrano ; on n'y trouve que du feu et de l'imagination », et il se réfère à deux vers de Boileau

> J'aime mieux Cyrano et sa burlesque audace
> Que ce vers où Motin se morfond et me glace[7].

Boileau parle d'ailleurs essentiellement de *L'Autre Monde*[8] ; ses vers peuvent s'appliquer aussi au *Pédant joué*, mais non à la tragédie.

Les lecteurs du XVIIIe siècle s'étonnèrent également de la hardiesse de Cyrano, comme Palissot qui y voyait « le premier exemple des doctrines anti-religieuses, qui depuis ont été affectées jusqu'au ridicule dans plusieurs tragédies modernes », ou

---

[4]   Louis Moréri, *Grand Dictionnaire historique*, éd. de 1759, t. IV, p. 344.

[5]   Cl. et Fr. Parfaict, *Histoire du théâtre français*, Paris 1746, t. VII, p. 383.

[6]   Le P. J.-P. Niceron, *Mémoires pour servir à l'histoire des hommes illustres*, Paris, 1725-1745, t. XXXVI, p. 226.

[7]   *L'Art poétique*, chant IV, v. 39-40.

[8]   Une note de Boileau précise : « Cyrano Bergerac, auteur du Voyage de la Lune », ce qui semble prouver qu'en 1674, les œuvres de Cyrano étaient passablement oubliées.

Mirabeau qui d'une façon plus percutante ne voyait en elle
«qu'un traité d'athéisme avec privilège du roi»[9]. Ils ne l'ap-
préciaient pas pour autant. Cependant le *Journal de Trévoux*
n'est pas totalement négatif: «Ce poème dramatique est follement conduit, plein d'enflure dans les vers et dans les choses,
mais au milieu de tout cela on rencontre de belles images.»[10]
Quant au *Journal encyclopédique*, les auteurs comparent la tragédie de Cyrano avec *La Mort de Séjan* d'un certain J.-B.
Chopin, jouée en 1755, qu'il engagent vivement à lire *La Mort
d'Agrippine*:

> Il y trouvera de l'art dans la conduite, de l'adresse dans les pas-
> sions, de la force, de la hardiesse dans l'expression, et des situa-
> tions intéressantes. [Certes, les idées de Cyrano] sont
> quelquefois gigantesques, et les figures chargées; mais tous ces
> vices étaient excusables en ce temps-là, où le bon goût n'avait
> point encore entièrement chassé les pointes, le jeu de mots, les
> métaphores outrées, les allusions forcées, etc. L'auteur [...]
> rachète tous ces défauts par des véritables beautés qui sont en
> grand nombre.[11]

Ils estiment que, au prix de quelques corrections, on pourrait
la représenter de nouveau «avec éclat». Suivent deux citations,
commentées avec éloge.

A l'époque romantique, la balance commence à s'incliner
dans l'autre sens: Charles Nodier, reconnaissant que «sous le
rapport du style les taches sont fréquentes», ajoute en compensation: «mais les endroits qui sont beaux sont admirables.[12]»

C'est Théophile Gautier qui, dans ses *Grotesques* (1859), sortit
Cyrano de l'oubli. Il s'élève contre l'accusation d'athéisme: les
vers toujours incriminés ne prouvent rien sur l'esprit libertin de
l'auteur: c'est Séjan qui parle et il insulte les dieux païens. Le critique commente avec sympathie la tragédie dans son ensemble:

> *La Mort d'Agrippine*, tragédie d'un goût beaucoup plus sévère
> que tout le reste de ses œuvres, versifiée avec une vigueur toute

---

9   Textes cités par P. Brun, *op. cit.*, p. 186.
10 *Mémoires pour l'histoire de la Science et des Beaux-Arts*, dits *Journal de Trévoux*, 1747, p. 611.
11 *Journal encyclopédique, par une société de gens de lettres*, janvier 1756, p. 62.
12 Cité par Georges Mongrédien, *Cyrano de Bergerac*, p. 141.

cornélienne et où beaucoup de passages approchent de la sublime ironie de *Nicomède*; le morceau suivant peut servir d'échantillon.

Il cite alors la réponse de Livilla à Tibère à la scène 3 de l'acte IV (v. 1408-1436), avant de conclure, sur l'ensemble de l'œuvre:

> Si homme de génie veut dire inventeur, original dans le fond et la forme, personne au monde n'a autant de droits à ce titre que Cyrano de Bergerac, et cependant, on ne le regarde que comme un fou ingénieux et amusant.

Victor Fournel, pourtant très ouvert à la littérature « indépendante » du XVIIᵉ siècle, est sévère pour Cyrano, en qui il voit « le germe d'un homme de génie mais seulement le germe » et dont il dit « aucune de ses idées n'est venue à maturité »[13]. Parlant plus précisément de son théâtre, il ajoute: « Cyrano a laissé une tragédie d'*Agrippine*, qui avec beaucoup de mauvais goût, de l'emphase, des pointes, peu d'habileté dans les développements, a de la force et de la grandeur »; mais en développant ce jugement et en affirmant que la tragédie est mal composée, il le corrige:

> Tout l'art et tout l'effort de l'auteur se sont portés sur le style: là est aussi pour nous l'intérêt de cette œuvre puissante, au vers savant, coloré, nerveux, tout éclatant de métaphores énergiques et de sonores antithèses, et à laquelle il ne manque de ce côté que la règle et la mesure [...] La tragédie se clôt par un trait voisin du sublime [...] Si toute la pièce était à la hauteur d'un assez grand nombre de scènes, si elle avait autant d'art et de goût qu'elle a souvent d'énergie et d'inspiration, on pourrait la placer sans crainte dans les premiers rangs de notre tragédie[14].

Emile Faguet, dans le chapitre de l'*Histoire de la poésie française* qu'il consacre à *La Mort d'Agrippine*, essaie d'en donner une vision impartiale; il résume la pièce avec une certaine ironie, pas toujours injustifiée: il trouve « amusante et comique » la situation du premier acte où chacun conspire à la fois à peu près contre tous les autres, précisant que « c'est peut-être la raison qui fait de cette tragédie une mauvaise pièce ». Le dénouement en est

---

[13] Victor Fournel, *La Littérature indépendante et les écrivains oublés du XVIIᵉ siècle*, Paris, 1862, p. 128.
[14] *Ibid.*, p. 118-119.

trop prévisible, il n'y a progression ni dans les faits ni dans les sentiments. Il juge que Cyrano «a parfaitement manqué sa veuve»: Agrippine est si fourbe et si criminelle qu'elle ne nous attire pas du tout; cependant «c'est souvent une belle statue vivante avec de beaux gestes et de belles attitudes.» Et Cyrano fait une véritable étude psychologique de Séjan, dans lequel il a mis quelque chose de lui-même et de tout à fait nouveau: «l'orgueil du patricien», «l'ironie froide du grand seigneur», l'originalité de son athéisme, son courage final, qu'il admire beaucoup; et de conclure: «Telle est cette pièce intéressante quoique manquée». En quoi manquée? la réponse est simple: Faguet juge en fonction d'un modèle, essentiellement cornélien: il faut de l'action, des méchants ou assimilés, et des personnages sympathiques. Séjan aurait pu être sympathique, mais il n'agit pas. D'autre part, la pièce de Cyrano est à peu près contemporaine d'*Héraclius* et de *Venceslas*, et, évidemment on n'y reconnaît ni Corneille ni Rotrou[15].

N'en voulons pas à Lanson d'expédier ainsi *La Mort d'Agrippine*: «Pièce mal écrite avec de beaux vers; expression du libertinage philosophique du temps. La pièce fit scandale[16]», car ce jugement, évidemment un peu sommaire, se trouve dans des notes jetées sur le papier pour un cours professé aux Etats-Unis sur l'ensemble de la tragédie française. D'autres sont plus violents, tel Perrens, qui parle de Cyrano comme d'un «talent sans boussole» et du «galimatias» de *La Mort d'Agrippine*[17]. En notre siècle, Cyrano de Bergerac – en partie grâce à Edmond Rostand – a retrouvé la place qu'il méritait, mais *La Mort d'Agrippine* n'a été réhabilitée que récemment. Pierre Brun, dans sa thèse de 1909, accumule les erreurs de lecture[18], tandis que, plus près de nous, H. C. Lancaster juge encore selon l'esprit d'Emile Faguet: capacité de Cyrano à écrire des vers bien frappés, inexpérience de dramaturge, visible également dans *Le*

---

[15] Emile Faguet, *Histoire de la poésie française*, t. II, p. 224-237.

[16] G. Lanson, *Esquisse d'une histoire de la tragédie française*, XXIᵉ leçon, dernier paragraphe.

[17] F.-T. Perrens, *Les Libertins en France au XVIIᵉ siècle*, Paris 1899, p. 292. Ouvrage au demeurant plein d'erreurs et de légendes.

[18] Pierre Brun, *Cyrano de Bergerac, gentilhomme parisien. L'histoire et la légende*, Paris 1909. Jacques Prévot a relevé six erreurs de lecture, dont certaines sont de véritables contresens (*op. cit.*, p. 171).

Pédant joué, incapacité à élaborer une intrigue véritable et une progression; pas d'action, un troisième acte qui ne sert à rien, une naïveté invraisemblable des personnages, qui leur fait annoncer leurs desseins sans réfléchir que leurs ennemis ou leurs victimes peuvent les entendre, triple répétition de la même situation, etc. Il reconnaît cependant que, malgré la maladresse de sa construction, la tragédie «mérite d'être lue à cause de la force et de la beauté de certains vers»[19].

On peut considérer qu'à partir de Georges Mongrédien, les éloges l'emportent sur les critiques: certes, il reconnaît toujours «l'imbroglio de l'intrigue, assez propre à faire perdre pied au lecteur d'aujourd'hui», mais pour lui, cette tragédie «supporte aisément la comparaison avec toutes les œuvres semblables du XVIIᵉ siècle, hormis les chefs-d'œuvre de Corneille» et, parlant des propos de Séjanus, il affirme:

> Ces passages, d'une étrange beauté littéraire, d'une philosophie si assurée, sauveront toujours de l'oubli une tragédie qui, en cela, ne ressemble à aucune autre et qui nous livre, sous le voile de l'antiquité païenne, les convictions profondes de Cyrano[20].

Que l'on pèse ces propos: si les mots «œuvres semblables» semblent ne pas s'appliquer à Racine, Mongrédien établit au moins l'égalité avec toutes les autres tragédies héroïques du XVIIᵉ siècle, et en excepte non pas *tout* Corneille, mais seulement «les chefs d'œuvre» de Corneille.

Philippe Van Tieghem est encore modéré lorsqu'il remarque que: «imaginatif et d'un tempérament outré, [Cyrano] se livre à sa verve comique et caricaturale dans la comédie, mais il sait garder dans la tragédie une noblesse et une intensité très cornéliennes», et René Pintard reconnaît la gaucherie de l'action lorsqu'il admire les caractères, les passions et trouve dans les «tirades d'une précise et dure éloquence» de Séjan le «chef-d'œuvre de la littérature libertine du XVIIᵉ siècle»[21]. En revanche, Antoine Adam est dithyrambique envers une pièce qu'il juge digne d'être placée, avec *Le Pédant joué*, parmi les

[19] H. C. Lancaster, *A History of the French Dramatic Literature in the seventeenth Century*, Part. III, vol. I, p. 169-171.
[20] Georges Mongrédien, *Cyrano de Bergerac*, p.140 et suiv.
[21] *Dictionnaire des Lettres françaises*, art. «Cyrano de Bergerac».

plus grandes du siècle et qu'il trouve bien supérieure à *La Mort de Sénèque* de Tristan L'Hermite:

> Cyrano a l'art de tendre à l'extrême les situations, de pousser les passions jusqu'à un point qui touche à la frénésie. il balaie la noblesse affectée, les attitudes composées, les pauses avantageuses de la tragédie contemporaine. Il ose dresser le tableau d'une conjuration où tous les conspirateurs ont pour premier objet de se perdre les uns les autres. Il n'a pas ces timidités des médiocres qui craignent les moyens violents, et loin de les éviter, il cherche les situations qui tiennent le spectateur haletant. Avec cela une sobriété étonnante chez cet homme en qui la pondération n'était pas la vertu dominante. l'admirable concision de la dernière scène est une chose unique dans l'histoire de notre tragédie. Ainsi l'optique a totalement changé: tout ce qui était affecté d'un moins au nom du bien fait, de la mesure, de l'équilibre se trouve valorisé[22].

C'est ce nouvel esprit que reflète l'ouvrage de Vitor Ramos[23]: le sous-titre de son livre, *L'expression de la vérité humaine dans La Mort d'Agrippine*, indique clairement ce qu'il voit dans la pièce. Certes, le climat de cette tragédie « sinistre », « sanglante », est surhumain, démesuré; les sentiments y sont portés à leur paroxysme; ce sont des êtres d'exception que Tibère, Agrippine, Séjanus, Livilla, ne connaissant pas d'autre loi que celle de la jungle, emportés par le masochisme, la mégalomanie meurtrière, une volonté de puissance criminelle. Cyrano recherche non la situation naturelle mais la situation inhumaine, non pas la vérité ordinaire, mais une « vérité exceptionnelle qui s'approche dangereusement de l'invraisemblance[24] ». Le héros cyranesque est un être « passionné, emporté, un être bouillant de vie et d'impatience. S'il s'est libéré de toute contrainte éthique, c'est afin de pouvoir s'engager. La seule question intéressante est de savoir « comment l'auteur les a rendus dramatiquement vrais[25] ». Son ouvrage est un plaidoyer énergique, vivant, ingénieux, trop peut-être, comme certains avocats, pour être vraiment convaincant.

---

[22] Antoine Adam, *Histoire de la littérature française au XVIIᵉ siècle*, Paris, éd. Del Duca, 1962, t. II, p. 124.

[23] Vitor Ramos, *Cyrano auteur tragique*, Sao Paulo, 1966.

[24] *Ibid.*, p. 132.

[25] *Ibid.*, p. 19.

Jacques Prévot, dans la longue étude qu'il consacre à *La Mort d'Agrippine*[26], prend un autre point de vue: après avoir donné un bref et global *satisfecit* à la construction de la pièce, il se place pour l'examiner au niveau du langage, ce qui apparente la tragédie au *Pédant joué* et, au-delà, aux autres œuvres de Cyrano. On découvre ainsi la cohérence de son écriture, car ce n'est pas dans leurs actions – toutes avortées – que se révèlent les caractères, mais dans leurs paroles. C'est par celles-ci, par ce qu'elles disent et par ce qu'elles cachent, et par la façon dont elles le disent ou le cachent, que nous connaissons les personnages, même si éventuellement cette connaissance reste incomplète ou incertaine[27]. On peut n'être pas d'accord avec Jacques Prévot sur son analyse du discours de Tibère, bien moins timide et bien moins sadique à mon avis qu'il ne le prétend, mais Séjanus, Agrippine, Livilla se découvrent ainsi dans toute leur richesse et dans toute la profondeur de leur inconscient. Le discours cornélien est celui de la conscience claire, l'expression voulue ou admise de l'être intérieur[28]; celui des personnages de *La Mort d'Agrippine* est leur être même: ils ne choisissent pas ce qu'ils vont dire. A côté de cela – comme dans *Le Pédant joué* – l'intrigue devient seconde, l'intérêt de la pièce est ailleurs.

L'HISTOIRE

Germanicus, neveu de Tibère, époux d'Agrippine, petite-fille d'Auguste, a remporté de brillantes victoires en Germanie et, remontant les fleuves, a pu assurer solidement ses conquêtes. De retour à Rome, Tibère lui offrit un triomphe magnifique, mon-

---

[26] Jacques Prévot, *Cyrano de Bergerac poète et dramaturge*, Paris, Belin, 1978, p. 169-246.

[27] Dans une certaine mesure, c'est le cas pour toutes les œuvres théâtrales, mais souvent les auteurs trichent: tantôt ce sont les propos des autres qui nous renseignent sur tel personnage, tantôt ils le font s'expliquer sur lui-même, à l'attention exclusive du spectateur, faiblesse très rare dans *La Mort d'Agrippine*.

[28] Par exemple, Félix éprouve le besoin d'avouer à son confident une raison secrète de laisser périr Polyeucte:
Te dirai-je un penser indigne, bas et lâche?
Je l'étouffe, il renaît, il me flatte et me fâche.

trant ainsi qu'il n'était pas envieux comme on le prétendait. Puis il lui confia une mission importante en orient: un décret du Sénat lui donnait le gouvernement de toutes les provinces orientales, avec une autorité supérieure aux gouverneurs de régions. Mais Tibère avait moins confiance dans les qualités diplomatiques de Germanicus qu'en ses qualités militaires. Aussi nomma-t-il comme gouverneur de Syrie Cneius Calpurnius Pison, plus âgé, issu d'une grande famille patricienne et d'opinions républicaines, destiné à lui servir de conseiller. Il semble que Tibère n'ait eu alors en vue que l'intérêt de l'État, et le désir de montrer son respect pour la vieille noblesse. D'après Tacite, Pison était un homme de caractère violent et incapable de respect. Poussé par sa femme, Plancine, issue d'une famille riche et noble, et qui détestait Agrippine, il se serait appliqué d'abord à contrer toutes les décisons d'un Germanicus trop généreux et trop modéré. De graves disputes éclatèrent bientôt entre les deux hommes – et entre leurs femmes. Le désordre s'aggrava au point que l'armée et tout l'Orient se divisèrent en deux partis. Finalement, Pison décida de quitter la province. Peu après son départ, Germanicus tomba soudainement malade et mourut à trente-quatre ans, le 12 octobre 19. Il laissait sa veuve, Agrippine, et six enfants sur les neuf qu'il avait eus d'elle. Les amis et partisans de Germanicus, sa veuve, les ennemis de Tibère et de sa politique et probablement Germanicus lui-même supposèrent qu'il avait été victime d'un poison lent. Tacite qui, hostile à l'empereur, gauchit systématiquement son image, a laissé entendre, sans l'accuser ouvertement, que Tibère était complice, sinon instigateur de la mort de Germanicus, par l'intermédiaire de Pison. Il insiste sur les éléments qui font soupçonner un empoisonnement et des pratiques magiques: «On trouvait sur le sol et sur les murs de sa résidence des lambeaux de cadavres déterrés, des formules d'enchantements et d'imprécations, des tablettes de plomb où était gravé le nom de Germanicus, des débris humains à moitié brûlés et teints d'un sang noir et d'autres maléfices que l'on croit de nature à dévouer les âmes aux divinités infernales; en même temps les émissaires de Pison étaient accusés de venir épier les symptômes fâcheux du mal.[29]» Germanicus lui-même semble avoir cru à cet empoisonnement. D'ailleurs Pison et sa femme auraient mani-

---

[29]   Tacite, *Annales*, II, LXIX, trad. H. Goelzer.

festé une grande joie en apprenant la mort de leur rival. Coëffeteau, qui est peut-être la source principale de Cyrano, abonde dans le sens de Tacite et de Suétone.

L'accusation se répandit à Rome et dans l'Italie et le peuple réclama vengeance. Le Sénat dut juger Pison. Pour échapper à une condamnation certaine, Pison se donna la mort, sauvant ainsi sa femme, ses enfants et ses biens. Mais Agrippine ne se tint pas pour satisfaite et continua à accuser Tibère, soutenue par les ennemis de celui-ci. Beaucoup de Romains furent alors condamnés en vertu de la loi *De majestate*, qui punissait les crimes de lèse-majesté, sans que Tibère y fût pour rien. Ainsi accusé, probablement à tort, et maladroitement défendu, l'empereur se voyait de plus en plus haï. Cependant, il laissait Agrippine vivre et agir. En 23, il perdit son fils, Drusus; son principal collaborateur, et il se réconcilia même avec Agrippine. C'est alors qu'intervint Séjan.

Simple chevalier romain, devenu le bras droit de Tibère après la mort de Germanicus et de Drusus, craignait d'être supplanté dans la faveur du prince par le jeune Caligula. Il travailla donc à envenimer les discordes de la famille impériale. Par exemple, il fit croire à Agrippine que Tibère avait l'intention de l'empoisonner elle aussi. Invitée, elle refusa de manger quoi que ce fût, ce qui vexa l'empereur. Rome et le Sénat furent bientôt divisés entre le parti de Tibère et celui d'Agrippine et de son fils Néron. Las de ce climat, en 26, Tibère quitta Rome pour Capri, encouragé par Séjan qui, de ce fait, exerça pratiquement le pouvoir. Il fit accuser alors Agrippine et son fils Néron de complot contre l'Etat; on les condamna à l'exil en 28. Néron se donna la mort dans l'île où il était relégué; quant à Drusus, d'abord allié à Séjan, on l'enferma dans un cachot du Palatin où on le laissa mourir de faim. Séjan devint alors le vrai maître de Rome. Il semble même avoir songé à renverser Tibère. Celui-ci, prévenu, réagit, enleva à Séjan le commandement de la garde prétorienne pour la donner à un certain Macron et fit donner lecture au Sénat d'une lettre où il accusait Séjan de haute trahison. Séjan fut condamné et exécuté ainsi que ses enfants, sa fille ayant d'abord été violée par le bourreau (on n'avait pas le droit de mettre à mort des vierges). Seule survécut sa femme, Apicata, qu'il avait répudiée depuis longtemps, mais, après avoir révélé à Tibère le secret de la mort de Drusus elle se suicida. S'ensuivit une période de terreur, de dénonciations, de procès, de suicides, jusqu'à la mort soudaine de Tibère, à Misène, le 16 mars 37.

C'est cette période de troubles et d'exactions qui pesa rétroactivement sur la mémoire de Tibère, ajoutée à ses débauches pédophiles de Caprée.

SOURCES

Par son titre même, *La Mort d'Agrippine* indique que le sujet en est pris dans l'histoire romaine, plus spécialement dans Tacite, qui dans les *Annales*, du Livre II, 69 au Livre VI, 31, narre avec précision tous les événements qui vont de la maladie de Germanicus à la mort d'Agrippine. Suétone, au Livre III de la *Vie des douze Césars*, consacré à Tibère, reprend, plus brièvement, tout ce qui a trait à Germanicus, Agrippine et leurs enfants, ainsi qu'à Séjan et Livilla. Quant à Juvénal, dans sa *Satire X*, il entretient le souvenir de Séjan, le prenant comme exemple des vicissitudes de la Fortune, de la versatilité du peuple romain et des dangers de l'ambition. Souvenirs de collège ou lectures d'homme cultivé ; mais Cyrano n'avait pas besoin de se replonger dans les auteurs latins, puisque, dans son *Histoire romaine*, Coëffeteau, très lu alors, rappelait tout cela.

Il existe un drame de Ben Johnson, *Sejanus*, joué en 1605. C'est une belle pièce élisabéthaine en cinq actes, très shakespearienne de ton. Et pour cause : on dit, avec raison, que Ben Johnson y imita le *Julius Cesar* de Shakespeare, qui datait de 1599. La pièce comporte un grand nombre de personnages, des scènes au Sénat, etc. Tibère veut abandonner le pouvoir, mais les sénateurs le supplient de le conserver. Un certain Silius est accusé injustement devant le Sénat : il se justifie et se poignarde. Agrippine, que l'on a à peine vue, vient à l'acte IV réclamer vengeance. On rappelle que Séjan a sauvé Tibère en soutenant la voûte d'une grotte qui s'effondrait sur eux. Macron et Caligula sont d'accord pour éliminer Séjan. Drusus est empoisonné, Agrippine reléguée à l'île de Pandataria. Le complot s'organise seulement à la fin du quatrième acte. Terentius ami de Séjan vient lui rapporter de mauvais présages : sa statue a pris feu, s'est brisée ; un serpent en est sorti, etc.

Une grande scène est consacrée à la lecture au Sénat de la fameuse lettre de Tibère, invitant progressivement les sénateurs à condamner Séjan. C'est un effet théâtral analogue à la harangue de Marc-Antoine dans le *Julius Cesar* de Shakespeare. Plus tard,

Térentius vient raconter la condamnation à mort de Séjan et
l'exécution de ses enfants : sa fille, d'environ 14 ans, demande où
on l'emmène et sans comprendre, comme un enfant en faute, crie
qu'elle ne le fera plus. La pièce se termine par des considérations
morales générales.

La liberté du théâtre élisabéthain permet d'être beaucoup plus
fidèle aux historiens et à l'aspect anecdotique que ne le seront les
auteurs français. Selon toute vraisemblance, Cyrano de Bergerac
n'a jamais entendu parler de cette œuvre.

En revanche, Cyrano connaissait certainement le *Sejanus* de
Magnon, joué en 1645 à l'Hôtel de Bourgogne, publié en 1667,
assez célèbre pour avoir été traduit en hollandais dix ans plus tard
et cité par Poisson dans *Le Baron de la Crasse*[30]. Les personnages
en sont, outre Tibère, Séjan et Livie, Druse, fils de germanicus et
neveu de Tibère ; Fulvie, confidente de Livie ; Apicata, femme de
Séjan ; Voluzie, sa fille ; Térence, chevalier romain, ami de Séjan ;
Macron, colonel des gardes de Tibère ; Régulus, son lieutenant ;
plus une troupe de gardes. La scène est dans Rome, dans le palais
de Tibère. Il nous paraît indispensable d'en donner un résumé.

Acte I

Livie, veuve de Druse, veut se venger de Séjan[31] qu'elle rend
responsable de la mort de son mari, Druse, fils de Tibère. Fulvie
lui conseille de laisser les dieux s'en charger. Séjan est amoureux
de Livie, mais elle ne l'aime pas ; elle a seulement fait semblant
pour connaître ses secrets : c'est ainsi qu'elle a appris que Séjan
conspirait contre Tibère (sc. 1). Aujourd'hui il lui demande sa
main : elle est décidée à refuser :

> Lui demande mon cœur, et moi je veux sa tête.

Non seulement Séjan est son amant, mais il rêve de l'épouser
(sc. 2) :

> L'ambition me mène où mon amour aspire.

---

[30] SEJANUS / TRAGEDIE / *De Mr Magnon* / fleuron / A PARIS CHEZ
TOUSSAINT QUINET, au Palais dans la /petite salle sous la montée de la
cour des Aydes / MDCXLVII / *AVEC PRIVILEGE DU ROY*. Dédiée à l'ambassadeur de Suède.

[31] C'est ainsi qu'est appelé Sejanus dans le texte : le titre seul a gardé la forme
latine.

> Ainsi vous m'élevez pour monter à l'empire
> Et le trône me sert pour aller jusqu'à vous ;
> Ainsi l'égalité sera mise entre nous.

Etre un favori ne l'intéresse pas : il n'a supporté les ennuis de cette situation que pour acquérir Livie. Il veut la placer sur le trône. Pour cela il suffit d'éliminer les enfants d'Agrippine, notamment Druse, par le poison (Agrippine est déjà morte). Livie essaie de le calmer. Pour lui faire plaisir, il renoncera au poison et s'arrangera pour que Druse meure dans une bataille. Tribun, il est prêt à déclencher une révolte des soldats contre Tibère ; il attend seulement pour cela un messager qui l'assurera du soutien des légions d'Allemagne. Térence est chargé d'aller demander par écrit l'autorisation de Tibère pour ce mariage. Sans doute, Séjan est déjà marié, mais divorcer n'est pas difficile.

Après le départ de Séjan, arrive Apicata, sa femme (Sc. 3), résignée au divorce, mais fort irritée contre son mari ; elle rappelle à sa fille Voluzie les crimes de Séjan. Elle accuse également Livie d'avoir contribué à la mort de Druse.

> Ainsi, comme l'amour, le meurtre les assemble.

Acte II

Druse, fils de Germanicus, est amoureux de Livie qu'il sait – on ne sait trop pourquoi – innocente du meurtre de son mari, l'autre Druse, fils de Tibère (sc. 1). Livie demande à Druse de lui prouver son amour par des actes :

> Mais il faut m'acquérir par de nobles moyens.

Jusqu'à présent, en effet, il n'a pas voulu s'en prendre à Séjan, car il le croyait aimé : « Et pouvais-je attenter sur l'amant de Livie ? » demande-t-il. Livie toutefois lui déconseille une attaque à main armée. Elle l'envoie trouver l'empereur pour préparer son esprit à ce qu'elle-même va lui dire, car

> Son âme à chaque instant change de passion,
> C'est le plus inégal que l'Europe ait vu naître.

Heureusement, depuis quelque temps, il se défie de Séjan, aussi sera-t-il disposé à bien accueillir les avertissements de Livie.

Apicata (sc. 2) s'en prend à Livie : elle craint que sa mort ne soit le prix du mariage de celle-ci avec Séjan. Elle lui conseille aussi ironiquement de ne pas épargner Tibère :

Qui fit mourir le fils peut bien tuer le père.

Mais Livie se contente de mépriser son interlocutrice, du fait de la bassesse de sa naissance.

Finalement, Apicata et sa fille décident de faire connaître à Tibère l'adultère Livie-Séjan. Elles veulent confier ce soin à Térence; mais celui-ci a justement été chargé par Séjan de demander la main de Livie à l'empereur. Elles le prient alors d'aller trouver Séjan et d'essayer de lui faire abandonner ce projet (sc. 5).

Acte III

Première apparition de Tibère, furieux contre Séjan et contre Rome qui serait disposée à le soutenir (sc. 1). En effet, il a en main un écrit (envoyé par Apicata?) qui lui annonce que Séjan complote contre lui. Druse est d'avis d'agir immédiatement. Tibère lui apprend qu'il avait l'intention de lui laisser l'empire. Druse le blâme d'avoir accordé trop de faveurs à Séjan: c'est sur l'empereur maintenant que tombent les reproches du peuple; Tibère le reconnaît:

> J'ai travaillé moi-même à ma propre ruine,
> Et j'armai d'un poignard le bras qui m'assassine.

Druse demande alors l'autorisation d'arrêter Séjan; Tibère en donne l'ordre à Macron; mais voici Séjan lui-même ignorant qu'il a été dénoncé (sc. 2). Il rappelle à l'empereur les charges et dignités qu'il lui a données et lui demande la main de Livie. Tibère marque sa répugnance pour ce mariage, mais il veut demander son avis à la jeune femme.

Livie (sc. 3) refuse Séjan avec hauteur et affirme ne l'avoir jamais aimé; elle lui reproche tous ses crimes. Dans une longue tirade d'invectives, elle l'accuse même d'avoir fait mourir Pison pour supprimer un témoin gênant. Druse réclame à Séjan sa mère et son père, qui ont été ses victimes. Séjan se défend comme il peut, mais Livie l'attaque alors sur la mort de son mari. Elle rappelle devant Tibère ce qu'il lui a dit au premier acte: que son ambition allait jusqu'au trône. Elle explique pourquoi elle a feint de répondre à l'amour de Séjan. Celui-ci accuse Livie et Druse de mentir et demande sa protection à l'empereur; Tibère le défère au Sénat, où Macron va le conduire.

Acte IV

Apicata (sc. 1) n'est pas sûre de pouvoir empêcher le divorce; Voluzie et Térence lui conseillent de renoncer à poursuivre son mari. Séjan arrive alors, sous la garde de Macron, affirmant son repentir (sc. 2). Apicata se dérobe et Séjan détourne sa colère sur Livie. Il reconnaît que ses partisans l'abandonnent; il prédit tout ce qui va se passer et recommande aux dieux ses enfants. Voluzie soutient son père; Apicata elle-même regrette d'être allée trop loin (en dénonçant son mari): elle ne demandait pas sa mort:

> Un simple repentir eût contenté ma haine.

Adieux touchants de Séjan et des siens.

Apicata et Voluzie, accompagnées de Térence, vont se jeter aux pieds de Tibère (sc. 3). Il leur accorde leur grâce, mais refuse celle de Séjan. Dans une longue tirade, il soupçonne Térence d'avoir été au courant des intentions de Séjan, dont il était ami et dont il désirait épouser la fille; il le somme de lui dire la vérité. Térence se défend, rappelle qu'il honorait en Séjan l'ami de l'empereur, lequel a été le premier à aimer celui qu'il condamne aujourd'hui. C'est donc lui qui est le vrai coupable. Au reste, Térence n'a jamais été au courant du complot. Tibère remet alors le sort de Séjan au Sénat et pardonne à Térence, dont la franchise lui a plu.

Acte V

Tibère a appris que Rome s'était révoltée; il veut se montrer au peuple pour l'apaiser. Régulus lui conseille de ne pas sortir du palais, car partout l'émeute gronde. L'empereur se reproche d'avoir fait un procès public à Séjan: il aurait dû le supprimer discrètement: visiblement Térence et Apicata auront soulevé les Romains. C'est alors qu'arrivent Druse et Livie (sc. 2), rapportant les effroyables émeutes qui sévissent en ville: «l'on marche sur les morts»; mais cette agitation populaire est dirigée contre Séjan, non contre l'empereur:

> Meure, meure Séjan! crie un peuple en colère,
> L'ennemi de l'empire et celui de Tibère,
> Et d'un redoublement, d'un ton plus irrité,
> Meure, meure Séjan et sa postérité!

Tibère est donc rassuré. On lui raconte que Séjan a comparu devant le Sénat avec impudence, feignant la surprise et l'innocence. il s'est défendu habilement, mais le Sénat l'a condamné. Alors, arrachant le poignard d'un garde, il se l'est plongé dans le cœur. Le peuple a traîné son cadavre aux Gémonies. Tibère ordonne de mettre à mort ses partisans et ses complices ; mais Livie lui rétorque que ce serait injuste, et Tibère le reconnaît.

Macron revient alors avec Térence (sc. 3), choqué de ce qu'on a fait à son ancien ami. Il adresse de violents reproches à l'empereur et proclame son attachement à la maison de Séjan :

> Je l'aimerai, je l'aime et l'ai toujours aimée.

Il fait alors le récit des outrages faits au corps de Séjan, du saccage de sa maison. La révolte a fait cinquante mille morts ; il accuse Tibère de barbarie. Celui-ci donne l'ordre de faire cesser le carnage, mais il est trop tard :

> Rome, Rome n'est plus qu'un vaste cimetière.

Apicata s'est suicidée ; ses deux fils ont eu la tête fracassée sur les cailloux par les bourreaux, et Voluzie ... il n'ose dire ce qui est arrivé à celle « qu'on destinait au fils d'un empereur ». Il veut partager leur sort, mais Tibère ordonne à Macron de veiller à ce qu'il n'attente pas à sa vie. Arrive alors Livie (sc. 4). Tibère envoie Druse auprès des soldats pour les maintenir dans le devoir : il leur rappellera qu'il est le fils de Germanicus, etc. Il promet de lui accorder la main de Livie.

Pièce solide, bien faite, encore que la condamnation de Séjan intervienne un peu tôt et qu'il n'y ait ensuite que des actions accessoires. Magnon respecte la chronologie mieux que ne fera Cyrano, mais il ne suit aucunement Tacite ni Suétone. Tibère est un prince courageux et prudent, Livie une femme énergique, nullement adultère ni empoisonneuse, mais feignant d'accepter les hommages de Séjan, en tout bien tout honneur, pour pouvoir le démasquer et venger la mort de son époux, fils de Tibère. Druse est protégé de l'empereur, lui-même visiblement innocent de la mort de Germanicus et d'Agrippine. Apicata et Voluzie y ont du relief. Enfin, le personnage de Térence, conforme à l'histoire, est loin d'être négligeable : il force le respect par sa franchise et sa fidélité.

Cyrano de Bergerac ne suit pas du tout ce modèle ; en particulier, Magnon n'avait pas fait de Séjan un athée ni un philosophe, et son ambition ne l'empêchait pas d'exprimer son repentir à sa femme et à sa fille ; quant à Livie, nommée sous la forme Livilla, de femme honnête et généreuse, elle devient un monstre, dont la seule vertu restera le courage. Cependant, c'est le même climat de violence, de crime, de vengeance, de provocations, d'ironie, d'invectives, climat que l'auteur a porté au maximum, en particulier par l'ajout du personnage d'Agrippine. Tout en respectant les événements, il a aussi considérablement modifié les derniers moments du spectacle : le récit du supplice, au lieu de venir *in fine*, est fait en anticipation par Agrippine, ce qui est beaucoup plus vivant et impressionnant et évite le risque de longueurs, qui menace souvent la dernière scène des tragédies.

Cyrano de Bergerac avait lu aussi, selon toute vraisemblance l'*Aelius Sejanus* de Pierre Matthieu, qui connut plusieurs éditions[32]. C'est une histoire assez précise, compilation de Tacite, Suétone et Dion Cassius. On y trouve un certain nombre de détails sur la carrière et les exactions de Séjan, dont le père était déjà «colonel des gardes prétoriennes» et avait poussé son fils auprès de l'empereur. Livie, mère de Tibère, avait une grande influence sur celui-ci. C'est surtout après la mort de Livie, en 29 après Jésus-Christ, à l'âge de 86 ou 82 ans, que Séjan accrût son emprise sur Tibère. La première action de Séjan qui déplut à l'empereur aurait été la demande qu'il lui fit de la main de Livilla, directement et non par écrit, après lui avoir fait empoisonner son mari, Drusus, avec la complicité de son médecin et d'un eunuque. Il ne semble pas que Cyrano ait utilisé aucun de ces détails dans sa pièce.

Il ne semble pas non plus qu'il ait été influencé par la tragédie de Griguette, *La Mort de Germanic Caesar* (Dijon, 1646), qui racontait l'empoisonnement de Germanicus en suivant de très près Coëffeteau, donnant même le nom de Locuste à l'empoisonneuse ; la pièce n'observe aucunement les unités et ne traite pas le même sujet.

Beaucoup plus proche de sa conception dramatique est *La Mort de Sénèque* de Tristan L'Hermite (1645). Si Sénèque est un anti-Séjan, le caractère de Néron n'est pas sans traits communs avec celui de Tibère. En outre, le succès de cette pièce comme celui de *La Mort de Crispe*, du même auteur et à la même date, a

---

32 Pierre Matthieu, *Aelius Seianus. Histoire romaine recueillie de divers autheurs*. Seconde édition, 1622

pu contribuer au choix du titre, assurément inadéquat, mais susceptible d'attirer le public. Enfin, on pouvait penser qu'il s'agissait de la mort d'Agrippine la jeune, assassinée par son fils Néron,et dont tout le monde connaissait le caractère tragique et révoltant: ambiguïté vite détruite mais qui n'en existait pas moins sur les affiches et la page de titre de l'ouvrage.

ANALYSE DE LA PIÈCE

Acte I

Nous sommes à Rome, dans le palais impérial. Le rideau se lève sur une conversation commencée entre Agrippine et sa confidente Cornélie. D'après les quatre premiers vers, le même récit des prouesses de Germanicus est fait virtuellement à trois reprises: la première fois a eu lieu avant le lever du rideau et la troisième (hypothétique) ne peut se produire que hors scène. Cornélie se montre une auditrice complaisante. Près de 130 vers seront consacrés aux exploits et aux victoires de Germanicus en Germanie, à son voyage en orient où il se montra essentiellement pacificateur, à la haine que lui portaient Pison et Tibère et à son empoisonnement par le premier à l'instigation du second. Ainsi l'ombre de Germanicus va planer sur toute la pièce; il serait à peine exagéré de prétendre qu'il en est le personnage principal. A la fin de son propos, Agrippine proclame son dessein de se venger de Tibère, mais aussi de Séjanus et de sa maîtresse Livilla, considérés comme complices.

La situation est donc clairement indiquée. La chiquenaude initiale sera donnée par l'annonce que vient faire Séjanus de l'arrivée prochaine de Tibère: il a quitté sa retraite de Capri et marche sur Rome avec une importante armée. Il connaît les intentions d'Agrippine, mais il ignore que Séjanus est du complot. Celui-ci a conclu un marché avec la veuve de Germanicus: sa main contre le meurtre de Tibère (v. 172). Restée seule avec Agrippine, Cornélie s'indigne qu'elle soit prête à épouser le meurtrier de son mari. Agrippine la rassure: il n'en est rien, mais elle a absolument besoin de Séjan pour faire périr Tibère: s'il réussit, elle se vengera de lui ensuite; s'il échoue, ce sera toujours un des trois meurtriers punis.

A la scène suivante, Livilla vient réclamer à son amant la mort d'Agrippine, dont elle est jalouse. En outre, il y a entre elles deux des crimes inexpiables : le meurtre de Germanicus et celui de ses enfants. Séjan lui promet que, si pour le moment il s'abrite derrière Agrippine, une fois Tibère assassiné, ce sera le tour de celle-ci.

Livilla sortie, le bon Térentius, ami de Séjanus, s'étonne qu'il préfère cette femme à la future impératrice. A son tour, Séjan le rassure : il la hait. Certes, Agrippine est plus vieille, mais la couronne compense bien l'outrage des ans. Il s'imagine qu'elle croit Tibère seul coupable de la mort de Germanicus et n'aura donc point de répugnance à l'épouser. D'autre part, le rang que lui donnera son mariage pourra lui être une sécurité : on ne traite pas un prince, même consort, comme un simple bourgeois.

La clarté de l'exposition ne signifie pas que la situation, elle aussi, soit claire : tout le monde se méfie de tout le monde et, en conséquence les mensonges seront monnaie courante.

Acte II

D'entrée de jeu, Nerva propose à Tibère de faire périr Agrippine sans procès et sans attendre. Mais Tibère hésite, il craint qu'un meurtre ne cause une révolte populaire. D'autre part, s'il la traduit devant le Sénat et que celui-ci la juge innocente, elle cherchera à se venger ; il faut donc gagner du temps. Nerva essaie de faire peur à son maître : Agrippine peut l'empoisonner. La solution imaginée par Tibère est de la rassurer : il va lui proposer d'abdiquer en faveur de son fils, ce qui est lui donner pratiquement le pouvoir, à elle. Agrippine repousse avec obstination ce cadeau empoisonné, car l'empereur pourrait fort bien fomenter un refus des Romains qui enlèverait tout espoir à Agrippine. D'où ce qu'on pourrait appeler le grand jeu du diadème (v. 459-512).

Comme, malgré tout, Séjanus s'étonne du refus, Agrippine lui explique, que, Tibère redevenu simple particulier, elle ne pourrait plus exercer sa vengeance, de même que Cinna, dont se souvient Cyrano, tenait à ce qu'Auguste restât sur le trône pour avoir un prétexte à l'assassiner. Quant à Séjanus, il va s'expliquer à son confident Térentius : la seule chose qu'il désire est l'empire et Agrippine est le seul moyen pour y parvenir. Térentius essaie de lui faire la morale et de le détourner d'un tel crime ; il l'invite à craindre un châtiment divin, ce qui permet à Séjanus de prononcer des vers blasphématoires et de faire ouvertement profession d'athéisme.

Paraît alors Livilla, qui rapporte quantité de mauvais présages. Séjanus n'en a cure. L'assassinat de Tibère est décidé; mais il ne dit pas à Livilla qu'il commet cet acte uniquement pour pouvoir épouser Agrippine.

L'acte II est un acte assez vide. Hormis l'arrivée de Tibère, il ne s'y passe rien. C'est l'acte des projets. Son intérêt est plutôt d'ordre verbal, dans ce que nous avons appelé le jeu du diadème et dans les «belles impiétés» visiblement provocatrices.

Acte III

Ce n'est pas vraiment un acte d'action, mais un acte d'effets, de leurres qui peuvent tenir lieu de péripéties. De nouveau, comme au premier acte, Agrippine évoque longuement Germanicus qui demande vengeance (v. 687-720). Puis elle se délecte pendant 45 vers (724-768) à la pensée du mal qu'elle va faire à Tibère. Or celui-ci survient. Il a entendu les derniers mots d'Agrippine, qui parlait de lui percer le flanc, de le massacrer au milieu de ses gardes (v. 764-768). Agrippine feint alors de raconter un songe qu'elle vient d'avoir, dans lequel c'était Brutus, le meurtrier de César qui, en portant les coups, prononçait les paroles entendues par Tibère. Celui-ci n'est pas totalement dupe. Aussi Agrippine détourne-t-elle la conversation en accusant Séjanus. Mais voici qu'il s'approche, lui aussi, et à son tour entend les vers par lesquels Agrippine le met en cause. Croyant tout perdu, il se jette aux pieds de l'empereur en avouant avoir conjuré. Agrippine alors feint qu'elle rapportait des propos d'ennemis de Séjanus et d'elle-même. Séjanus s'aperçoit de la gaffe qu'il vient de commettre. Habilement il entre dans le jeu d'Agrippine, en jouant sur le double sens du mot «conjurer».

Tibère décide alors de mettre Agrippine à l'épreuve: si la sédition populaire devient pressante, elle devra désavouer publiquement les mutins. En même temps, il confie à Séjanus qu'il n'a aucun besoin d'elle pour apaiser la populace. Restés seuls, Agrippine et Séjanus se remettent de leur peur et resserrent leur alliance. Quoi qu'il en soit, le moment n'est pas encore venu, Tibère a trop de soldats avec lui. Il faut calmer le peuple et attendre que l'empereur et ses légions retournent à Caprée. Il semble donc que, loin de penser à un assassinat héroïque et immédiat, on espère soulever Rome en l'absence de Tibère. Cependant, au cours de cette conversation, Agrippine prononce quatre vers, qualifiés d'*équivoques* par une didascalie et qui laissent entendre que sa vengeance ne sera complète que si Séjanus y figure.

Séjanus s'en va mais Livilla entre, sans qu'il y ait liaison des scènes. Sa jalousie s'exprime dans une conversation aigre-douce (plus aigre que douce) entre les deux femmes : Agrippine n'y cache pas son intention de faire périr Séjanus. Mais Livilla ne la croit pas et, dans un monologue terminal, exprime toute sa passion avec une fureur et une violence dont Racine se souviendra peut-être lorsqu'il fera parler l'Hermione d'*Andromaque*.

Acte IV

Encore un acte d'attente, mais la situation devient de plus en plus tendue. Cette fois, cependant, Tibère est maître du jeu : ses légions sont autour du palais. L'heure d'Agrippine est venue ; mais Séjanus le freine : il ne faut pas agir trop vite, cela pourrait déplaire aux Romains. Il se propose pour espionner Agrippine ; mais Tibère l'a convoquée, se targuant de comprendre d'après ses réactions si elle est coupable ou non : il va donc l'accuser de vouloir l'assassiner. Agrippine perce le dessein et refuse de se défendre, puisque ce serait laisser croire qu'elle a pu en avoir la pensée ; elle accuse Séjanus, sans le nommer, d'avoir fait un faux rapport à Tibère. Avec courage et orgueil, elle fait front et passe même à l'attaque, accusant Tibère d'usurpation et évoquant une fois de plus Germanicus. Pour montrer qu'elle n'a aucune mauvaise intention, elle jette même aux pieds de Tibère un poignard qu'elle portait sur elle. Mais lui décide de se retirer à Caprée, en emmenant le fils d'Agrippine en otage.

Resté seul avec Agrippine, Séjanus lui conseille de ne plus attendre et d'exhorter les vétérans à la révolte, leur rappelant leurs fatigues sans récompenses et leur apprenant que le testament de Germanicus en leur faveur n'avait pas été exécuté. Cornélie, elle-même, s'en mêle. Mais Agrippine redoute une guerre civile et veut faire périr Tibère elle-même (on se demande pourquoi elle ne l'a pas tué dix minutes plus tôt, quand elle était seule avec lui, poignard en main). Une fois de plus, Séjanus essaie de la calmer. Elle promet de l'épouser s'il venge Germanicus, mais exprime son désir d'une vengeance totale, en des vers à double sens qui impliquent la présence de Séjanus parmi les victimes. Celui-ci – qui ne comprend pas – manifeste hautement son enthousiasme. Trop haut, puisque Livilla a entendu – une fois de plus – les mots par lesquels il exprimait son amour à Agrippine. Avec ironie, elle lui rappelle les crimes qu'elle a commis pour lui plaire et s'unir à lui.

Séjanus se défend de son mieux, et Livilla feint de se laisser convaincre. Séjanus alors se décide à frapper. Mais Livilla a dessein d'agir pour se venger de tous.

Acte V

Livilla a dénoncé tout le monde. Tibère a fait arrêter Séjanus, et Agrippine est sous bonne garde. Nerva annonce alors que Séjanus a été condamné par le Sénat. Livilla demande qu'on le fasse venir et, avant son arrivée, s'accuse elle-même devant l'empereur d'avoir été l'âme du complot, jusqu'à épouser dans sa haine le fils de Tibère uniquement pour pouvoir le faire périr. En fait, si elle s'accuse ainsi, c'est pour suivre au tombeau Séjanus, car sa passion n'a pas faibli. Lorsqu'il est là, elle lui explique que c'est par jalousie qu'elle a tout dévoilé: elle le suivra jusque dans les enfers. Agrippine paraît alors pour annoncer à Séjanus sa condamnation capitale et lui déclarer sa haine. Au reste, sans illusions, elle sait fort bien que son tour à elle va bientôt venir. Elle essaye de faire perdre courage à Séjanus en évoquant son supplice, les injures qui l'accompagneront et le sort de ses enfants. Mais Séjanus montre un grand courage fondé sur un athéisme tranquille. Curieusement, Agrippine se félicite de cette grandeur d'âme: au moins, c'est une victime de prix qu'elle offre aux mânes de Germanicus.

Tibère venant lui annoncer que Séjanus va être exécuté, elle lui répond hardiment qu'il y a encore une tête qui doit tomber, celle de l'empereur lui-même. Tibère, cependant, ne veut pas la faire périr: la mort lui serait trop douce: il faut qu'elle vive; au reste, il ordonne d'égorger ses enfants, à l'exception de Caligula. Il fait grâce à Térentius, conformément à l'histoire et, comme Nerva s'apprête à lui raconter la double exécution de Séjanus et Livilla, il arrête le récit sur ses lèvres.

LA CONSTRUCTION TRAGIQUE

La seule indication permettant de dater les événements représentés dans la pièce de Cyrano est la mort de Séjan, exécuté en 31 ; mais, à cette date, Agrippine était déjà en exil depuis trois ans, sur les ordres du même Séjan. D'autre part, il semble que Tibère soit resté à Caprée où il séjournait : il s'est contenté d'envoyer au Sénat une lettre accusant son ancien favori.

Or, la tragédie de Cyrano est construite autour de trois pôles : Tibère, Agrippine, Séjanus : on comprend que toute référence chronologique, qu'il s'agisse des événements, de la situation ou de l'âge des personnages, demeure vague. L'unité de lieu ne pose pas plus de problèmes que dans *Cinna*. Au moins l'imprudence qu'il y a à comploter dans une salle où l'on entre comme dans un moulin est-elle utilisée à trois reprises pour qu'un personnage survenant entende justement ce qu'il ne devrait pas. L'unité de temps est un peu plus délicate : si le mouvement des légions est acceptable, bien qu'un peu rapide, on peut trouver singulièrement pressés des gens plutôt indécis, qui semblent toujours estimer qu'il est trop tôt pour agir. A vrai dire, on n'y pense pas. Avant que Corneille l'ait nettement formulé, Cyrano a compris que le mieux était d'éviter toute allusion qui au lieu de les justifier, soulignerait au contraire les libertés prises par l'auteur. Aussi bien le présent l'emporte-t-il sur l'avenir : en dépit du titre, le spectateur est plus sensible à ce qui se passe devant ses yeux qu'à ce qu'il peut attendre. L'esprit de la pièce de Cyrano est en cela tout différent de celui du théâtre de Corneille ou de Racine : ce n'est ni une histoire ni un destin, mais une série d'affrontements entre des caractères à fort relief. Crébillon disait, paraît-il : « Corneille a pris le ciel, Racine la terre, il me restait l'enfer ». Bien avant Crébillon, Cyrano avait pris l'enfer comme lieu de sa pièce. Un enfer représenté moins par le palais impérial ou même par les actions commises que par les caractères qu'il met en scène.

On pourrait, certes, schématiser, comme dans *Andromaque* : Livilla désire épouser Séjanus, qui désire épouser Agrippine, qui désire venger Germanicus. Il existe donc un lien passionnel entre les trois personnages, mais on ne saurait parler d'amour, sinon pour Livilla, sous sa forme la plus sauvage, car l'unique passion de Séjanus est l'ambition de s'élever au trône. Il serait cependant très difficile de construire un modèle actantiel type d'après ces données. Livilla serait l'unique sujet du désir et Séjanus l'objet, mais il n'y aurait guère d'adjuvants, et surtout cela fausserait complètement le mouvement et le sens de la tragédie. En réalité, comme l'a noté V. Ramos, on peut distinguer une action principale, – le complot contre Tibère –, et trois actions secondaires : le désir de vengeance d'Agrippine, qui entraîne aussi la destruction de Séjanus, l'ambition de celui-ci et la jalousie de Livilla, qui implique la mort d'Agrippine et de Séjanus.

On peut alors proposer un schéma inverse, autour de la haine et non plus de l'amour: Séjanus hait Livilla, Agrippine hait Séjanus, Tibère hait Agrippine, qui le lui rend bien. Quant à Livilla, la violence de son amour peut facilement le transformer en haine; mais là encore, il est difficile de placer adjuvants et opposants. Chaque personnage est à la fois l'un et l'autre en même temps que sujet et objet de la haine. On pourrait prétendre que chacun des quatre personnages principaux a le premier rôle, au moins dans son optique personnelle: Agrippine, cela va sans dire; Tibère parce qu'il est l'empereur et l'objet de la haine des trois autres; Séjan non seulement à cause de son ambition mais parce qu'il est celui dont le caractère est le plus personnel et le plus affirmé; Livilla parce qu'elle est à la fois la plus criminelle et la plus passionnée. La pièce de Cyrano est vraiment un nœud de vipères. Si personne n'y est tout à fait méchant – entendons qu'aucun n'a l'âme vile et que par certains côtés tous présentent une certaine grandeur –, on chercherait en vain quelqu'un où la bonté, au sens le plus large de vertu ou de générosité, l'emportât. Certes, un bon avocat pourrait faire valoir une certaine modération de Tibère, la fidélité d'Agrippine au souvenir de son mari, la passion violente de Livilla et la hauteur, sinon la grandeur d'âme de Séjanus, Mais, en dépit de cela, tous ne rêvent que meurtre; en chacun, la haine, qu'elle ait nom prudence, désir de possession, vengeance, l'emporte sur l'amour. Peut-être aucune pièce du XVIIᵉ siècle n'est-elle semblablement pétrie du désir de meurtre. Dans chacune des tragédies de Racine, on trouve au moins un personnage pur; même dans *Atrée et Thyeste* de Crébillon, les amours de Plisthène et de Théodamie mettent une note de fraîcheur douloureuse. Il n'y a pas place pour les larmes dans *La Mort d'Agrippine*: l'élégie y est inconnue; on pourrait parodier Boileau: même «je vous aime» ne s'y dit jamais tendrement.

Les points forts

La longueur du poème tragique oblige à un certain rythme, à des alternatives de scènes fortes et de scènes plus faibles réparties au long de la pièce. Cyrano sait fort bien ménager ces effets: de même que dans *Le Pédant joué*, il faisait se succéder un certain nombre de séquences, dont chacune présentait une unité, de même, dans *La Mort d'Agrippine*, il a su mettre en valeur dans chaque acte un certain nombre de moments forts, de trois à six par acte, qui attachent l'attention.

Acte I   Le récit des exploits et de la mort de Germanicus (sc. 1); la promesse de mariage faite à Séjanus par Agrippine (sc. 2), et la demande du meurtre d'Agrippine adressée par Livilla à Séjanus (sc. 4).

Acte II   Le jeu du diadème entre Agrippine et Tibère (sc. 2); les propos blasphématoires de Séjanus (sc. 4); les présages rapportés par Livilla (sc. 5).

Acte III Le rêve de vengeance d'Agrippine (sc.1); les paroles entendues par qui n'aurait pas dû les entendre (Tibère) (sc. 2); la défense d'Agrippine sous forme d'un pseudo-songe (sc. 2); les nouvelles paroles entendues par qui n'aurait pas dû les entendre (Séjanus) et le rétablissement de celui-ci (sc. 3); l'assaut d'ironie entre Agrippine et Livilla (sc. 5); le monologue final de Livilla.

Acte IV   La fausse accusation de Tibère envers Agrippine (sc. 2); le poignard jeté par celle-ci aux pieds de Tibère (sc. 2); pour la troisième fois des paroles entendues par qui n'aurait pas dû les entendre, en l'occurrence Livilla (sc. 4); la décision de celle-ci de tout révéler (sc. 5).

Acte V   La suite de la dénonciation de Livilla (sc. 1), le triomphe de celle-ci, suivi de son auto-dénonciation (sc. 2 et 3); l'affrontement de Livilla et de Séjanus (sc. 5), puis de Séjanus et d'Agrippine (sc. 6); la confrontation Agrippine-Tibère (sc. 7) et la fin brusquée, au début du récit de Nerva (sc. 9).

Ainsi jamais le dialogue ne devient monotone, comme on aurait pu le craindre dans une tragédie constamment paroxystique.

LES PERSONNAGES

Les confidents

La Mort d'Agrippine présente un caractère singulier: la présence d'une certaine Furnie, confidente de Livilla, qui paraît seulement dans deux scènes, où elle ne dit pas un mot. Son unique raison d'être est de partir au milieu de la scène IV, faisant sentir à Livilla – et montrant au spectateur – l'isolement où celle-ci se trouve désormais. Elle exprime ainsi symboliquement le mouvement de retrait qui se produisait d'après les historiens latins autour de tous ceux qui se voyaient soudain suspectés ou risquant d'être condamnés, en particulier autour de Séjan lorsqu'on lut au Sénat la lettre impériale qui le mettait en cause.

Cornélie, autre personnage imaginaire, porte un grand nom républicain, celui des Gracques, et il n'est pas exclu qu'elle appartienne à leur famille. Bien que confidente type, écho et exutoire du personnage principal, prononçant seulement 41 vers, elle n'est pas sans quelque personnalité. Certes, comme l'auteur, peut-être *cum grano salis*, le fait dire à Agrippine à la première scène, son rôle essentiel est d'écouter le récit de la mort de Germanicus, mais elle exprime résolument une morale du devoir et de la fidélité. Elle s'indigne à la pensée que sa maîtresse puisse épouser Séjanus et, dans une longue tirade, à l'acte IV, elle propose à Agrippine un modèle de harangue à adresser aux Romains, vibrante d'accents patriotiques et républicains.

Térentius, lui, n'est pas un personnage imaginaire. Accusé en 31 d'être un ami de Séjan, il répondit qu'effectivement, il l'avait été lorsque Séjan se trouvait être le collègue de Tibère et par ordre de celui-ci; d'ailleurs, pendant seize ans, tous les sénateurs avaient fait de même. On l'approuva et on condamna son accusateur. Présent dans cinq scènes et seulement dans les deux premiers actes, il parle dans deux de celles-ci. Contrairement aux habitudes théâtrales il tutoie Séjanus, ce qui indique le niveau de leurs rapports[33]. Il se contente de 36 vers. Au deuxième acte, il essaie de modérer son maître en lui représentant le risque de son entreprise et en essayant de lui faire horreur de son crime. Adressés à lui, les blasphèmes de Séjan sont moins dangereux: ces hardiesses restent de l'ordre privé. Perspicace, il suggère qu'Agrippine, après avoir triomphé de Tibère pourrait bien

Venger son mari mort sur son mari vivant (v. 568)

---

[33]   Et Séjanus, lui aussi, le tutoie: le Vous connaissez du vers 313 a probablement un sens général, car ailleurs il lui dit Tu. Avec une singulière modération d'ailleurs: les propos de Séjanus à Térentius sont le plus souvent impersonnels.

Nerva est le confident de Tibère : lui aussi a réellement existé. L'un des plus savants hommes de son siècle, selon Coëffeteau, et le plus fidèle ami de l'empereur. Il devait, plus tard, se laisser mourir de tristesse en voyant les cruautés de son maître. Il n'a point ces scrupules dans la tragédie de Cyrano. Il paraît dans 6 scènes et parle dans 3. A l'acte V, il se contente de rendre compte de la condamnation puis de l'exécution de Séjanus ; mais à l'acte II, partisan des solutions radicales, il a conseillé la fermeté et la cruauté à Tibère : Agrippine est coupable, ne serait-ce que « d'être ou d'avoir été plus puissante que toi », dit-il à l'empereur ; en conséquence :

> César, pour prévenir ses desseins furieux,
> Elle est dans ton palais, qu'on l'égorge à tes yeux. (v. 387-388)

Tant qu'elle est vivante, elle demeure un danger, soit à Rome, où elle ne manque pas de partisans, soit en exil, où elle est capable de « promener la révolte au bout de l'univers ». Bien que son rôle de 65 vers le mette en tête des confidents, il serait exagéré de prétendre qu'il influence Tibère ; tout au moins lui sert-il de révélateur. Assez souvent, dans la tragédie classique, le confident représente une part infra-consciente du personnage principal, qui l'amène à agir, en bien comme en mal : ainsi Néarque pour Polyeucte, Narcisse pour Néron, Oenone pour Phèdre ; de ce point de vue, on peut considérer Nerva comme l'aspect violent, impitoyable d'un Tibère, que bride par ailleurs une certaine prudence, voire une certaine timidité.

On le voit, le rôle des confidents est extrêmement faible. Même Nerva n'obtient pas de l'empereur une satisfaction immédiate. Toute l'action est concentrée dans le trio Tibère, Agrippine, Séjanus, que l'addition de Livilla transforme éventuellement en quatuor. Mais ces quatre personnages agissent, parlent, menacent dans une ambiance déterminée par la présence virtuelle mais capitale de deux autres : le souvenir de Germanicus, d'une part, le peuple de Rome de l'autre.

Agrippine

Agrippine est le rôle principal, écrasant, avec 637 vers environ[34], plus du tiers de la pièce. C'est aussi le moteur de l'ac-

---

[34] Environ, car, il y a des demi-vers ou des tiers de vers : nous n'avons pas compté les syllabes.

tion. Son unique but est de venger Germanicus. On peut se demander pourquoi elle a attendu onze ans. Aussi l'auteur prend-il soin d'éviter tout repère temporel : en 31, les fils de Germanicus sont des hommes ; seule Julie a douze ans. L'Agrippine de la pièce vit de Germanicus : elle passe son temps à rappeler ses exploits et sa mort, non sans quelque logorrhée volontaire, dont elle échauffe sa haine (v. 85). Son unique raison de vivre est « le plaisir furieux que la vengeance donne » (v. 538). Fureur qui se manifeste dès qu'elle songe que Tibère approche (v. 147-154). Fureur aussi lorsqu'elle évoque la vision de Tibère assassiné, presque réduit à lui faire pitié et qui la laissera pâmée de joie (v. 723-763). Elle envisage même de se poignarder dans les bras de Tibère pour qu'il soit accusé du meurtre (v. 758-760), et à la fin de la pièce, vaincue, condamnée quoique en sursis, elle le couvre d'insultes (v. 1621-1636). Prête à tout pour venger son époux, même à se promettre sinon à se donner à l'un de ses assassins, elle ne recule ni devant l'hypocrisie ni devant le mensonge. Paradoxalement, cette soif de vengeance l'empêche de se faire justice elle-même et de plonger son poignard dans le cœur de Tibère. Car cet acte, par ses conséquences, l'empêcherait de punir également Séjanus et Livilla. D'où son machiavélisme : il faut que Séjanus tue l'empereur, ensuite, elle saura bien le faire périr, lui aussi. Lorsqu'elle n'a plus rien à espérer de Séjanus, elle lui crache ouvertement sa haine, évoquant son supplice avec un véritable sadisme (v. 1525-1556). A noter que cette haine n'est pas mépris : elle admire le courage final de son ennemi : ainsi c'est une victime de prix qu'elle offre à Germanicus.

Cette fureur n'empêche ni lucidité ni une certaine habileté : elle a pleine conscience de sa naissance et de son rang et considère Tibère comme un usurpateur. Elle ne s'en cache d'ailleurs pas et ose l'affronter à visage découvert. Méfiante, elle distingue ses ruses et repousse très habilement la couronne que l'empereur feint de vouloir lui laisser par l'intermédiaire de son fils, trouvant en ce refus le moyen d'étaler son orgueil et d'affirmer encore le sentiment de sa supériorité. Lorsque son imprudence lui a fait prononcer des propos que Tibère n'aurait pas dû entendre, elle se tire assez bien d'affaire grâce à un pseudo-songe (v. 776-801). Elle sait très bien aussi adresser à Séjanus des « vers équivoques », comme le précisent les didascalies (v. 895-898 et 1229-1234).

On peut se demander, toutefois, si ce désir de vengeance, trop haut proclamé, est sa motivation la plus profonde. On pourrait parler de névrose de destinée : elle agit comme pour réussir, tout en s'arrangeant inconsciemment pour échouer ; aussi repousse-t-elle les solutions radicales : soulever le peuple ou poignarder l'empereur : elle exprime, aux vers 1631-1632, toute la joie que lui donne cette idée, mais elle s'est bien gardée de le faire quand cela lui était possible, à l'acte IV, sc. 2 (v. 1112). Il y a une pulsion de mort chez Agrippine, au sens le plus complet, couvrant d'une pulsion de destruction ou d'agression extérieure celle d'autodestruction. Elle rêve d'un anéantissement général, dans un projet entièrement négatif. Ce que Camille, dans *Horace,* exprimait dans la seule tirade de ses imprécations, elle le laisse entendre d'un bout à l'autre de la pièce. On a l'impression que, si elle arrivait à ses fins, elle se suiciderait, pour couronner cet ensemble de morts dans un holocauste généralisé.

Livilla

Livilla se contente de 297 vers. Elle sert de pendant à Agrippine. Certes la passion est différente : ce n'est pas la vengeance ni la fidélité à un mort qui l'anime, mais l'amour fou pour un homme vivant. Son rôle n'est même pas la moitié de celui d'Agrippine ; elle apparaît à la fin des actes, comme un élément contingent. Lorsqu'elle se rend compte que Séjanus ne l'aime pas et est prêt à la sacrifier sans hésiter à son ambition, elle dénonce le complot et se dénonce elle-même. Elle a déjà empoisonné son mari, ses neveux, son frère, et l'on peut se demander si la véritable motivation de son amour pour Séjanus n'est pas la conscience profonde qu'il ne peut aboutir qu'à la mort. Il y a en elle de l'Hermione d'*Andromaque.* Mais Hermione ne souhaitait la mort de Pyrrhus que dans un instant de délire, tandis que Livilla se rend compte que, si elle aime, elle n'est pas aimée : la possession de Séjanus ne pourra se réaliser que dans la mort. Il y a aussi en elle de la Cléopâtre de *Rodogune,* moins l'orgueil et la grandeur dont a hérité Agrippine. Elle reste au niveau des meurtres passionnels. Mais elle aussi vit dans la fureur, ignorant le remords : elle se glorifie de ses assassinats (v. 241, 247-266, 285-288). Elle ne connaît qu'un seul moment de repentir, et fort bref (v. 973-978).Très tôt, elle menace son amant ; elle feint de se laisser convaincre de sa sincérité (1279-1292) ; elle proteste de son amour alors qu'elle est prête à le dénoncer (v. 1309-1322). Passion et crime sont chez elle si étroitement mêlés qu'on se demande lequel des deux est la motivation de l'autre : est-ce par amour qu'elle est criminelle ou aime-t-elle parce qu'elle sent que cet amour est source de crime ? Sa fureur culmine dans son auto-dénonciation (v. 1403-1436), et, si elle montre un grand courage pour mourir, c'est parce que, peut-être, au fond d'elle-même, la passion amoureuse se conjugue avec une pulsion de mort.

En face de ces deux femmes emportées par leur passion, deux hommes beaucoup plus lucides et, à tout prendre, plus sympathiques.

Tibère

232 vers, le plus court des quatre grands rôles. D'ailleurs, l'empereur ne paraît qu'au début du deuxième acte, comme Auguste dans *Cinna*. Il n'a pas bonne pressse chez les commentateurs, qui l'accusent volontiers de lâcheté et d'indécision. C'est un homme essentiellement inquiet (il a quelque raison de l'être, puisqu'il est la cible de tout le monde) et prudent ; il n'est sûr ni des légions ni du peuple de Rome. Il hésite à accuser Agrippine devant le Sénat, parce que rien ne garantit que celui-ci la jugera coupable ; s'il refuse de la faire poignarder, malgré les conseils de Nerva, ce n'est aucunement pour une raison morale, mais par ce qu'il craint qu'un tel acte ne cause une révolte. Il y a dans cette indécision quelque chose de comique, de même que dans son exclamation des vers 385-386 :

> O Ciel ! si tu veux perdre un empereur de Rome,
> Que son trépas au moins soit l'ouvrage d'un homme !

Il est vrai que ce *machisme* faisait moins sourire au XVIIe siècle que maintenant.

D'ailleurs, Agrippine lui en impose : sans aller jusqu'à se conduire comme un Chrysale devant Philaminte[35], il a peur d'elle. C'est pourquoi il a recours à une feinte qu'il croit habile, en lui offrant la couronne ou tout au moins la régence (en fait Caligula a 19 ans : il a dépassé de cinq ans l'âge de la majorité royale ; aussi l'auteur est-il singulièrement flou sur les dates), espérant bien que le peuple et les légions exigeront que Tibère reste à la tête de l'État, ce qui sera comme un nouveau sacre ;

---

[35] Voir Molière, *Les Femmes savantes*.

mais Agrippine déjoue la ruse. En revanche, lorsqu'Agrippine invoque un songe pour expliquer des paroles imprudentes, il n'est pas dupe. Tibère a pu être l'instigateur de l'empoisonnement de Germanicus: dans la pièce, c'est lui l'objet des attaques, lui qui est visé par tous les autres et, s'il prend l'offensive, c'est qu'il est, somme toute, en état de légitime défense. Du reste, il ne se plaît nullement au sang versé; il n'y a aucun sadisme en lui: lorsque Nerva, à la dernière scène, veut lui raconter par le menu le supplice de Séjanus et de Livilla, il l'interrompt.

Séjanus

Avec 340 vers, Séjanus est le deuxième rôle, bien que deux fois moins important que celui d'Agrippine. Certes, le sang ne lui fait pas peur, mais il est bien loin d'être le monstre que la tradition a rapporté. Comme Agrippine et Livilla, il a un unique mobile: une seule passion l'entraîne: l'ambition. Il s'estime aussi digne de régner que Tibère, comme il le démontre en alignant des lieux communs (v. 579-596), et l'on sent en lui toute la rancœur amassée du fidèle serviteur: régner, c'est réduire en esclavage les puissants d'hier. Pourtant, simple chevalier, issu de la bourgeoisie, il n'a aucune chance d'exercer la charge suprême, à moins que... A moins qu'il ne soit l'époux d'Agrippine, lorsque celle-ci montera sur le trône. Cette ambition dicte toute sa conduite. Au demeurant, il est sage, prudent (I, sc. 4) Il n'a aucune envie de tuer Agrippine, au moins pour le moment, d'autant qu'elle est la marche indispensable pour atteindre le trône. Il s'est cependant laissé tromper par elle (v. 268). Bien que Livilla soit sa maîtresse, ses crimes lui font horreur (v. 314-320). Pour Vitor Ramos, «Agrippine, Tibère et Livilla forment un ensemble planétaire cohérent» dont le soleil est l'orgueil aristocratique. «Séjan est une planète isolée, qui tourne inlassablement autour d'un point fixe, un astre noir qui le fascine et sera sa perte.»[36]

Comme tout le monde, il sait fort bien mentir, à Livilla, (1265-1298), à Tibère, lorsqu'il faut retourner une situation. Homme politique, il dicte à Agrippine la proclamation qu'elle devra faire aux troupes (1157-1185). Il reste humain, cependant, capable d'un mouvement de peur au moment d'agir (1300-1308), faiblesse d'ailleurs vite surmontée.

[36] V. Ramos, *op. cit.*, p. 19.

Jusque-là, le personnage est assez fidèle au portrait qu'en a tracé Coëffeteau:

> Séjan avait toutes les parties d'un homme qui aspire à la tyrannie. Il avait un corps endurci au travail et puissant à la peine. Son esprit était hardi et savait couvrir ses desseins, artificieux à dresser des calomnies, vain de son naturel, et flatteur pour le bien de ses affaires; modeste en apparence et honteux à prendre les grandes charges; mais en effet désespérement ambitieux et ne songeant pas moins qu'à l'empire sur tout le monde; magnifique et honorable en la dépense pour charmer les cœurs; au reste industrieux et vigilant et doué des autres qualités requises pour voler un sceptre et pour ravir un Etat.

Mais Cyrano va ajouter un trait, sans doute le caractère le plus remarquable de son personnage: un athéisme absolu affirmé en douze vers (630-642), de façon d'abord provocante et impertinente (630-634), puis par un *credo* négatif (636-640), enfin par un argument aussi audacieux que singulier. A Térentius, qui lui objecte la preuve de l'existence des dieux par la création et l'ordre du monde:

> Mais s'il n'en était point, cette machine ronde...?

il répond, avec orgueil et cynisme:

> Oui, mais s'il en était, serais-je encore au monde? (v. 641-642)

Certes, ce n'est pas la première fois que l'on rencontre au théâtre des propos de cette sorte. Molière considèrera même comme une spécificité de la tragédie de «dire des injures aux dieux»[37]. Corneille dans *Polyeucte*, ne s'en est pas privé, puisqu'il s'agit, comme ici des dieux païens; mais au-delà, c'est l'idée de divinité elle-même qui est niée. A Térentius, qui invoque la preuve classique de l'origine du monde, Séjanus répond avec ironie en posant indirectement, à travers l'existence du méchant, le problème du mal. C'est, bien avant la lettre, l'affirmation

---

[37] *La Critique de l'Ecole des femmes*, sc. 6. Dans les mêmes années, Pierre Du Ryer fait dire à Tarquin, dans sa tragédie *Scevole*, en parlant des dieux:
> Quand leurs présages vains favorisent les crimes,
> Qaund ils jettent à bas des trônes légitimes,
> Ces idoles, ces dieux, ces abus des mortels
> Ne nous montrent-ils pas à rompre leurs autels?

nietzschéenne: Si Dieu est mort, tout est permis, inversée d'ailleurs ici: du moment que tout est permis, c'est que Dieu n'existe pas. Et même si la réussite ne couronne pas les efforts, l'acte conserve sa grandeur. C'est ce qu'affirme, en réponse à la représentation de Térentius, «Mais le crime est affreux de massacrer son maître», le vers 597:

Mais on devient au moins un magnifique traître[38].

Il n'est pas interdit de mettre des impies sur le théâtre au temps de Cyrano, mais il est décent qu'ils soient punis ou tout au moins méprisables. Or, Séjanus ne l'est nullement. Il ne manque pas de courage; se croyant découvert, il est prêt à subir les conséquences de son acte:

Nous périrons, madame, et sans implorer grâce

déclare-t-il (v. 823), et, un peu plus loin, méprisant la lâcheté supposée d'Agrippine:

Oui, j'allais sans lâcher ni soupir ni sanglot,
Moi seul pour mourir seul m'accuser du complot,
Et vous justifiant, quoique mon ennemie,
Combler par mon trépas votre nom d'infamie (v. 875-878)

et encore, au cinquième acte, lorsqu'Agripine lui déclare qu'elle désirait sa mort et qu'il n'était pour elle qu'un moyen de faire périr Tibère,

Vous bravez mes malheurs, encor qu'avec regret,
Afin de vous purger d'être de mon secret;
Madame, ce n'est pas connaître mon génie:
Car j'aurais fort bien su mourir sans compagnie. (v. 1511-1514)

Il reçoit avec fermeté la trahison de Livilla (v. 1461-1464), de même que les injures et les menaces d'Agrippine. Il accepte la mort avec une sérénité qui force l'estime, non seulement de celleci, qui lui rend un hommage inattendu aux vers 15481-1584, mais encore du spectateur. Ses répliques, du vers 1523 au vers 1581 sont un nouveau *credo* d'athéisme tranquille. Ses arguments sont d'ailleurs pris à Montaigne, mais poussés dans le sens épicurien.

---

[38] Ce vers rappelle d'ailleurs le propos de Corbineli, dans *Le Pédant joué*, affirmant, sur le mode comique, qu'il recherche uniquement la grandeur, en quelque domaine que ce soit (acte V, scène 3; voir p. 159).

Faire dire de pareilles choses sur la scène, c'était provoquer les applaudissements des libertins. Lorsque Nerva annonce qu'il a vu la mort

> D'une femme sans peur, d'un soldat philosophe,

il est bon que Tibère l'arrête : autrement il deviendrait trop facilement un exemple ; il ne fallait pas pousser trop loin les « belles impiétés ».

Il n'est pas sûr, toutefois, que les diverses professions d'athéisme aient été la véritable cause du retrait de la pièce. Les spectateurs, nous l'avons dit, ne craignaient pas les injures aux dieux ; mais, à la fin de la scène 4 de l'acte IV, Séjanus, décidé à tuer Tibère et dominant sa peur, s'écrie avec résolution : « Frappons, voilà l'hostie » (v. 1306). Selon un texte du temps[39], « des badauds, avertis qu'il y avait des endroits dangereux, après les avoir tous ouïs sans émotion », réagirent alors brusquement, en s'écriant : « Ah le méchant, ah l'athée ! comme il parle du saint Sacrement ! ». Assurément le mot *hostie* a ici, comme au vers 653, le sens de victime, encore courant en poésie à l'époque. Il est employé ainsi par Corneille dans *Polyeucte* : « Cette seconde hostie est digne de ta rage » (v. 1720), avec, il est vrai, une connotation religieuse chrétienne ; mais en mai et juin 1649, l'opinion s'était émue de deux profanations d'hostie commises en Normandie à quinze jours d'intervalle. Il se peut très bien que les spectateurs populaires aient été sensibilisés au point de voir là une parole sacrilège, le reste leur paraissant propos philosophiques moins directement intelligibles. Bien que d'un sens plus anodin, le vers 1306 pouvait paraître au pouvoir beaucoup plus scandaleux et dangereux pour la paix du théâtre[40].

LE DIALOGUE

Contrairement à ce que pourrait laisser croire une vue trop rapide, chaque personnage est nettement différencié. A commencer par les confidents, construits en fonction du personnage principal, de façon à les rehausser. Térentius est le plus neutre,

---

[39]   La Monnoye, *Menagiana*, 3e édition, Paris, Florentin Delaune, 1715.
[40]   Sur ces deux affaires et leur rapport avec la pièce de Cyrano, voir Alain Mothu, « Frappons, voilà l'hostie ». *La Lettre clandestine*, n° 8, 1999.

Séjanus étant le plus rationaliste des quatre ; il a principalement pour mission d'opposer des arguments (faibles) à l'athéisme de son maître. Cornélie sert d'écho à Agrippine et la relance dans sa révolte au nom de Germanicus, dans une sorte de chant amœbée où, bien sûr, sa maîtresse a la plus grande part.. Nerva représente le côté le plus radical de Tibère : il l'exhorte à la sévérité et à l'audace. Fulvie ne dit rien... parce que Livilla n'a besoin de personne pour s'affirmer.

Mais naturellement, ce sont les quatre protagonistes qui se distinguent.

La violence de Tibère est rarement lyrique ou oratoire, excepté lorsque, au début de l'acte II, il évoque l'effet de la mort de Germanicus. Il risque même une pointe, assez facile, aux vers 337-338 ; mais son ton est d'ordinaire modéré, laissant transparaître son inquiétude, car il a vive conscience que son pouvoir n'est pas absolument sûr ; il est parfois cauteleux (v. 441-449). Il aime jouer à la sincérité (v. 441-516 et v.1125-1136), mais ici ou là, ses griffes paraissent (v.1132-1136). Vers la fin de la pièce, excédé, il se laisse aller à la colère, contre Livilla (v. 1437), et contre Agrippine : il s'oublie jusqu'à l'appeler «cette ingrate vipère» (v. 1637).

A cette violence s'oppose le calme de Séjanus. Son langage est simple, mais capable d'une ferme et sobre éloquence lorsqu'ils s'insurge contre le droit de succession au trône en fonction d'une prétendue noblesse (v. 579-595). Il est capable d'ironie lorsqu'il parle des dieux (v. 630-635). Il utilise rarement l'hyperbole, sauf lorsqu'il se laisse aller à son rêve d'épouser Agrippine (v. 321-355), ou lorsqu'il ment (v. 830-853). D'éloquence traditionnelle, il n'en montre qu'à l'acte IV, en donnant une véritable leçon de rhétorique à Agrippine, leçon continuée par Cornélie (v. 1187-1207) ; il se laisse d'ailleurs emporter dans le mouvement lyrique qui suit (v. 1215-1219 et 1235-1242). Lors de ses derniers moments, son langage est remarquable de fermeté.

Il en va tout autrement des deux femmes. Pour employer un terme emprunté à la musique, elles chantent le dessus. L'une et l'autre poussent la violence à son maximum. Sur 250 occurrences de termes à connotation de violence (*mort* et le verbe *mourir*, *trépas*, *sang* et ses dérivés, *sanglant*, *ensanglanté*, *poison*, *fer*, *crime* et *criminel*, *cruel*, *égorge*, *enfer* et *infernal*, *flamme* (au sens concret), *forfait*, *tombe* et *tombeau*), 154 proviennent de leur bouche, alors qu'elles totalisent un peu plus de la moitié du texte

(937 vers sur 1656). Le partage est à peu près proportionnel, sauf pour les mots *crime*, deux fois plus fréquent chez Livilla que chez Agrippine, *tombe* ou *tombeau* (4 au lieu de 3) et *forfait* (4 occurrences sur 5, toutes réservées à Livilla. Chez cette dernière aussi, domine le vocabulaire amoureux : *flamme* (au sens figuré), *amour* et le verbe *aimer* s'y rencontrent 25 fois, contre 11 fois chez Agrippine[41].

La violence de Livilla s'exprime à l'état pur : si l'hyperbole est une figure qui dit plus qu'on ne pense, on hésite à prononcer le terme, car les locutions qui paraîtraient hyperboliques ne sont que la simple expression de sentiments excessifs. Si hyperbole il y a, elle est donc de l'auteur et non du personnage. Ses images sont modérément fréquentes (v. 255-256, 263-264, 279, 667-668, 683, 1479) ; ses métaphores sont le plus souvent des catachrèses et il est difficile d'y découvrir des pointes (v. 263-264). Le discours de l'amour laisse vite la place à celui de la mort.

Le souvenir de Germanicus et le désir de vengeance donnent à Agrippine un style épique. Ses premières tirades (v. 1 à 176) sont une succession ininterrompue d'hyperboles, d'images, d'antithèses et de pointes. Il suffit de citer, par exemple, les vers 9 à 12,

> Apprends donc comme ce jeune Alcide
> Fut des géants du Rhin le superbe homicide,
> Et comme à ses côtés faisant marcher la mort
> Il échauffa de sang les rivières du nord,

qui cumulent les trois figures. Certaines de ces pointes sont assez heureuses (v. 77-80) et d'autres chargées d'une signification profonde (v. 64-90)[42]. Mais Agrippine abandonne facilement la grandeur pour l'imprécation (v. 189-213). Par ailleurs elle montre une véritable complaisance, voire une recherche dans une longue hypotypose qui évoque la mort souhaitée de Tibère (v. 735-752).

---

[41] V. Ramos voit dans le langage d'Agrippine essentiellement l'expression de la volonté et dans celui de Livilla celle de la crainte : une étude attentive du vocabulaire ne nous en a pas convaincu : les deux femmes sont plus semblables qu'on ne croit : certes le verbe vouloir à la première personne se rencontre 2 fois seulement chez Livilla contre 14 chez Agrippine, mais les pronoms personnels et les adjectifs possessifs de la première personne sont proportionnellement plus nombreux chez Livilla.

[42] V. Ramos note que la pointe peut servir à créer un climat émotionnel en poussant une image à son paroxysme ; comme l'antithèse, pour être justifiée, elle doit paraître naturelle.

A la fin de la pièce, son sadisme se traduit par une peinture poussée et précise des douleurs qui accompagnent la mort (v. 1525-1533) et par l'énumération minutieuse des supplices physiques et moraux qui attendent Séjanus (v. 1538-1557). Car, c'est une chose remarquable que l'on verse peu de sang dans la pièce, et seulement tout à fait à la fin. Le supplice de Séjanus et de Livilla a lieu juste avant la dernière scène et nous n'en avons même pas le récit. Agrippine, quant à elle, reste bien vivante, et seule l'histoire romaine justifie le titre. Faute d'être dans l'action, la violence extraordinaire qui se manifeste d'un bout à l'autre est surtout d'ordre verbal. *La Mort d'Agrippine* est une tragédie de la parole. On peut même dire que celle-ci dissimule une certaine absence d'événements. A l'éclairage des autres œuvres, en particulier du *Pédant joué*, pourtant d'un genre tout différent, on peut penser que cela est volontaire. Il y a incontestablement chez Cyrano un goût du discours pour lui-même, de la construction rhétorique où le langage foisonne et se nourrit de sa propre substance.

ÉDITIONS

LA MORT / D'AGRIPPINE. / TRAGEDIE / PAR MR / DE CYRANO BERGERAC. / [Fleuron] / A PARIS, / Chez CHARLES DE SERCY, au / Palais, dans la Salle / Dauphine, à la bonne-Foy couronnée. / MDCLIV / *AVEC PRIVILEGE DU ROY.*
Edition originale in-4°, V + 167 p. Le frontispice est divisé en deux parties égales: en haut, les armes du duc d'Epernon; la partie inférieure de la gravure illustre les vers 111-112 (acte V, sc. 2): devant Tibère, en cuirasse, tunique et manteau, décoiffé et menaçant, Agrippine, très calme, en longue robe et manteau aux plis bien réguliers, tient de la main droite le poignard qu'elle s'apprête à jeter avec mépris aux pieds de l'empereur. Au second plan, derrière un coffre où repose une boule (le monde?), on distingue la tête et les épaules d'un soldat, et trois lances. Sur la droite un porche ouvre sur un jardin.   Arsenal: Rf 5855
LA MORT / D'AGRIPPINE. / TRAGEDIE / PAR MR / DE CYRANO BERGERAC. / [Fleuron] / A PARIS, / Chez CHARLES DE SERCY, au / Palais, dans la Salle / Dauphine, à / la Bonne-Foy couronnée. / MDCLVI / *Avec Privilège du Roy.*
Arsenal: 80 BL 13849

LA MORT / D'AGRIPPINE. / TRAGEDIE / PAR MR / DE CYRANO BERGERAC. / [Fleuron] / A PARIS, / Chez CHARLES DE SERCY, au Palais, au / Sixième Pilier de la Grand'Salle, vis à vis la / Montée de la Cour des Aydes, à la / Bonne-Foy couronnée. / MDCLXI / AVEC PRIVILEGE DU ROY.   Arsenal : Rf 5856

LA / MORT / D'AGRIPPINE / TRAGEDIE./ Par Mʳ DE CYRANO BERGERAC. / [Fleuron] / A PARIS, / Chez CHARLES DE SERCY, au Palais, au / Sixième Pilier de la Grand'Salle, vis à vis la / Montée de la Cour des Aydes, à la / Bonne-Foye couronnée / MDCLXVI / *AVEC PRIVILEGE DU ROY.*   Arsenal : Rf 5844 (3)

Editions récentes

LEMKE W.H. *A critical Edition of* La Mort d'Agrippine *by Cyrano de Bergerac.* Thèse, Case Western Reserve University, 1971, (non publiée).
CYRANO DE BERGERAC, *Œuvres complètes,* éd. Jacques Prévot, Belin, 1977, *La Mort d'Agrippine* occupe les pages 240-298.
CYRANO DE BERGERAC, *La Mort d'Agrippine,* Introd. et notes par Christopher Gossip, Exeter, 1982.
CYRANO DE BERGERAC, *La Mort d'Agrippine,* Introd. et notes par Dominique Moncond'huy, La Table ronde, 1995.

Nous avons suivi l'édition originale de 1654[43]. Conformément aux principes de cette édition, nous avons modernisé l'orthographe et conservé la ponctuation initiale tant qu'elle ne provoquait pas de contresens ; nous l'avons corrigée lorsqu'elle nous paraissait fautive.

---

[43]   Le catalogue de la Bibliothèque nationale indique, sous la cote [8° Yth 12268], une édition de 1653. Il s'agit en réalité d'un texte détaché d'un volume d'*Œuvres* du XVIIIᵉ siècle, paginé de 349 à 408, qui présente quelques corrections par rapport à l'original, et accompagné d'un commentaire manuscrit datant du XVIIIᵉ siècle. Sous le titre LA MORT,/ D'AGRIPPINE, / TRAGEDIE, est ajouté, à la main, « par Cirano - Bergerac » et, au-dessous, toujours à la main, « 1653 ». Le commentaire manuscrit qualifie la pièce de « Ecrite avec chaleur, pleine de traits hardis mais fous et souvent plats ». Dans le texte, beaucoup d'expressions sont soulignées à la main et on lit souvent des « ouf ! » ajoutés au bout d'un vers.

LA MORT
D'AGRIPPINE

A

MONSEIGNEUR

LE

DUC D'ARPAJON

MONSEIGNEUR,

Quoique Agrippine soit sortie du sang de ces princes qui nais-
saient seulement pour commander aux hommes, et qui ne mou-
raient que pour être appelés au rang des dieux, ses disgrâces l'ont
rendue encore plus célèbre que la gloire de son berceau. Il semble
qu'elle n'ait eu le grand Auguste pour aïeul qu'afin de sentir avec
plus d'affront le regret de se voir dérober l'empire, son légitime
patrimoine. César ne l'avoir honorée de l'alliance de Tibère que
pour l'attacher de plus près à son tyran, et ne lui avoir donné pour
mari le plus grand héros de son siècle que pour en faire la plus
affligée et la plus inconsolable de toutes les veuves : de sorte
qu'ayant toujours vécu dans la douleur et la persécution, il est
certain qu'elle préférerait le repos du tombeau à cette seconde vie
que je lui donne, si, voulant l'exposer au jour, je lui cherchais un
moindre protecteur que celui qui, dans la conservation de Malte,
l'a été de toute l'Europe. Quelque maligne que soit la planète qui
domine au sort de mon héroïne, je ne crois pas qu'elle puisse lui
susciter des ennemis qu'impuissants, quand elle aura le secours
de votre Grandeur: vous, MONSEIGNEUR, que l'Univers
regarde comme le chef d'un corps qui n'est composé que de
parties nobles, qui avez fait trembler jusque dans Constantinople
le tyran d'une moitié de la terre, et qui avez empêché que son
croissant, dont il se vantait d'enfermer le reste du globe, ne parta-
geât la souveraineté de la mer avec celui de la lune; mais tant de
glorieux succès ne sont point des miracles pour une personne
dont la profonde sagesse éblouit les plus grands génies, et en
faveur de qui Dieu semble avoir dit par la bouche de ses

prophètes[1] que le sage aurait droit de commander aux astres. Agrippine, MONSEIGNEUR, qui pendant le cours de sa vie les a sans relâche expérimentés contraires, effarouchée encore aujourd'hui de la cruauté des empereurs qui ont poursuivi son ombre jusque chez les morts : entre les bras de qui se pouvait-elle jeter avec plus de confiance qu'entre ceux d'un redoutable capitaine, dont le seul bruit des armes a garanti et rassuré Venise, cette puissante république où la liberté romaine s'est conservée jusqu'en nos jours. Recevez-la donc, s'il vous plaît, MONSEIGNEUR, favorablement, accordez un asile à cette princesse, qu'elle n'a pu trouver dans un empire qui lui appartenait. Je sais que faisant profession d'une inviolable fidélité pour notre monarque, vous la blâmerez peut-être d'avoir conspiré contre son souverain, quoiqu'elle n'ait poursuivi la mort de Tibère que pour venger celle de Germanicus, et n'ait été infidèle sujette que pour être fidèle à son époux ; mais en faveur de sa vertu, elle espère cette grâce de votre bonté, dont elle ne sera pas ingrate ; car elle m'a promis que sa reconnaissance publiera partout les merveilleux éloges de votre vertu, qui donne plus d'éclat à votre sang[2] qu'elle n'en a reçu de lui, encore que la source en soit royale : ceux de votre prudence dans les négociations les plus importantes de l'État, que l'on nous propose comme un portrait achevé de la sagesse ; ceux de votre valeur dans les combats, dont elle règle les événements, au préjudice du pouvoir absolu que la Fortune s'en est réservé ; et ceux enfin, MONSEIGNEUR, de votre courage, qui n'a jamais vu de péril qu'en dessous de lui. Ces considérations me font espérer que la généreuse Agrippine ayant été présente à toutes les victoires de son héros, elle n'ignore pas en quels termes elle doit parler des vôtres, et je suis même certain qu'elle leur rendra justice, sans qu'on l'accuse de flatterie, car si vous êtes d'un mérite à ne pouvoir être flatté, elle est aussi d'un rang à ne pouvoir flatter. Mais, MONSEIGNEUR, que pourrait-elle dire qui ne soit connu de toute la terre, vous l'avez vue presque entière en victorieux[3] et par un prodige inouï votre visage même n'y est

---

[1]   En marge, en petits caractères : *Vir sapiens dominabitur Astris.*

[2]   En marge, en petits caractères : Les Rois d'Aragon et les comtes de Toulouse, dont quelques-uns ont régné en Jérusalem.

[3]   En marge, en petits caractères : « Monseigneur L. D. d'Arpajon a commandé en France, Alsace, Flandres, Lorraine, Italie, Roussillon, Malte, Venise, Pologne, etc.

guère moins connu que son nom. Souffrez donc que je vous offre cette princesse, sans vous rien promettre d'elle, que cet aveu public qu'elle vient vous faire, qu'enfin elle a trouvé un héros plus grand que Germanicus. Au reste, elle cessera de déplorer ses malheurs, si par le tableau de sa pitoyable aventure, elle vous donne au moins quelque estime de sa constance, et moi je me croirai trop bien récompensé du présent que je lui fais de cette seconde vie, si n'étant plus que mémoire, elle vous fait souvenir que je suis,

MONSEIGNEUR,

Votre très humble, très obéissant, et très passionné serviteur,

DE CYRANO BERGERAC.

ACTEURS

TIBÈRE, *empereur de Rome.*
SÉJANUS, *favori de Tibère.*
NERVA, *sénateur, confident de l'Empereur.*
TÉRENTIUS, *confident de Séjanus.*
AGRIPPINE, *veuve de Germanicus.*
CORNÉLIE, *sa confidente.*
LIVILLA, *sœur de Germanicus et bru de l'Empereur.*
FURNIE, *sa confidente.*
TROUPE DE GARDES.

La scène est à Rome, dans la salle du palais de Tibère.

LA MORT D'AGRIPPINE
VEUVE DE GERMANICUS

Tragédie

ACTE PREMIER

SCÈNE PREMIÈRE
AGRIPPINE, CORNÉLIE

AGRIPPINE

Je te vais retracer le tableau de sa[4] gloire,
Mais feins encore après d'ignorer son histoire,
Et pour me rendre heureuse une seconde fois,
Presse-moi de nouveau de conter ses exploits :
5   Il doit être en ma bouche aussi bien qu'en mon âme,
Pour devoir chaque instant un triomphe à sa femme.
Mais ne te fais-je point de discours superflus ?
Je t'en parle sans cesse...

CORNÉLIE
                   Il ne m'en souvient plus.
Et j'attends...

AGRIPPINE
             Apprends donc comme ce jeune Alcide[5]
10   Fut des géants du Rhin le superbe homicide,

---

[4] Chose fréquente dans la tragédie, la conversation est censée être déjà commencée ; ce n'est qu'au vers 19 que Germanicus sera nommé. D'où un premier suspens, tout au moins pour le spectateur idéal, qui n'aurait aucune idée de la pièce ni de l'histoire romaine.

[5] Patronyme d'Hercule, descendant d'Alcée. Il s'agit, bien sûr, de Germanicus ; *homicide* est un nom masculin qui a pour épithète *superbe*. comprendre : « le fier meurtrier ».

Et comme à ses côtés faisant marcher la mort
Il échauffa de sang les rivières du nord,
Mais pour voir les dangers où dans cette conquête,
La grandeur de son âme abandonna sa tête,
15   Pour voir ce que son nom en emprunta d'éclat,
Écoute le récit de son dernier combat :
Déjà notre aigle[6] en l'air balançait[7] le tonnerre,
Dont il devait brûler la moitié de la terre,
Quand on vint rapporter au grand Germanicus,
20   Qu'on voyait l'Allemand, sous de vastes écus[8],
Marcher par un chemin couvert de nuits sans nombre[9] :
« L'éclat de notre acier en dissipera l'ombre »
Dit-il, et pour la charge il lève le signal ;
Sa voix donne la vie à des corps de métal[10] ;
25   Le Romain par torrents se répand dans la plaine[a],
Le colosse du nord[11] se soutient à grand peine ;
Son énorme grandeur ne lui sert seulement
Qu'à montrer à la Parque un plus grand logement[12] ;
Et tandis qu'on heurtait ces murailles humaines,
30   Pour épargner le sang des légions romaines,
Mon héros, ennuyé[13] du combat qui traînait,
Se cachait presque entier dans les coups qu'il donnait[14] ;
Là des bras emportés, là des têtes brisées,
Des troupes en tombant sous d'autres écrasées,
35   Font frémir la campagne au choc des combattants,

---

6   L'aigle romaine, qui figurait sur les étendards.

7   Comme un lanceur balance son javelot pour lui donner plus l'élan avant de l'envoyer.

8   Les boucliers dont ils se protègent.

9   Innombrables, d'où infinies. Allusion probale à l'obscurité des forêts de la Germanie.

10   Apparence due aux casques et aux cuirasses.

11   Antonomase : le Germain.

12   Comprendre, à travers l'emploi des collectifs, que le grand nombre des Germains offrira davantage de place à la mort, symbolisée par la Parque.

13   Sens fort : « voyant avec déplaisir ».

14   Les tourbillons de son épée le dissimulaient à la vue. Réminiscence, au moins rythmique, du *Cid* : « Où chacun seul témoin des grands coups qu'il donnait » (IV, 3, v. 1313)? Plus le combat dure, plus il y a de morts : pour éviter cela, Germanicus paie de sa personne avec tout le courage et toute la violence possibles.

Comme si l'univers tremblait pour ses enfants.
De leurs traits[15] assemblés l'effroyable descente
Forme entre eux et la nue une voûte volante,
Sous qui ces fiers Titans, honteux d'un sort pareil,
40   Semblent vouloir cacher leur défaite au soleil.
Germanicus y fit ce qu'un dieu pouvait[16] faire,
Et Mars en le suivant crût[17] être téméraire.
Ayant fait du Germain la sanglante moisson,
Il prit sur leurs autels leurs dieux même à rançon,
45   Afin qu'on sût un jour, par des exploits si braves,
Qu'un Romain dans le ciel pût avoir des esclaves[18].
O! quel plaisir de voir sur des monceaux de corps,
Qui marquaient du combat les tragiques efforts,
Dans un livre d'airain la superbe[19] victoire
50   Graver Germanicus aux fastes[20] de la gloire!

CORNÉLIE

Votre époux, soumettant les Germains à ses lois,
Ne voulut que leur nom pour prix de ses exploits[21].

AGRIPPINE

Du couchant à l'aurore ayant porté la guerre,
Notre héros parut aux deux bouts de la terre,
55   En un clin d'oeil si prompt qu'on peut dire aujourd'hui
Qu'il devança le jour qui courait devant lui[22];

---

[15]   Les traits des Germains.

[16]   Sens conditionnel: aurait pu faire.

[17]   Même remarque: aurait cru.

[18]   Allusion à la coutume romaine d'annexer les dieux des peuples vaincus;
       mais ces dieux n'ont jamais été considérés comme des esclaves.

[19]   «Eclatante». Le mot superbe peut s'appliquer aux choses comme aux
       hommes. Dans les deux cas il peut avoir un sens laudatif, comme ici ou au
       v. 10, ou prendre, de plus en plus, le sens péjoratif qu'il a déjà sous sa forme
       nominale, «la superbe».

[20]   Registres sur lesquels étaient marqués les jours de fête, d'assemblées, etc. A
       partir d'Auguste, les *fastes capitolins* portaient les actes officiels du gou-
       vernement.

[21]   Allusion à son surnom de *Germanicus*.

[22]   L'image serait plus logique si Germanicus allait de l'aurore au couchant;
       mais enfin on peut comprendre qu'il arriva en Orient avant même que le
       jour, qui venait à sa rencontre, y fût parvenu.

On crut que pour défendre en tous lieux notre empire,
Ce Jupiter sauveur se voulait reproduire,
Et, passant comme un trait tant de divers climats,
60   Que d'un degré du pôle il ne faisait qu'un pas.
Dans ces pays brûlés, où l'arène[23] volante
Sous la marche des siens était étincelante,
De cadavres pourris il infecta les airs,
Il engraissa de sang leurs stériles déserts,
65   Afin que la moisson pouvant naître en ces plaines,
Fournît de nourriture aux légions romaines ;
Que par cet aliment notre peuple orgueilleux
Suçât avec leur sang quelque amitié pour eux,
Et qu'un jour le succès[24] d'un combat si tragique
70   Pût réconcilier l'Europe avec l'Afrique,
Enfin, tout l'univers il se serait soumis,
Mais il eut le malheur de manquer d'ennemis[25].
Mon cher Germanicus était donc sur la terre
Le souverain arbitre et de paix et de guerre,
75   Et se trouvait si haut par-dessus les humains,
Que son pied se posait sur le front des Romains,
Alors qu'en Orient terminant sa carrière,
Dans la source du jour il perdit la lumière,
Et pour un lit superbe[26] à son dernier sommeil,
80   Il s'alla reposer au berceau du soleil.
Voilà comme il vécut, et je te veux encore,
Peindre dans son couchant cet astre que j'adore[27],
Afin que le malheur de mon illustre époux
Par ces tristes tableaux réveille mon courroux,
85   Et que par les horreurs de la fin de sa vie,
Je m'excite à haïr ceux qui l'ont poursuivie.

CORNÉLIE

C'est accroître vos maux.

---

[23] Le sable.

[24] « L'issue ».

[25] Amplification du vers du *Cid*: « Et le combat cessa, faute de combattants »
(IV, 3).

[26] Voir v. 49, p. 269, n. 19.

[27] Dans tous ces vers, jeux de mots constants autour du thème de l'astre et de
la lumière.

AGRIPPINE

Ne me refuse pas
D'écouter le récit d'un si sanglant trépas,
Ou^a mon coeur déchiré de bourreaux invisibles,
90 En irait émouvoir les rochers insensibles.
Tibère, qui voyait les pleurs de l'univers
Conjurer mon époux de le[28] tirer des fers,
Et qui savait assez qu'au milieu des batailles
Ses amis lui seraient de vivantes murailles;
95 Comme un acier tranchant, comme un brûlant tison,
Du filet[29] de ses jours, il approcha Pison:
Pison part, il s'avance et, dans chaque province
Qu'il oyait retentir des armes de mon prince,
Par des coups non sanglants, des meurtres de la voix,
100 Ce lâche ternissait l'éclat de ses exploits.
Mais semblable au rocher qui, battu de l'orage,
De la mer qui le bat semble être le naufrage[30],
Le nom de mon héros par le choc affermi,
Réfléchissait les coups dessus[31] son ennemi[32].
105 Il arrive et mon prince ignorant sa malice[33],
D'un véritable amour payait son artifice.
Quand nous vîmes tomber ce demi-dieu romain,
Sous l'invisible coup d'une invisible main.
Une brûlante fièvre allume ses entrailles;
110 Il contemple vivant ses propres funérailles.
Ses artères enflés[34] d'un sang noir et pourri,
Regorgent du poison dont son coeur est nourri:
A qui le considère, il semble que ses veines
D'une liqueur de feu sont les chaudes fontaines,

---

28 *Le*: l'univers.
29 Equivalent de *fil*. Allusion au mythe des Parques.
30 La fermeté du rocher semble faire faire naufrage à la mer, c'est-à-dire la tient en échec.
31 Vaugelas condamne cet emploi prépositionnel, mais le permet aux poètes.
32 Le nom de Germanicus était en si haute estime que les calomnies de Pison se retournaient contre lui.
33 Au sens plein. *Malice* «se dit aussi de l'inclination qu'on a à faire mal et des actions qui sont nuisibles à quelqu'un» (Furetière).
34 Le mot est encore parfois masculin au XVIe siècle; au féminin, le vers serait faux.

115   Des serpents enlacés qui rampent sur son corps
       Ou des chemins voûtés qui mènent chez les morts ;
       La terre en trembla même, afin que l'on pût dire
       Que sa fièvre causait des frissons à l'empire.

                        CORNÉLIE

       Jamais la mort ne vint d'un pas si diligent.

                        AGRIPPINE

120   Et Pison toutefois le trouve encore trop lent ;
       Pour le précipiter, joignant le sortilège,
       Du poison, sans horreur, il monte au sacrilège[35],
       Et donne à terrasser par des charmes couverts[36]
       Le démon[37] des Romains au démon des enfers.
125   Ainsi l'enfer, les cieux, la nature et l'envie,
       Unirent leur fureur contre une seule vie.

                        CORNÉLIE

       Ha ! ne condamnez point la lâcheté du sort !
       Pour perdre un si grand homme il faut plus d'une mort.

                        AGRIPPINE

       D'un rouge ténébreux sa chair ensanglantée,
130   Fut le triste témoin que Nature irritée
       Produisit du poison, afin de se purger
       Du crime dont à Rome on eût pu la charger[38].

                        CORNÉLIE

       Les auteurs de sa mort méritaient des supplices.

---

[35] En ayant recours à des conjurations magiques. *Sans horreur* porte sur *il monte.*
[36] Secrets.
[37] Un *démon* est un génie, bon ou mauvais. Germanicus était le *démon*, c'est-à-dire le bon génie, des Romains ; l'autre *démon* est une divinité infernale.
[38] Texte obscur : En produisant du poison, comme pour s'en délivrer, la Nature montre qu'elle n'est pas responsable de la mort de Germanicus.

AGRIPPINE

135 Je saurai les punir avecque leurs complices,
Pison est déjà mort[39] et bientôt l'empereur,
Livilla, Séjanus sentiront ma fureur:
Ce couple criminel, qu'un adultère assemble,
S'étant joints pour le perdre expireront ensemble:
Ils suivront mon époux, ces lâches ennemis,
140 Qui de tous mes enfants ne m'ont laissé qu'un fils[40]!

SCÈNE II
SÉJANUS, AGRIPPINE, CORNÉLIE

SÉJANUS

Madame, la nouvelle en est trop assurée;
L'empereur ce matin est sorti de Caprée[41],
Il marche droit à Rome, accompagné des siens[42],
Des soldats allemands et des prétoriens;
145 Et l'on croit que demain nous verrons à nos portes
Trois de ses légions et cinquante cohortes.

AGRIPPINE

C'est un sujet de joie et non pas de douleur:
Ennuyé de l'attendre, il court à son malheur,
Et n'approche de Rome, en homme de courage,
150 Que pour nous épargner la peine du voyage;
Vois comme aveuglément il vient chercher l'autel.
Frappons, cette victime attend le coup mortel;
Mais gardons qu'échappant du couteau du ministre[43],
Sa fuite ne devienne un présage sinistre.

---

[39] En 20 après Jésus-Christ, un an après Germanicus.
[40] Caligula. Agrippine ne compte pas les filles dont alors aucune n'est morte.
[41] Aujourd'hui Capri, dans le golfe de Naples, résidence préférée de Tibère.
[42] Ses partisans. Les *cohortes* prétoriennes sont comptées à part des *légions*.
[43] Le sacrificateur. Que la victime lui échappe est en effet un très mauvais présage. Sur *du couteau*, voir v. 384, n. 95.

SÉJANUS

155 Sans avancer nos jours, pour avancer sa mort,
     Regardons son naufrage à couvert dans le port[44];
     Et gauchissons[45] de sorte en montant à l'empire,
     Que selon le succès[46] nous puissions nous dédire.
     L'empereur qui connaît tous vos desseins formés,
160 Ignore que je trempe à ce que vous tramez;
     Il m'écrit qu'il espère, assisté de ma brigue[47],
     Joindre avec le sénat tout le peuple à sa ligue.
     Ce trait de confiance est un gage assuré
     Qu'il ne soupçonne point que j'aie conjuré:
165 Ainsi, quoi que d'affreux son courroux entreprenne,
     Je vous tiendrai toujours à couvert[48] de sa haine:
     Prononcez son arrêt irrévocablement;
     Mais parmi tant d'écueils hâtons-nous lentement[49].

AGRIPPINE

     Conduis ma destinée, aussi bien la fortune,
170 Triomphants ou vaincus, nous doit être commune:
     Mais sache, si de moi tu prétends disposer,
     Que le trône est le temple où je dois t'épouser.
     Informe Livilla du retour de Tibère,
     De peur que sa surprise effarouche son père[50]:
175 Moi, j'irai cependant solliciter les dieux,
     Ils me doivent secours puisqu'ils sont mes aïeux[51].

---

44 Comprendre: en restant nous-mêmes à l'abri dans le port. Lieu commun,
    illustré par Lucrèce, *De Natura rerum*, II, 1.

45 «N'aller pas franchement et son droit chemin, chercher quelque détour,
    quelque échappatoire, pour surprendre son ennemi ou se défaire de lui.»
    (Furetière).

46 Le résultat, qu'il soit bon ou mauvais. Voir p. 270, v. 69.

47 Assisté de la *brigue*, de la propagande que je ferai pour lui.

48 A l'abri.

49 Traduction de *Festina lente*, maxime grecque citée par Auguste, selon
    Suétone.

50 Le *ne* est souvent supprimé au XVIIe siècle après une principale affirmative.
    Tibère est en réalité le beau-père de Livilla.

51 La gens Julia, à laquelle appartenaient César, Auguste et Agrippine préten-
    dait descendre de Iule, fils d'Enée, lui-même fils de Vénus, dont le père était
    Jupiter.

SCÈNE III
AGRIPPINE, CORNÉLIE

AGRIPPINE

Qu'en dis-tu, Cornélie? Enfin...

CORNÉLIE

Enfin, Madame,
Du traître Séjanus deviendrez-vous la femme?
Faut-il que l'assassin de votre cher époux
180 Se trace par son crime un chemin jusqu'à vous?
Que dans son meurtrier votre mari se treuve[52],
Et vienne se sauver dans le lit de la veuve?
Quoi! n'entendez-vous point le grand Germanicus,
Porté sur un monceau de cadavres vaincus,
185 S'écrier des enfers: « Femme ingrate et perfide;
Tu vas joindre ma race avec mon homicide[53]? »
Voilà comme il se plaint, ce héros outragé,
Que sa veuve en dix ans n'a pas encore vengé.

AGRIPPINE

Moi, de mes ennemis, je deviendrais la mère[54]!
190 Moi qui les dois punir du crime de leur père!
Rouge encore de mon sang, il viendrait, l'assassin,
En qualité d'époux me présenter la main!
Donc, mes fils en mes flancs ne pourraient treuver[55] place
Sans augmenter le nom[56] des bourreaux de ma race!
195 Donc avec eux naîtrait, malgré tout mon amour,
L'exécrable devoir de les priver du jour!
Donc ces infortunés, sans le pouvoir connaître,
Seraient mes ennemis avant même que d'être!
Deviendraient criminels entre les mains du sort,

---

[52] Que son meurtrier devienne votre mari.

[53] *Homicide*: nom d'agent: celui qui m'a tué (voir p. 267, n. 5).

[54] Ces *ennemis* sont les enfants qu'elle pourrait avoir de Séjan, comme le montrent les vers 190-200.

[55] « Trouver » Je conserve cette graphie car il ne s'agit pas d'orthographe mais d'une forme verbale.

[56] A peu près équivalent de « Sans ajouter de nouveaux noms aux... ». Exactement: en tant que fils de Séjanus, ils augmenteraient son *nom*.

200 Et pour avoir vécu mériteraient la mort !
Du plus vil des Romains je me ferais un maître !
Et veuve d'un héros, j'épouserais un traître !
Ha ! ne m'accuse point de tant de lâcheté,
Et pénètre un peu mieux dans mon coeur irrité,
205 Vois jusqu'où doit aller le courroux d'Agrippine,
Qui l'oblige à flatter[57] l'auteur de sa ruine,
Et combien il est grand, puisque pour l'occuper[58],
Étant ce que je suis, je m'abaisse à tromper :
Oui, j'abhorre ce monstre ; après l'avoir ravie,
210 Pour le tuer encore, je lui rendrais la vie ;
Et je voudrais qu'il pût, sans tout à fait périr,
Et sans cesse renaître, et sans cesse mourir.
Mais, hélas ! je ne puis me venger de Tibère
Que par la seule main de mon lâche adversaire :
215 Car Séjanus vainqueur lui percera le flanc,
Ou Séjanus vaincu payera de son sang.
Si Tibère y demeure, alors je suis vengée ;
Si contre Séjanus la fortune est rangée,
Je verrais, satisfaite, entrer au monument
220 De mon époux meurtri[59] le premier instrument[60].
Mais Livilla paraît... J'évite sa présence,
Elle hait ma rencontre, et la sienne m'offense.

SCÈNE IV
LIVILLA, SÉJANUS, TÉRENTIUS

LIVILLA

J'ai beau voir en triomphe un empereur romain
S'avancer contre nous le tonnerre à la main[61],
225 Ce n'est pas l'ennemi que je crains davantage[62].

---

[57] « Tromper par mes complaisances ».
[58] Le pronom *l'* renvoie à *mon courroux*.
[59] « Assassiné ».
[60] Comprendre : Je verrais entrer au tombeau (*monument*) le premier instrument du meurtre de mon mari. Tournure latine.
[61] Il ne s'agit pas d'un triomphe au sens propre ; néanmoins Tibère approche, comme en triomphateur, accompagné des cohortes prétoriennes et de trois légions.
[62] Sens relatif : « que je crains le plus ».

SÉJANUS

Ha ! dites-moi son nom, cette longueur m'outrage,
Vous le plaindrez plutôt que vous ne le craindrez[63],
Et j'attends pour agir ce que vous résoudrez.

LIVILLA

Écoute. Auparavant[64] qu'un refus m'ait blessée,
230   Sur tout ce que tu crains applique ta pensée,
Propose-toi le fer, la flamme et le poison,
Fais jusque dans ton coeur descendre ta raison,
Et t'informe de lui[65], quoi que je te demande,
S'il est prêt d'accorder tout ce qu'il appréhende.

SÉJANUS

235   Il est tout prêt, madame, à remplir vos souhaits.

LIVILLA

Encore un coup, prends garde à ce que tu promets ;
Ce que je veux sera peut-être ta ruine.

SÉJANUS

N'importe, parlez, c'est...

LIVILLA

C'est la mort d'Agrippine.

SÉJANUS

D'Agrippine, madame, hélas y pensez-vous ?

LIVILLA

240   D'Agrippine, ma soeur[66], qui conspire avec nous ;
Mon mari sous ma haine est tombé pour victime,
Mon coeur après cela ne connaît plus de crime ;

---

[63]   «plustost» donne le choix entre le sens comparatif (plutôt que) et le sens
        temporel (plus tôt que).
[64]   «Avant».
[65]   Lui renvoie à ton coeur.
[66]   En réalité, Agrippine est sa belle-soeur, mais cette appellation est conforme
        à l'usage du XVIIe siècle ; cf. v. 174, n. 50.

Jeune[67] encore et timide en mon timide sein,
Il osa me pousser à ce noble dessein:
245   Et toi, perfide amant, dont l'amour me diffame[68]...

SÉJANUS

Tremperai-je ma main dans le sang d'une femme?

LIVILLA

Je fais, pour m'animer[69] à ce coup plein d'effroi
Des efforts bien plus grands que tu n'en fais sur toi;
J'entends de toute part le sexe et la nature
250   Qui me font de ce meurtre une horrible peinture:
Mais, femme, je pourrai voir du sang sans horreur,
Et, parente, souffrir qu'on égorge ma soeur?[70]
Je l'ai trop offensée, et la mort qui m'effraie
Est le seul appareil[71] qui peut fermer sa plaie.
255   On voit fumer encor de ses plus chers parents
Sur la route d'enfer les vestiges sanglants;
Rien qu'un cercueil ne couvre un acte de la sorte,
Et pour elle ou pour moi c'est la fatale porte,
Par qui[72] le sort douteux d'un ou d'autre côté,
260   Mettra l'un des partis en pleine liberté.
Encor si mon trépas satisfaisait sa haine:
Mais de ta mort, peut-être, elle fera ma peine,
Puisqu'elle a découvert au gré de son courroux,
A l'éclat de ma flamme[73] un passage à ses coups;
265   Donc pour me conserver, conservant ta personne,
Sauve-moi des frayeurs que sa rage me donne.

Née en 13 av. J.-C., Livilla avait néanmoins 36 ans à la mort de son mari, en 23.

68   Comprendre: me déshonore, noircit ma réputation, à cause de la bassesse de Sejanus qui n'est que chevalier, ou à cause de sa propre réputation.

69   «M'exciter».

70   Question que Livilla se pose à elle-même et à laquelle elle répond aussitôt. Agrippine est la belle-sœur de Livilla.

71   «Première application d'un remède sur une plaie qu'on panse» (Furetière).

72   «Par laquelle». Emploi régulier.

73   Pointe: *flamme* est pris à la fois au sens figuré (mon amour) et au sens propre puis qu'elle éclaire Agrippine, lui montrant par où elle peut atteindre Livilla.

SÉJANUS

Non, non, détrompez-vous de ces vaines frayeurs;
Elle croit l'empereur cause de ses malheurs;
Je l'ai persuadée.

LIVILLA

Elle feint de le croire;
270 Pour un temps sur sa haine elle endort sa mémoire,
Mais crains-la d'autant plus qu'elle craint de s'ouvrir,
C'est pour elle trop peu de te faire mourir:
Si par ta mort, toi-même assouvissant sa rage,
Tu n'en es l'instrument et n'en hâte l'ouvrage.
275 Quoi! je t'ai de mon frère[74] immolé jusqu'au nom!
Sur son fameux débris élevé ton renom,
Et chassé, pour complaire[75] à toi seul où j'aspire,
De mon lit et du jour l'héritier de l'empire[76]!
Je semblais un lion sur le trône enchaîné[77],
280 Qui t'en gardais l'abord comme à toi destiné;
J'ai fait à ton amour au péril de la tombe,
Des héros de ma race un funeste hécatombe[78];
Et ne préjugeant pas obtenir les souhaits
D'un si grand criminel que par de grands forfaits:
285 On m'a vu promener encor jeune, encor fille,
Le fer et le poison par toute ma famille,
Et rompre tous les nœuds de mon sang, de ma foi,
Pour n'être plus liée à personne qu'à toi;
Chaque instant de ma vie est coupable d'un crime,
290 Paie au moins tant de sang du sang d'une victime,
Je n'en brûle de soif qu'afin de te sauver
Des bras qu'à ton malheur ce sang fera lever;
Ose donc, ou permets, quand on joindra notre âme[79],
Que je sois ton mari si tu n'es que ma femme.

---

[74] Germanicus. Comprendre: Je t'ai sacrifié jusqu'au nom de mon frère...
[75] «Gagner les bonnes grâces de» (Richelet).
[76] Drusus, fils de Tibère, son mari, qu'elle a empoisonné.
[77] Inversion: *un lion enchaîné sur le trône.*
[78] Le mot est en général féminin.
[79] Quand on nous mariera.

SÉJANUS

295 Du précipice affreux prêt à nous engloutir,
Agrippine et son rang nous peuvent garantir;
Prodiguons[80] sa puissance à[81] terrasser Tibère
Quand elle aura sans nous détruit notre adversaire.
Nous trouverons par elle un trône dans le port,
300 Et serons en état de songer à sa mort.

LIVILLA

Tu m'en donnes parole, hé bien, je suis contente,
L'espoir que j'en aurai flattera[82] mon attente;
A Jupiter vengeur je vais offrir des voeux,
Si pourtant d'un tel coup j'ose parler aux dieux:
305 Car le crime est bien grand de massacrer Tibère.

SÉJANUS

Tibère, ce tyran qui fit mourir ton père.

LIVILLA

Ha! le traître en mourra, fais, fais-moi souvenir,
Quand d'injustes remords viendront m'entretenir,
Afin de s'opposer au meurtre de Tibère,
310 Que Tibère est celui qui fit mourir mon père.

SCÈNE V
SÉJANUS, TÉRENTIUS

TÉRENTIUS

Immoler Agrippine à l'objet de ton feu,
La victime sera plus noble que le dieu.

SÉJANUS

Que vous connaissez mal le sujet qui m'enflamme!

---

[80]   Servons-nous largement de…
[81]   Equivalent de *pour*.
[82]   « Se dit de ce qui touche agréablement les sens » (Furetière).

TÉRENTIUS

Quoi ! Livilla n'est point...

SÉJANUS

              Non, je la hais dans l'âme ;
315   Et quoiqu'elle m'adore et qu'elle ait à mes vœux
       Immolé son époux, son frère et ses neveux,
       Je la trouve effroyable, et plus sa main sanglante
       Exécute pour moi, plus elle m'épouvante ;
       Je ne puis à sa flamme apprivoiser mon coeur,
320   Et jusqu'à ses bienfaits me donnent de l'horreur
       Mais j'aime sa rivale avec une couronne,
       Et je brûle du feu que son éclat lui donne ;
       De ce bandeau royal les rayons glorieux
       Augmentent la beauté des rayons de ses yeux,
325   Et si l'âge flétrit l'éclat de son visage[83],
       L'éclat de sa couronne en répare l'outrage.
       Enfin pour exprimer tous ses charmes divers,
       Sa foi me peut en dot apporter l'univers.
       Quoique de son époux ma seule jalousie
330   Par les mains de Pison ait terminé sa vie,
       Elle a toujours pensé que des raisons d'Etat
       Ont poussé l'empereur à ce lâche attentat.
       Ainsi, Térentius, un royal hyménée
       Doit bientôt à son sort unir ma destinée,
335   Un diadème au front en sera le lien.

TÉRENTIUS

Le cœur d'une amazone était digne du tien.

SÉJANUS

       Tel jaloux de mon rang tenterait ma ruine,
       Qui n'osera choquer[84] un époux d'Agrippine,
       Ce nœud m'affermira dans le trône usurpé :
340   Et son fils[85] qui me hait, dans sa fureur trompé,

---

[83]   Si l'on place la pièce en 31 ap. J.-C., Agrippine a 45 ans, – seulement un an
      de plus que Livilla –, et Séjan 51.
[84]   « Signifie figurément quereller, offenser » (Furetière).
[85]   Vraisemblablement Caligula.

Au profond de son âme, arrêtant sa colère,
Craindra de s'attaquer au mari de sa mère,
Ou forcée de le perdre, avec moins de courroux
Elle en pardonnera le meurtre à son époux[86].

345 Mais allons préparer dans la pompe célèbre[87]
Du retour de Tibère une pompe funèbre.

ACTE II

SCÈNE PREMIÈRE
TIBÈRE, NERVA

TIBÈRE

Oui, la couronne enferme et cache beaucoup plus
De pointes sous le front qu'il n'en paraît dessus !
De ma triste grandeur j'ai vu Rome idolâtre :

350 Mais que j'ai pour régner d'ennemis à combattre !

NERVA

C'est trop te défier de ton noble destin
Agrippine te hait, mais elle est femme enfin[88].

TIBÈRE

Que de justes frayeurs s'emparent de mon âme !
Le grand Germanicus me combat dans sa femme !

355 De ce prince au tombeau le nom ressuscité
Semble accourir aux voeux qui l'ont sollicité ;
Sous mon trône abattu, ce nouvel Encelade[89]
Du profond des enfers à ma cour rétrograde,
Et jette un cri si haut que du bruit effrayé,

---

[86] Si ce fils est trop remuant, Séjanus envisage de le faire périr.

[87] «Solennelle».

[88] Ce mot souligne un argument irrrésistible, venant comme la conclusion d'un développement possible.

[89] Un des Géants, fils de la Terre. Au cours de leur lutte contre les dieux de l'Olympe, Athéna l'écrasa sous l'Etna, sans le faire périr.

360   Je doute s'il foudroie ou s'il est foudroyé.
Par un souffle brûlant que sa rage respire,
Il émeut la révolte au sein de mon empire,
Et le perfide encor pour braver mes desseins
Me combat à couvert[90] dans le cœur des Romains.

NERVA

365   D'un tout si dangereux perd le dangereux reste[91]!

TIBÈRE

Je sais bien qu'Agrippine à mes jours et funeste:
Mais si sans l'achever ma haine l'entreprend[92],
Le courroux qui l'anime en deviendra plus grand,
Et si dans le sénat on la trouve innocente,
370   Je la force à venger cette injure sanglante.

NERVA

Que me dis-tu, Seigneur? elle est coupable.[a]

TIBÈRE

En quoi?

NERVA

D'être ou d'avoir été plus puissante que toi.
Elle ramène au choc les bandes[93] alarmées,
Casse ou nomme à son gré les empereurs d'armées,
375   Montre en Caligula son aïeul[94] renaissant:
Intimide le faible, achète le puissant,
Emplit ton cabinet de ses pensionnaires:

---

[90] A l'abri et en secret.

[91] Agrippine et ses enfants; *perdre* a le sens actif.

[92] «ENTREPRENDRE absolument signifie, avoir dessein de ruiner quelqu'un, l'assaillir de tous côtés, lui faire tout le mal qui est possible» (Furetière).

[93] «Se disait autrefois des troupes, des gens de guerre» (Furetière). Agrippine est capable de ramener les soldats en déroute à affronter l'ennemi. Allusion à sa conduite héroïque pendant les guerres de Germanie. On peut comprendre aussi qu'elle a rameuté les soldats de Germanicus, dans le désarroi après la mort de celui-ci.

[94] Auguste, arrière-grand-père de Caligula.

Enfin jusqu'à ta garde et tes légionnaires,
Fallût-il se noircir d'une lâche action,
380   Sont généralement à sa dévotion.
Elle est ambitieuse, elle te croit coupable,
Crains qu'elle ne corrompe un serviteur de table ;
Rarement un grand roi que l'on peut envier,
Échappe du[95] poison donné par l'héritier.

TIBÈRE

385   O Ciel ! si tu veux perdre un empereur de Rome,
Que son trépas au moins soit l'ouvrage d'un homme !

NERVA

César, pour prévenir ses desseins furieux,
Elle est dans le palais, qu'on l'égorge à tes yeux !

TIBÈRE

L'équité nous oblige à plus de retenue,
390   On ne l'a qu'accusée et non pas convaincue.

NERVA

Le sceptre qu'en tes mains dispute son renom,
Dans tes mains ébranlé ne tient plus qu'à ton nom,
Cours le prix d'une gloire en gloire sans seconde,
Au bout de la carrière est le trône du monde ;
395   Mais encor qu'il puisse être à tous deux destiné,
Qui l'atteindra plus tôt y sera couronné ;
En partant le premier devance donc sa course,
Et coupe les ruisseaux du torrent dès la source[96] :
Quoi ? supporteras-tu sans honte ou sans effroi,
400   Que l'empire balance entre une femme et toi ?
Perds[97], perds cette orgueilleuse avant qu'elle connaisse
De ton règne ébranlé la mortelle faiblesse.

---

[95]   *Echapper du :* construction aussi régulière que *au* ou l'objet direct.
[96]   On peut comprendre : les ruisseaux qui formeraient un torrent, si on ne les coupait pas ; ou bien y voir une inversion : couper les ruisseaux dès la source du torrent.
[97]   Sens actif : « fais périr ». De même au vers 343.

Un soupçon de révolte à l'apparence joint[98],
Est un crime d'État qu'on ne pardonne point:
César, il la faut perdre.

TIBÈRE

405   Oui, Nerva, je la donne
Sans rien examiner au bien de ma couronne[99],
Elle mourra!

NERVA

César...

TIBÈRE

                    Elle mourra, mais Dieux!
Comment me dérober au peuple furieux?
Car si de ce combat j'emporte la victoire,
410   Son sang pour la venger peut jaillir sur ma gloire;
C'est un foudre[100] grondant suspendu prêt à choir,
Qu'en dessus de ma tête il ne faut pas mouvoir.

NERVA

Non, Seigneur, non, sa perte est et sûre et facile.

TIBÈRE

Il faut donc l'engager à sortir de la ville.

NERVA

415   Elle irait, la superbe, en cent climats divers
Promener la révolte au bout de l'univers,
Et jetant du discord[101] la semence féconde,
Armerait contre toi les deux moitiés du monde;
Elle unirait les bras de tout le genre humain,
420   Joindrait les deux soleils du Parthe et du Germain[102],

---

[98] Comprendre: un soupçon conçu sur une simple apparence de révolte.
[99] « Je la sacrifie au bien de ma couronne ».
[100] *Foudre* est aussi bien masculin que féminin au XVIIᵉ siècle.
[101] Cette forme masculine est admise par Vaugelas.
[102] L'orient et l'occident.

Provoquerait la paix à te faire la guerre,
Et sur toi seul enfin renverserait la terre.

TIBÈRE

Pour l'empêcher d'agir, il faut la rassurer ;
Si son crime paraît, feindre de l'ignorer[103] ;
425 Et puis, quand nous aurons le secours que j'espère[104],
La mienne[105] à découvert bravera sa colère.
Mais la voici... N'importe il faut la régaler[106]
D'une offre dont l'éclat suffit pour l'aveugler.
Vois comme son front cache et montre sa vengeance[107],
430 Et dans quelle fierté la superbe[108] s'avance !
Pour me tromper encor elle vient en ces lieux ;
Mais écoute-nous feindre à qui feindra le mieux.

SCÈNE II
TIBÈRE, AGRIPPINE, SÉJANUS,
NERVA, TÉRENTIUS

AGRIPPINE

Ton retour imprévu, tes gardes[109] redoublées,
Trois fortes légions près de Rome assemblées,
435 M'ont fait avec raison craindre quelque attentat
Ou contre ta personne ou contre ton État :
C'est pourquoi dans un temps suspect à ma patrie,
Où le Romain troublé s'attroupe, s'arme et crie,
J'amène à ton secours mes proches, mes amis,
440 Et tous ceux que mon rang me peut avoir soumis.

---

[103] Feindre d'ignorer son crime.
[104] Quand les légions attendues seront arrivées. Voir acte IV, sc. 1, p. 314, vers 993-994.
[105] Construction assez lâche : ma colère bravera la sienne.
[106] « Signifie aussi faire de petits présents » (Furetière).
[107] Comprendre : montre en s'efforçant de cacher.
[108] Voir p. 269, v. 49 et note.
[109] « Régiments des gardes ». Richelet constate qu'on emploie souvent le mot au féminin, surtout lorsqu'il est accompagné d'un adjectif.

TIBÈRE, *bas à Nerva*[110].

L'impudente, Nerva!...[111] Généreuse princesse,
Je ne puis par ma bouche exprimer ma tendresse:
Car un moindre présent que le trône d'un roi
Ne saurait m'acquitter de ce que je te dois;
445 De Rome à ce dessein j'approche mon armée,
Pour forcer cette esclave au joug accoutumée,
D'adorer dans ton fils[112], ce prince bien-aimé,
L'image d'un héros qu'elle a tant estimé:
Oui, je viens sur son front déposer ma couronne,
450 Et quiconque osera choquer[113] ce que j'ordonne,
C'est un traître, un mutin, qu'en vassal plein de cœur[114]
J'immolerai moi-même au nouvel empereur.

AGRIPPINE

Qui renonce à sa gloire en offrant sa couronne,
Il en acquiert, César, plus qu'il n'en abandonne;
455 Tu m'estimes beaucoup de me la présenter,
Mais je m'estime trop pour pouvoir l'accepter;
C'est en la refusant qu'on s'en doit rendre digne,
Je veux que l'univers en juge par ce signe.

TIBÈRE

Auguste ton aïeul contre les droits du sang,
460 M'adopta pour monter après lui dans son rang:
Quoiqu'avecque ton sexe il connut ton audace,
Il n'osa te choisir pour occuper sa place;
Il eut peur, connaissant combien sans se flatter[115],
La machine du monde est pesante à porter,
465 Que d'un poids inégal à la grandeur de l'âme[116],
Cet énorme fardeau tombât sur une femme,

---

[110] La didascalie ne porte que sur le premier hémistiche.
[111] Tibère s'adresse maintenant à voix haute à Agrippine.
[112] Caligula. L'*esclave* est *Rome*.
[113] «Heurter avec violence» (Furetière), d'où ici: s'opposer à.
[114] «Courage».
[115] «Sans se bercer d'illusions».
[116] Comprendre que, quelle que soit la grandeur de son âme, le poids du monde est trop lourd pour une femme.

Et qu'un sceptre appuyé d'une si faible main,
Soutînt mal la grandeur de l'empire romain.
Mais quoique sa prudence, en bravant la nature,
470   T'ait ravi la couronne avec beaucoup d'injure[117],
Puisqu'aujourd'hui son sang en tes bras affaibli,
A dans ceux de ton fils ses forces rétabli[118]
Je le veux élever par droit héréditaire,
Après un interrègne au trône de son père[119].

AGRIPPINE

475   Fille du grand César que je dois imiter,
Je le[120] cède au héros qu'il crut le mériter,
Pour montrer par un choix aussi grand, aussi juste,
Que je suis et du sang et dans l'esprit d'Auguste.

TIBÈRE

Et par cette raison son esprit et son sang
480   Sont des droits à ton fils pour monter à mon rang ;
J'en ai le diadème, et d'une foi sincère
Je le veux rendre au fils, l'ayant reçu du père.

AGRIPPINE

Avec un diadème on n'attache pas bien[121]
Un cœur tout généreux qui veut aimer pour rien.

TIBÈRE

485   Pour te la conserver, j'ai reçu la couronne ;
Je te la rends, Princesse.

---

[117] Injustice.
[118] Correction des éd. du XVIIIe siècle, à la place de *affaiblis* [...] *rétablis*, faute certaine. L'inversion poétique dispense de l'accord du participe. Comprendre : puisque le sang d'Auguste, affaibli entre tes bras (parce que tu es une femme) a rétabli ses forces dans ceux de ton fils.
[119] En réalité, son arrière-grand-père, Auguste ; mais on peut comprendre aussi au sens exact : le trône que le père de Caligula, Germanicus, aurait dû occuper.
[120] *Le* renvoie à *trône*. *Il* à Auguste : Je cède le trône au héros (Tibère) qu'Auguste croyait le mériter.
[121] Pointe ? Rappelons que le diadème est originellement un bandeau qui entoure la tête.

AGRIPPINE

Et moi je te la donne.

TIBÈRE

Mais comme j'en dispose au gré de tes parents[122],
C'est moi qui te la donne.

AGRIPPINE

Et moi je te la rends.
As-tu droit d'espérer que cette âme hautaine[123]
490   En générosité succombe sous la tienne.

TIBÈRE

Écoute dans ton sein ton cœur te démentir.

AGRIPPINE

Qui choisit par raison ne peut se repentir.

TIBÈRE

Tu me hais, et tu veux éteindre par envie
La plus belle action dont éclate[124] ma vie ;
495   Ah ! pardonne à l'honneur du monarque des rois[125],
Ou de ton père en nous[126] respecte au moins le choix.

AGRIPPINE

Aux siècles à venir quelque jour à ta gloire
Nos neveux[127] étonnés apprendront dans l'histoire
Qu'un roi de sa couronne a dépouillé son front ;
500   Et ces mêmes neveux à ma gloire apprendront
Que ce prince en fit l'offre à la seule personne
Qui pouvait refuser l'éclat d'une couronne,

---

122 Selon la volonté de tes parents, c'est-à-dire d'Auguste.
123 Haute, noble (aucune valeur péjorative). Il s'agit d'elle-même, Agrippine.
124 « Brille ».
125 L'empereur romain.
126 *Père*, au sens large, renvoie à Auguste ; *nous* est un pluriel de majesté.
127 Au sens latin de *petits-fils* et donc de *descendants* au sens large.

Et que l'ordre des dieux lui voulut désigner
De peur qu'un si bon roi ne cessât de régner.

TIBÈRE

505 Règne, je te l'ordonne, et régnant fais connaître
Que tu sais m'obéir encor comme à ton maître.

AGRIPPINE

Règne je te l'ordonne, et respectant ma loi,
Obéis pour montrer que tu n'es plus mon roi :
Règne et puisque tu veux me rendre souveraine,
510 Montre en m'obéissant que je suis déjà reine ;
Reprends donc ta couronne, aussi bien couronner
Celle qui te commande est ne rien lui donner[128].

TIBÈRE

Tâche, mon Séjanus, d'ébranler sa constance,
Toi qui lis dans mon cœur, et vois ce que je pense,
515 Tu lui découvriras les secrets de mon coeur,
Et les vastes desseins que j'ai pour sa grandeur[129].

SCÈNE III
SÉJANUS, AGRIPPINE, TÉRENTIUS

SÉJANUS

Lorsque contre soi-même avec nous il conspire,
Quelle raison vous meut[130] à refuser l'empire ?

AGRIPPINE

Alors que dans ton sein mon portrait fut placé,
520 Le portrait de Tibère en fut-il effacé[131] ?
Ou désaccoutumé du visage d'un traître,
L'as-tu vu sans le voir et sans le reconnaître ?

---

[128] Cyrano se plaît à ces jeux d'esprit et de langage, que l'on retrouve dans les *Lettres* et dans les *Entretiens pointus*.

[129] Cet échange de répliques du tac au tac (v. 475-515) s'apparente à une stichomythie, au sens large du terme.

[130] « Pousse ».

[131] Obscur ; je comprends : lorsque tu t'es mis à m'aimer, as-tu oublié qui était Tibère ?

Je t'excuse pourtant, non tu ne l'as point vu,
Il était trop masqué pour être reconnu ;
525 Un homme franc, ouvert, sans haine, sans colère,
Incapable de peur, ce n'est point là Tibère ;
Dans tout ce qu'il paraît, Tibère n'est point là :
Mais Tibère est caché derrière tout cela ;
De monter à son trône il ne m'a poursuivie[132]
530 Qu'à dessein d'épier s'il me faisait envie ;
Et pour peu qu'à son offre il m'eût vu balancer[133],
Conclure aveuglément que je l'en veux chasser :
Mais quand il agirait d'une amitié sincère,
Quand le ressentiment des bienfaits de mon père[134],
535 Ou quand son repentir eût mon choix appelé
A la possession du bien qu'il m'a volé,
Sache que je préfère à l'or d'une couronne
Le plaisir furieux que la vengeance donne ;
Point de sceptre aux dépens d'un si noble courroux,
540 Et du vœu qui me lie à venger mon époux.
Mais bien loin qu'acceptant la suprême puissance
Je perde le motif d'une juste vengeance :
Je veux qu'il la retienne afin de maintenir
Agrippine et sa race au droit de le punir[135] ;
545 Si je l'eusse accepté ma vengeance assouvie
N'aurait pu sans reproche attenter sur sa vie,
Et je veux que le rang qu'il me retient à tort
Me conserve toujours un motif pour sa mort.
D'ailleurs c'est à mon fils qu'il remettait l'empire ;
550 Est-ce au nom de sujet où[136] ton grand cœur aspire ?
Penses-y mûrement, quel que soit ton dessein,
Tu ne m'épouseras que le sceptre à la main.
Mais adieu, va sonder où tend tout ce mystère[137],
Et confirme toujours mon refus à Tibère.

---

[132] Il m'a priée instamment de…
[133] « Hésiter à l'accepter ».
[134] Ici encore, comprendre : mon grand-père (Auguste). *Ressentiment* signifie souvenir, sans aucune nuance péjorative.
[135] Cf. Corneille, *Cinna*, II, 2, v. 651-664. Cinna explique à Maxime pourquoi il s'est opposé à l'abdication d'Auguste.
[136] Construction correcte au XVIIᵉ siècle.
[137] Quel est le motif secret de l'offre du trône.

SCÈNE IV
SÉJANUS, TÉRENTIUS

TÉRENTIUS

555 Par les cuisants soucis où flotte l'empereur,
Du péril où tu cours mesure la grandeur,
Crains que dans le complot, comme un sage interprète,
De la moitié connue, il passe à la secrète;
Car je veux que le Ciel secondant tes souhaits,
560 Tu mènes ta victoire où tendent tes projets.
D'une marche du trône Agrippine approchée,
La soif de se venger non encor étanchée,
Et par un si grand coup ne redoutant plus rien,
Elle voudra du sang, et peut-être le tien;
565 Peut-être qu'en ton lit aux bras de l'hyménée,
Le fer de son époux[138] attend ta destinée,
Que sa douleur secrète espère, en te tuant,
Venger son mari mort sur son mari vivant,
Et qu'à ce cher époux qui règle sa colère,
570 Elle veut immoler le vainqueur de Tibère?
Donc pour sauver ta tête abandonne la cour;
Tu connais la fortune et son funeste amour[139].

SÉJANUS

Mettre les voiles bas, n'ayant point perdu l'Ourse[140]?
Je suis trop ébranlé[141] pour retenir ma course;
575 Je veux monter au trône, ou m'en voir accabler:
Car je ne puis si tard commencer à trembler.

TÉRENTIUS

Superbe[142], ta naissance[143] y met un tel obstacle,
Que pour monter au trône il te faut un miracle.

---

[138] L'épée de Germanicus.
[139] Comprendre soit l'amour de la fortune, au sens large, soit le funeste amour
pour Agrippine.
[140] Le nord. Comprendre: Renoncer à la navigation alors qu'on sait où l'on va!
[141] Je me suis trop avancé.
[142] Voir P. 269, v. 49 et note.
[143] Séjan n'appartenait ni à la famille impériale, ni à la classe sénatoriale, mais
à la haute bourgeoisie: il était simplement chevalier. Sa mère étant d'une
famille distinguée, le *toit de chaume* n'est qu'une hypothèse d'école.

SÉJANUS

580 Mon sang n'est point royal mais l'héritier d'un roi
     Porte-t-il un visage autrement fait que moi?
     Encor qu'un toit de chaume eût couvert ma naissance,
     Et qu'un palais de marbre eût logé son enfance,
     Qu'il fût né d'un grand roi, moi d'un simple pasteur,
     Son sang auprès du mien est-il d'autre couleur?
585 Mon rang serait au rang des héros qu'on renomme[144]
     Si mes prédécesseurs avaient saccagé Rome[145]:
     Mais je suis regardé comme un homme de rien;
     Car mes prédécesseurs se nommaient gens de bien:
     Un César cependant n'a guère bonne vue,
590 Dix degrés sur sa tête en bornent l'étendue,
     Il ne saurait au plus faire monter ses yeux
     Que depuis son berceau jusques à dix aïeux;
     Mais moi je rétrograde aux cabanes de Rome
     Et depuis Séjanus jusques au premier homme;
595 Là n'étant point borné du nombre ni du choix,
     Pour quatre dictateurs j'y rencontre cent rois[146].

TÉRENTIUS

     Mais le crime est affreux de massacrer son maître?

SÉJANUS

     Mais on devient au moins un magnifique traître;
     Quel plaisir sous ses pieds de tenir aux abois
600 Celui qui sous les siens fait gémir tant de rois;
     Fouler impunément des têtes couronnées,
     Faire du genre humain toutes les destinées:
     Mettre aux fers un César et penser dans son coeur:
     «Cet esclave jadis était mon empereur.»

---

[144] *Renommer*, c'est rendre célèbre, d'après Furetière.
[145] Peut-être fait-il allusion aux exactions des deux triumvirats, celui de César et celui d'Octave.
[146] Y eut-il quatre dictateurs parmi les ancêtres de Tibère? En élargisant le terme, ne sont connus qu'Auguste et César. Toutre cette tirade est une variation sur le thème de l'ancienneté et donc de la dignité égale de tous les enfants d'Adam. Pour le vers suivant, voir p. 255, n. 38.

TÉRENTIUS

605   Peut-être en l'abattant tomberas-tu toi-même.

SÉJANUS

Pourvu que je l'entraîne avec son diadème,
Je mourrai satisfait, me voyant terrassé
Sous le pompeux débris d'un trône renversé :
Et puis mourir n'est rien, c'est achever de naître ;
610   Un esclave hier[147] mourut pour divertir son maître :
Aux malheurs de la vie on n'est point enchaîné,
Et l'âme[148] est dans la main du plus infortuné[149].

TÉRENTIUS

Mais n'as-tu point d'horreur pour un tel parricide[150] ?

SÉJANUS

Je marche sur les pas d'Alexandre et d'Alcide[151],
615   Penses-tu qu'un vain nom de traître, de voleur,
Aux hommes demi-dieux doive abattre le cœur ?

TÉRENTIUS

Mais d'un coup si douteux peux-tu prévoir l'issue ?

SÉJANUS

De courage et d'esprit cette trame est tissue[152] :
Si César massacré, quelques nouveaux Titans[153]
620   Élevés par mon crime au trône où je prétends,

---

[147] Synérèse et *h* muet. *Un esclave hier* : quatre syllabes.
[148] Le souffle vital, la vie.
[149] Il est au pouvoir de tout homme de mettre fin à ses jours. Toutes ces idées
       sont exprimées par Montaigne, en différents endroits des *Essais*.
[150] Le mot s'applique à tout crime abominable, y compris, pour Vaugelas, à
       celui qui trahit sa patrie, et notamment au régicide.
[151] Voir v. 9. Séjanus ne répond pas à la question. Sur le chemin du triomphe et
       se considérant comme un demi-dieu, comme les héros qu'il cite (qui n'ont
       commis aucun parricide), peu lui importe qu'on l'appelle *traître* ou *voleur*.
[152] Participe passé du verbe *tistre*, encore usité à ce mode au XVIIᵉ siècle.
[153] Allusion à la révolte des Titans contre Zeus, qui essayèrent d'escalader le
       ciel. Séjanus songe à d'autres éventuels candidats à l'empire.

Songent à s'emparer du pouvoir monarchique,
J'appellerai pour lors le peuple en république,
Et je lui ferai voir que par des coups si grands
Rome n'a point perdu mais changé ses tyrans[154].

TÉRENTIUS

625 Tu connais cependant que Rome est monarchique,
Qu'elle ne peut durer dans l'aristocratique[155],
Et que l'aigle romaine aura peine à monter,
Quand elle aura sur soi plus d'un homme à porter[156].
Respecte et crains des dieux l'effroyable tonnerre.

SÉJANUS

630 Il ne tombe jamais en hiver sur la terre,
J'ai six mois pour le moins à me moquer des dieux,
Ensuite je ferai ma paix avec les Cieux.

TÉRENTIUS

Ces dieux renverseront tout ce que tu proposes.

SÉJANUS

Un peu d'encens brûlé rajuste bien des choses.

TÉRENTIUS

Qui les craint, ne craint rien.

SÉJANUS

635 Ces enfants de l'effroi[157],
Ces beaux riens qu'on adore, et sans savoir pourquoi,

---

[154] Comprendre : si d'autres que moi s'emparent du pouvoir, j'appellerai le peuple à renverser ces nouveaux empereurs pour rétablir la république.

[155] Le pouvoir aristocratique est celui de la République romaine, dirigée par le Sénat. Ce débat sur les différents régimes politiques renvoie encore à *Cinna*, II, 1.

[156] Métaphore risquée !

[157] Rappel de Lucrèce, *In principio timor deos fecit* : Au commencement, c'est la crainte qui a créé les dieux.

Ces altérés du sang des bêtes qu'on assomme[158],
Ces dieux que l'homme a faits[159], et qui n'ont point fait
                                        [l'homme,
Des plus fermes États le fantasque[160] soutien,
640   Va, va, Térentius, qui les craint, ne craint rien[161].

TÉRENTIUS

Mais s'il n'en était point, cette machine ronde...?

SÉJANUS

Oui, mais s'il en était, serais-je encore au monde[162]?

SCÈNE V
SÉJANUS, TÉRENTIUS, LIVILLA

LIVILLA

Quoi tu restes à Rome et le foudre[163] grondant
Ne pourra t'éveiller si ce n'est en tombant?
Fuis, fuis, tout est perdu.

SÉJANUS

645   L'empereur sait la trame[164]?

LIVILLA

Tout est perdu, te dis-je!

---

[158]   Impropriété, à cause de la rime: on égorge les bêtes, on ne les assomme pas.
[159]   Le texte porte *faict*: l'accord du participe n'est pas toujours respecté au XVIIᵉ siècle.
[160]   «Capricieux» (Furetière); mais ici à rapprocher de fantaisie, d'où imaginaires.
[161]   Séjanus joue sur les mots. Térentius voulait dire, au vers 635, que l'homme appuyé sur sa foi et qui craint les dieux n'a rien à craindre du monde (*Cf.* Racine, *Athalie*, v. 64: «Je crains Dieu, cher Abner et n'ai point d'autre crainte»). Pour Séjanus, athée, craindre les dieux, c'est craindre quelque chose qui n'existe pas.
[162]   Les vers 629-642, considérés comme blasphématoires, ont pu choquer.
[163]   *Foudre* est aussi bien masculin que féminin au XVIIᵉ siècle.
[164]   Ce que nous tramons contre lui.

SÉJANUS

Ah! poursuivez, Madame.

LIVILLA

Tu n'as plus qu'un moment.

SÉJANUS

Mais de grâce, pourquoi?
Tibère...

LIVILLA

Au nom des dieux, Séjanus, sauve-toi!

SÉJANUS

Apprenez-nous au moins qui[165] vous rend si troublée?

LIVILLA

650 J'ai honte de l'effroi dont je suis accablée :
Mais on peut bien trembler quand le ciel tremble aussi;
Écoute donc sur quoi je m'épouvante ainsi.
Des poings du victimaire aujourd'hui nos hosties[166],
Le couteau dans la gorge en fureur sont parties,
655 L'haruspice[167] a trouvé le cœur défectueux,
Les poumons tout flétris et le sang tout bourbeux,
La chair du sacrifice au brasier pétillante,
Distillait sur l'autel une liqueur puante,
Le bœuf n'a pas été mortellement atteint,
660 L'encensoir allumé par trois fois s'est éteint;
Il est sorti de terre une vaine figure;
On n'a point vu manger les oiseaux de l'augure;
Le sacrificateur est chu mort en riant;
Le temple s'est fermé du côté d'orient

---

[165] *Qui* est un neutre : « ce qui ».
[166] Sens latin : victimes. *Cf.* Corneille, *Polyeucte*, v. 1720.
[167] Le sacrificateur chargé d'examiner les entrailles des victimes, tandis que le *victimaire* est celui qui tue la bête. La *liqueur puante* est le sang ou la lymphe, ou la graisse fondue des animaux. La *vaine figure* (v. 661) est une apparition, impalpable.

665   Il n'a tonné qu'à droite et durant cet extase[168]
          J'ai vu nos dieux foyers[169] renversés de leur base[170].

                              SÉJANUS

          Quoi! ces présages vains étonnent[171] ton courroux?
          Ils sont contre Tibère et non pas contre nous.
          Si les dieux*a* aux mortels découvraient leurs mystères,
670   On en lirait au ciel les brillants caractères[172]:
          Mais quoi qu'il en puisse être, il sera glorieux
          D'avoir fait quelque chose en dépit de nos dieux:
          Car si notre fureur succombe à la fortune,
          Au moins dans les transports d'une rage commune
675   Nous poursuivrons Tibère avec tant de courroux,
          Que l'on verra suer le destin contre nous[173].

                              LIVILLA

          Le destin grave tout sur des tables de cuivre,
          On ne déchire pas les feuillets d'un tel livre.

                              SÉJANUS

          Achevons donc le crime où ce dieu[174] nous astreint,
680   C'est lui qui le commet puisqu'il nous y contraint.

                              LIVILLA

          Mon esprit est remis, et ton noble courage,
          Quoi qu'annonce le Ciel est un heureux présage.
          Allons de cent Argus[175] Tibère environner,

---

[168]   Le mot est indiqué par Furetière comme féminin. Il est employé ici au sens,
        très rare, d'état anormal des choses, et non d'une personne.
[169]   Les lares et les pénates. Bien que ces derniers soient plus spécifiquement les
        dieux du foyer, on ne les différencie guère.
[170]   Présages habituels des catastrophes, fréquents dans la poésie baroque.
[171]   Sens fort: «ébranlent ta colère» (au point de te faire renoncer).
[172]   Les constellations formeraient des caractères clairement lisibles.
[173]   Le destin devra se donner beaucoup de mal pour nous atteindre. Autre
        forme de blasphème, plus atténué que dans les vers 630-641.
[174]   Le destin.
[175]   Argus était un monstre doué, selon certaines légendes, d'yeux sur tout le
        corps. Héra le chargea à cause de cela de surveiller Io, transformée en

685   Arrêtons les avis qu'on lui pourrait donner;
Et puisqu'il ne tient pas tout le secret encore,
Coupons vers notre bout la moitié qu'il ignore[176].

ACTE III

SCÈNE PREMIÈRE
AGRIPPINE, CORNÉLIE

AGRIPPINE

Sanglante ombre qui passe et repasse à mes yeux,
Fantôme dont le vol me poursuit en tous lieux,
Tes travaux, ton trépas, ta lamentable histoire
690   Reviendront-ils sans cesse offenser ma mémoire?
Ah! trêve, cher époux, si tu veux m'affliger,
Prête-moi pour le moins le temps de te venger.

CORNÉLIE

Il vient vous consoler de sa cruelle absence.

AGRIPPINE

Il vient, il vient plutôt me demander vengeance;
695   Te souvient-il du temps qu'au fort de ses douleurs,
Couronné dans son lit de ses amis en pleurs,
Il criait: « O Romains, cachez-moi cette offrande,
C'est un bras, non des yeux, que mon sort vous demande:
Mes plus grands ennemis n'ont rien tant désiré
700   Que de me voir un jour digne d'être pleuré[177]?
A de plus hauts pensers[178] élevez donc votre âme;
Pleurer Germanicus, c'est le venger en femme;
On me plaindra partout où je suis renommé;

---

génisse. Pour la délivrer, sur l'ordre de Zeus, Hermès le tua et Héra répandit
ses yeux sur les plumes de son oiseau favori, le paon.
[176] Comprendre: empêchons-le de remonter jusqu'à nous.
[177] C'est-à-dire mort.
[178] Selon Richelet, cet infinitif substantivé ne s'emploie plus qu'en poésie.

Mais pour vous, vengez-moi si vous m'avez aimé ;
705   Car, comme il est honteux à qui porte une épée
D'avoir l'âme à pleurer mollement occupée,
Si du sang répandu sont les pleurs d'un Romain,
J'espère que vos yeux seront dans votre main[179] ;
Forcez donc mes bourreaux de soupirer[180] ma perte,
710   C'est la seule douleur qui me doive être offerte[181].
Oui, cherchez, poursuivez, jusqu'à la terre ouvrir,
La terre parlera pour vous les découvrir.
Que par les yeux sanglants de cent mille blessures[182],
Leurs corps défigurés pleurent mes aventures,
715   Et que Pison le traître... » A ce mot de Pison,
Son âme abandonna sa mortelle prison,
Et s'envola mêlée au nom de ce perfide,
Comme pour s'attacher avec son homicide[183] ;
Enfin, je l'ai vu pâle, et mort entre mes bras ;
720   Il demanda vengeance et ne l'obtiendrait pas !
Un si lâche refus...

CORNÉLIE

L'aimez-vous ?

---

[179] Comprendre : Au lieu que vos yeux versent des larmes, que vos mains versent du sang.

[180] Au sens de pousser des soupirs sur ; autrement dit : déplorer.

[181] Et non pas de vous arracher les cheveux, lacérer le visage, vivre dans le deuil, etc, habituelles marques de douleur. Ces vers sont une paraphrase de Tacite, *Annales,* II, 71, traduit ainsi par Coëffeteau dans son *Histoire romaine...* (1623) : « Ce n'est pas le principal devoir des amis d'accompagner les obsèques du défunt de larmes et de cris inutiles ; mais ce qui leur doit être plus étroitement recommandé, c'est de se souvenir de ce qu'il a le plus passionnément désiré de leurs bonnes volontés. Ceux mêmes qui n'ont jamais vu Germanicus le pleureront, mais vous autres, vous le vengerez, au moins s'il est vrai que vous ayez plus aimé ma personne que ma fortune. Allez donc, représentez aux yeux du peuple romain la petite-fille d'Auguste, ma femme, et mes six petits enfants, tristes reliques de mon naufrage, qui n'ont plus de ressource qu'en sa justice. La compassion de leur misère fortifiera vos accusations.» La deuxième partie est modifiée puisque Agrippine se place elle-même parmi les vengeurs.

[182] Les blessures sont ici comparées à des yeux qui versent du sang. Dans *Le Cid*, Chimène voit la blessure de son père comme une *bouche* qui lui parle (II, 7, v. 680).

[183] Voir p. 267, note 5.

AGRIPPINE

Je l'adore.

CORNÉLIE

Madame, cependant Tibère vit encore.

AGRIPPINE

Attends encore un peu, mon déplorable[184] époux !
Tu le verras bientôt expirant sous mes coups,
725   Et ravi par le sort aux mains de la nature,
Son sang à gros bouillons croître[185] chaque blessure !
Son esprit par le fer, dans son siège épuisé[186],
Pour sentir tout son mal en tout lieu divisé,
Entre cent mille éclairs de l'acier qui flamboie,
730   Gémissant de douleur me voir[187] pâmée[a] de joie,
Et n'entendre, percé de cent glaives aigus,
Que l'effroyable nom du grand Germanicus.
Qu'il est doux au milieu des traits qu'on nous décoche
De croire être offensé quand la vengeance approche,
735   Il semble que la joie au milieu de mes sens
Reproduise mon cœur partout où je la sens ;
Pour former du tyran l'image plus horrible,
Chaque endroit de mon corps devient intelligible[188]
Afin que tout entière en cet accès fatal,
740   Je renferme, je sente et comprenne son mal[189],
Usurpant les devoirs de son mauvais génie,
Je l'attache aux douleurs d'une lente agonie ;

---

[184] «Digne d'être pleuré».

[185] Sens actif, fréquent au XVIIe siècle.

[186] Les coups de poignard le videront de son esprit, c'es-à-dire de son principe vital, là où il réside (dans le cerveau ou dans le corps).

[187] Ces deux verbes, *voir* et *entendre* ont pour sujet *Son esprit*, ou *le* de *Tu le verras* (v. 724).

[188] Je comprends : participant à l'intelligence. Le sens général est expliqué dans la note suivante.

[189] Cette conception du sentiment répandu à travers tout le corps est anticartésienne et conforme à la philosophie des libertins. On la retrouve, plus ou moins explicite dans les romans de Cyrano. Tous les pronoms de la troisième personne contenus dans les vers 737-752 concernent Tibère.

Je compte[190] ses sanglots, et j'assemble en mon sein
Les pires accidents de son cruel destin;
745 Je le vois qui pâlit, je vois son âme errante
Couler[191] dessus les flots d'une écume sanglante.
L'estomac[192] enfoncé de cent coups de poignard,
N'avoir[193] pas un ami qui lui jette un regard,
S'il pense de sa main boucher une blessure,
750 Son âme s'échapper par une autre ouverture[194]:
Enfin, ne pouvant pas m'exprimer à moitié,
Je le conçois réduit à me faire pitié.
Vois quels transports au sein d'une femme offensée
Cause le souvenir d'une injure[195] passée!
755 Si la fortune instruite à me désobliger
M'ôtait tous les moyens de me pouvoir venger
Plutôt que me résoudre à vaincre ma colère,
Je m'irais poignarder dans les bras de Tibère,
Afin que soupçonné de ce tragique effort,
760 Il attirât sur lui la peine[196] de ma mort.
Au moins dans les enfers j'emporterais la gloire
De laisser, quoique femme, un grand nom dans l'histoire;
Mais le discours sied mal à qui cherche du sang.

CORNÉLIE

Vous!

AGRIPPINE

Oui moi, de César je veux percer le flanc,
765 Et jusque sur son trône hérissé d'hallebardes[197],

---

[190] Le texte porte *conte*. La distinction entre les deux verbes n'est pas toujours faite.

[191] Comprendre: glisser.

[192] «La poitrine». Cf. *Le Cid*, v. 1509; «Je lui vais présenter mon estomac ouvert».

[193] Cet infinitif a grammaticalement pour sujet *âme*, au vers 745, mais aussi pour l'idée *le*, au même vers.

[194] Proposition infinitive dépendant de *je vois*, au vers 745.

[195] Au sens fort: injustice, tort, violence.

[196] Le châtiment dû à ma mort. *Effort* signifie «effet».

[197] Entouré de hallebardiers.

Je veux, le massacrant au milieu de ses gardes,
Voir couler par ruisseaux de son coeur expirant
Tout le sang corrompu dont se forme un tyran !

SCÈNE II
TIBÈRE, AGRIPPINE, CORNÉLIE
TROUPE DE GARDES

TIBÈRE, *la surprenant*

Poursuivez.

AGRIPPINE

Quoi, Seigneur ?

TIBÈRE

Le propos détestable
Où je vous ai surprise.

AGRIPPINE

770   Ah ! ce propos damnable,
D'une si grande horreur tous mes sens travailla,
Que l'objet du fantôme en sursaut m'éveilla.

TIBÈRE

Quoi ! cela n'est qu'un songe, et l'horrible blasphème
Qui choque des Césars la majesté suprême[198]
Ne fut dit qu'en dormant ?

AGRIPPINE

775   Non[199], César, qu'en dormant ;
Mais les dieux qui pour lors nous parlent clairement,
Par de certains effets, dont ils meuvent les causes
En nous fermant les yeux nous font voir toutes choses[200];

---

[198] Allusion à la *lex de majestate*, qui punissait de mort les propos injurieux contre le prince.

[199] Non répond à la forme négative de la question. Aujourd'hui, nous dirions : *Oui.*

[200] Lieux commun, de même que le récit du songe qui suit.

Écoute donc, Seigneur, le songe que j'ai fait,
780   Afin que le récit en détourne l'effet[201]:
Je réclamais des dieux la sagesse profonde
De régir par tes mains les affaires du monde[202],
Quand les sacrés pavots[203] qui nous tombent des cieux,
D'un sommeil prophétique ont attaché mes yeux.
785   Après mille embarras d'espèces[204] mal formées
Que la chaleur vitale entretient de fumées[205],
Je ne sais quoi de blême et qui marchait vers moi,
A crié par trois fois: « César, prends garde à toi ! »
Un grand bruit aussitôt m'a fait tourner visage,
790   Et j'ai vu de César la pâlissante image,
Qui courait hors d'haleine en me tendant les bras...
Oui César, je t'ai vu menacé du trépas.
Mais comme à ton secours je volais, ce me semble,
Nombre de meurtriers qui couraient tous ensemble
795   T'ont percé sur mon sein, Brutus[206] les conduisait,
Qui loin de s'étonner du grand coup qu'il osait[207],
« Sur son trône, a-t-il dit, hérissé d'hallebardes,
Je veux, le massacrant au milieu de ses gardes,
Voir couler par ruisseaux de son coeur expirant
800   Tout le sang corrompu dont se forme un tyran. »
J'en étais là Seigneur, quand tu m'as entendue.

TIBÈRE

La réponse est d'esprit et n'est pas mal conçue[208].

---

[201] « La réalisation ».

[202] Le mot *dieux* est au moins le sujet logique de *régir*.

[203] Métaphore : les pavots sont des plantes somnifères.

[204] Sens du latin *species* : apparences.

[205] Comprendre : produites par les fumées issues de la chaleur vitale.

[206] Ce Brutus est le meurtrier de César. Il se suicida après la défaite de Philippes, en 22 avant J.C. Il est resté le symbole de l'assassin politique.

[207] Réminiscence du *Cid*, voir p. 268, n. 14.

[208] Tibère n'est pas dupe. Faut-il supposer le vers en aparté ? De toute façon, Agrippine feint de ne pas l'avoir entendu.

AGRIPPINE

Ha, César, il n'est plus d'asile en ta maison.
Quoi ! tu tiens pour suspects de fer et de poison
805 Jusques à tes parents, avec qui la nature
T'attache par des nœuds d'immortelle tissure[209];
Connais mieux Agrippine, et cesse d'opprimer,
Avec ceux que ton sang oblige de t'aimer,
Ceux que soutient ton rang[210]. Séjanus, par exemple,
810 Superbe sanguinaire, homme à brûler un temple,
Mais qui pour ton salut accepterait la mort,
Ne peut être accusé ni soupçonné qu'à tort !
Et cependant, César, un fourbe un lâche, un traître,
Pour gagner en faveur l'oreille de son maître,
Peut te dire aujourd'hui...
(Séjanus entre sans être vu d'Agrippine ni de Tibère)

SCÈNE III
TIBÈRE, AGRIPPINE, SÉJANUS

AGRIPPINE *continue sans voir Séjanus*

815   Séjanus te trahit,
Il empiète[211] à pas lents ton trône, et l'envahit,
Il gagne à son parti les familles puissantes,
Il se porte héritier des maisons opulentes,
Il brigue contre toi la faveur du sénat.

SÉJANUS *bas*

O dieux elle m'accuse !

AGRIPPINE

820   Il renverse l'État,
Il sème de l'argent parmi la populace.

---

[209] « Art et manière de faire le tissu » (Furetière).
[210] *Ceux que soutient ton rang*, c'est à dire qui ne doivent leur vie, leur fortune ou leur considération qu'au fait que tu sois empereur, n'ont en effet aucun intérêt à ta mort.
[211] « Gagner pied à pied, par usurpation » (Littré).

SÉJANUS *bas à Agrippine,*
en se jetant aux pieds de l'empereur

Nous périrons, Madame, et sans implorer grâce !
Oui, Seigneur, il est vrai, j'ai conjuré !

TIBÈRE

Qui, toi ?

AGRIPPINE

On peut te dire pis encor de lui, de moi :
825 Mais à de tels rapports il est d'un prince sage
De ne pas écouter un faible témoignage.

SÉJANUS *bas*

Imprudent qu'ai-je fait ? Tout est désespéré !

TIBÈRE

Mais enfin, Séjanus lui-même a conjuré,
Il l'avoue.

SÉJANUS

Oui, Seigneur.

TIBÈRE

L'eussiez-vous cru, Princesse ?

SÉJANUS

J'ai conjuré[212] cent fois ta profonde sagesse,
De ne point écouter ces lâches ennemis
Qui te rendent suspects Agrippine et son fils[213];
Ne souffre pas, Seigneur, qu'une âme déloyale
Dégorge son venin sur la maison royale ;
835 Tout le palais déjà frémit de cet affront,
Et ta couronne même en tremble sur ton front ;
Rome en est offensée, et le peuple en murmure,

---

[212] « Prier avec instance » (Furetière).
[213] Comme au vers 775-800, explication diplomatique, qui sent plus la comédie que la tragédie.

Préviens de grands malheurs, César, je t'en conjure !
Je t'en conjure encor par l'amour des Romains,
840   Et par ces tristes pleurs dont je mouille tes mains !

TIBÈRE

Comment ?

SÉJANUS

Tes légions qui s'approchent de Rome
Réveillent en sursaut la ville d'un grand somme ;
Elle croit que tu veux abreuver ses remparts
De ce qui reste encor du sang de nos Césars,
845   Et qu'après tant de sang que ta soif se destine,
Tu viens pour te baigner dans celui d'Agrippine ;
Le peuple en tous ses bras[214] commence à se mouvoir,
Il fait aux plus sensés tout craindre et tout pouvoir :
Pour te l'ôter de force il résout cent carnages,
850   Autour de ton palais il porte ses images[215],
Il brave, il court, il crie, et presque à ton aspect[216],
Menace insolemment, de perdre tout respect.
Étouffe en son berceau la révolte naissante.

TIBÈRE, il arrête Agrippine qui veut sortir.

Agrippine, arrêtez, si le désordre augmente,
855   Un désaveu public aux yeux de ces mutins,
En vous justifiant, calmera nos destins,
Vos efforts feront voir si le ver qui vous ronge[217],
Méditait le récit d'un complot ou d'un songe,
Éteignez au plus tôt le feu que je prévois,
860   Ou bien résolvez-vous de périr avec moi ;
Se tournant vers Séjanus
C'est pour l'intimider, les rayons de ma vue
Comme ceux du soleil résoudront[218] cette nue[219].

---

214 « En toutes ses parties ».
215 Les portraits d'Agrippine.
216 « à ta vue ».
217 L'inquiétude, le désir de vengeance.
218 « Dissiperont ».
219 Tibère sauve la face aux yeux de Séjanus : il n'a aucun besoin d'Agrippine
     pour calmer la populace.

SÉJANUS

Il serait à propos qu'on te vît escorté[220] :
De grands desseins par là souvent ont avorté.

SCÈNE IV
SÉJANUS, AGRIPPINE, CORNÉLIE

SÉJANUS

Que vous m'avez fait peur !

AGRIPPINE

865   Que vous m'avez troublée !
Je sens mon âme encor de surprise accablée !
Confesser au tyran la conjuration !

SÉJANUS

Mais vous, lui révéler la conspiration !
J'ai cru que votre cœur vous prenait pour un autre[221],
870 J'en ai senti mon front rougir au lieu du vôtre[222],
Et j'appelais déjà la mort avec fierté,
Pour épargner ma honte à votre lâcheté[223],
Pour en perdre au tombeau la funeste mémoire,
Et pour ne pas enfin survivre à votre gloire :
875 Oui, j'allais sans lâcher ni soupir ni sanglot,
Moi seul pour mourir seul m'accuser du complot,
Et vous justifiant, quoique mon ennemie,
Combler par mon trépas votre nom d'infamie[224].

AGRIPPINE

Vous m'offensez cruel, par cet emportement,
880 Mon amour en dépôt vous tient lieu de serment,

---

[220] Conseil de prudence. En même temps, Séjanus ne souhaite pas que Tibère se montre trop courageux, cela pourrait impressionner le peuple en sa faveur.

[221] Vous trahisssait, agissait comme si ce n'était pas vous qu'il commandait.

[222] J'avais honte pour vous.

[223] Pour que votre lâcheté ne se sente pas responsable de ma honte.

[224] En vous innocentant et en me sacrifiant à votre place, je soulignerai votre infamie.

Puisque c'est une loi du dieu[225] qui nous assemble[226],
Que si vous périssez, nous périssions ensemble.

SÉJANUS

Si j'ai de grands soupçons, ce n'est pas sans sujet,
Ce que j'espère est grand, et mon sort est abjet,
885   Vous faites relever[227] le bonheur de ma vie
D'un bien que l'univers regarde avec envie[228];
Et c'est pourquoi je tremble au front de l'univers,
Quand dessus mon trésor je vois tant d'yeux ouverts,
Oui, j'ai peur qu'Agrippine, ici-bas sans seconde,
890   Élevée au sommet de l'empire du monde,
Comme un prix de héros, comme une autre toison[229],
Ne réchauffe le sang de quelque autre Jason,
Et cette peur, hélas! doit bien être soufferte[230]
En celui que[a] menace une si grande perte.

AGRIPPINE
[*Vers équivoques*]

895   Non, croyez, Séjanus[b], avec tous les humains,
Que je ne puis sans vous achever mes desseins,
Et que vous connaîtrez dans peu comme moi-même,
Si véritablement Agrippine vous aime.

SÉJANUS

Enfin, quoi que César puisse faire aujourd'hui,
900   La peur dont j'ai tremblé retombera sur lui.
Il faut que je me rende auprès de sa personne,
De peur qu'un entretien si secret ne l'étonne[231],
Vous,[232] sortez en public pour tromper le tyran,

---

[225] L'amour.

[226] «Unit».

[227] Dépendre.

[228] Ce *bien* est Agrippine.

[229] La toison d'or; mais peut-être, à travers elle, est-il fait allusion à Médée, qui avait le pouvoir de rajeunir qui elle voulait.

[230] Admise par Agrippine en Séjanus, désigné dans le vers suivant.

[231] «Ne le trouble».

[232] Les éditions ne mettent pas de virgule, mais *sortez* comme *guérissez*, sont incontestablement des impératifs.

905
Et guérissez un mal qui n'est pas assez grand[233];
Contre trois légions qui frappent à nos portes,
Tous les prétoriens et cinquante cohortes,
Nos gens épouvantés ne feraient que du bruit
Et n'en recueilleraient que la mort pour tout fruit,
Attendons que l'aspect d'un astre moins contraire[234]

910
Dedans son île infâme[235] entraîne encor Tibère.

SCÈNE V
AGRIPPINE, CORNÉLIE, LIVILLA

LIVILLA

La Discorde, allumant son tragique flambeau[236],
Vous consacre[237], Madame, un spectacle assez beau,
Et je viens comme sœur prendre part à la joie,
Que lassé de vos maux le destin vous envoie;

915
Le peuple soulevé pour un exploit si grand,
Vous tient comme en ses bras à couvert du tyran,
Et ce transport subit aveugle et plein de zèle,
Témoigne que les dieux sont de votre querelle[238].

AGRIPPINE

Les dieux sont obligés de venger mon époux;

920
Si les dieux ici-bas doivent justice à tous,
Deux partis ont chargé leur balance équitable,
Agrippine outragée, et Tibère coupable.

LIVILLA

Pour se bien acquitter ils vous couronneront.

---

[233] La crise n'est pas suffisante pour que la conjuration réussisse.

[234] Que n'est celui qui préside aux actions d'aujourd'hui. Référence aux horoscopes et à l'astrologie judiciaire.

[235] Caprée, qualifiée d'*infâme* à cause des débauches auxquelles Tibère s'y livrait.

[236] Ce *flambeau* ou brandon est une image moderne. Selon Richelet, la Discorde est ordinairement représentée avec «un visage pâle et défait, un couteau dans le sein et la tête coiffée de serpents.»

[237] «Vous offre», mais avec un sens religieux.

[238] «Partisans de votre cause».

AGRIPPINE

925   Ils s'acquitteront bien quand ils me vengeront,
      C'est la mort que je veux, non le rang du monarque[239].

LIVILLA

Se joindre à Séjanus n'en est pas une marque[240]!

AGRIPPINE

Je fais encore pis, je me joins avec vous[241].

LIVILLA

Vous nous aviez longtemps caché votre courroux.

AGRIPPINE

Je règle à mon devoir les transports de mon âme.

LIVILLA

930   Au devoir en effet vous réglez votre flamme :
      Car comme l'amour seul est le prix de l'amour,
      Séjanus vous aimant, vous l'aimez à son tour.

AGRIPPINE

Il vous sied plus qu'à moi d'aimer un adultère[242],
Après l'assassinat d'un époux et d'un frère[243].

LIVILLA

935   Sont-ils ressuscités pour vous le révéler ?

AGRIPPINE

S'ils sortaient du cercueil, ils vous feraient trembler !

---

[239] *Monarque* est complément de *mort* aussi bien que de *rang*.

[240] Séjanus est un ambitieux qui veut beaucoup moins punir Tibère que lui suc-
       céder.

[241] On ne sait pas comment Agrippine sait que Livilla participe au complot.
       Elle lui laisssse entendre que, pour réussir, elle s'allie à ceux qu'elle méprise.

[242] La femme de Séjanus, Apicata, est toujours vivante.

[243] Si l'on admet que Livilla ait empoisonné son mari, Drusus, il ne semble pas,
       historiquement, qu'elle ait eu part à l'asssasinat de Germanicus.

LIVILLA

Cette ardeur dont j'embrasse et presse leur vengeance,
De l'envie et de vous sauve mon innocence[244].

AGRIPPINE

Si sans exception votre main les vengeait,
940 Vous verseriez du sang qui vous affaiblirait[245]:
Mais quand vous vengerez leurs ombres magnanimes,
Vous leur*a* déroberez tout au moins deux victimes[246].

LIVILLA

Vous pourriez m'attendrir par de telles douleurs,
Qu'enfin j'accorderais Séjanus à vos pleurs.

AGRIPPINE

945 Si m'en faisant le don vous faites un miracle,
J'en promets à vos yeux le tragique spectacle:
Mais il vous est utile, et vous le garderez
Pour le premier époux dont vous vous lasserez[247].

LIVILLA

Quiconque ose inventer ce crime abominable,
950 Du crime qu'il invente il a l'esprit capable.

AGRIPPINE

Votre langue s'emporte, apaisez sa fureur,
Ce n'est pas le moyen d'acquérir un vainqueur,
Que vous dites m'aimer avec tant de constance:
Car s'il m'aime, il reçoit la moitié de l'offense.

---

[244] Livilla nie ses empoisonnements pour ne donner aucune prise sur elle à Agrippine.

[245] Comprendre: si vous vouliez punir tous leurs assassins, vous devriez figurer au nombre des victimes.

[246] Séjanus et Livilla elle-même.

[247] Je comprends: pour faire périr le premier époux. Les vers 943-946 sont assez obscurs: il semble que Livilla veuille seulement dire – ironiquement – qu'elle est prête à permettre à Séjanus d'épouser Agrippine, mais que veulent dire les mots *tragique spectacle*? Simplement la douleur qu'éprouvera Livilla en voyant son amant l'abandonner, ou bien Agrippine laisse-t-elle entendre qu'elle le fera périr?

LIVILLA

955   Séjanus vaut beaucoup, vous devez l'estimer.

AGRIPPINE

Son mérite est trop grand pour pouvoir m'exprimer[248]:
Mais Tibère étant mort, que nous avons en butte,
Séjanus à son tour sera notre dispute,
Il doit être immolé pour victime entre nous,
960   Ou bien de votre frère, ou bien de mon époux[249].
Adieu donc, et de peur que dans la solitude,
Votre soupçon jaloux n'ait de l'inquiétude,
J'engage à ma parole un solennel serment,
Que je sors sans dessein d'aller voir votre amant.

SCÈNE VI

LIVILLA, *seule.*

965   Dites, dites le vôtre, Agrippine infidèle,
Qui de Germanicus oubliant la querelle,
Devenez sans respect des droits de l'amitié,
De son lâche assassin l'exécrable moitié.
Femme indigne du nom que soutient votre race,
970   Et qui du grand Auguste avez perdu la trace,
Rougissez en voyant votre époux au tombeau,
D'étouffer sa mémoire au lit de son bourreau![250]
Mais que dis-je, insensée, ah mon trouble est extrême !
Ce reproche honteux rejaillit sur moi-même,
975   Puisque de rang égal et filles d'empereurs[251],
Nous tombons elle et moi dans les mêmes erreurs.
Elle aime ce que j'aime, et quoi que je contemple
De lâche dans son coeur, son coeur suit mon exemple,

---

[248] Dire ce que j'en pense. Tout ce dialogue est férocement ironique.
[249] Agrippine ne cache pas ses intentions à Livilla.
[250] Reproches peu justifiés, puisque Agrippine n'accepte d'épouser Séjanus que
        comme un moyen d'accomplir sa vengeance, mais ils permettent le retour-
        nement du vers suivant, analogue à celui de la Phèdre de Racine, (IV, 6,
        v. 1264).
[251] Agrippine est petite-fille d'Auguste, et Livilla nièce de Tibère.

Et puis il s'est donné, mais le traître est-il sien,
980 M'ayant fait sa maîtresse, a-t-il droit sur mon bien[252]?
Non, si par son hymen ma naissance j'affronte[253],
J'en cueillerai la gloire ayant semé la honte,
Pour me le conserver je hasarderai tout,
Je n'entreprendrai rien que je ne pousse à bout.
985 Rien par qui[254] dans sa mort mon bras ne se signale,
Si je puis découvrir qu'il serve ma rivale.
Qu'il y pense, ou bientôt des effets inhumains
Feront de son supplice un exemple aux Romains;
Oui, par les dieux vengeurs, lâche, je te proteste[255],
990 Si ton manque de foi me paraît manifeste,
Qu'avant que le soleil ait son char remonté[256],
Tu seras comme ceux qui n'ont jamais été.

ACTE IV

SCÈNE PREMIÈRE
TIBÈRE, SÉJANUS

TIBÈRE

Enfin Rome est soumise, et mes troupes logées
Sont autour du palais en bataille rangées,
995 Et je puis foudroyer d'un bras victorieux
Ces superbes Titans[257] qui s'osent prendre[258] aux dieux;

---

[252] Un peu de juridisme galant: Séjanus, ayant fait de Livilla sa maîtresse, est devenu son bien; il ne s'appartient donc plus et ne peut se donner à une autre.

[253] Je fais affront à ma naissance en l'épousant.

[254] Neutre, équivalent de «quoi»; emploi correct au XVIIᵉ siècle.

[255] «Promettre avec serment» (Richelet).

[256] Rappel de l'unité de temps?

[257] Agrippine, et ses fils, ou Séjanus. Il y a autant de distance entre ses ennemis et lui-même qu'entre les Titans et les dieux de l'Olympe. Sans aller jusqu'à se considérer comme un dieu, Tibère emploie des métaphores qui l'en rapprochent (v. 995).

[258] «Qui osent s'en prendre».

Je dois par Agrippine ouvrir leurs sépultures[259],
Sa mort décidera toutes nos aventures[260].

SÉJANUS

Seigneur, daigne en son rang le tien considérer[261]!

TIBÈRE

1000   Quand j'ai de mauvais sang je me le fais tirer[262].

SÉJANUS

Prends garde aussi de perdre[263] Agrippine innocente,
D'un coup si dangereux la suite m'épouvante,
Rome publie à faux[264] par de si prompts effets,
Que pour t'abandonner à de plus grands forfaits,
1005   Tu chasses le témoin de qui l'aspect t'affronte[265],
Et punis la vertu dont l'éclat te fait honte.

TIBÈRE

Quoi! la craindre et n'oser mettre un terme à ses jours!
Ou bien la laisser vivre et la craindre toujours?
L'un m'est trop dangereux, l'autre m'est impossible.

SÉJANUS

1010   Seigneur, comme elle rend son abord accessible,
Qu'un espion fidèle évente ses secrets,
Je m'offre à cet emploi.

TIBÈRE
                              Je l'ai mandée exprès.
Ce langage muet des yeux avecque l'âme,

---

259   La faire périr la première.
260   Littéralement: ce qui va nous advenir.
261   Agrippine et Tibère sont de rang sensiblement égal: l'une est la petite-fille
       d'Auguste, l'autre a été adopté par lui.
262   Image médicale, en accord avec l'usage constant des saignées au XVIIᵉ
       siècle.
263   Sens actif; v. p. 281, n. 91.
264   Faussement, devant des décision si rapides.
265   Voir p. 314, vers 981 et note 253.

1015 Me pourra découvrir le complot qu'elle trame,
Je feindrai de savoir qu'elle en veut à mes jours,
Afin que si son front pâlit à ce discours,
Il soit, pour la convaincre, un indice contre elle;
Ou si plein de fierté son front ne la décèle[266],
Me croyant en secret du complot averti,
1020 Elle abandonne au moins l'intérêt du parti[267].
Brisons là, Séjanus, je la vois qui s'avance,
A la faire parler observe ma prudence.

SCÈNE II
TIBÈRE, SÉJANUS, AGRIPPINE, CORNÉLIE

TIBÈRE

Quoi barbare! vouloir ton père[268] assassiner
Au moment glorieux qu'il te va couronner?
1025 N'appréhendes-tu point, âme fière, âme ingrate,
Qu'au feu de mon amour ta lâcheté n'éclate,
Et qu'en l'air cette main qui m'assassinera,
Ne rencontre la main qui te couronnera?

AGRIPPINE
Moi, Seigneur?

TIBÈRE
Toi, perfide!

AGRIPPINE
Enfin, qui le dépose[269]?

TIBÈRE
1030 Demande à Séjanus, il en sait quelque chose.

---

[266] « Dénonce ».
[267] Ou bien Agrippine se trouble et donc se reconnaît coupable; ou bien, se rendant compte qu'elle est soupçonnée, elle abandonne le complot.
[268] L'assassinat de l'empereur est considéré comme un parricide.
[269] « Témoigner en justice la vérité d'un fait, déclarer ce qu'on a vu et ouï » (Furetière).

SÉJANUS

J'étais présent, Madame, à ce triste rapport.

TIBÈRE

D'où vient qu'à ce discours*a* tu te troubles si fort?

AGRIPPINE

Pour paraître innocente, il faut être coupable:
D'une prompte réplique on est bien plus capable,
1035   Parce que l'on apporte au complot déclaré,
Contre l'accusateur un esprit préparé.

TIBÈRE

Défends, défends-toi mieux.

AGRIPPINE

                                            Je pourrais l'entreprendre:
Mais je t'offenserais si j'osais me défendre,
Ce serait une preuve à la postérité,
1040   Que ta mort était juste et pleine d'équité,
Si ton cœur témoignait par la moindre surprise,
Soupçonner ma vertu de l'avoir entreprise.
Je veux donc à ta gloire épargner cet affront,
Tu vois mon innocence et la lis sur mon front,
1045   Agrippine, César, attenter sur ta vie[270]?
Non, tu ne le crois pas! mais ce monstre d'envie[271],
Dont le souffle ternit la candeur de ma foi,
A sans doute aposté des témoins contre moi:
Car tout Rome connaît qu'il veut par ma ruine,
1050   Élever sa maison sur celle d'Agrippine.

TIBÈRE

Tout ce déguisement ne te peut garantir;
Ton jour est arrivé, superbe, il faut partir,
Et l'État en péril a besoin de ta tête.

---

[270] Prolepse: Agrippine attenter sur ta vie, César?
[271] Séjanus.

AGRIPPINE

Faut-il tendre le col ? Qu'on frappe, je suis prête,
1055 Tibère étant ici, je vois l'exécuteur :
Mais apprends-moi mon crime et mon accusateur ?

TIBÈRE

Tu débauches le peuple à force de largesses,
Tu gagnes dans le camp mes soldats par promesses,
Tu parais en public, tu montes au sénat,
1060 Tu brigues pour les tiens les charges de l'État.

AGRIPPINE

Tibère ne reproche à mon âme royale
Que d'être généreuse, affable et libérale,
Et comme criminelle, à mort il me poursuit.

TIBÈRE

La vertu devient crime en faisant trop de bruit.

AGRIPPINE

1065 Elle passe du moins pour cela sous ton règne.

TIBÈRE

Mon amour paternel à tes fils le témoigne[272].

AGRIPPINE

Cet amour paternel les a tous glorieux,
Élevez de ta table à la table des dieux ;
Et de si beaux festins tu régales les nôtres,
1070 Qu'après ceux de Tibère ils n'en goûtent plus d'autres[273] !

TIBÈRE

Romains[274], j'ai la bonté d'être le protecteur

---

[272] Prononcer /temwɛɲ/, pour rimer avec /rɛɲ/.
[273] Tibère a fait mourir de faim Drusus et Nero ; il ne reste plus que Caligula.
[274] A qui s'adresse cette apostrophe ? Aux quelques gardes présents, ou à la cantonnade ? A y regarder de près, elle est un peu ridicule. Ou alors, faut-il supposr le singulier (qui ne se rencontre nulle part) : «Comme je suis Romain...»?

De celle qui me tient pour un empoisonneur ;
Je suis enfant d'Auguste[275].

AGRIPPINE

Il m'en souvient, Tibère,
Tu naquis en ce temps qu'à mon bienheureux père
1075 Toute chose à l'envi succédant[276] à la fois,
Fortune lui donnait des enfants à trois mois[277].

TIBÈRE

Si je ne tiens de lui le jour que je respire,
Au moins, comme à son fils, il m'a laissé l'empire,
Et ce sage empereur nous rendit par son choix,
1080 Toi l'esclave soumis[278], moi le maître des lois.

AGRIPPINE

Ne fais point vanité d'un choix illégitime,
Son orgueil te choisit et non pas son estime,
Il te donna l'empire afin que l'univers
Regrettât le malheur d'avoir changé ses fers[279].

TIBÈRE

1085 Parricide, ton père éprouve ton audace[280].

AGRIPPINE

Tu respectes mon père en détruisant sa race,
Tu lui bâtis un temple, et consacrant ce lieu,
Tu n'y fais immoler que les parents du dieu ;
Ce n'est pas dans le tronc d'une idole muette,
1090 Que repose son âme et sa forme secrète,

---

[275] Du fait de son adoption. Peut-être Tibère fait-il allusion à la réputation de clémence d'Auguste.

[276] « Signifie aussi Réussir » (Furetière).

[277] Livie était enceinte de Tiberius Nero lorsqu'elle épousa Auguste.

[278] On attendrait *soumise*; mais le masculin a des connotations plus dures que le féminin.

[279] D'après Tacite, certains esprits malveillants l'avaient en effet pensé.

[280] Vers obscur : le mot *parricide* porte sur Tibère (voir v. 1023) ; mais *ton père* représente peut-être Auguste. *Éprouve* signifie *supporte*. On peut comprendre : c'est à Auguste que tu fais du tort.

C'est dans moi, c'est dans ceux qui sortent de mon flanc,
Et qui s'y sont formés de mon^a céleste[281] sang;
Ne crois pas mes douleurs de criminelles fautes[282],
Que pousse le regret du sceptre que tu m'ôtes:
1095   Mais écoute, tyran. La cause de mon deuil[283],
C'est d'entendre gémir l'écho d'un vain[284] cercueil,
Une ombre désolée, une image parlante,
Qui me tire la robe avec sa main tremblante;
Un fantôme tracé dans l'horreur de la nuit,
1100   Que j'entends sangloter au chevet de mon lit,
Le grand Germanicus, dont les mânes[285] plaintives,
M'appellent pour le suivre aux infernales rives,
Et de qui, quand je dors, d'un pas rempli d'effroi[286],
Le spectre soupirant vient passer devant moi:
1105   Je te suis, mon époux, mais j'attends pour descendre,
Que j'aye[287] réchauffé de sang ta froide cendre,
Aux pieds de ta statue immolé ton bourreau,
Et de son corps sanglant rempli ton vain[288] tombeau,
Que si le Ciel injuste est sourd à ma requête...

TIBÈRE

1110   Ton bras, à son défaut[289], attaquera ma tête.

AGRIPPINE

Qui m'empêche, tyran, si c'était mon dessein,
De plonger tout à l'heure[290] un poignard dans ton sein?

---

[281]   Après sa mort, Auguste avait été élevé au rang des dieux.

[282]   Le charin de ne pas régner pourrait être considéré comme un crime de lèse-
majesté.

[283]   Ici, au sens de douleur.

[284]   Vide, qui ne représente rien: les cendres de Germanicus ne sont pas
Germanicus. Le cercueil – ou l'urne – n'est qu'un leurre.

[285]   Furetière donne le mot pour féminin; les autres lexicographes pour masculin. Au vers 1231, il est d'ailleurs masculin. Dans quel cas y a-t-il licence
poétique?

[286]   Sens objectif: «qui me remplit d'effroi».

[287]   Je garde l'orthographe, qui justifie mieux les deux syllabes.

[288]   Voir v. 1096.

[289]   «Si le ciel fait défaut».

[290]   «A l'instant même».

*(Elle tire un poignard qu'elle jette aux pieds de l'empe-
reur.)*
Mais vis en sûreté, la veuve d'un Alcide[291]
Rougirait de combattre un monstre si timide[292].

TIBÈRE

1115   En découvrant ainsi ta noire intention,
Et travaillant toi-même à ta conviction[293],
Tu t'épargnes la gêne[294].

AGRIPPINE

Ah! si je suis blâmable,
Mon orgueil, non pas moi, de mon crime est coupable!
Et mon cœur échauffé de ce sang glorieux,
1120   Qui se souvient encor d'être sorti des dieux;
Au nom de parricide[295], ardent et plein de flamme,
Tâche par son transport d'en repousser le blâme,
Et sans voir que mon prince est mon accusateur
Il révolte ma voix contre mon empereur[296].

TIBÈRE

1125   Ah! si mon sang t'émeut, il mérite ta grâce,
L'orgueil n'est pas un crime aux enfants de ma race;
Mais comme d'un soupçon la noirceur s'effaçant,
Laisse encor quelque tache au nom de l'innocent,
De peur que trop de jour[297] dessillant ma paupière
1130   Dans mon cœur malgré moi jette trop de lumière[298],
J'abandonne les lieux où je crains de trop voir.

---

[291]   Voir p. 267, v. 9, n. 5.

[292]   Sens fort: « si poltron ».

[293]   « A être convaincue de ton crime ». D'après Furetière, la *conviction* est une
« preuve claire et évidente d'une vérité qu'on avait déniée ».

[294]   « Tu évites d'être mise à la question. L'édition de 1654 porte *géhenne*,
comptant le mot pour une syllabe.

[295]   Comprendre: mon cœur, quand on l'accuse d'être parricide…

[296]   Ce mot de parricide me révolte et j'oublie le respect que je dois à mon empereur.

[297]   Trop de clarté.

[298]   En me révélant tes intentions.

Reste ici par mon ordre avecque plein pouvoir.
Pour ton fils[299], je l'emmène, il sera dans Caprée
De notre intelligence[300] une chaîne assurée[301].
1135 La mollesse de Rome énerve un jeune esprit,
Et sa fleur sans éclore en bouton s'y flétrit.

SCÈNE III[a]
AGRIPPINE, SÉJANUS, CORNÉLIE

AGRIPPINE

O! Qu'il est à propos de savoir se contraindre,
Mais comment se forcer quand on ne saurait craindre?
Dans mon abaissement incapable d'effroi,
1140 César me semble encor bien au-dessous de moi;
Le nom de mon mari, mon nom et ma naissance
Enflent tous mes discours d'une mâle assurance.
La terre a beau plier sous cet usurpateur,
Mon sang me fait régner sur ce lâche empereur[302];
1145 Encor qu'insolemment le superbe[303] me brave,
Je ne puis m'abaisser à flatter mon esclave.
Quoi, mon fils à Caprée!

SÉJANUS

O Ciel!

AGRIPPINE

Ah Séjanus!
La fureur me saisit, je ne me connais plus,
Vois-tu pas son dessein?

SÉJANUS

Ce rusé politique
1150 Le cache aux yeux de Rome et de la république;

---

[299] Il s'agit de Caligula.
[300] « Accord ».
[301] « Sûre ».
[302] Héritière légitime du trône (ou de la régence), Agrippine est au-dessus de Tibère.
[303] Voir p. 269, v. 49 et note.

Son amitié travaille à le faire oublier,
De l'asile qu'il donne il se fait le geôlier,
Et vous désunissant à faux titre de père,
Ôte la mère au fils et le fils à la mère.
1155 Ah ! Madame, il est temps de faire agir la main,
Dont le coup doit un maître[304] à l'empire romain.
Allez descendre au camp, mutinez les gendarmes[305].
Faites-les souvenir d'avoir porté les armes,
D'avoir en cent climats planté nos pavillons
1160 Et fauché par la mort tant d'affreux[306] bataillons,
Sans qu'il reste à pas un pour vingt ans de services,
Que des cheveux blanchis, de larges cicatrices,
Des cadavres entés[a] dessus des membres morts,
Et des troncs survivant la moitié de leurs corps[307]:
1165 Pour les piquer d'honneur, vous direz de leurs pères
Que vous les avez vus parmi[308] nos adversaires,
Pêle-mêle entassés, et sanglants qu'ils étaient,
S'enterrer sous le poids des corps qu'ils abattaient,
Percer des escadrons les murailles ferrées[309],
1170 Faire avec un bras seul plus que deux Briarées[310],
Et qu'au lit de la mort ces vaincus triomphants,
Vous ont recommandé leurs malheureux enfants[311]:
Que c'est bien la raison que vous serviez de mère
A ceux dont votre époux était jadis le père,
1175 Que tout son patrimoine il leur avait laissé,
Mais que le testament par César fut cassé.
Allez, cela fini, de rang en rang paraître,
Flatter chaque soldat, feindre de le connaître,

---

[304] Dont l'action doit donner un maître...

[305] « Soldats ».

[306] « Epouvantables » (Richelet), au sens fort.

[307] Peinture crue de vétérans à l'aspect de cadavres aux membres paralysés ou amputés. Tous ces griefs sont constants lors des mutineries des soldats. La construction *survivant la* est correcte selon Vaugelas.

[308] « Au milieu de ».

[309] « de fer », ou « garnies de fer ».

[310] Géant doué de cent bras et de cinquante têtes.

[311] Allusion à la conduite d'Agrippine à l'armée de Germanie, où elle accompagnait son mari, partageant les périls des soldats et compatissant à leurs souffrances.

Et jetant à la foule une somme d'argent,
1180 Protestez qu'au palais d'un oeil si diligent,
On veille vos discours, vos pensers, votre vie,
Qu'un don plus généreux attirerait l'envie :
Mais qu'en un grand dessein, s'ils veulent vous aider,
Et vous mettre en état de pouvoir commander,
1185 Vous leur restituerez ce fameux héritage,
Que leur père[312] mourant leur laissait en partage.

CORNÉLIE

Si leur âme en suspens semble encor hésiter,
Vous saurez par ces mots leur courage exciter :
« Quoi vous, mes compagnons, dont l'ardente colère
1190 Fit trembler autrefois le trône de Tibère,
Qui dispensiez la vie et la mort aux humains,
Qui portiez des combats la fortune en vos mains,
Qui vouliez au tyran arracher la couronne,
Pour des crimes légers dont le couvrait son trône[313],
1195 Vous semblez l'adorer dessus son trône assis,
Quand il est devenu le bourreau de ses fils ?
Où s'en est donc allée cette noble furie,
Et ce feu qui veillait au bien de la patrie ?
Le Ciel d'un coup de foudre épargnerait vos mains[314],
1200 S'il osait usurper la charge des Romains ;
Marchez donc sans trembler sur les pas d'une femme,
Épuisez d'un vieillard ce qui lui reste d'âme[315],
Que si d'un esprit faible en cet illustre emploi,
Vous craignez le péril, ne frappez qu'après moi. »
1205 Ce discours achevé, du haut de leur tribune,
Avec un front égal[316] attendez la fortune.

AGRIPPINE, *à Séjanus*

Mais sans que de l'État nous déchirions le flanc,
Que le sang de Tibère épargne tant de sang,

---

312 Germanicus, considéré comme un père par ses soldats.
313 Allusion à la révolte des légions de Pannonie.
314 Leur éviterait d'agir.
315 « Souffle ». En 30 après J.-C., Tibère a 72 ans.
316 « Serein ».

1210 Laisse-moi l'attaquer seule en face de Rome,
Il ne mérite pas de tomber sous un homme[317].

SÉJANUS

Madame, en ma faveur ne vous exposez point;
Attendons au parti le soldat qui se joint[318];
Du plus sûr au plus prompt ne faites point d'échange.

AGRIPPINE

Périsse l'univers pourvu que je me venge[319].

SÉJANUS

1215 Oui, vous serez vengée, oui, Madame, et bientôt,
Votre aïeul dans le ciel[320] le demande assez haut,
Et du fond des enfers votre époux vous le crie:
Mais pour un malheureux conservez votre vie,
Vous me l'avez promis.

AGRIPPINE

                        Oui, va, je m'en souviens!
1220 Mais une ombre qui crie empêche nos liens.

SÉJANUS

Hé quoi! Germanicus peut-il trouver étrange
Que sa veuve se donne à celui qui le venge?

AGRIPPINE

Non, sa veuve à son gré te fera son époux,
Tu seras son rival sans qu'il en soit jaloux;
1225 Il joindra de son nom la force[321] à ton audace,
Pourvu qu'en le vengeant tu mérites sa place.
A ces conditions que je passe avec toi,

---

[317] Réplique au vers 386.
[318] Comprendre: Attendons que les soldats se joignent à notre parti.
[319] Cf. Corneille, *Rodogune*, V, 1, v. 1532.
[320] Allusion à l'apothéose d'Auguste, qui l'a élevé au rang des dieux Cf. v. 1092.
[321] Inversion: *la force de son nom*.

Dessous le sceau d'hymen je t'engage ma foi :
[*Vers qui cachent un autre sens*]
Mais il faut, si tu veux que le contrat s'observe,
1230 Vengeant Germanicus, le venger sans réserve,
Et quand ton bras aura ses mânes consolés,
Et tous ses meurtriers à son ombre immolés[322],
Mes faveurs envers toi pour lors seront si grandes,
Que je t'épouserai si tu me le demandes.

SÉJANUS

1235 Quoi vous m'aimez, Madame, et je l'apprends de vous ?
Quoi je puis espérer d'être un jour votre époux ?
Et l'excès du plaisir dont mes sens sont la proie,
Ne me saurait encor faire expirer de joie :
Si le sort ne veut pas que je meure d'amour,
1240 Ni que sans votre aveu[323] je sois privé du jour,
Du moins je vous dirai jusqu'au soupir extrême,
Voyez mourir d'amour Séjanus qui vous aime !

AGRIPPINE

Adieu, ma sœur[324] approche, ôte-lui les soupçons
Qu'elle pourrait avoir que nous la trahissons.

SÉJANUS

1245 Ah ! Madame, elle peut nous avoir écoutée[325],
Elle marche à grands pas et paraît transportée.

SCÈNE IV
SÉJANUS, LIVILLA

LIVILLA

Si le sort ne veut pas que je meure d'amour,
Ni que sans votre aveu je sois privé du jour,
Du moins je vous dirai jusqu'au soupir extrême,

---

322 Y compris Séjanus lui-même, bien entendu.
323 «Autorisation», approbation.
324 Belle-sœur.
325 Cet accord avec le sujet de la phrase est assez fréquent.

1250   Voyez mourir d'amour Séjanus qui vous aime[326].
Mais toi me hais-tu, lâche, autant que je te hais,
Et que veut ma fureur te haïr désormais?
Tu l'as prise pour moi, cette aimable princesse,
Tu pensais me parler et me faire caresse[327]:
1255   Comme je suis pour toi de fort mauvais humeur,
Tu prenais des leçons à fléchir ma rigueur;
Ingrat, tu punis bien ce que fit mon courage,
Quand je sacrifiai mon époux à ta rage.
Est-ce trop peu de chose, et pour te mériter,
1260   A des crimes plus grands faut-il encor monter?
J'ai tué mes neveux[328], j'ai fait périr mon frère[329],
Et je suis sur le point d'égorger mon beau-père[330];
Du creux de ton néant, sors, Séjanus, et vois
Le trône où mes forfaits t'ont élevé sans toi!
1265   Si pour des coups si grands tu te sens trop timide,
Rends-moi l'assassinat, rends-moi le parricide,
Et pour me rendre un crime encor plus déplaisant[331],
Traître, rends-moi l'amour dont je t'ai fait présent!

SÉJANUS

Comment agir, Madame, avec une princesse
1270   Dont il faut ménager l'esprit avec adresse?
A qui tous nos desseins paraîtraient furieux[332],
Sans le bandeau d'amour qui lui couvre les yeux?
Hélas, si dans mon sein vous voyez la contrainte;
Dont déchire mon cœur cette cruelle feinte[333];
1275   Quand la haine me force à trahir l'amitié,
Peut-être en cet état vous ferais-je pitié:
Les larmes dont je feins vouloir prendre son âme,
Lui montrent ma douleur bien plutôt que ma flamme.

---

[326] Pour la trosième fois, reprise du procédé: des paroles qui ne devraient pas être entendues; mais ici la justification est ironique (v. 1253-1256).
[327] Voir p. 67, n. 125.
[328] Les enfants de Germanicus: Livilla assume tous les crimes.
[329] Germanicus. On ne voit pas bien en quoi Livilla est responsable de sa mort.
[330] Tibère.
[331] Sens fort: «choquant».
[332] Inspirés par la folie.
[333] Inversion: «Dont cette cruelle feinte déchire mon cœur».

LIVILLA

O dieux ! qu'on a de peine à prononcer l'arrêt
1280   Quand on veut condamner un ennemi qui plaît !
Je t'abhorre, je t'aime, et ma raison confuse,
Comme un juge irrité soi-même se récuse,
Ton crime parle en vain, je n'ose l'écouter,
J'ai peur qu'il ne me force à n'en pouvoir douter[334] :
1285   Quoique sensiblement ta trahison m'offense,
Je me la cache afin d'arrêter ma vengeance,
Ou si plus clairement il me faut exprimer,
Je me la cache afin de te pouvoir aimer.
C'en est trop, Séjanus, ma douleur est contente,
1290   La plus faible raison suffit pour une amante,
Et malgré mon soupçon contre toi si puissant,
Parce que je t'aimai je te crois innocent[335].
Adieu, vois l'empereur, assiège sa personne,
Qu'en tout lieu ton aspect l'épouvante et l'étonne.

SÉJANUS

1295   Je sais que l'empereur ne peut être averti
Du nom des conjurés qui forment le parti,
Cependant plus ma course approche la barrière[336],
Plus mon âme recule et me tire en arrière.

LIVILLA

Va, va, ne tremble point, aucun[337] ne te trahit.

SÉJANUS

1300   Une secrète horreur tout mon sang envahit :
Je ne sais quoi me parle et je ne puis l'entendre,

---

[334] Ce crime est d'avoir trahi l'amour de Livilla ; le sens de ces deux vers est
        éclairci par les deux vers suivants.
[335] Dans un tout autre registre, ce sont les sentiments qu'exprimera Alceste
        dans *Le Misanthrope* (IV, 3, v. 1388-1390).
[336] Le moment de l'action. Selon Furetière le mot désigne un « Petit parc fermé
        […] où l'on faisait des joutes, des tournois, des courses de bague » et il
        donne comme exemple : « sitôt qu'un cheval de bague a franchi la barrière,
        il court de toute sa force. »
[337] Aucun des conjurés.

Ma raison dans mon cœur s'efforce de descendre,
Mais encor que ce bruit soit un bruit mal distinct,
Je sens que ma raison le cède à mon instinct,
1305 Cette raison pourtant redevient la maîtresse,
Frappons, voilà l'hostie[338], et l'occasion presse,
Aussi bien quand le coup me pourrait accabler,
Séjanus peut mourir, mais il ne peut trembler.

SCÈNE V

LIVILLA

L'intrigue est découvert[339], les lâches m'ont trahie :
1310 Ils m'en ont fait l'affront, ils en perdront la vie ;
D'un esprit satisfait je les verrai mourir,
Et périrai contente en les voyant périr.
O vous, mes chers neveux, mon époux, et mon frère,
Ma fureur a trouvé le moyen de vous plaire,
1315 Pour vous rendre le faix du tombeau plus léger
De tous vos assassins elle va vous venger ;
Et par des coups si grands, si pleins, si légitimes,
Que je serai comprise au nombre des victimes :
Mais le temps que ma bouche emploie à soupirer,
1320 Prête à nos criminels celui de respirer.
Hâtons-nous, car enfin du jour qu'ils me trahissent,
Ils me l'ont dérobé, cet air dont ils jouissent[340] !

---

[338] Voir p. 297, v. 653, n. 166. Sur la portée de ce vers, voir Introduction, p. 258.
[339] Le mot peut être masculin au XVIIe siècle.
[340] Comprendre : ils ont pris ma vie.

ACTE V

SCÈNE PREMIÈRE
TIBÈRE, LIVILLA, FURNIE

TIBÈRE

Un homme qu'en dormant la fortune éleva,

LIVILLA

Que de l'obscurité ton amitié sauva,

TIBÈRE

1325 Séjanus, dont la tête, unie à ma personne,
Emplissait avec moi le rond de ma couronne[341],
En vouloir à mes jours ? Il en mourra, l'ingrat.

LIVILLA

Par sa punition assure[342] ton État.

TIBÈRE

Je veux qu'en son trépas la Parque s'étudie[343],
1330 A prolonger sa peine au-delà de sa vie ;
Qu'il meure et qu'un sanglot ne lui soit point permis[344],
Qu'il arrête[345] les yeux de tous ses ennemis,
Et qu'il soit trop peu d'un pour la douleur entière
Dont il doit servir seul d'espace et de matière[346].

LIVILLA

1335 A quelque extrémité qu'aille son châtiment,
Tu te venges d'un traître encor trop doucement :

---

[341] Image curieuse mais expressive : qui partageait le pouvoir avec moi.
[342] « Mets en sécurité ».
[343] S'applique, fasse tous ses efforts pour.
[344] Je comprends : que personne ne pleure sur lui.
[345] « Retienne les regards ».
[346] Il faudrait qu'il soit double ou triple pour fournir assez d'espace et de matière à son supplice.

Mais! Seigneur, sans péril le pourras-tu détruire?
Et n'est-il plus, le lâche, en état de te nuire?

TIBÈRE

Il est pris, le superbe, on instruit son procès,
1340   Et je le vois trembler de son dernier accès[347];
Aussitôt que ta bouche à l'État secourable,
M'eût découvert l'auteur de ce crime exécrable,
Pour l'éloigner des siens avecque moins d'éclat,
J'ai fait dans mon palais assembler le Sénat[348];
1345   Mais c'est avec dessein d'attirer ce perfide,
Et pouvoir en ses yeux lire son parricide[349],
Les convoqués sont gens à ma dévotion,
Le consul est instruit de mon intention:
On fait garde partout, et partout sous les armes
1350   Le soldat tient la ville, et le peuple en alarmes:
Cependant au palais le coupable arrêté,
Et du rang de tribun[350] par ma bouche flatté,
Vient d'entrer au sénat pour sortir au supplice;
Il n'a plus d'autres lieux à voir qu'un précipice[351].

LIVILLA

1355   Seigneur, et d'Agrippine en a-t-on résolu?
Tu dois l'exterminer de pouvoir absolu[352]:
Cet esprit insolent d'un trop heureux mensonge,
Croit t'avoir sur son crime endormi par un songe[353].

---

[347] De la dernière audience que je lui donnais (ou que je vais lui donner), plutôt qu'au sens médical d'accès de tremblement.
[348] Normalement, le sénat siège à la curie. Tibère le fit assembler dans le temple d'Apollon.
[349] Voir p. 316, v. 1024 et n. 268.
[350] Séjan avait reçu de Tibère la puissance tribunicienne.
[351] «Chute», mais, au sens propre, allusion à la roche tarpéienne d'où l'on précipitait les condamnés. Cf. v. 1386.
[352] En fonction de ton pouvoir absolu. A moins qu'il ne faille lire «du» pouvoir absolu; dans ce cas, le sens serait chasser définitivement de...; l'emploi d'exterminer avec un complément de lieu est correct au XVIIᵉ siècle.
[353] Voir v. 779-800.

TIBÈRE

Ce songe fabuleux[354] ne m'a*a* point endormi,
1360 Au dessein de la perdre, il m'a plus affermi ;
De l'attentat qui trouble une âme embarrassée,
La parole est toujours auprès de la pensée,
Et le cœur agité par quelque grand dessein,
Ébranle malgré soi la bouche avec le sein[355].
1365 Non, ma fille, elle court à son heure dernière,
Et sans qu'elle le sache on la tient prisonnière :
J'ai corrompu ses gens, dont l'escorte sans foi
La garde jour et nuit non de moi, mais pour moi ;
Et ses plus confidents[356] que mon épargne[357] arrête,
1370 A mes pieds si je veux apporteront sa tête ;
Mais je la flatte afin que son arrêt fatal,
Quand il la surprendra lui fasse plus de mal.

SCÈNE II
NERVA, TIBÈRE, LIVILLA

NERVA

Seigneur, il est jugé ; quand on a lu ta lettre,
Sans que pour lui personne ait osé s'entremettre,
1375 Comme si son malheur était contagieux,
Chacun de son visage a détourné les yeux ;
Ce puissant Séjanus, si grand, si craint naguère,
Cette divinité du noble et du vulgaire,
A qui le peuple au temple appendait[358] des tableaux,
1380 A qui l'on décernait des triomphes nouveaux,
Qu'on regardait[359] au trône avec idolâtrie,

---

[354] « Imaginaire ».
[355] Autrement dit, avoir un songe tel que celui d'Agrippine (v. 779-800) est le signe de mauvaises intentions.
[356] Emploi comme adjectif correct au XVIIᵉ siècle.
[357] Que j'ai épargnés, ou achetés (les deux sens sont possibles, *épargne* ayant le sens de Trésor royal), pour qu'ils se détachent d'elle.
[358] *Appendre* : « attacher dans quelque église ou quelque temple » (Richelet). Comprendre : on affichait dans les temples les portraits de Séjan, comme s'il s'agissait d'un dieu.
[359] Qu'on imaginait déjà...

Nommé par le sénat, Père de la patrie,
Dans un corps où pour tel chacun l'avait tenu,
N'a pas trouvé d'enfants qui l'aient reconnu,
1385   Ils l'ont condamné tous d'une voix unanime,
Au supplice du roc[360] pour expier son crime :
Ce coupable est déjà dans la cour descendu,
Où par l'exécuteur ton ordre est attendu.

LIVILLA

César au nom des dieux, commande qu'on l'amène !
1390   Il importe à ta vie, il importe à ma haine,
Qu'avant le coup fatal nous puissions nous parler ;
Car j'ai d'autres secrets encor à révéler.

TIBÈRE

Fais qu'il monte, Nerva.

SCÈNE III
TIBÈRE, LIVILLA

LIVILLA

                    Cette haute indulgence
Me surprend et m'oblige à la reconnaissance ;
1395   Ainsi donc que César demeure satisfait,
Et que ma courtoisie égale son bienfait,
Je lui veux découvrir le plus grand des complices.

TIBÈRE

Par son nom, Livilla, couronne tes services.

LIVILLA

Ouvre les yeux sur moi, tyran, c'est Livilla.

TIBÈRE

1400   La fureur de ma bru passerait jusque-là ?

---

[360] A être jeté du haut de la roche tarpéienne (cf. v. 1354 et note). En réalité, Séjan fut décapité.

LIVILLA

Appelles-tu fureur un acte de justice ?

TIBÈRE

Donc de mon assassin ma fille est la complice ?

LIVILLA

Non, je ne la suis pas, Tibère, il est le mien ;
J'ai formé l'attentat, mais le malheur est sien,
1405   Du massacre d'un monstre il sort assez d'estime,
Pour disputer l'honneur d'en avoir fait le crime :
Oui, ce fut moi, tyran, qui l'armai contre toi.

TIBÈRE

La femme de mon fils conspirer contre moi !

LIVILLA

Moi femme de ton fils, moi fille de ton frère,
1410   J'allais te poignarder, toi mon oncle et mon père[361],
Par cent[362] crimes en un me donner le renom
De commettre un forfait qui n'eût point eu de nom ;
Moi, ta nièce, ta bru, ta cousine[363], ta fille[364],
Moi qu'attachent partout les noeuds de ta famille,
1415   Je menais en triomphe à ce coup inhumain,
Chacun de tes parents t'égorger par ma main ;
Je voulais profaner du coup de ma vengeance
Tous les degrés du sang, et ceux de l'alliance.
Violer dans ton sein la nature et la loi :
1420   Moi seule révolter tout ton sang contre toi ;
Et montrer qu'un tyran dans sa propre famille,
Peut trouver un bourreau, quoiqu'il n'ait qu'une fille[365],
J'ai tué mon époux mais j'eusse encor fait pis,

---

[361] Mon beau-père.

[362] Exagération : quatre crimes au plus, le meurtre d'un oncle, d'un cousin, d'un beau-père et d'un père adoptif, si l'on veut.

[363] Tous deux descendent de Drusus, elle par Livie, lui par Tiberius Nero.

[364] Equivalent de *bru*, ou plutôt : celle que tu considérais comme ta fille.

[365] Sens large : équivalent de *bru* ou de *nièce*.

Afin de n'être plus la femme de ton fils;
1425 Car j'avais dans ma couche à ton fils donné place,
Pour être en mes enfants maîtresse de ta race,
Et pouvoir à mon gré répandre tout ton sang.
Lorsqu'il serait contraint de passer par mon flanc:
Si je t'ai découvert la révolte secrète,
1430 Dont ce couple maudit complotait ta défaite,
C'est que mon cœur jaloux de leurs contentements,
N'a pu que par le fer désunir ces amants:
Et dans mon désespoir si je m'accuse encore,
C'est pour suivre au tombeau, Séjanus que j'adore;
1435 Ose donc, ose donc quelque chose de grand,
Je brûle de mourir par les mains d'un tyran.

TIBÈRE

Oui, tu mourras, perfide: Et quoi que[366] je t'immole,
Pour punir ta fureur je te tiendrai parole;
Tu verras son supplice il accroîtra ton deuil,
1440 Tes regards étonnés[367] le suivront au cercueil:
Il faut que par tes yeux son désastre te tue,
Et que toute sa mort se loge dans ta vue:
Observez-la, soldats, faites garde en ces lieux;
Et pendant les transports de leur tristes adieux,
1445 Qu'on la traîne à la mort[368], afin que sa tendresse
Ne pouvant s'assouvir, augmente sa tristesse.

SCÈNE IV
LIVILLA, FURNIE

LIVILLA

Hé! bien, Furnie, hé bien? Le voilà ce grand jour,
Dont la lumière éteinte éteindra mon amour;
Mais elle m'abandonne[369] et n'oserait m'entendre,

---

[366] Il est difficile de choisir ici entre *quoi que* (Quels que soient ceux que je t'immole, c'est à dire Séjanus et sa famille) et *quoique* (bien que je te fasse mettre à mort).

[367] Au sens fort: tu n'en croiras pas tes yeux.

[368] Qu'on interrompe leurs adieux pour la traîner à la mort.

[369] Furnie se retire.

1450 Déjà de mon destin chacun se veut déprendre,
Et comme si des morts j'avais subi la loi,
Les vivants ont horreur de s'approcher de moi[370].

SCÈNE V
LIVILLA, SÉJANUS, NERVA

LIVILLA

Enfin sur le penchant[371] de ta proche ruine,
Ni l'amour de César, ni l'amour d'Agrippine,
1455 Ni pour tes intérêts tout le peuple assemblé,
Ni l'effort du parti dont[372] notre aigle a tremblé,
Ne peuvent racheter ni garantir ta tête
Du tonnerre grondant que ma vengeance apprête ;
Ton trépas est juré, Livilla l'entreprend,
1460 Et la main d'une femme a fait un coup si grand.

SÉJANUS

Nous devant assembler sous la loi d'hyménée,
Me pouvais-je promettre une autre destinée ?
Vous êtes trop savante[373] à perdre vos époux,
On se joint à la mort, quand on se joint à vous.

LIVILLA

1465 Ton amour m'enseigna ce crime abominable ;
Peut-on être innocent lorsqu'on aime un coupable ?
J'eus recours aux forfaits pour t'attacher à moi,
Tu n'épouseras point Livilla malgré toi ;
Mais Agrippine aussi ne sera point ta femme.
1470 Ne pouvant étouffer cette ardeur qui t'enflamme,

---

[370] Allusion indirecte à l'attitude des sénateurs à l'égard de Séjan au moment où on lut au Sénat la lettre qui l'accusait. De la même façon, ils s'étaient écartés de Catilina au moment où Cicéron allait prononcer la fameuse première *Catilinaire*.

[371] « La pente ».

[372] *Dont* (« à cause duquel ») a pour antécédent *effort*. Comprendre : qui a ébranlé l'empire, ou même Rome.

[373] « Vous vous y connaissez trop bien ».

Sans t'arracher la vie, où loge ton amour[374]
J'ai mieux aimé barbare en te privant du jour,
Précipiter le vol de mon heure fatale,
Que de te voir heureux aux bras de ma rivale.

SÉJANUS

1475   La mort, dont vous pensez croître mon désespoir,
Délivrera mes yeux de l'horreur de vous voir :
Nous serons séparés, est-ce un mal dont je tremble ?

LIVILLA

Tu te trompes encor, nous partirons ensemble :
La Parque au lieu de rompre allongera nos fers ;
1480   Je t'accompagnerai jusque dans les enfers ;
C'est dans cette demeure à la pitié cachée,
Que mon ombre, sans cesse à ton ombre attachée,
De son vol éternel fatiguera tes yeux,
Et se rencontrera pour ta peine en tous lieux ;
1485   Nous partirons ensemble, et d'une égale course
Mon sang avec le tien ne fera qu'une source
Dont les ruisseaux de feu par un reflux[375] commun
Pêle-mêle assemblés et confondus en un,
Se joindront chez les morts d'une ardeur si commune,
1490   Que la Parque y prendra nos deux âmes pour une.
Mais Agrippine vient, ses redoutables yeux
Ainsi que de ton cœur me chassent de ces lieux[376].

SCÈNE VI
AGRIPPINE, SÉJANUS, NERVA

AGRIPPINE

Demeure, Séjanus, on te l'ordonne, arrête :
Je te viens annoncer qu'il faut perdre la tête ;
1495   Rome en foule déjà court au lieu de ta mort.

---

[374] Comprendre : ton amour est lié à ta vie.
[375] Livilla veut dire que les deux ruisseaux de sang reflueront pour s'unir et
n'en former qu'un, tellement l'un et l'autre sont liés.
[376] A vrai dire, ce départ n'est pas vraiment justifié.

SÉJANUS

D'un courage au-dessus des injures du sort,
Je tiens qu'il est si beau de choir pour votre cause,
Qu'un si noble malheur borne[377] tout ce que j'ose;
Et déjà mes travaux sont trop bien reconnus,
1500 S'il est vrai qu'Agrippine ait pleuré Séjanus.

AGRIPPINE

Moi pleurer Séjanus? Moi te pleurer, perfide?
Je verrai d'un oeil sec la mort d'un parricide.
Je voulais, Séjanus, quand tu t'offris à moi,
T'égorger par Tibère, ou Tibère par toi;
1505 Et feignant tous les jours de t'engager mon âme,
Tous les jours en secret je dévidais ta trame[378].

SÉJANUS

Il est d'un grand courage et d'un cœur généreux,
De ne point insulter[379] au sort d'un malheureux:
Mais j'en sais le motif; pour effacer la trace
1510 Des soupçons qui pourraient vous joindre à ma disgrâce,
Vous bravez mes malheurs, encor qu'avec regret,
Afin de vous purger d'être de mon secret;
Madame, ce n'est pas connaître mon génie[380]:
Car j'aurais fort bien su mourir sans compagnie.

AGRIPPINE

1515 Ne t'imagine pas que par un feint discours
Je tâche vainement à prolonger mes jours;
Car puis qu'à l'empereur ta trame[381] est découverte,
Il a su mon complot et résolu ma perte;
Aussi j'en soutiendrai[382] le coup sans reculer
1520 Mais je veux de ta mort pleinement me soûler

---

[377] « Est la limite de ...»: je suis déjà comblé. Travaux=peines.
[378] Je comprends: je hâtais le cours de ta vie, je préparais ta mort; plutôt que, dans un sens tout différent: je dévoilais ton complot.
[379] « Braver ».
[380] Au sens latin du mot *genius*: le fond de moi-même. Voir aussi les v. 875-878.
[381] Richelet donne le sens de «conjuration», à adopter ici.
[382] « Supporterai ».

Et goûter à longs traits l'orgueilleuse malice[383]
D'avoir par ma présence augmenté ton supplice.

SÉJANUS

De ma mortalité je suis fort convaincu;
Hé bien, je dois mourir parce que j'ai vécu[384].

AGRIPPINE

1525   Mais as-tu de la mort contemplé le visage?
Conçois-tu bien l'horreur de cet affreux passage?
Connais-tu le désordre où tombent leurs accords,
Quand l'âme se déprend[a] des attaches du corps?
L'image du tombeau qui nous tient compagnie,
1530   Qui trouble de nos sens la paisible harmonie,
Et ces derniers sanglots dont avec tant de bruit
La nature épouvante une âme qui s'enfuit?
Voilà de ton destin le terme épouvantable.

SÉJANUS

Puisqu'il en est le terme il n'a rien d'effroyable,
1535   La mort rend insensible à ses propres horreurs.

AGRIPPINE

Mais une mort honteuse étonne les grands coeurs.

SÉJANUS

Mais la mort nous guérit de ces vaines chimères.

AGRIPPINE

Mais ta mort pour le moins passera les vulgaires:
Écoute les malheurs de ton dernier soleil[385]:
1540   Car je sais de ta fin le terrible appareil;
De joie et de fureur la populace émue

---

[383] Méchanceté.
[384] Réflexion philosophique: la vie implique la mort. En même temps, rappel de la formule latine employée pour annoncer la mort de quelqu'un: *vixit*, il a vécu.
[385] Métaphore, ou même catachrèse: ton dernier jour.

Va pour aigrir tes maux, en repaître sa vue.
Tu vas sentir chez toi la mort s'insinuer,
Partout où la douleur se peut distribuer;
1545 Tu vas voir les enfants te demander leurs pères,
Les femmes leurs maris et les frères leurs frères,
Qui pour se consoler en foule s'étouffants,
Iront voir à leur rage immoler tes enfants[386]:
Ton fils, ton héritier à la haine[387] de Rome,
1550 Va tomber, quoique enfant, du supplice d'un homme[388],
Et te perçant du coup qui percera son flanc,
Il éteindra ta race et ton nom dans son sang;
Ta fille devant toi par le bourreau forcée[389],
Des plus abandonnés[390] blessera la pensée,
1555 Et de ton dernier coup la nature en suspens[391]
Promènera ta mort en chacun de tes sens[392]:
D'un si triste spectacle es-tu donc à l'épreuve?

SÉJANUS

Cela n'est que la mort, et n'a rien qui m'émeuve,

AGRIPPINE

Et cette incertitude où mène le trépas?

SÉJANUS

1560 Étais-je malheureux lorsque je n'étais pas?
Une heure après la mort notre âme évanouie
Sera ce qu'elle était une heure avant la vie[393].

---

[386] Tibère fit en effet périr les enfants de Séjan.

[387] Dans la haine, ou de la haine, avec le double sens subjectif et objectif.

[388] «Va être mis à mort, comme s'il était adulte».

[389] «Violée»: on n'avait pas le droit de mettre à mort une vierge. La fille de Séjan aurait été âgée de cinq ans.

[390] Selon Furetière, un *abandonné* est «un homme perdu, et débauché, qui ne donne point d'espérance de conversion.»

[391] Inversion. Comprendre: la nature, en attente du dernier coup, qui te fera périr...

[392] Probablement par souci des bienséances, les supplices évoqués par Agrippine sont plus moraux que physiques.

[393] Nouvelle profession d'athéisme ou tout au moins d'irréligion, dans l'esprit d'Epicure et de Lucrèce, développée dans les vers 1565-1576.

AGRIPPINE

Mais il faut, t'annonçant ce que tu vas souffrir,
Que tu meures cent fois avant que de mourir.

SÉJANUS

1565 J'ai beau plonger mon âme et mes regards funèbres
Dans ce vaste néant et ces longues ténèbres,
J'y rencontre partout un état sans douleur,
Qui n'élève à mon front ni trouble ni terreur ;
Car puisque l'on ne reste après ce grand passage
1570 Que le songe léger d'une légère image,
Et que le coup fatal ne fait ni mal ni bien,
Vivant parce qu'on est, mort, parce qu'on est rien[394];
Pourquoi perdre à regret la lumière reçue,
Qu'on ne peut regretter après qu'elle est perdue?
1575 Pensez-vous m'étonner par ce faible moyen,
Par l'horreur du tableau d'un être qui n'est rien?
Non quand ma mort au ciel luirait dans un comète[395],
Elle me trouvera dans une ferme assiette,
Sur celle des Catons je m'en vais enchérir[396],
1580 Et si vous en doutez venez me voir mourir.
Marchez gardes !

AGRIPPINE

Marchez ! Je te rends grâce, ô Rome,
D'avoir d'un si grand cœur partagé[397] ce grand homme ;
Car je suis sûre, au moins, d'avoir vengé le sort
Du grand Germanicus, par une grande mort[398].

---

[394] Encore une profession d'irréligion. La construction affirmative donne une plus grande force à l'idée. Sur cette tirade, cf. Le Pédant joué, variantes, p. 185-186.
[395] «Quand elle serait annoncée par l'apparition d'une comète»; le mot est souvent masculin au XVIIᵉ siècle, bien que Cotgrave, dès 1611, dans son Dictionnary of French and English Tongues, le fasse du féminin.
[396] En fait, seul Caton d'Utique eut une mort héroïque: pour ne pas survivre à la défaite de Thapsus et au triomphe de César, il se suicida, en 46 avant J.-C.
[397] D'avoir donné un si grand cœur en partage à ce grand homme.
[398] Hommage funèbre, assez inattendu.

SCÈNE VII
TIBÈRE, AGRIPPINE

TIBÈRE

1585 Je vous cherche, Madame, avec impatience,
Et viens vous faire part du fruit de ma vengeance;
Séjanus par sa mort vous va faire raison[399],
Et venger hautement votre illustre maison.

AGRIPPINE

César, je te rends grâce et te suis obligée,
1590 Du traître Séjanus enfin tu m'as vengée!
Tu paies mon époux de ce que je lui dois:
Mais quel bras aujourd'hui me vengera de toi?
La suite de ta mort m'assurant de la sienne,
La vengeance volait tout entière à la tienne[400];
1595 Mais dans ce grand projet dont j'attendais mon bien,
Son trépas imprévu n'a pas causé le tien.
Où sera mon secours? Ma famille outragée,
Sur le tombeau d'un seul n'est qu'à demi vengée;
Si je veux donc m'en faire une entière raison,
1600 Ta tête pour victime est due à ma maison:
Oui, je dois t'arracher et l'empire et la vie,
Par cent coups redoublés contenter mon envie;
Séjanus abattu, renverser son appui,
Te noyer dans son sang, t'immoler dessus lui,
1605 Et d'une main cruelle en desserrant ta vue[401],
Te contraindre de voir que c'est moi qui te tue!

TIBÈRE

Ha! c'est trop Agrippine!

---

[399] «Donner réparation».
[400] Ta mort aurait entraîné la sienne; j'aurais donc été vengée à la fois et de toi
et de lui.
[401] Au sens de dessiller. Mais G. Moncondhuy observe que, au XVIe siècle, la
vue est la visière du casque. Agrippine voudrait donc dire: en relevant ta
visière; métaphore de tournois et archaïsme de style.

AGRIPPINE

Ah ! c'est encor trop peu,
Il faut que ton esprit aveuglé de son feu,
Tombant pour me punir dans un transport infâme,
1610 Comble tes lâchetés du meurtre d'une femme.

TIBÈRE

Mais je t'ai convaincue[402], et ton crime avéré
Rend ton arrêt sans tache et mon front assuré !

AGRIPPINE

Comme je sais, tyran, ce que ton cœur estime,
Que le crime te plaît à cause qu'il est crime,
1615 Si le trépas m'est dû j'empêche ton transport
De goûter le plaisir d'en commettre à ma mort[403].

TIBÈRE

Moi, te donner la mort, j'admire ton audace,
Depuis quand avec nous es-tu rentrée en grâce ?
Pour allonger tes maux je te veux voir nourrir
1620 Un trépas éternel dans la peur de mourir[404].

AGRIPPINE

Enfin, lâche empereur, j'aperçois ta faiblesse
A travers l'épaisseur de toute ta sagesse,
Et du déguisement dont fait ta vanité
Un spécieux prétexte à ta timidité :
1625 Quoi, tyran, tu pâlis, ton bras en l'air s'arrête,
Lorsque d'un front sans peur je t'apporte ma tête ?
Prends garde, mon bourreau, de ne te point troubler,
Tu manqueras ton coup, car je te fais trembler,
Que d'un sang bien plus chaud, et d'un bras bien plus ferme,
1630 De tes dernier soleils[405] j'accourcirais le terme,

---

[402] J'ai prouvé que tu étais coupable.

[403] Si je mérite la mort, me faire périr ne sera pas un crime et donc diminuera ton plaisir. Au vers suivant, après *mort*, on attendrait un «?».

[404] Allusion au sort d'Agrippine, exilée dans une île et qui s'y laissa mourir de faim.

[405] Voir p. 339, v. 1539 et note. Timidité : «lâcheté» (v. 1624).

Avec combien de joie et combien de vigueur,
Je te ferais descendre un poignard dans le cœur[406];
En tout cas si je tombe au-deçà[407] de l'ouvrage,
Je laisse encor un fils[408] héritier de ma rage,
1635   Qui fera pour venger les maux que j'ai soufferts,
Rejaillir jusqu'à moi ton sang dans les enfers.

TIBÈRE

Qu'on l'ôte de mes yeux, cette ingrate vipère.

AGRIPPINE

On te nommait ainsi, quand tu perdis[409] ton père.

TIBÈRE

Enfin, persécuté de mes proches parents,
1640   Et dedans ma famille au milieu des serpents,
J'imiterai, superbe, Hercule en ce rencontre[410].

AGRIPPINE

O ! le digne rapport d'Hercule avec un monstre.

TIBÈRE

Qu'on égorge les siens, hormis Caligula.

AGRIPPINE

Pour ta perte, il suffit de sauver celui-là[411].

---

[406] Elle ne l'a pas fait quand elle le pouvait, au vers 1112.

[407] Nous dirions aujourd'hui : en deçà.

[408] Caligula.

[409] Sens actif : quand tu fis mourir…

[410] *Rencontre*, en dépit de Vaugelas, est souvent masculin au XVIIe siècle. Hercule, fut en proie à la haine de sa belle-mère, Junon, qui envoya deux serpents pour l'étouffer dans son berceau. Il les étrangla. Elle lui imposa aussi les fameux travaux, dont le combat avec l'hydre de Lerne.

[411] Il ne semble pas que Caligula ait joué un rôle dans la mort de Tibère, mais ses crimes ont rejailli sur le choix que Tibère en avait fait comme successeur.

SCÈNE VIII

TIBÈRE

1645 D'elle et de Séjanus, les âmes déloyales
Arriveront ensemble aux plaines infernales;
Mais pour Térentius, à l'un et l'autre uni,
Perdant tout ce qu'il aime, il est assez puni[412].

SCÈNE DERNIÈRE
TIBÈRE, NERVA

NERVA

César?

TIBÈRE

Hé bien, Nerva?

NERVA

                              J'ai vu la catastrophe[413]
1650 D'une femme sans peur, d'un soldat philosophe;
Séjanus a d'un cœur qui ne s'est point soumis,
Maintenu hautement ce qu'il avait promis;
Et Livilla de même éclatante de gloire,
N'a pas d'un seul soupir offensé sa mémoire[414].
1655 Enfin plus les bourreaux qui les ont menacés...

TIBÈRE

Sont-ils morts l'un et l'autre?

---

[412] Térentius, accusé, fit valoir que, s'il avait été l'ami de Séjan, il y avait été poussssé par l'empereur, au moment où lui-même prodiguait à Séjan confiance et amitié. Tibère lui pardonna.

[413] «Se dit figurément d'une fin funeste et malheureuse» (Furetière) Car le sens propre, selon le même auteur est «la révolution qui se fait dans un poème dramatique et qui le termine ordinairement.» L'emploi du mot peut être un clin d'oeil annonçant la fin de la pièce.

[414] Terni l'image que l'on garde d'elle.

NERVA

Ils sont morts.

TIBÈRE

C'est assez.

VARIANTES

Page 270

a *L'exemplaire de 1654, coté G.D 8°43227 à la Bibliothèque de l'Arsenal, présente recto verso une feuille blanche ; les vers 26 à 69 ne figurent pas dans cet exemplaire.*

Page 273

a *Où* Éditions. *Je corrige pour le sens.*

Page 285.

a *Les éditions mettent ici un* ? *; mais ce n'est pas une question de Nerva, c'est une affirmation.*

Page 300

a pieux *1654.*

Page 303

a pâmer *1654, 1656.*

Page 311

a qui *1656.*
b Seigneur, *éd. orig.* ; *mais le verbe est faux : j'adopte la correction de 1654-1656.*

Page 314

a les *1654, exempl. Rf. , 1661, 1666 ; leur ex. GD*

Page 319.

a descours *1656.*

Page 322.

a son *1654-1656.*

Page 324

a SCENE V *1654. Je corrige.*

Page 325

a antés *1654 et toutes éditions. Je corrige.*

Page 334
a   Ma *1654. Je corrige.*

Page 341
a   dépend *1654. Faute corrigée dès 1656.*

ANNEXES

TABLEAU GÉNÉALOGIQUE
des JULIO-CLAUDIENS

(En gras, les empereurs)

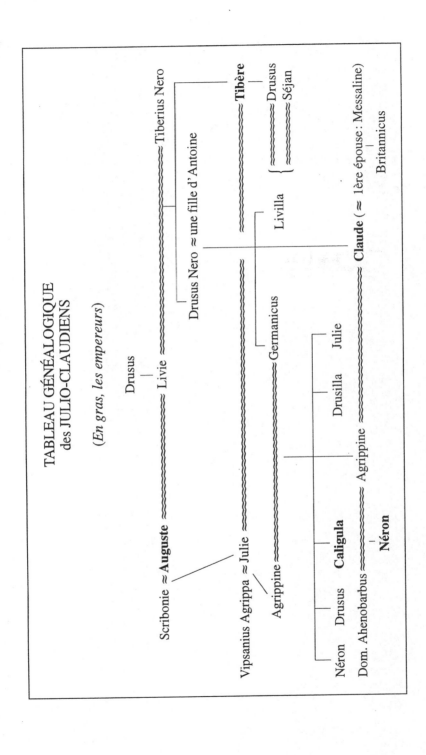

QUELQUES NOTES
SUR LES PERSONNAGES

Tibère (42 av. J.-C.-37 ap. J.-C.)

Fils de Tiberius Nero et de Livie, il était âgé de trois mois lorsqu'elle divorça pour épouser Auguste. Il se distingua dans les guerres d'Arménie (20 av. J.-C.), de Germanie et lors de la révolte des légions de Pannonie (12 av. J.-C.). Après la mort de son frère Drusus, il acheva la défaite des Germains (8 av. J.-C.) et reçut la puissance tribunicienne pour cinq ans (6 av. J.-C.). Auguste lui fit épouser sa fille Julie, qui avait été déjà mariée à Agrippa, avec laquelle il s'entendit mal. Son ambition et l'antipathie qu'il avait pour ses deux beaux-fils, Caïus et Lucius, le firent exiler à Rhodes; il en fut rappelé en 2 ap. J.-C., tandis qu'un de ses amis, accusant Julie d'adultère, la fit exiler dans l'île de Pandataria. Auguste, à l'instigation de Livie, adopta Tibère en l'an 4, et lui fit de nouveau conférer la puisance tribunicienne, pour dix ans, ce qui était en faire son collègue à l'empire; mais il lui fit aussi adopter son neveu Germanicus. Tibère réforma l'armée, réprima les révoltes en Germanie et réussit à réduire les conséquences de la défaite de Varus. Il fut désigné comme héritier de l'empire en 13 ap. J.-C. Auguste n'avait pas d'enfants: à sa mort, l'année suivante, Tibère lui succéda, il avait 56 ans. De l'avis général, Auguste ne pouvait faire un meilleur choix. Du reste, pendant près de 15 ans, le nouvel empereur gouverna sagement, se montrant un prince clément, épris de justice. S'il est probable qu'il ait fait périr le dernier fils d'Agrippa, Posthume, il n'est pas prouvé qu'il ait été complice ou instigateur de la mort de Germanicus. C'est plus tard que commencèrent exactions et perversités de toute sorte, en vertu de la loi qui punissait de mort les crimes de lèse-majesté. En 26, il se retira à Capri. Sa vieillesse, entachée de cruautés et de débauches multiples, laissa de lui un détestable souvenir.

Agrippa Marcus Vipsanius (65-12 av. J.-C.).

Général romain, favori d'Auguste, qui lui fit épouser Julie, fille qu'il avait eue de sa première femme, Scribonie, l'adopta et le désigna comme son successeur; mais il mourut trop tôt. Il laissa trois fils, adoptés par Auguste, mais qui moururent de mort tragique, dont le dernier, Agrippa Posthume, victime de Tibère, et une fille, Agrippine, qui épousa Germanicus.

Agrippine (+ 33 ap. J.-C.)

Fille du précédent et de Julie, célèbre par ses vertus et sa beauté, elle accompagna son époux en Germanie et en Syrie, d'où elle rapporta ses cendres. Elle demanda justice à Tibère, accusant Pison de l'avoir empoisonné. Tibère, redoutant sa popularité, l'exila dans l'île de Pandataria, où, dit-on, il la laissa mourir de faim. Elle eut neuf enfants, dont six survécurent, trois fils: Néron, Drusus, Caligula et trois filles, Agrippine la jeune, Drusilla et Julie. Agrippine la jeune épousa d'abord Domitius Ahenobarbus, puis son oncle, l'empereur Claude. Elle l'empoisonna pour permettre au fils de son premier mari, Néron, de lui succéder.

Claude Tiberius Claudius Nero Drusus (10 av. J.-C.-54 ap. J.-C.)

Fils de Drusus et donc neveu de Tibère, il succéda à Caligula à 51 ans. Il épousa d'abord Messaline, dont il eut un fils, Britannicus, mais il la fit mettre à mort en raison de sa conduite (48). Il se maria alors avec Agrippine, qui écarta Britannicus du trône et fit adopter à Claude son propre fils, Néron. Empereur intelligent mais faible, il se laissa gouverner par ses deux femmes et par ses affranchis, Polybe, Narcisse et Pallas. Il mourut, empoisonné, dit-on, par Agrippine, qui fit donner l'empire à Néron.

Drusus Livius Claudianus

Père de Livie, épouse d'Auguste. Proscrit par les triumvirs, il se tua en 42 av. J.-C., après la bataille de Philippes.

Drusus Nero Claudius (38-9 av. J.-C.)

Fils de Livie, qui en était enceinte au moment de son mariage avec Auguste, et donc frère puîné de Tibère. Adopté par Auguste, Il remporta plusieurs victoires en Gaule, Rhétie, Germanie et fit creuser un canal du Rhin à l'Yssel. Il reçut le premier le surnom de Germanicus. Il épousa une fille d'Antoine et fut le père de Germanicus, de l'empereur Claude et de Livie (ou Livilla).

Drusus Caesar (+ 23 av. J.-C.)

Fils de Tibère et de Vipsania, il épousa Livilla, réprima la révolte des légions de Pannonie (14 ap. J.-C.) et fut élevé par son père au consulat (21 ap. J.-C.). Il mourut empoisonné par Séjan avec la complicité de sa femme. On dit qu'il n'était aimé que pour la haine qu'on portait à son père, car il était débauché, querelleur et cruel.

Drusus

Fils de Germanicus. Tibère se montra d'abord favorable à son égard, il le fit nommer questeur à 15 ans (l'âge légal était 25), mais par la suite, il fut jeté en prison où on le laissa mourir de faim.

Caligula Caïus Caesar Augustus Germanicus (12-41 ap. J.-C.).

Fils de Germanicus et d'Agrippine, petit-neveu de Tibère, il lui succéda à 23 ans. Après des débuts heureux, il fut frappé d'aliénation. Outre différentes débauches dont des incestes, sa folie lui fit commettre des cruautés inouïes. Une dernière conspiration lui ôta vie.

Germanicus Tiberius Drusus Nero (16 av. J.-C.-19 ap. J.-C.).

Fils de Drusus Nero et d'Antonia, neveu et fils adoptif de Tibère, époux d'Agrippine, il reçut dès sa jeunesse des commandements importants en Dalmatie et en Pannonie et fut consul en 12 ap. J.-C. En 14, il réprima une révolte des légions de Germanie qui voulaient le choisir comme empereur. Il battit Arminius, le vainqueur de Varus, et se couvrit de gloire. Il était extrêmement aimé du peuple et des soldats. Il aurait normalement dû succéder à Tibère. Celui-ci lui accorda le triomphe puis l'envoya en Orient, en même temps que Pison, chargé de le surveiller, voire de le contrecarrer. Il mourut là-bas, se croyant empoisonné par Pison. Agrippine s'appliqua à le venger.

Néron

Fils de Germanicus

Néron Lucius Domitius Ahenobarbus (37-66 ap. J.-C.)

Cinquième empereur de Rome, fils d'Agrippine la jeune et de Domitius Ahenobarbus, petit-fils de Germanicus. Succéda à Claude. Son règne marqué par le meurtre de son demi-frère, Britannicus, et de sa propre mère, par l'incendie de Rome et la persécution des chrétiens, a longtemps été considéré comme l'un des plus exécrables.

Livie Livia Drusilla (56 av. J.-C.-29 ap. J.-C.).

Fille du premier Drusus, mariée d'abord à Tiberius Nero, dont elle eut deux fils, Tibère et Drusus, elle divorça pour épouser Auguste et le poussa à adopter Tibère. Elle est la grand-mère de Germanicus, de Claude et de Livie qui épousa le fils de Tibère.

Livilla ou Livie (13 av. J.-C.-31 ap. J.-C.)

Petite-fille de la précédente, sœur de Germanicus, épouse de Drusus, fils de Tibère, on l'accusa d'avoir empoisonné son mari à l'instigation de Séjan. On la jeta dans un cachot où elle mourut de faim.

Julie (39 av. J.-C.-14 ap. J.-C.).

Fille d'Auguste et de Scribonie, elle épousa successivement le jeune Marcellus, qui mourut à 18 ans, puis Agrippa dont elle eut trois fils, Caïus, Lucius et Posthumus et deux filles, Julie et Agrippine. Auguste, indigné de sa conduite l'exila dans l'île de Pandataria, où Tibère, devenu empereur, la fit mourir de faim.

Julie (18-43 ap. J.-C.).

Le dernier des enfants de Germanicus ; elle eut une liaison incestueuse avec son frère Caligula ; elle fut mise à mort par Claude.

Drusilla (15-40 ap. J.-C.)

Fille de Germanicus et d'Agrippine ; sœur de Caligula, qui eut pour elle une grande passion incestueuse.

Séjan (20 av. J.-C. -31 ap. J.-C.)

Le seul des protagonistes à n'être pas de sang impérial, Aelius Sejanus, chevalier, fils d'un commandant des gardes prétoriennes, lui succéda dans cette charge. Il aida Drusus à apaiser les légions de Pannonie. De retour à Rome, il accrut son ascendant sur Tibère, notamment après la mort de Livie, mère de l'empereur. Il aida Livilla à empoisonner son mari, lui promettant de l'épouser, et excita la défiance de Tibère contre Agrippine et ses enfants. Tibère, retiré à Caprée, lui laissa pratiquement le gouvernement de Rome ; mais les demandes qu'il lui fit de la main de Livilla, puis de celle de Drusilla, inquiétèrent l'empereur. Celui-ci ordonna à Macron, commandant des gardes, de l'attirer au Sénat sous le prétexte de l'associer à l'empire. Il y fit lire une lettre embarrassée, qui se terminait par l'ordre d'arrêter Séjan. Il fut immédiatement étranglé, son corps traîné aux Gémonies et tous ses enfants mis à mort, y compris sa fille, Sejania, âgée de cinq ans.

BIBLIOGRAPHIE

(Pour tout ce qui est bibliographie générale de Cyrano, voir le tome I, p.553-594. Je ne donne ici que ce qui concerne les œuvres théâtrales.)

OUVRAGES CONCERNANT L'ŒUVRE THÉÂTRALE EN GÉNÉRAL

XVIIᵉ-XVIIIᵉ siècles

BOILEAU Nicolas, *L'Art poétique*, Paris, 1674.

Dictionnaire de l'Académie françoise, Paris, 1694.

DIDEROT Denis, *Encyclopédie ou dictionnaire raisonné des sciences et des arts*, Neufchastel, 1765.

FURETIÈRE Antoine, *Dictionnaire universel*, La Haye et Rotterdam, 1690.

GOUJET Pierre, *Bibliothèque françoise ou Histoire de la littérature françoise*, Paris, Mariette, 1749-1756.

GRIMAREST, Jean Léonor Le Gallois, *La Vie de Monsieur de Molière*, Paris 1680.

Journal des Sçavans, années 1747 et 1749.

Journal encyclopédique, par une société de gens de lettres, année 1756.

Mémoires pour l'histoire de la Science et des Beaux-Arts, dits *Journal de Trévoux*, années 1747 et 1749.

MORÉRI Louis, *Grand Dictionnaire historique*, éd. de 1759, t. IV.

MOUHY Le chevalier de Fieux de, *Abrégé de l'histoire du théâtre*, Paris 1780, t. I.

NICERON Le P. Jean-Pierre, *Mémoires pour servir à l'histoire des hommes illustres*, Paris, 1725-1745, t. XXXVI.

PARFAICT Claude et François, *Histoire du théâtre français*, Paris 1746, t. VII.

RICHELET Pierre-César, *Dictionnaire françois contenant les mots et les choses...*, Genève, 1679

TITON DU TILLET, *Le Parnasse françois,* 1732.

XIXe-XXe siècles

ADAM Antoine, *Histoire de la littérature française au XVIIe siècle*, t. II, 1948-1956.

Burlesque et formes parodiques, P.F.S.C.L., Biblio 17 (33), 1987.

ALCOVER Madeleine, Introduction à CYRANO DE BERGERAC, *Œuvres complètes*, Paris, H. Champion, 2000.

BRUN Pierre, *Savinien de Cyrano-Bergerac, gentilhomme parisien, L'histoire et la légende*, Paris 1909.

FAGUET Emile, *Histoire de la poésie française*, t. II, Paris, Boivin, 1932

FOURNEL Victor, *La Littérature indépendante et les écrivains oubliés du XVIIe siècle*, Paris, Didier, 1862

– *Le Théâtre au XVIIe siècle. La Comédie*, Paris, Lecène-Oudin, 1892.

GAUTIER Théophile, *Les Grotesques*, Paris, 1859.

GRENTE Cardinal Georges, *Dictionnaire des Lettres françaises*, Paris, Fayard, 1954.

HORVILLE, R. *La Dramaturgie dans le théâtre de Cyrano de Bergerac*, Mémoire de D.E.S., Institut d'Etudes théâtrales de Paris, 1966.

HUGUET Edmond, *Dictionnaire de la langue française du XVIe siècle*, Paris, Champion et Didier, 1925-1967.

LANCASTER Henry Carrington, *A History of the French Dramatic Literature in the seventeenth Century*, Part. III, vol. I. Baltimore, The John Hopkins Press, 1929-1942.

LEMKE W.H. «Frédéric Lachèvre et Cyrano de Bergerac», *Romance Notes* 13 (1971-1972), p. 292-295.

LINTILHAC Eugène, *Histoire générale du théâtre en France*, Paris, Flammarion, 1902-1909.

LITTRÉ Paul, *Dictionnaire de la langue française*, Paris, 1863-1872 (éd. du Cap, Monte-Carlo, 1974).

MONGRÉDIEN Georges, *Cyrano de Bergerac*, Paris, Berger-Levraut, 1964.

PERRENS François-Tommy, *Les Libertins en France au XVIIe siècle*, Paris, Calmann, 1899.

PRÉVOT Jacques, *Cyrano de Bergerac poète et dramaturge*, Paris, Belin, 1978.

PUJOS C., *Le Double Visage de Cyrano de Bergerac*, Agen 1951

SCHERER Jacques et TRUCHET Jacques, *Théâtre du XVIIe siècle*, Paris, Gallimard, coll. de La Pléiade, t. II, 1986.

SUR *LE PÉDANT JOUÉ*

Agréables conférences de deux paysans de Saint-Ouen et de Montmorency sur les affaires du temps, publiées entre 1649 et 1651. Ed. F. Deloffre, Paris, Les Belles-Lettres, 1966.

ALCOVER Madeleine, «Le Troisième manuscrit de *L'Autre Monde* de Cyrano de Bergerac», *XVIIe siècle*, 196, 1997, 3, p. 597-608.

BRUNO Giordano, *Boniface et le pédant*, Paris, P. Mesnard, 1633.

CORBINELLI Jean, *Extraits de tous les beaux endroits des ouvrages des plus celebres autheurs de ce temps, tirez de Balzac, Voiture, Costar, Urfée, Gomberville, Moliere, Scudery, Bergerac, Sarazin, Le Pays, Ablancourt*, Amsterdam, Josias Tholm, 1681.

DEJEAN Joan, «Cyrano's *Le Pédant joué*, play or World play?», *Neophilologus*, LXVI, 1982, p. 167-178.

GUIRAUD Pierre, *Dictionnaire érotique*, 3e éd. Paris, Payot, 1993.

JARRY Alfred, *Ubu-Roi*, Paris, Mercure de France, 1896.

LOPE DE VEGA, *El Robo de Elena*, Entremès, *Fiestas del Sanctissimo Sacramento, Fiesta quarta*, En Çaragoça, Verges, 1644.

MOLIERE, *Œuvres complètes*, éd. G. Couton, La Pléiade, Paris, Gallimard, 1971.

SUR *LA MORT D'AGRIPPINE*

ALBERT-GALTIER Alexandre, «*La Mort d'Agrippine*. Transgression et libération dans une tragédie libertine», *Cahiers du XVIIe siècle*, V, 2, Fall, 1991.

BAKER Susan Read, « Permutation of parricide: Cyrano de Bergerac's 'La Mort d'Agrippine' (1647)», *French Review*, feb. 1992, p. 373-384.

COEFFETEAU Nicolas, *Histoire romaine*, Paris, Cramoisy, 1623.

COLAJANNI Giuliana, «Libertinismo e barrocchismo di Cyrano de Bergerac in *La Mort d'Agrippine*». *Annali della Facoltà di Magistero della Università degli Studi di Palermo*, 1963-1966, p. 135-176.

CORNEILLE, *Œuvres complètes*, éd. G. Couton, La Pléiade, Paris, Gallimard, 1980.

DALLA VALLE Daniela, «Proposita di lettura per *La Mort d'Agrippine*», *Saggi et ricerche de letteratura francese*, XIII, 1974.

DAREMBERT ET SAGLIO, *Dictionnaire des antiquités grecques et romaines*, Paris, Hachette, 1877-1919.

FANCHETTI Anna Lia, «La Morte come spettacolo: *La Mort d'Agrippine*», *Saggi et Ricerche de letteratura francese*, XXV, p. 63-91, Roma, 1986.

GILLESPIE Gerald, « The Rebel in the XVIIth Century » (Cyrano de Bergerac, *La Mort d'Agrippine*), *Comparative Literature*, Fall, p. 324-336.

LANSON Gustave, *Esquisse d'une histoire de la tragédie française*, Paris, Hachette, 1920.

LEMKE W.H., « On dating *La Mort d'Agrippine* », *Studi Francesi*, 19 (1975), p. 266-267.

MOTHU Alain, « Frappons, voilà l'hostie ». *La Lettre clandestine*, n° 8, 1999.

RAMOS Vitor, *Cyrano auteur tragique*, Sao Paulo, 1966

SUÉTONE, *Vie des douze Césars*, trad. Henri Alliou, Paris, Les Belles-Lettres, 1931-1932.

TACITE, *Annales*, II, LXIX, trad. H. Goelzer Paris, les Belles-Lettres, 1958.

TRISTAN L'HERMITE François, sieur Du Solier, dit, *La Mort de Chrispe*, Paris, C. Besongne,1645,

– *La Mort de Sénèque*, Paris, F. Quinet, 1645.

VITU Auguste, *La Mort d'Agrippine, veuve de Germanicus, tragédie de Cyrano de Bergerac*, conférence faite au Théâtre de la Gaîté, le 10 novembre 1872., Paris, Librairie des bibliophiles, 1973.

WORTH Valérie, « 'Je te vais retracer le tableau de sa gloire': the evocative power of language in Cyrano de Bergerac's *La Mort d'Agrippine* », XVIIth Century French Studies, n° 11, 1989, p. 80-93.

TABLE DES MATIÈRES

Dans la même collection (suite)

Achevé d'imprimer en 2001
à Genève (Susise)